Nah dran, weit weg. Geschichte des Kantons Basel-Landschaft

Nah dran, weit weg. Geschichte des Kantons Basel-Landschaft

**Band fünf**  Armut und Reichtum. 19. und 20. Jahrhundert

IMPRESSUM

Dieses Werk erscheint als Nr. 73.5 der Reihe Quellen und Forschungen
zur Geschichte und Landeskunde des Kantons Basel-Landschaft.

**Autorinnen und Autoren**
Ruedi Epple, Dr. phil.
Daniel Hagmann, Dr. phil.
Fridolin Kurmann, Dr. phil.
Martin Leuenberger, Dr. phil.
Albert Schnyder, Dr. phil.

**Aufsichtskommission**
René Salathé, Dr. phil., Präsident
Roger Blum, Prof. Dr. phil. (bis 1996)
Markus Christ, Pfr.
Jürg Ewald, Dr. phil. (ab 1988)
Beatrice Geier-Bischoff, Landrätin (ab 1996)
Jacqueline Guggenbühl-Hertner, lic. iur., MAES
Bruno Gutzwiller, Dr. iur.
Matthias Manz, Dr. phil.
Guy Marchal, Prof. Dr. phil. (bis 1993)
Martin Schaffner, Prof. Dr. phil.
Jürg Tauber, Dr. phil. (bis 1988)
Achatz von Müller, Prof. Dr. phil. (ab 1993)
Regina Wecker Mötteli, Prof. Dr. phil.
Dominik Wunderlin, lic. phil.

**Auftraggeber**
Regierungsrat des Kantons Basel-Landschaft

**Verlag**
Verlag des Kantons Basel-Landschaft

**Redaktion**
Anna C. Fridrich, lic. phil., Daniel Hagmann, Dr. phil.

**Lektorat**
Elisabeth Balscheit, Dr. phil.

**Gestaltung**
Anne Hoffmann Graphic Design, Basel


Satz: Anne Hoffmann Graphic Design, Basel, und Schwabe & Co. AG, Muttenz.
Herstellung: Schwabe & Co. AG, Muttenz. Buchbinderei: Grollimund AG, Reinach.

Diese Publikation wurde mit Mitteln aus dem Lotteriefonds ermöglicht.
ISBN 3-85673-263-2 (Gesamtausgabe). ISBN 3-85673-266-7 (Band 5 und 6)
© Liestal, 2001. Autorinnen, Autoren und der Verlag des Kantons Basel-Landschaft

Alle Rechte vorbehalten

**Armut und Reichtum**

Der fünfte Band der Kantonsgeschichte beschäftigt sich mit dem 19. Jahrhundert, mit jener Epoche also, in welcher der Kanton Basel-Landschaft entstanden ist. Die Kantonsgründung und ihre Hauptdarsteller stehen jedoch nicht im Zentrum des Interesses.

Armut und Reichtum – diesen Gegensatz kannten die Menschen in der Region schon vor 1800. Und doch sind es zwei wichtige Begriffe historischer Erfahrung im Baselbiet des 19. Jahrhunderts. Die alte ständische Welt ist untergegangen. Der neue Kanton steht vor grossen Aufgaben. Vom Wachstum der Industrie profitieren viele, reich werden nur wenige. Das Baselbiet zählt im 19. Jahrhundert zwar nicht zum Armenhaus der Schweiz. Auswanderung bleibt gleichwohl für manchen Baselbieter die einzige Lösung. Langsam und nur widerstrebend macht sich der Kanton soziale Sicherheit zur Aufgabe. Herkömmliche soziale Netze werden zunehmend von bürgerlichen Wertvorstellungen verdrängt. In Bildung und Gesundheit wollen die Behörden investieren. Die materiellen Grundlagen staatlicher Sozialpolitik werden aber erst im 20. Jahrhundert mit dem Steuergesetz geschaffen. Im Land der Dörfler bildet noch immer der Kirchturm den politischen Horizont. Nebst allem Beharren dominiert jedoch eine allgemeine Umbruchsstimmung. Armut und Reichtum – im Übergang vom Ancien Régime zur modernen Marktökonomie formiert sich die Gesellschaft im Baselbiet neu.

Vielleicht ist es Zufall? Der Band fünf der Baselbieter Geschichte, der das stürmische 19. Jahrhundert beschreibt, hat selbst eine bewegte Entstehungsgeschichte. Er wurde als erster der sechs Bände produziert. Im Mai 1998 übergab Martin Leuenberger die Redaktionsverantwortung an Anna C. Fridrich und Daniel Hagmann.

Die neue Baselbieter Geschichte folgt einem Gesamtkonzept, das gemeinsam erarbeitet wurde. Für die einzelnen Kapitel zeichnen die Autoren und Autorinnen selbst verantwortlich. Die Kapitel in Band fünf halten sich nicht alle an die Jahrhundertgrenzen. In Abstimmung mit Band sechs ziehen einzelne Texte den thematischen Bogen bis in die Gegenwart. Andere Themen wiederum sind in Band sechs über die letzten zwei Jahrhunderte hindurch behandelt. Im Anschluss an jedes Kapitel finden sich Anmerkungen und weiterführende Lesetipps. Ein Literaturverzeichnis und ein Orts-, Personen- und Sachregister stehen am Ende des Bandes. Dort befindet sich auch ein chronologischer Überblick.

Anna C. Fridrich, Daniel Hagmann

# Inhaltsverzeichnis

**Kapitel 1** Martin Leuenberger  Seite 9
## Die Industrialisierung
• Die «Industrialisierung vor der Industrialisierung»; Die erste Fabrik?; Nach der Kantonstrennung; Höhenflug; Fabrikgesetz und Wachstum; Verkehr; Das Geld: Die Bankengründungen; Sparkassen; Die Anfänge der Elektrifizierung; Die Selbsthilfe; Wohnen im Industriezeitalter; Fortschritt?; Der Kanton und die Industrialisierung
• Alte Heimat in einer neuen Welt; Tue du buure!; Industrialisierung; Die Zeiten ändern – die Bilder bleiben; Bezugspunkt Basel; Land der Bauern

**Kapitel 2** Ruedi Epple  Seite 27
## Hoch-Zeit und Niedergang der Seidenbandweberei
• Fabrikbesichtigung; Ein Tag im Leben von Ernst Walliser; Von der Rohseide zum Seidenband

**Kapitel 3** Martin Leuenberger  Seite 41
## Die Landwirtschaft
• Frühe Anstösse; Vom Ackerbau zur Milchwirtschaft; Von der Selbstversorgung zur Markt- und Geldwirtschaft; Zwang und Chance; Konjunkturen; Krisen und Armut; Der Rebbau; Die besseren Jahre um die Jahrhundertwende; Die Zeit des Ersten Weltkrieges: Spannungen überall; Die Krise der dreissiger Jahre; Der Zweite Weltkrieg: Der Bauernstand ist Nährstand; Hochkonjunktur und erneuter Strukturwandel
• Krisen und «Hungersnöte»; Die Krise von 1816/17; Massnahmen; Ernährung in schlechten Zeiten; Die Krise von 1845 bis 1847; Die Krisen von 1816/17 und 1845 bis 1847 im Vergleich

**Kapitel 4** Martin Leuenberger  Seite 59
## Handwerk und Gewerbe
• Handwerk und Gewerbe: Vielfältige Erwerbsform; Gewerbe, Manufaktur, Fabrik: Gewerbeverein Liestal und Umgebung; Eine typische Laufbahn: Wilhelm Brodtbeck; Gegen die sozialistischen Umtriebe; Zwei Schritte vorwärts ... und drei zurück ins 19. Jahrhundert
• Flottante Elemente und strebsame Krämerseelen; Der Spezialist: Dorfelektriker; Friedrich Aenishänslin

**Kapitel 5** Fridolin Kurmann  Seite 71
## Die Bevölkerungsentwicklung
• Die Dynamik des Wachstums; Geburt, Tod und Wanderungen
• Die ausländische Bevölkerung; Der Wandel der Altersstruktur

**Kapitel 6** Fridolin Kurmann  Seite 87
## Religion und Kirchen
• Von der reformierten Staatskirche zur Landeskirche; Die Katholische Kirche zwischen Tradition und Liberalismus; «Katholisch, nicht päpstlich» – Die Christkatholische Kirche; Die konfessionelle Durchmischung; Religion als individuelles «Patchwork»?
• Das Begräbnis im Dorf; Die Anfänge der katholischen Diasporagemeinde in Sissach

**Kapitel 7** Daniel Hagmann  Seite 105
## Ländliche Kultur im Wandel
• Wunde Hände und blütenweisse Wäsche; Flötenkonzert und Weihnachtsbaum; Bildungsarbeit; Brauchtum und Identität; Vereinskultur; Stadt und Land
• Grenzgänger; Formen von Gewalt; Liebe auf dem Lande

**Kapitel 8**  Martin Leuenberger  Seite 117
## Die Armut
• Die Frau; Der Mann; Die Kinder;
Die Armenpflege; Armenpolitik;
Die Eigensicht der Armen
• Abgeschoben: Carl Benjamin Dunkel;
Der amerikanische Konsul greift ein;
Die Behörden leiten weiter;
Von der eigenen Fortüne überholt:
Die Gemeinderäte;
Und Carl Benjamin Dunkel?

**Kapitel 9**  Martin Leuenberger  Seite 131
## Gesundheit und Krankheit
• Vom «Schpittel» zum Spital;
«Siechen»;
Naturärzte
• Aussatz;
Die Pflege ist weiblich;
Gesundheits-Tourismus

**Kapitel 10**  Martin Leuenberger  Seite 139
## Bildung, Schule, Erziehung
• Bildung Macht Schule;
«Volksbildung ist Volksbefreiung»;
Der Schwung ging verloren;
Angestrebte Verbesserungen auf der
langen Bank;
Die Frauen, die «untergeordneten Wesen»;
Hauswirtschaft und Hygiene
• Wie Oswald Schule hält;
Das Programm und die Realität

**Kapitel 11**  Martin Leuenberger  Seite 149
## Turnen und Sport
• Gesund: Turnen auch für Mädchen
und Frauen;
Wehrtüchtig: Sport und Landigeist;
«Ski fahrt die ganzi Nation»:
Sport im Medienzeitalter;
Snöben, Skaten, Surfen:
Die Jugend auf der Überholspur
• «Begleitet von ihren Schönen»;
«Blauhöschen»

**Kapitel 12**  Albert Schnyder  Seite 157
## Die Restaurationszeit 1815–1830: Vorgeschichte der Trennung?
• Zwei Schritte zurück –
und einige Schrittchen vorwärts:
Die Restaurationszeit im Überblick;
Das Basler Regiment zwischen Tradition
und Erneuerung;
Die Basler Regierung und
die Baselbieter Bauern;
Die schleichende Erosion der Herrschaft;
Der Weg in Richtung Bern:
Das Laufental nach 1815
• Die Basler Verfassung von 1814;
Gemeinden wollen neue Kataster;
Das Birseck und Stephan Gutzwiller;
Das Laufental will einen eigenen Bezirk

**Kapitel 13**  Martin Leuenberger  Seite 171
## 1830 bis 1833: Der neue Kanton
• Gleichberechtigung;
Verfassungsrevision;
Eingreifen der Tagsatzung;
Ausschluss von 46 Gemeinden;
Totaltrennung;
Ordnung und Bewegung;
Aufbau eines Kantons;
Aussenpolitik
• Die Republik von Diepflingen;
Pressegeschichte;
Rechtsgeschichte: Zwei Beispiele

**Kapitel 14**  Martin Leuenberger  Seite 183
## 1848: Im Zentrum Europas – Europa im Zentrum
• Die Nachbarstaaten;
Die Schweiz im Umbruch: Freischaren,
Sonderbund und Bundesstaat;
Revolution in Deutschland –
Exil im Baselbiet;
Vetorecht und Judenfeindschaft;
Eisenbahn: Die Elite war arg belastet
• Bahnfieber;
Basel-Trutz: Kampf um die Linienführung;
Der Bau;
Spekulation: Der Homburgerbach;
Gefahren: Das Unglück am Hauenstein;
Die Mobilität siegt

**Kapitel 15**  Ruedi Epple  Seite 195
## Herrschaft im Dorf
• Frauenwelt; Männerwelt;
Innerdörfliche Gegensätze;
Aussenwelt;
Kommunale Opposition;
Politik unter dem Kirchturm
• Frauen fordern Gleichberechtigung;
Das politische System der Gemeinden;
Der Gemeindejoggeli-Putsch

**Kapitel 16**  Ruedi Epple  Seite 215
## Die Revi-Bewegung
• Martin Birmann-Socin (1828–1890);
Christoph Rolle-Strübin;
Die Laufentaler Gemeinden
im 19. Jahrhundert

**Kapitel 17**  Ruedi Epple  Seite 227
## Herrschaft im Kanton
• Kantonspolizei;
«Gebt dem Kaiser, was des Kaisers ist»;
Politische Horizonte; «Realpolitik»;
Verfassungsreform;
Grundlagen des modernen Staates
• Das politische System des Kantons;
Der Bauern- und Arbeiterbund;
Sonderfall Birseck

## Anhang
| | |
|---|---|
| Literatur | Seite 248 |
| Personenregister | Seite 254 |
| Ortsregister | Seite 255 |
| Sachregister | Seite 256 |
| Chronologie | Seite 258 |

# Die Industrialisierung

*Bild zum Kapitelanfang*
**Wicklerei für Kleinmotoren**
*Die Maschinenindustrie stellte seit dem Ende des 19. Jahrhunderts eine Wachstumsbranche dar. Beschäftigt waren hauptsächlich Männer. Frauen wurden für Arbeiten am Fliessband eingesetzt. Das Bild entstand in den 1920er Jahren in der Brown Boveri & Cie. (BBC) Münchenstein.*

## Die «Industrialisierung vor der Industrialisierung»

Lange bevor es zur Gründung von Fabriken kam, wurden auf der Basler Landschaft Seidenbänder in Serien gefertigt. Durch den städtischen Zunftzwang in ihrem Bedürfnis nach Ausdehnung gehemmt, waren die Fabrikanten auf die Idee gekommen, auf der Landschaft weben zu lassen. Wo an den Abhängen des Juras die Bedingungen für die Landwirtschaft ungünstig waren, vor allem im Reigoldswiler-, beschränkt auch im Waldenburgertal und in noch bescheidenerem Masse im mittleren und unteren Baselbiet, fand die Posamenterei Verbreitung. Erst um 1800 dehnte sie sich auch auf das Gebiet um Sissach und Gelterkinden aus. Die Protoindustrialisierung, wie man diese «Industrialisierung vor der Industrialisierung» nennt, prägte die Dörfer der Basler Landschaft massgeblich. Hier vermochte sie sich auch länger zu halten als andernorts. So dauerte es im Baselbiet fast 50 Jahre länger als im Zürcher Oberland, bis die Fabrik die Heimarbeit vollends verdrängt hatte.[1]

## Die erste Fabrik?

Wie kaum eine andere Entwicklung prägt die Industrialisierung das 19. Jahrhundert. Ihr sichtbarster Ausdruck ist die zentralisierte, mechanisierte und arbeitsteilige Fabrik. Die Neuerungen der Technik, vor allem die Nutzung von Wasser und Dampf, später von Elektrizität als Antriebskraft wiesen die Herstellung von Gütern auf neue Wege. Die Produktionsverfahren, der Verkehr, die Wirtschaftsweisen und die Wirtschaftsbeziehungen waren am Ende des 19. Jahrhunderts grundlegend andere als zu Beginn.

Die ersten Fabriken im Baselbiet entstanden zwischen 1820 und 1830. Es ist aber ausgeschlossen, die Epochengrenze mit einer genauen Jahreszahl festzulegen. Gar eine einzelne Fabrik als die erste zu bezeichnen, ist nicht möglich. So können zum Beispiel die Baupläne nicht abschliessend Auskunft geben: Bei der einen Unternehmung wurden sie nicht realisiert, blieben Pläne, und bei der anderen sind nicht alle Baupläne überliefert

**Tonwarenfabrik Laufen**
*Im Laufental dominierte anders als im alten Kantonsteil nicht die Textilindustrie. Wichtig waren zwei andere Branchen, die Stein- und die Lehmverarbeitung sowie das Papiergewerbe. In der Tonwarenproduktion fanden zwar auch Frauen Beschäftigung, die Mehrheit waren jedoch männliche Arbeiter. Vor dem Ersten Weltkrieg stammten viele von ihnen aus Polen und Italien. Die Tonwarenfabrik Laufen wurde 1892 gegründet, ihre Lehmgrube wurde jedoch bereits in römischer Zeit genutzt.*

**Alte Heimat in einer neuen Welt**
Am 30. Oktober 1997, kurz nach der kältesten Oktobernacht seit 170 Jahren, brennt in Laufen eine grosse Lagerhalle lichterloh. Die Bevölkerung wird über Lautsprecher aufgefordert, die Fenster zu schliessen und die Häuser nicht zu verlassen. Erinnerungen an den Brand in Schweizerhalle vom 1. November 1986 werden wach. Mit einem Mal wird deutlich: Da ist von beschaulichem Kleinstädtchen mitten im idyllischen bäuerlichen Laufental nichts zu spüren. Bauerndörfer, Landwirtschaft? Das Laufental ist ein Tal voller Industriebetriebe, aber die Bilder, die mit ihm in Verbindung gebracht werden, sind andere.

Weshalb gehen die Laufentalerinnen und Laufentaler, wenn sie über ihr Leben erzählen, immer noch von Vorstellungen aus, als spielte die Industrialisierung keine Rolle? Sie grenzen sich ab, sie suchen nach «Heimat». Die aber liegt auf den Feldern und Fluren, nicht in der Fabrik und nicht in der Industrie. Die Grenzlinien sind schwer fassbar. Sie lassen sich nur bedingt auf Karten eintragen und präsentieren. Sie existieren zwar in Raum und Zeit, aber vor allem sind es Grenzen im Kopf.[2]

**Tue du buure!**
«In der Papierfabrik arbeitete ich fast 7 Jahre, von anno 39 an», erzählt der Lau-

worden. Zudem wurde die Dampfkraft in den Anfangsjahren oft nur als Reserveenergie benützt oder gar nur als Heizenergie. Ihre Einrichtung ist nicht von vornherein gleichbedeutend mit der Umstellung des gesamten Betriebs auf diese Antriebsenergie. So wurden auch in Fabriken die Webstühle durchaus noch von Hand angetrieben. Sie waren also genau genommen noch keine «richtigen» Fabriken, sondern eher Manufakturen – so etwas wie Orte der konzentrierten Arbeit. Gerade in dieser Frage sind Jahreszahlen zuweilen in die Irre führende Ratgeber.

Obwohl die ersten mechanischen Spinnereien für Baumwolle und Florettseide im dritten Jahrzehnt des 19. Jahrhunderts entstanden, so im Niederschöntal 1822, in der Neuen Welt 1823, in Liestal 1826 (eine Wollspinnerei) und in Arlesheim 1830, war die Fabrik gegenüber der Heimposamenterei lange Zeit nicht von Belang. Die ersten mechanischen Bandfabriken findet man in Basel wahrscheinlich 1836, im Baselbiet hingegen erst nach 1850. Damit hatten sie sich aber noch lange nicht durchgesetzt. Doch

**Florettspinnerei Ringwald 1918**
*Die Florettspinnerei im Niederschöntal, entstanden um 1822, gehört zu den ältesten Fabriken des Kantons. Sie wurde angesiedelt an einem Ort, an dem bereits in vorindustrieller Zeit Gewerbebetriebe bestanden hatten. Seit dem 17. Jahrhundert befand sich hier ein Eisenproduktionskomplex mit Drahtzug, Eisen- und Kupferhammer, zwei landwirtschaftlichen Betrieben, Arbeiterhäusern und herrschaftlichen Wohnhäusern. Der Standort war für den Aufbau einer Industrie ideal. Energie, erzeugt durch die Höhendifferenz von zwei Gefällestufen der Ergolz, stand in ausreichendem Mass zur Verfügung.*

fentaler Joseph Cueni.[2] «Der Meury Alois sagte mir, du musst 18 sein, wenn du fragen gehen willst. Dann ging ich am Freitag, legte meinen ‹Sunntig› an am Vormittag und ging auf Zwingen in die Fabrik. Dort konnte ich zwei Wochen anlernen, den Tag hindurch an die Papiermaschine und dann musste ich auf die Schicht. Oft musste man noch an einem Sonntag arbeiten. Manchmal von morgens 4 Uhr bis abends 4 Uhr und dann musste man am Montag schon wieder auf die Morgenschicht um 4 Uhr. Und dann war es eben so, wenn man jung ist, hätte man gerne frei an einem Sonntag. Daheim war ich eben immer angespannt und musste am Sonntag helfen heuen, wenn die Woche hindurch schlechtes Wetter war. So ging ich in die Novoplast nach Büsserach, aber die zogen bald weg in den Aargau. Da reute es mich. Einer sagte mir, ich solle doch wieder in die ‹Papieri›. Aber ich traute nicht recht und dann sagte die Mutter, geh du wieder ‹buure›, man kann jetzt Land genug leihen. Schon vor dem Krieg wurde mir immer gesagt, ‹was willst du machen, tue du buure›. Wenn man ‹buurt›, hat man doch zu essen, und wenn es Krieg gibt und du etwas lernen gehst, gibst ja doch nur Kanonenfutter. In der Isola habe ich auch noch gearbeitet. Und dann sagte mir die Mutter, sie bürge mir, um einen Hürlimann

**Prozentuale Verteilung der Erwerbstätigen nach Sektoren 1860**

*1860 waren im Kanton Basel-Landschaft (ohne Laufental) 49,8 Prozent der Erwerbstätigen im 2. Sektor beschäftigt. Sind fast 50 Prozent viel oder wenig? Das ist eine Frage der Sichtweise. Im Vergleich mit den Jahren um 1800 sind sie viel. Aber verglichen mit heute, ist es eher der niedrige Anteil der in der Landwirtschaft Beschäftigten (30,9 %), der erstaunt. Zahlen sind immer mit Vorsicht zu interpretieren: Die Heimposamenterei wurde zur Industriearbeit gerechnet. Diese Art zu kategorisieren vermittelte im Jahr 1860 Modernität.*

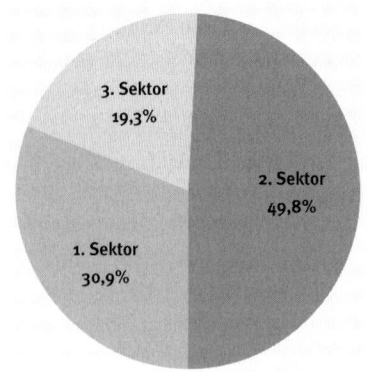

nicht nur die uneingeschränkte Dominanz des Posamentens hinderte die grössere Entfaltung der Fabriken. Die wenigen Spinnereien konnten sich nie zu einem führenden Bereich entwickeln, aus dem dann weitere Bereiche der Industrialisierung wie zum Beispiel eine Textilmaschinenindustrie entstanden wären. (Die übrige Maschinenindustrie, die Produktion von Werkzeugen, Nägeln und Nadeln, von Büchsen und Kochgeräten sowie die Bau- und Kunstschlosserei waren im Baselbiet aber immer vorhanden.) Ein anderer Grund für die verspätete und regional spezifische Industrialisierung im Baselbiet lag in den Besitzverhältnissen. Die Unternehmer, welche im Baselbiet Fabriken gründeten, waren Stadtbasler, Angehörige der dortigen Oberschicht, «Bändelherren». Im Baselbiet fehlte aber nach der Trennung dieses finanzkräftige Bürgertum, welches in der Lage gewesen wäre, die Industrialisierung voranzubringen und zu tragen. So waren denn die ersten Fabriken Ableger von städtischen Betrieben. Doch diese Basler «Bändelherren» wurden durch die Kantonstrennung verunsichert. Erst als sie ihre Furcht vor bürgerkriegsähnlichen Zuständen abgelegt hatten, begannen sie in den 1850er Jahren auch in Bandfabriken im Baselbiet zu investieren. Hinzu kam, dass der Platz und mit ihm die Ausbaumöglichkeiten in der Stadt immer enger wurden. Auch dass die Menschen auf der Landschaft durch den Rückgriff auf die eigene Landwirtschaft die Möglichkeit besassen, ihr Überleben sicherzustellen, spielte ein Rolle. Denn dieser Umstand erlaubte es, die Löhne, die in der Stadt hatten bezahlt werden müssen, noch zu unterbieten.

### Nach der Kantonstrennung

Zwar entstanden nach der Kantonstrennung kontinuierlich neue Betriebe im Baselbiet. Der Begriff «Industrielle Revolution» indessen ist zumindest für die frühen Jahre fragwürdig. «Revolution» verkürzt eine lange Zeitspanne auf einen kurzen, scheinbar explosiven Moment. Zunächst entstanden jedoch bloss einige einzelne Fabrikunternehmen. Als «explosiv» kann diese

Traktor zu kaufen. 1952 war das. Ich habe gar viel geackert für andere, auch in den umliegenden Ortschaften. Als wir geheiratet hatten, machte ich das und den Steinbruch. Ja und dann, als wir dann ein paar Kinder hatten, musste ich doch wieder in die Fabrik, es reichte nicht.»

Laut Volkszählung gibt es um 1950 keine zehn Prozent Bauern mehr in Röschenz. In Nenzlingen sind es noch etwas mehr als 20 Prozent. In dieser Statistik verschwinden aber genau solche Lebensformen wie die eben zum Vorschein gekommene des Arbeiterbauern. Die so genannten «Rucksackbauern» sind bereits Legende, nicht nur im Laufental. Auch im übrigen Kanton Basel-Landschaft war die Erscheinung des Bauern, der mit dem Rucksack in die Fabrik zur Arbeit marschiert, weit verbreitet. Einen Fuss in der Fabrik, einen Fuss in der Landwirtschaft haben; das war lange Jahrzehnte alltägliche Realität auch für viele Laufentaler und Laufentalerinnen, genauso wie für Baselbieter und Baselbieterinnen, Fricktaler und Fricktalerinnen.

### Industrialisierung

Den Grundstein zu der Industrialisierung im Laufental legt wie andernorts auch der Bau der Eisenbahn. Die Jurabahn – 1875 ist sie fertig gebaut – macht Laufen attraktiv. Zunächst kommen eine Unmenge

**Papierfabrik Zwingen 1914**

*Die Papierfabrikation im Laufental begann in der zweiten Hälfte des 16. Jahrhunderts. Diese gewerbliche Tradition riss im 18. Jahrhundert jedoch ab. Seit der zweiten Hälfte des 19. Jahrhunderts entstand im Laufental eine Reihe von Papierfabriken: 1859 in Grellingen, 1913 in Zwingen und 1928 die spätere Papierfabrik Laufen AG, die sich jedoch auf Zwingener Bann befand. Auf dem Bild: die Montage der ersten Papiermaschine in Zwingen. Wegen des Krieges konnte die Produktion in Zwingen erst 1916 aufgenommen werden.*

Zunahme nicht gelten. Zudem darf die weitläufige, von unterschiedlichen topographischen Bedingungen geprägte Landschaft des Baselbiets nicht mit den proletarischen Verhältnissen in den grossen Städten des Auslands verglichen werden. 1860 standen im Baselbiet 18 Textilfabriken acht Betriebe aus anderen Branchen gegenüber. Die Brauerei Ziegelhof zum Beispiel galt als Gewerbebetrieb, nicht als Fabrik. Selbst, wenn man sie zur Fabrikindustrie rechnen würde, bliebe deren Ausmass bescheiden.[2]

ausländischer Arbeiter, welche die Bahnlinie bauen. 90 Prozent von ihnen stammen aus Italien, vornehmlich aus dem Norden des Landes. Sie bilden aber nur die Vorhut, denn mit dem Einsetzen der Industrialisierung rücken viele Franzosen und Polen nach, welche in den steinverarbeitenden Betrieben Verdienst finden. 1887 entsteht die Zementfabrik, 1892 die Tonwarenfabrik Laufen. Ebenso sind aus dem noch agrarisch geprägten Thierstein die Arbeitsuchenden im Gebiet um Laufen unterwegs. Sie suchen nach Anstellungen in der Papierfabrik, der Pfeifenfabrik, der Korkwarenfabrik, der Mühle oder in der Teigwarenfabrik.[3] Nicht nur die Zugehörigkeit zum bürgerrechtlichen Dorfverband, sondern auch die religiösen Zugehörigkeiten geraten durcheinander. Im Laufe der Zuwanderung von Menschen aus «aller Herren Länder» steigt der Anteil der Reformierten in Laufen zwischen 1870 und 1900 von 4,9 Prozent der Bevölkerung auf 19 Prozent, was keine zu vernachlässigende Minderheit mehr ist. Die Einwanderung nimmt im ersten Jahrzehnt nach der Jahrhundertwende ungebremst weiter zu.[4] Zwar ist das Laufental zu Beginn des 20. Jahrhunderts einer der meistindustrialisierten Bezirke im Nordjura, gegenüber dem Kanton Basel-Landschaft ist es jedoch wenig industrialisiert.[5]

14 DIE INDUSTRIALISIERUNG

*Salz und chemische Industrie*

Einen wichtigen Impuls für die Industrialisierung gab die Entdeckung des Salzes. Nach zahlreichen erfolglosen Bohrversuchen unter anderem auch in Oberdorf machte der Deutsche Carl von Glenck 1836 beim Rothuus im Muttenzer Bann, genau an der Grenze zum Prattler Gebiet, einen glücklichen Fund. Er stiess nahe dem Rhein auf erhebliche Salzvorkommen und erlangte 1837 vom Baselbieter Regierungsrat eine Konzession zur Salzförderung. Salz hatte der Stand Basel – wie mit Ausnahme von Bern die meisten Schweizer Orte – bisher immer aus dem Ausland bezogen. An seine Untertanen auf der Landschaft hatte Basel das Salz stets teurer verkauft als an die Stadtbürger. Bei den Bauernunruhen von 1525 hatte der freie Salzkauf deshalb als Forderung eine Rolle gespielt. Und noch in den Trennungswirren, im November 1831, hatte die Basler Regierung versucht, die Landschäftler zu beruhigen, indem sie den Salzpreis um einen Viertel herabsetzte. Der Fund bei Muttenz bedeutete, dass es im Kanton Basel-Landschaft einen Rohstoff von gesamtschweizerischer Bedeutung gab. Der Agent von Glencks, Stephan Gutzwiller, kam denn auch rasch mit guten Ergebnissen von den Verhandlungen mit anderen Kantonen zurück. Freilich erntete er als Salzagent nicht nur Lob, sondern auch den Vorwurf, sich persönlich zu bereichern. Er verteidigte das Monopol von Glencks gegen die Ansprüche anderer, auch bohren zu dürfen, mit derartiger Härte, dass das Organ der Opposition, das ‹Basellandschaftliche Volksblatt›, am 19. April 1837 schrieb: «So ist der Salzvertrag ihnen ein heiliger Vertrag, weil er ihnen den Beutel füllt und sie zu Herren macht.» Die solchermassen zurückgebundenen Konkurrenten wichen auf das Gebiet des Kantons Aargau aus. In Kaiseraugst, Riburg bei Möhlin und in Rheinfelden fanden sie ebenfalls Salz. Die aargauischen Salinen bauten gemeinsam eine gegen Schweizerhalle gerichtete Interessengemeinschaft auf. Vor allem ausländischer Druck brachte dann jedoch die Salinenbesitzer dazu, sich 1909 zu den Vereinigten Schweizer Rheinsalinen zusammenzuschliessen.

**Die Bohrtürme der Saline in Schweizerhalle 1930er Jahre**

*Sie erscheinen ein wenig wie Kirchen. Neben der Fabrik und der Uhr, neben den Bahnhöfen und den Strommasten der Starkstromleitungen sind die Salz-Bohrtürme bei Schweizerhalle eines der Wahrzeichen der Industrialisierung. Das Salz war im 19. Jahrhundert mitverantwortlich für die günstige Finanzlage des Kantons Basel-Landschaft. Dieser hatte mit Carl von Glenck einen für beide Teile hervorragenden Vertrag abgeschlossen. Von Glenck bekam ein auf 70 Jahre festgeschriebenes Monopol zur Salzförderung, das Salzlager wurde sein Eigentum. Als Gegenleistung hatte von Glenck die Förderung auf eigene Kosten zu betreiben und musste nach einer Frist von zehn Jahren dem Kanton zehn Prozent des Ertrags abliefern. Im Kanton Basel-Landschaft durfte er direkt kein Salz verkaufen.*

1925 wird die Aktiengesellschaft für Keramische Industrie gebildet und nur zwei Jahre später entsteht auf dem Grundstück der Portlandzementfabrik als Nachfolgerin die neue Aluminiumfabrik. Und doch leben selbst nach 1945 noch viele hier auf der Grenze zwischen agrarischer Tradition und industrieller Moderne. Das prägt auch die Wahrnehmung.

Joseph Cueni fährt fort: «Was sich am meisten verändert hat – ja das Dorf im Grossen und Ganzen. Was mich immer ‹heimelig dunkt het›, das waren die vielen Fusswege, die man hatte, für in den Wald, aufs Feld, die Abkürzungen. Die waren seinerzeit nach dem Krieg abgeschafft worden. Es hatte halt noch viel mehr Bäume auf den Feldern, das ‹mangli› auch ein bisschen. Die jungen Bauern fahren extra die Wurzeln ab, wenn sie Land pachten. Und auf ihrem eigenen, dort sind sie schon lange abgefahren. Es hat viel geändert, das einem doch fast wehtut, wenn man wieder an einem Sonntag über das Feld spaziert. Wie ‹buuret› wird heute, da fahren sie mit der Giftspritze alle zwei Woche die Kartoffeln spritzen und der Weizen wird nichts als gespritzt und das Grundwasser versaut. Auch die Leute haben sich verändert. Sie waren halt religiöser früher, sie nahmen es genauer. Es wurde nur geheut am Sonntag, wenn unbedingt etwas verfault

Die Nähe zum Salz war ausschlaggebend, dass Stephan Gutzwiller 1844 in Pratteln die erste chemische Fabrik bauen liess. Er setzte sich gegen den Widerstand der Gemeinde Pratteln, auf deren Gebiet die Fabrik zu liegen kam, durch. Der Einspruch der Prattler, die für die Äcker und Obstbäume fürchteten, galt nichts. Doch die Fabrik begann erst nach etlichen Jahren und einigen Besitzerwechseln zu florieren. Seit 1890 heisst sie Chemische Fabrik Schweizerhall. Erst der Bahnanschluss machte Schweizerhalle mit seiner Nähe zum Salz allmählich zu einem idealen Industriestandort. In erster Linie Produktionsbetriebe, welche das Salz zur Herstellung etwa von Kunstdüngern und Kunstfarben benötigten, siedelten sich an. Die Säurefabrik entstand 1917. Ihre Gründung war von verschiedenen Chemiefirmen ausgegangen, da diese durch den Ersten Weltkrieg Schwierigkeiten mit dem Import von Rohstoffen bekommen hatten. Die Säurefabrik war bis 1935 in einer Dauerkrise; erst die Konjunktur der Vorkriegs- und Kriegsjahre brachte sie zur Expansion. Überhaupt ist die heute das Gebiet von Schweizerhalle prägende chemische Industrie vergleichsweise späten Datums. Die Firma Geigy eröffnete 1938 ihr Werk in Schweizerhalle, Sandoz folgte erst 1950.[3]

## Höhenflug

Drei Expansionsphasen der basellandschaftlichen Fabrikindustrie lassen sich unterscheiden. Eine erste von etwa 1820 bis 1850, eine zweite Aufschwungsphase, ausgelöst vor allem durch den Bau der Eisenbahn, lässt sich in die 1850er und 1860er Jahre datieren. Die dritte Phase setzte in den 1890er Jahren im Gefolge der Elektrifizierung ein. Man nennt die Phase bis zum Zusammenbruch der europäischen Wirtschaft durch den Ersten Weltkrieg jene des «Hochkapitalismus». Das Gründungsfieber betraf vor allem den Bereich der chemischen Industrie. Auch der Verkauf von Uhren und Präzisionsinstrumenten florierte.

Die im grossen Ganzen günstige Entwicklung der Industrie ging aber nicht ohne Talfahrten vor sich. Der amerikanische Sezessionskrieg (1861 bis

**Anfänge der Uhrenindustrie**

*Um die Auswanderung aus dem Tal zu stoppen und um die Gefahr zu bannen, durch die Eisenbahn noch mehr an den Rand gedrängt zu werden, wollten die Waldenburger 1853 die Uhrmacherei ins Tal holen. Eine Kommission gründete eine Uhrmacherschule und warb Uhrmacher aus dem Welschland an. 1859 wurde der Betrieb für die Gemeinde zu teuer, das Defizit zu gross. Der erhoffte Aufschwung auf Basis der Heimarbeit trat nicht ein. Louis Tschopp, ein Techniker, und Gedeon Thommen, ein Buchhalter, beide Mitglieder der Kommission, kauften das Unternehmen. Seit 1870 war Gedeon Thommen alleiniger Besitzer. Unter ihm expandierte der Betrieb; er führte die Serienproduktion ein. Waldenburg und mit ihm das Tal wurden zum Zentrum der Uhrenindustrie im Kanton Basel-Landschaft. Viele Menschen, Frauen und Männer aus dem Waldenburgertal, lebten ein Leben für die Uhr. Sie arbeiteten 40 bis 50, wenige sogar 60 Jahre für den gleichen Arbeitgeber: Die Revue Thommen in Waldenburg oder die Oris Watch in Hölstein. In der Uhrenindustrie wurden etwa gleich viele Männer wie Frauen beschäftigt.*

---

wäre. Aber heute, gottlob gehen sie nicht noch mit der Giftspritze und dem Kunstdünger an einem Sonntag.»

### Die Zeiten ändern – die Bilder bleiben

Vor allem nach dem Zweiten Weltkrieg setzt die Zuwanderung wieder ein. Die Jahre der wirtschaftlichen Hochkonjunktur lassen den Anteil der Ausländerinnen und Ausländer in Laufen auf 23 Prozent steigen.[6] Die Veränderungen in den Laufentaler Dörfern, die der zunehmende Wohlstand gebracht hat, sind nicht zu übersehen. Neubauten, unablässiger Verkehr, Fernsehgeschäfte, wo früher die Gemischtwarenhandlung stand. Früher dominierte der Kirchturm das Dorfbild, heute machen ihm Wohnblöcke und Futtersilos Konkurrenz. Was den alten Dorfbewohnerinnen und Dorfbewohnern störend auffällt, ist nicht zufällig. Die Erfahrung alltäglicher Arbeit hat ihren Blick geprägt. So hört man aus ihren Klagen auch ihr eigenes Selbstverständnis heraus. Viel zu viel Mobilität, Maschinen, viel zu viel Verkehr heute, heisst es – auf dem eigenen Hof hat aber die Motorisierung schon lange Einzug gehalten. Die Futtersilos verunstalten die Landschaft, heisst es – von den Fabrikschloten wird nicht gesprochen. Solche Unschärfen im Blick machen es deutlich: das «alte» Bauernleben ist in ihrer Vor-

1865) sowie die schwierigen Jahre um 1873 nach dem deutsch-französischen Krieg wirkten sich negativ auf die Bandfabriken aus. Auch die 1880er Jahre, die später die «Grosse Depression» genannt wurden, warfen ihre Schatten ins Baselbiet. Während die Heimindustrie immer mehr zu einem Puffer degradiert wurde, mittels derer die Unternehmer konjunkturelle Höhenflüge ausgleichen konnten, für die aber in schlechten Zeiten nichts übrig blieb, wurde die Fabrikproduktion zum tragenden Pfeiler der Industrie im Baselbiet. Das Leben veränderte sich in mehrfacher Hinsicht: Heimarbeiter arbeiteten je nachdem, ob sie es sich leisten konnten, weniger oder mehr. Nicht nur das Geld, der Verdienst, stand im Zentrum ihrer ökonomischen Überlegungen, sondern auch die Zeit, die sie für die eigene Landwirtschaft brauchten.[4] Doch für die ganz von der Fabrik abhängigen Lohnarbeiterinnen und Lohnarbeiter galt dieser Grundsatz nicht mehr.

**Fabrikgesetz und Wachstum**

Als zweiter Kanton in der Schweiz erliess Baselland 1868, vier Jahre nach Glarus, ein Fabrikgesetz.[5] Damit lag Baselland fast ein Jahrzehnt vor dem ersten gesamtschweizerischen Fabrikgesetz von 1877. Initiant war der spätere Bundesrat Emil Frey, damaliger Erziehungsdirektor. Das Baselbieter Gesetz schützte vor allem die Kinder, enthielt aber keine Arbeitszeitregelung für Erwachsene oder gar besondere Bestimmungen für die Frauen, welche in den Fabriken die Mehrheit stellten. Erst das eidgenössische Fabrikgesetz beschränkte 1877 auch für die Erwachsenen die Arbeit auf elf Stunden, an Samstagen auf zehn Stunden, das heisst auf insgesamt 65 Stunden in einer Woche. Für Jugendliche gab es eine Sonderregelung, und Kinder unter 14 Jahren durften generell in Fabriken nicht mehr arbeiten. Auch für die Frauen gab es neue einschneidende Vorschriften: keine Arbeit in der Nacht und an Sonntagen. Wöchnerinnen durften acht Wochen nicht arbeiten, und Frauen, die einen Haushalt zu besorgen hatten, konnten sich auf eineinhalb Stunden Mittagszeit berufen, statt auf eine wie bisher.

**Ziegelei Allschwil 1915**
*Die Aktienziegelei Allschwil ging 1918 aus der Mechanischen Ziegelei F. Rothpletz hervor, die 1897 gegründet worden war. Die Nachfrage nach Baumaterial, die unter anderem durch die Neuanlage ganzer Quartiere in Basel bedingt war, löste eine Vielzahl von Firmengründungen aus. Die gute Konjunktur in den 1920er Jahren erlaubte den Übergang von der ausschliesslichen Sommer- zur Ganzjahresproduktion. Die Ziegelei bot, wie das Bild zeigt, Jugendlichen, Männern und Frauen Beschäftigung. Ein Grossteil der Belegschaft stammte aus dem Ausland. 1975 wurde die Ziegelei geschlossen.*

Im halben Jahrhundert vor dem Ersten Weltkrieg wuchs die Baselbieter Industrie enorm. Rund drei Viertel aller Fabrikarbeiterinnen und Fabrikarbeiter arbeiteten um 1890 in der Textilindustrie. Doch sind die zahlreichen Firmengründungen im Bausektor, die Ziegeleien, Tonwerke und Baufirmen, ebenso Gradmesser für das Wachstum und die Aufbruchstimmung. Dabei bildeten sich in der nahen Umgebung Basels eigentliche Arbeiterdörfer. Interessant daran ist, dass Birsfelden – es teilte sich mit Binningen diesen Ruf – noch 1910 nur gerade zwei Fabriken aufwies, aber einen sehr grossen Anteil an Fabrikarbeiterinnen und Fabrikarbeitern in der Bevölkerung hatte: Sie arbeiteten in den Betrieben in der Stadt. Aber auch die Fabriken selbst änderten ihr Gesicht: «Aus dem Geschäftsherr, dem Patron, war nach und nach ein Unternehmer» geworden.[6]

## Verkehr

Bildlicher Ausdruck einer neuen Zeit war die Eisenbahn. In erster Linie als gewinnversprechendes Transportmittel wurde sie von den Fabrikanten gefordert und tatkräftig gefördert. Es kam neben den anfänglichen Protesten auch zu fast religiösen Verklärungen der Eisenbahn. «Die Eisenbahngesellschaften sind die Mönchsorden unserer Tage», träumte der fortschrittsselige Kapuzinerpater Franz Sales im Roman von Johannes Gihr, «welche die Sendboten der Kultur und Civilisation bald in die entlegensten Theile und Winkel der Erde werden entlassen».[7] Es war nicht allein die Überwindung von langen Strecken – Wanderburschen, Wallfahrer taten dies schon länger –, sondern die allgemeine Verfügbarkeit, die «Demokratisierung der Geschwindigkeit».[8] Mit ihr im Einklang befindet sich eine Massnahme, die oft übersehen wird, die Vereinheitlichung der Zeit. 1853 erklärte der Bundesrat die Berner Lokalzeit als verbindliche Grundlage für den Telegraphenverkehr. Die mitteleuropäische Zeit konnte 1894 durchgesetzt werden.

«Der Abgang eines Zuges auf jeder Station hat seine genau bestimmte und öffentlich bekannt gemachte Zeit», hiess es 1863 in der Heimatkun-

**Frauenarbeit in der Textilindustrie**
*Die Frühzeit der Industrialisierung wurde durch die Textilindustrie geprägt, in der vor allem Frauen beschäftigt wurden. Deshalb war die Mehrheit der im zweiten, industriellen Sektor Beschäftigten im 19. Jahrhundert weiblich. Erst mit dem Entstehen anderer Industrien, der Metall- und Maschinenindustrie, später der Chemie, fanden vermehrt auch Männer als Fabrikarbeiter Beschäftigung. Nach 1900 sank der Anteil der Frauen an der Fabrikarbeiterschaft von rund 42 auf 31 Prozent im Jahr 1944. Auf dem Bild: Arbeiterinnen in der Arlesheimer Schappe um 1945.*

de von Thürnen. «Daher sind in den Bahnhofgebäuden und in der Hand der Zugführer genaue Uhren. Jeden Morgen werden dieselben, unter Benutzung des Telegraphen, nach der Zeit der Bundesstadt Bern gerichtet.» Diese präzisen Fahrzeiten der Züge hatten ihre Folgen: «Weil alles Volk die Zeit der jeweiligen Abfahrt wissen kann, so möge sich jeder so einrichten, dass er es nicht nötig habe, voll Hast der Station zuzueilen. Vor einigen Monaten hatten wir den Fall, dass ein Mann den Wagen ausser Atem noch erreichte, in demselben aber todt hinsank.»[9]

**Das Geld: Die Bankengründungen**
Immer mehr setzte sich im Laufe des 19. Jahrhunderts das Geld gegenüber dem Tausch als Ausdrucksmittel der wirtschaftlichen Beziehungen durch. 1849 entstand die Basellandschaftliche Hypothekenbank. 1864 gründete Christoph Rolle in seiner Rolle als Baselbieter Finanzdirektor die Basellandschaftliche Kantonalbank. Das Geld, das Vermögen, der monetäre Reichtum wurden für die gesellschaftliche Machtposition grundlegend. Dieser Entwicklung kam die Vereinheitlichung der Währung durch den neuen Bundesstaat von 1848 zupass.[10]

Sparsamkeit bekam mehr und mehr die Bedeutung einer bürgerlichen Kardinaltugend. Dabei war das Sparen nur das eine. Das andere: Geld leihen zu können, war mindestens gleichbedeutend, wenn nicht sogar wichtiger. Das Leben im 19. Jahrhundert war nicht nur für die Unternehmer unsicher, sondern auch für die kleinen Leute. Phasen der wirtschaftlichen Konjunktur wechselten mit Flauten. Also war es angebracht, für schlechte Zeiten einen «Notbatzen» auf die Seite zu legen. Dass man dies mit Hilfe einer Bank tun sollte, brauchte einiges an Überzeugungsarbeit. Eigentumsbildung galt den Unternehmerfamilien als sichere Massnahme gegen die drohende Proletarisierung ihrer Arbeiterinnen und Arbeiter.

---

stellung mehr als nur eine ökonomische Produktionsform. Dieses «alte» Bauernleben, das in solchen Vergleichen zitiert wird, ist auch ein Symbol für die richtige gesellschaftliche Ordnung. Die gibt es offenbar nicht mehr: Heute dominiert Profitdenken und die Ehrfurcht ist verloren gegangen; wer den Sonntag nicht mehr heiligt, schändet auch die Natur. Laufentaler Bauern gibt es heute nur noch wenige, aber noch lange überlebten sie in den Köpfen. Das Bild vom Bauern ist eine alte Tradition. Gerade in diesen Jahren des Umbruchs, seit die Moderne mit ihren Fabriken und Eisenbahnen über das Laufental hereingebrochen ist, wird es stets wieder neu belebt.

Das Bild vom ländlichen, dörflichen, bäuerlichen Laufental geistert seither erst recht durch die Gedichtbände. Wie nie zuvor wird es zu Beginn dieses Jahrhunderts auf Bilder gebannt und in Texte gefasst:
*«Ne Buuremaitli will i si, Das isch e so, und blibt derbi»*, dichtete Joseph Gerster-Roth 1923.[7] Ob er damit dem bekannten *«E Buurebüebli maan i nit»* etwas entgegenhalten will? Doch unterscheidet sich Joseph Gerster-Roth keine Spur vom Zeitgeist. Albin Fringeli seinerseits gibt seinen Versen pathetische Überschriften wie «Am Heimatagger» oder «Heimaterde»:[8]
*«Deheim, do isch dr Bode ruch*
*Un gizig alli Zitt –*

## Sparkassen

So entstand im Baselbiet eine ganze Reihe genossenschaftlich organisierter Darlehenskassen.[11] Sie basierten alle auf der Idee von Friedrich Wilhelm Raiffeisen (1818–1888). Dieser hatte zur Mitte des Jahrhunderts den Mangel an Geld als grundlegend für den «Pauperismus» erkannt und statt auf staatliche Wohlfahrt auf die Selbsthilfe gesetzt. Die Raiffeisen-Kassen sollten den Bauern und Handwerkerfamilien die dringend benötigten Kredite zur Verfügung stellen. Dann, so war Raiffeisen überzeugt, würden die Bauern und Handwerker auch Gemeinschaftssinn entwickeln, Absatz- und Produktionsgenossenschaften bilden, welche schliesslich die lokalen Wirtschaftsräume zu genossenschaftlichen umgestalten würden.

In den 1870er Jahren hatte die Wirtschaftskrise im für das Baselbiet so wichtigen Textilsektor erneut eine restriktive Kreditvergabe durch die Kantonalbank zur Folge gehabt. Es war nicht nur schwerer geworden, neue Kredite zu erhalten, auch die Zinsen waren gestiegen. Nicht der Mangel an Lebensmitteln verursachte eine Krise, sondern das Fehlen von Geldmitteln für die einfachen Leute. Ein wesentliches Ziel des Bauern- und Arbeiterbundes Baselland (BAB) war daher die Hypothekarreform. Aber weder auf dem Weg der Initiative noch auf demjenigen parlamentarischer Vorstösse gelang sie. Dennoch förderte das entschiedene Handeln des Bauern- und Arbeiterbundes den Rückgriff auf die Selbsthilfe. Diese äusserte sich nicht nur in reinen Geldangelegenheiten, sondern 1893 auch in der Gründung der Oberwiler und zwei Jahre später der Birseckischen Produktions- und Konsumgenossenschaft durch Stephan Gschwind. Die Gründung zahlreicher Elektrogenossenschaften, mittels derer die Posamenterinnen und Posamenter versuchten, den Vorsprung wieder einzuholen, welchen die Fabrikindustrie durch ihre bessere Konkurrenzfähigkeit hatte, war ebenfalls eine Folge dieser Entwicklung.[12]

*Und doch nimmt jede a de Schueh*
*Ne Bitzli Scholle mit.*
*Dr Vatter het se umegschafft,*
*Drin läbt echli vo syner Chraft.*
*I luege am Obe d'Wulchen a,*
*Wo obem Hus bliebt stoh,*
*Es isch mr, s'syg ne gute Geist*
*Zum Bsägne ane cho:*
*Un drus vernimmsch ne sine Ton:*
*Wär d'Heimet liebt – het s'Glügg zum Lohn!»*

Die Macht solcher öffentlicher Bilder überlagert denn auch immer wieder die eigene Erfahrung. «Tue du buure», heisst es bei Joseph Cueni. Viel zu wählen blieb den meisten Laufentalerinnen und Laufentalern zu Beginn dieses Jahrhunderts nicht, Fabrik oder Feld hiess es. Die harte Arbeit, die karge Freizeit, der geringe Ertrag – das sind Erfahrungen, die viele teilten. Aber diese Erfahrungen verschwanden im übermächtigen Bild des arbeitswilligen und anständigen Laufentaler Bauern.

### Bezugspunkt Basel

Zum Bild vom Land gehört immer auch die Stadt. Das ländliche Laufental definiert sich über die Abgrenzung zur nahen Stadt Basel, weit mehr jedenfalls als über das ferne Bern, welches politisch ausschlaggebend war, nicht aber, was Stadtleben

## Die Anfänge der Elektrifizierung

Strom gab es in der Schweiz schon eine geraume Zeit, ehe er im Baselbiet durchgesetzt werden konnte. 1840 stellte die Firma Escher-Wyss die ersten Turbinen zur Stromerzeugung her. Bis in die 1880er Jahre beschränkte sich die Anwendung des Starkstroms mehrheitlich auf die Beleuchtung. Doch gefragt war die Elektrizität in immer mehr Bereichen: als Kraftquelle für Maschinen und als Lichtquelle. Im Baselbiet wurde die Elektrizität zum ersten Mal bei einem Grossanlass, dem Kantonalgesangsfest vom Mai 1882 in Gelterkinden, angewandt sowie für die elektrische Strassenbeleuchtung in Liestal. Dieser Anwendungsbereich verschaffte ihr eine beachtliche Publizität. Schliesslich nahmen am Gesangsfest in Gelterkinden über 1500 Sängerinnen und Sänger teil. Elektrizität eignete sich noch nicht für den privaten Gebrauch. Sie war eine Sensation, exklusiv und teuer.

Pionier der Elektrifizierung des Baselbiets war Friedrich Eckinger. Er arbeitete für die Elektrizitäts-Gesellschaft Alioth in Münchenstein. Nach einem längeren Hin und Her über die Versorgung der umliegenden Gemeinden war es wieder Stephan Gschwind, der eine Genossenschaft anregte. Am 19. April 1897 fand die Gründungsversammlung der Genossenschaft Elektra Birseck statt.[13]

Auch im Bezirk Sissach kam es 1898 zur Gründung einer Elektro-Genossenschaft. Die Stromversorgung durch das Elektrizitätswerk Olten-Aarburg scheiterte an der Frage des Preises. Im Unterschied zur Elektra Birseck ging es aber nicht um die Herstellung, sondern lediglich um die Verteilung des Stromes, der im Falle der Elektra Sissach-Gelterkinden von den Kraftübertragungswerken Rheinfelden bezogen wurde. Im Bezirk Liestal regten sich ebenfalls – nicht zuletzt unter Beteiligung von Stephan Gschwind – Stimmen, welche eine Genossenschaft zur Stromverteilung anstrebten. Am 27. November 1898 wurde die Elektra Baselland gegründet. Relativ rasch dehnte sich der Kreis der Strombezüger über den Kanton hinaus aus. Vielerorts wurden Dorfgenossenschaften errichtet, welche die Ver-

**Portlandzementfabrik Zwingen 1910**
*Die Laufentaler Portlandzementfabrik Zwingen bestand von 1898 bis 1913. Trotz ihres Namens steht sie auf Nenzlinger Bann. 1910 beschäftigte sie 85 Personen. Der Betrieb existierte nur kurze Zeit; er wurde wegen seiner ungünstigen Verkehrslage und wegen Konzentration in der Zementindustrie geschlossen.*

teilung des Stromes im kleinen Kreis des Dorfes übernahmen. Dabei kam es zu einem leidenschaftlichen Konkurrenzkampf zwischen den zuliefernden Genossenschaften und den abnehmenden Dorfgenossenschaften. Dörfer, die wie Lupsingen zwischen zwei «Hoheitsgebieten» lagen, konnten von ihrer Lage profitieren, indem sie die anbietenden Genossenschaften gegeneinander ausspielten. Die Elektrifizierung des Kantons Basel-Landschaft ging rasant voran und war um 1910 fast abgeschlossen.[14]

Nach dem durch den Ausbruch des Ersten Weltkriegs bedingten Rückgang begann der Stromverbrauch ab 1926 stetig zu wachsen. Die Elektra Baselland freilich hatte mit der Posamenterkrise in den 1920er Jahren schwer zu kämpfen. Ihre Stromlieferung ging zurück, obwohl sie sich 1923 mit der Elektra Farnsburg (Sissach und Gelterkinden) zusammengeschlossen hatte. Der Einzug des elektrischen Stromes in den Dörfern des Baselbiets bereitete den Einwohnerinnen und Einwohnern einige Überraschungen: nicht nur freudige, etwa dann, wenn es ums Ausprobieren und Kennenlernen ging. Wirtschaftsgeschichtlich aber bleibt von Bedeutung, dass die Elektrizität auch neue Berufe mit sich brachte.

Elektrischer Strom galt als ungemein gefährlich. Gewalt und Kraft des Stroms machten den Leuten Eindruck. Man bewunderte und fürchtete die Elektrizität. Elektriker galten als «Hexer». Sie waren Vermittler und Helfer, welche das Gefährliche besiegen und bannen konnten. Selbst wenn sie gelegentlich in Unfälle verwickelt waren, den Elektrikern gebührte Hochachtung und Bewunderung. Manch einer sah den Arbeitenden oben auf der Stange zu, angetan mit diesen krummen Eisen und dem dicken, breiten Ledergurt, und dachte sich: «Was macht auch der dort oben.»[15]

### Die Selbsthilfe

Die Beispiele Uhrenfabriken, Geld und Elektrizität verdeutlichen ein Baselbieter Spezifikum der Industrialisierung: die Selbsthilfe. Die korporative Selbsthilfe war in den Gemeinden eine lange eingeübte Praxis. Tauchten –

**Der Elektriker hoch oben**
*Die Elektrizität stellte einen wichtigen Faktor der Industrialisierung dar. Leitungsmasten, Transformatorenstationen und Elektriker gehören zur Geschichte des elektrischen Stroms. Die gebogenen Eisen an den Schuhen, mit dem Ledergurt um die Stange festgemacht: Das Bild des Elektrikers hoch oben auf dem Strommast ist erst in jüngster Zeit verschwunden, als man die elektrischen Leitungen unter die Erde verlegte. Mit der neuen Schalttechnik wurden auch die Transformatorenhäuschen überflüssig.*

anbetraf. Joseph Cueni sagt dazu: «Man stimmte ja noch einmal ab, zu welchem Kanton man wolle. Und da hatte man Angst, wenn man zu Basel-Stadt käme, die bringen sämtliche Chemischen. Zwischen Laufen und Breitenbach, das viele Land dort, dass das plötzlich verbaut werde.» Es gibt auch andere Stimmen. Marie Karrer sieht das so: «Mir gefiel Basel gut, ich ging viele Male. Für Kleinigkeiten in den Globus, für Kleider in den Feldpausch oder Rümelin. Dann ging man morgens, ass noch Mittagessen in der Stadt und kam abends wieder heim.»

Und doch – trotz ihrer gegenteiligen Einschätzungen bleibt bei beiden die Stadt das Fremde, das kulturell Andere, das, was das Land erst zum Land macht. Ob man sich jetzt vor der Verstädterung fürchtet oder sich am Warenangebot erfreut, hörbar wird immer eine Grenze im Kopf. Diese Grenzen sind nicht einfach unpolitisch, im Gegenteil. Die stark dörfliche Identität des Laufentals ist Resultat seiner historischen und politischen Grenzlage. Natürlich gibt es hier auch andere Identitäten, die nicht bodengebunden sind: zum Beispiel den Katholizismus. Dorfkirchen und Pfarrgrenzen: Sie markieren die materiellen und realen Grenzen des Katholizismus. Als Glaubenssystem ist aber der Katholizismus an sich weltumspannend. Erst recht ist er dies,

**Ein Arbeiterhaus**
*Ein typisches Produkt des Werkswohnungsbaus sind die Schappe-Häuser in Reinach. Sechs Doppelhäuser wurden 1892 an der Bruggstrasse gebaut. Die Absicht war, etwa 20 bis 24 solcher Doppeleinfamilienhäuser zu errichten. Die Industriegesellschaft für Schappe in Basel baute in Arlesheim Einfamilienhäuser für ihre Arbeiterfamilien. Nicht Mietshäuser. Davon liessen die Unternehmer die Finger. Mietskasernen schienen der Gefahr Vorschub zu leisten, die Unterschiede in der Arbeiterschaft zu verwischen und so die Arbeiterfamilien in die Fänge der politischen Agitation und Organisierung zu treiben.
Im Einfamilienhäuschen hingegen sah man das bürgerliche Prinzip verwirklicht. Einfacher, weniger komfortabel, aber individuell. Der Bau von Werkswohnungen verfolgte neben den sozialen stets auch erzieherische und disziplinierende Ziele. Dabei wirkte etwa die Angst, in Krisenzeiten ohne die teilweise Selbstversorgung durch das eigene Gärtlein dazustehen, immer mit.
Viele Familien wohnten jahrzehntelang und in verschiedenen Generationen in den Schappe-Häusern. Das lag am niedrigen Mietzins. Freilich waren auch die Löhne in der Schappe nicht hoch, so dass man froh war, wenig Miete bezahlen zu müssen. Durch die Werkswohnungen band die Schappe ihre Arbeiterinnen an die Fabrik. Die Töchter begannen gleich nach Beendigung der Schulzeit in der Schappe zu arbeiten. Das Bild zeigt die Westfassade eines Schappe-Hauses. Deutlich erkennbar ist der Ökonomieteil links mit dem von aussen zugänglichen kleinen Stall und dem darüber liegenden Heustock.*

wie im Laufe der Industrialisierung sehr oft – neue Probleme auf, so lag es nahe, diese ebenfalls durch die tradierten Formen der Selbsthilfe zu bewältigen. Doch stand die Tradition nicht mehr allein. Modernere Formen, öffentliche Aufgaben anzupacken, begannen sie zu konkurrieren, namentlich zentral- oder sozialstaatliche Formen. Langfristig nahm die Selbsthilfe sogar an Kraft ab. Was aber machte die «politische Kultur der korporativen Selbsthilfe» aus? Sie orientierte sich am dörflichen Horizont. Kanton und Bund waren als Orientierungsgrössen noch zweitrangig. Sie richtete sich denn auch gegen zentralstaatliche Kompetenzen. Waren diese unvermeidlich, so wurden sie von den Gemeinden durch politische und finanzielle Restriktionen zurückgebunden. Sie wendete sich aber auch gegen die Arroganz der Eliten, die zu wissen glaubten, was dem «Volk frommt». Bezeichnend für die Form der Selbsthilfe war ihre Ausrichtung: Beteiligt waren alle wirtschaftsfähigen Männer als grundsätzlich gleichberechtigte Glieder. Ausgenommen waren: Frauen, Fremde und Falliten, die in Konkurs Geratenen.[16]

### Wohnen im Industriezeitalter

Der Wohnungsbau in Basel hatte mit dem steten und raschen Wachsen der Betriebe nicht Schritt gehalten.[17] Die Verhältnisse waren äusserst beengend. Wo man irgendwie schlafen konnte, war ein Schlafplatz eingerichtet: unter Keller- und Estrichtreppen, in Kammern unter dem Dach. Kleine Kinder schliefen mehrere gleichzeitig in einem Bett, die kleinsten unter ihnen auch in den Schubladen von Kommoden. Familien, die ohnehin schon mit sehr wenig Räumen auskommen mussten, vermieteten ein Zimmer noch an Fremde weiter, um so einen Teil der Miete wieder zu bekommen. Wenn ein weiteres Kind unterwegs war, zog man nicht in eine grössere, sondern in eine kleinere Wohnung, um Geld zu sparen, das man für das Kind brauchte. Besonders billig war das Trockenwohnen irgendwelcher Neubauten, die eigentlich noch nicht hätten bewohnt werden dürfen. Die «Wohnungsfrage» war ein drängendes Problem des 19. Jahrhunderts. Einige philantropische

Unternehmer kamen auf die Idee, sich das Beispiel der Cité ouvrière in Mülhausen zu Eigen zu machen und Arbeiterhäuschen auch im Raum Basel zu erstellen. Ökonomisch konnten diese nie die ganze Menge der Wohnungsuchenden absorbieren. Dazu sollten sie auch gar nicht eingesetzt werden. Aber als Verkörperung dessen, was durch eigene Ordnung, Fleiss und Reinlichkeit erreicht werden könne, hatten sie eine grosse Prägekraft. In Dörfern der Landschaft war diese Siedlungsform weniger ausgeprägt als in der viel engeren Stadt. Doch zeigen die Schappe-Siedlung in Arlesheim, das Freidorf in Muttenz und die Arbeiterhäuser in Grellingen, dass auch fernab der hektischen Stadt Arbeitersiedlungen gebaut wurden.

## Fortschritt?

«Die Arbeit hat unsere Lebenszeit konfisziert», schrieb Karl Marx.[18] Damit sprach er eine grundlegende Erscheinung des 19. Jahrhunderts und der Industrialisierung an. Fabrikordnungen und die Losung: «Tempo, Tempo» waren etwas ganz Neues. Zudem war die Arbeit zur Ware geworden. Dabei gab es während des 19. Jahrhunderts durchaus ernst gemeinte und ernst genommene, weit verbreitete Gegenentwürfe und Kritiken. Nicht nur unverbesserliche Traditionalisten, Maschinenstürmer und Romantiker kritisierten oder ironisierten die Arbeitssucht und den Verschleiss an Menschen, Kraft und Landschaft. Der Fortschrittsoptimismus war nicht ungeteilt. Was aber ist Fortschritt? «Fortschritt ist für uns, für uns Arbeiter ist Fortschritt das, wenn's jedem besser geht als früher», sagte der Prattler Gemeindepräsident von 1945 bis 1950, der Kommunist Hans Jeger-Weisskopf, noch Mitte der 1980er Jahre im Gespräch.[19] Dafür hatte er in den Organisationen der Arbeiterbewegung ein Leben lang gekämpft. Sie haben ihr Ziel erreicht: Achtstundentag, 44-, 42-Stunden-Woche, Fünftage-Woche, vier Wochen Ferien, AHV, dies sind alles ihre Errungenschaften. Schon gegen Ende des 19. Jahrhunderts stiegen die Reallöhne. Den Menschen ging es im grossen Ganzen – von krisenhaften Einbrüchen abgesehen – immer besser. Ist also

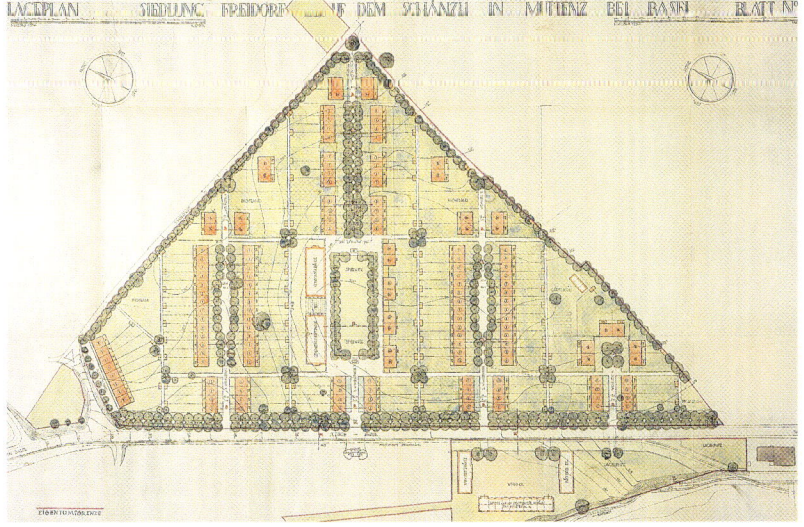

**Freidorf beim Schänzli in Muttenz**

*Ein ähnliches und doch ganz anderes Beispiel als die Schappe ist das Freidorf in Muttenz. Ähnlich, weil es auch ein Arbeiterwohnungsprojekt war, ganz anders jedoch in der Planung und der Realisierung. Die Absichten allerdings sind hinter den vordergründig diametral entgegengesetzten Welten nicht unähnlich: die Absicht nämlich, die Arbeiterinnen und Arbeiter, die Angestellten vom Alkohol und vom Wirtshaus weg zu einem geordneten Leben zu bringen. In der Zeit nach dem Landesstreik von 1918 reifte in den Kreisen des Verbandes der Schweizerischen Konsumvereine (VSK) die Idee, eine genossenschaftliche Mustersiedlung zu bauen. Die vom Architekten Hannes Meyer geplanten und ausgeführten Bauten trafen sich mit den Vorstellungen der Auftraggeber.
Im Freidorf sollte mehr entstehen als nur eine Siedlung. Die Überbauung sollte als Gegenstück zum bürgerlichen Leben, zu Konkurrenzverhalten und Überfluss Schule machen. Deshalb lag dem Freidorf auch mehr als nur die bauliche Idee zugrunde. Grund und Boden gehörten der Genossenschaft. Strenge Vorschriften regelten das Zusammenleben. Die zweite Besonderheit bestand in der «Erfassung der Sparkraft». Die «Batzensparkasse» des Dorfes sollte allen zeigen, wie «aus wenigen Rappen in kurzer Zeit Reichtum entsteht».
Das Freidorf war ein Pilotunternehmen und fand weit über architektonisch interessierte Fachkreise hinaus Anerkennung. Allerdings – ähnlich wie in Arlesheim – galten auch die Siedlungsbewohnerinnen und -bewohner des Freidorfs in Muttenz als kauzige, abweichende Gesellinnen und Gesellen. Doch im Gegensatz zu den Schappebewohnerinnen und -bewohnern sprach man im Ort Muttenz selbst von den Freidörflerinnen und Freidörflern als von den Besseren.
Auf dem Bild: der Grundrissplan der Gesamtanlage mit seiner strengen Gliederung, umgeben von einer Mauer.*

die Industrialisierung ein Segen? Hans Jeger-Weisskopf hat auch dafür eine einfache, aber nicht unzutreffende Erklärung: «Da ist längst nicht mehr alles einfach Fortschritt, was man früher als solchen bezeichnet hat.»

Die Industriearbeit trennte den Produktionsprozess in Kopf- und Handarbeit. Die Technik, nicht mehr die Menschen begannen das Tempo und den Umgang mit der Natur zu bestimmen. Die Arbeitenden mussten sich diesem System der technischen Abläufe anpassen, die Natur wurde überfordert. Nachtarbeit, Schichtarbeit ordneten die Menschen den Maschinen unter, machten sie zu Maschinenmenschen. Mit zunehmender Zergliederung von einzelnen Prozessen wurde die repetitive Arbeit möglich, die weniger Anforderungen an die Qualifizierung der Arbeiterinnen und Arbeiter stellte. Die Anlernzeiten wurden kürzer, die Arbeiterinnen und Arbeiter beliebig ersetz- und austauschbar.

Dagegen wehrte sich die Arbeiterbewegung. Ein Ziel war, die Arbeiterinnen und Arbeiter nicht schutzlos den Fabrikanten auszuliefern. Neben der hauptsächlichen, politischen Tätigkeit, der sich vornehmlich die 1913 gegründete Sozialdemokratische Partei Baselland, die Grütlianer und die Kommunistische Partei annahmen, standen Rechtshilfe und Bildungsfragen ebenso an wie die Sozialfürsorge. Doch geprägt von den Erfahrungen der korporativen Selbsthilfe und der individuellen Ausweichmöglichkeiten auf die Landwirtschaft, waren die Baselbieterinnen und Baselbieter wenig begeisterte Parteigängerinnen und Parteigänger der Gewerkschaften. Die Baselbieter waren dörflich, örtlich verankert, was die Organisation auf kantonaler Ebene erschwerte. Erst 1919 konstituierte sich das Gewerkschaftskartell Baselland als Zusammenschluss der einzelnen Gewerkschaften. Im gleichen Jahr wurde auch der kantonale Industriellenverband gegründet. Die beiden Gründungen im gleichen Jahr sind Ausdruck des äusserst gespannten Verhältnisses zwischen Arbeiterschaft und Unternehmern. Aber die Organisationen der Arbeiterbewegung waren auch im Baselbiet unter sich zerstritten, die Opposition stark zersplittert.[20] So gab es im Gewerk-

wenn man die «Laufentaler UmWelt» ansieht: Das Elsass ist katholisch, der französischsprachige Jura, das Schwarzbubenland genauso wie das Birseck. In diesem Sinne ist die religiöse Identität eines Grellingers oder einer Liesbergerin zugleich überall und nirgends verortet.

**Land der Bauern**
Ist das Laufental ein Land der Bauern, fern der Stadt? Die vergleichsweise späte Industrialisierung mit ihren Zwischenformen hat die Lebensformen im Tal verändert. Ein eigentlicher Arbeitertypus ist aber nicht entstanden. Insbesondere ist der dörfliche Rahmen auch in den Industriezentren bestehen geblieben, das grosse Wachstum erst in der Nachkriegszeit gekommen. Aber selbst wenn seit dem Ende des Zweiten Weltkrieges dank der immer grösseren Mobilität die Enge lockerer geworden ist, gegenüber der Urbanität Basels bleibt das Laufental trotz seiner zunehmenden «Verstädterung» nichts anderes als tief provinziell. Das «Fabrikstädtchen» Laufen an der Birs zählt 1960 an die 1300 Arbeitsplätze in industriellen Betrieben. Obwohl der Pendelverkehr aus den umliegenden Gemeinden stetig zunimmt, das heisst immer mehr Menschen aus den Dörfern morgens aufbrechen und am Abend heimkehren, während sie ihr Auskommen und ihre

schaftskartell während der ersten Jahre immer wieder Streit um den politisch radikalen oder gemässigten Kurs. Erfolge zeigten sich immer dann, wenn die Arbeiterinnen und Arbeiter geschlossen auftraten. So zum Beispiel, als 1922 die Lex Häberlin, welche die Arbeit der Arbeiterorganisationen erschweren sollte, in der Volksabstimmung abgelehnt wurde, oder 1924, als noch deutlicher der Lex Schulthess, welche den Achtstundentag rückgängig machen wollte, ein Riegel geschoben wurde.

### Der Kanton und die Industrialisierung

Das Wachstum und die Veränderungen im 19. Jahrhundert stellten die Kommunen, die Kantone und den Bund zusehends vor neue, schwierige Aufgaben: Verkehr, öffentliche Beleuchtung, Wasserversorgung, Kanalisation, Strassenreinigung, Post und Telefon, nicht zuletzt die Gerichts- und Polizeiaufgaben, dort auch die administrativen Belange wie Gewerbe- und die Baupolizei. Das alles konnte nicht einfach den Privaten überlassen werden, da sich schon binnen relativ kurzer Zeit zeigte, dass das, was die eine Seite als freien Markt bezeichnete, auf der anderen, der schwächeren Seite der Gesellschaft als blanke Spekulation ankam. Da es sich bei den genannten Gütern aber um Alltagsbedürfnisse, so genannte öffentliche Güter handelte, kam es immer wieder zu Reibereien zwischen den privaten Anbietern und den kommunalen Abnehmern. So zum Beispiel bei der öffentlichen Beleuchtung. 1861 in Bern, 1869 in Basel und 1886 in Zürich wurde diese von den Kommunen übernommen. Um sie zu verwalten, brauchte es «Staatsdiener», die Beamten. Aber nicht nur in administrativen Belangen war «der Staat» gefragt. Durch seine Wirtschafts- und Sozialpolitik griff er immer wieder vermittelnd in die Konflikte zwischen Arbeitgebern und Arbeitnehmern ein, zum Beispiel durch die Gründung des Staatlichen Einigungsamtes am Ende des Ersten Weltkrieges oder die Beschäftigungsprogramme für Arbeitslose in den 1930er Jahren.

**Abstimmungsplakat gegen die Lex Schulthess**

*Das eidgenössische Fabrikgesetz von 1877 reduzierte die Arbeitszeit auf elf Stunden pro Tag. Seit 1889 stand die Forderung nach dem Achtstundentag auf den Fahnen der Arbeiterbewegung. 1919, im Jahr nach dem Generalstreik, wurde er Wirklichkeit. Doch 1924 wurde mittels der Lex Schulthess versucht, die wöchentliche Arbeitszeit wieder auf 54 Stunden heraufzusetzen. Während die Befürworter mit der Parole «Durch Arbeit zum Wohlstand» volkswirtschaftlich argumentierten, betonten die Gegner, wie auf diesem Plakat, das Recht auf menschenwürdige Arbeitsbedingungen.*

Arbeit in den Fabriken finden, bleibt der Eindruck bestehen, es handle sich um typische Bauerndörfer.⁹
Der Begriff «Land der Bauern» meint eine Vorstellung, nicht die Realität. Das Laufental ist heute eine Industrielandschaft, die sich freilich immer mehr zur Dienstleistungslandschaft wandelt. Für die «Segnungen» der Moderne ist dieser Unterschied einerlei. Schon lange gibt es Drogentote in den Dörfern, erstickt das Tal im Verkehr, sehen die Einfamilienhäuser in Wahlen und Dittingen gleich aus wie die in Allschwil, Bottmingen und Oerlikon. Aber in den Köpfen gilt noch immer das Bild vom ländlichen Laufental mit Wald, Wiesen, Bauernhäusern. Die frühere soziale Kontrolle im Dorf, das stete Beobachtetsein und gleichzeitige Beobachten, wird umfunktioniert zu einem Gefühl der Zusammengehörigkeit, der dörflichen Solidarität. Nicht nur in den Köpfen der Laufentalerinnen und Laufentaler, sondern vor allem auch in den Köpfen der Nichtlaufentalerinnen und Nichtlaufentaler. Die Bilder der anderen, die Bilder von aussen diktieren aber auch ein Stück weit das Selbstverständnis der Laufentaler und Laufentalerinnen.

**Lesetipps**

*Den differenziertesten struktur-geschichtlichen Ein- und Überblick in die Geschichte der Industrialisierung im Kanton Basel-Landschaft gibt Martin Meier (1997).*
*Zur Geschichte der Arbeiterinnen, Arbeiter und Arbeiterbewegung sind zu erwähnen: Bernard Degen, Das Basel der anderen (1986) und Wilfried Haeberli, Die Geschichte der Basler Arbeiterbewegung von den Anfängen bis 1914 (1986 und 1987).*
*Auf die Arbeits- und Lebensbedingungen der Baselbieter Bandweberinnen und Bandweber geht Paul Fink in seinen Arbeiten Vom Passementerhandwerk zur Bandindustrie (1978) und Geschichte der Basler Bandindustrie (1984) ein.*
*Auf die Einführung des elektrischen Stroms spezialisiert hat sich Florian Blumer: Die Elektrifizierung des dörflichen Alltags (1994).*
*Auskunft geben ebenfalls anschaulich, noch dazu mit vielen Abbildungen, der von Anna C. Fridrich und Roland Grieder publizierte Ausstellungskatalog: Schappe. Die erste Fabrik im Baselbiet (1993), jene von Sabine Kubli und Martin Meier um einen Baselbieter Teil ergänzte Ausstellung Heraus aus Dreck, Lärm und Gestank mit dem Titel Rund um die Uhr (1990) und als neueste Publikation der von Brigitte Frei-Heitz verantwortete Industriearchäologische Führer Baselland (1995).*

*Über die Salzgewinnung informiert Kaspar Birkhäusers Festschrift 150 Jahre Saline Schweizerhalle (1987). Sie wurde allerdings an verschiedenen Stellen firmenkonform redigiert.*

*Nicht zu übergehen ist gerade im Bereich der Industriegeschichte die städtische Seite: Zu empfehlen ist hier Philipp Sarasins Stadt der Bürger (1990).*

**Abbildungen**

Aktiengesellschaft Brown, Boveri & Cie Baden, Juli 1930 (SWA): S. 9.
Fotoarchiv Johann Baptist Anklin-Jermann, Inv.Nr. 11106, 11053, 11059; Erich Anklin, Zwingen: S. 10, 13, 20.
Fotoarchiv Seiler, StA BL, Inv.Nr. KM 00.314: S. 11.
Archiv Rolf Jeck, Basel; Nr. A 4305, 177 A; Foto Lothar Jeck: S. 14 [A], 21 [A].
Sammlung Theodor Strübin, Kantonsmuseum Baselland, Inv.Nr. ST 256: S. 15.
Aktienziegelei Allschwil, Kantonsmuseum Baselland: S. 16.
M. Gloor, Menziken; Foto Eidenbenz Basel: S. 17.
Planbuch der Industriegesellschaft für Schappe, Handschriften 442 M 17 (SWA); Foto Roland Grieder: S. 22.
StA BL, NA, Bau HH.11. Muttenz; Foto Mikrofilmstelle: S. 23.
Schule für Gestaltung Basel, Plakatsammlung: S. 25.
Anne Hoffmann: Grafik S. 12. Quelle Martin Meier, Die Industrialisierung im Kanton Basel-Landschaft, Liestal 1997.

[A] = Ausschnitt aus Originalvorlage Reproduktionen durch Mikrofilmstelle.

**Anmerkungen**

1 Grundlegend Meier 1993 und 1997; vgl. Bd. 6, Kap. 1 und 2.
2 Mangold 1936, S. 117; INSA, Liestal, S. 473; Ballmer 1964, S. 93.
3 Birkhäuser 1987; Kubli/Meier 1990.
4 Epple/Schnyder 1996, S. 247–251.
5 Gruner 1968, S. 230ff.
6 Ballmer 1964, S. 118.
7 Gihr 1863, S. 265.
8 Oberer 1991; Frey/Glättli 1987; Bärtschi 1983.
9 Salathé 1997, S. 13–31.
10 Jundt 1964; Epple/Schnyder 1996, S. 267ff.
11 Ettingen 1902, Aesch/Pfeffingen 1903, Therwil 1904, Reinach/Oberwil 1905, Allschwil/Schönenbuch 1908 und Arlesheim 1918.
12 Epple 1994; Epple/Schnyder 1996, S. 302ff.; Rosenfeld 1968.
13 Blumer 1994.
14 Müller 1984.
15 Blumer 1994, S. 152.
16 Epple 1994, S. 15f.
17 Trevisan 1989; Leuenberger 1986.
18 Marx, Karl: Das Kapital, Bd. 1, MEW 23, S. 441.
19 Gespräch von Ruedi Brassel und Jakob Tanner mit Hans Jeger-Weisskopf, 14. August 1986, unveröff. Transkript.
20 Epple, Ruedi: Gewerkschaftsbund Baselland feiert seinen 75. Geburtstag, in: Basler Zeitung, 29. Oktober 1994.

1 Das Folgende nach Hagmann 1998.
2 Alle Namen geändert, Zitate hingegen im Wortlaut.
3 Bossart 1995, S. 17.
4 Meyer 1995, S. 155.
5 Frei-Heitz 1995, S. 37.
6 Meyer 1995, S. 156.
7 Gerster-Roth, Joseph (1860–1937): Die stolzi Buuretochter (1923), in: Gerster, Lorenzo (Hg.): J. G.-R., Das literarische und historische Gesamtwerk in 7 Bänden, Bd. 2: Gedichte, Basel 1988, S. 239.
8 Fringeli, Albin: Am Heimatagger, in: Dr Schwarzbueb 1935; Heimaterde, in: Dr Schwarzbueb 1931.
9 Gallusser 1995, S. 111ff.

# Hoch-Zeit und Niedergang der Seidenbandweberei

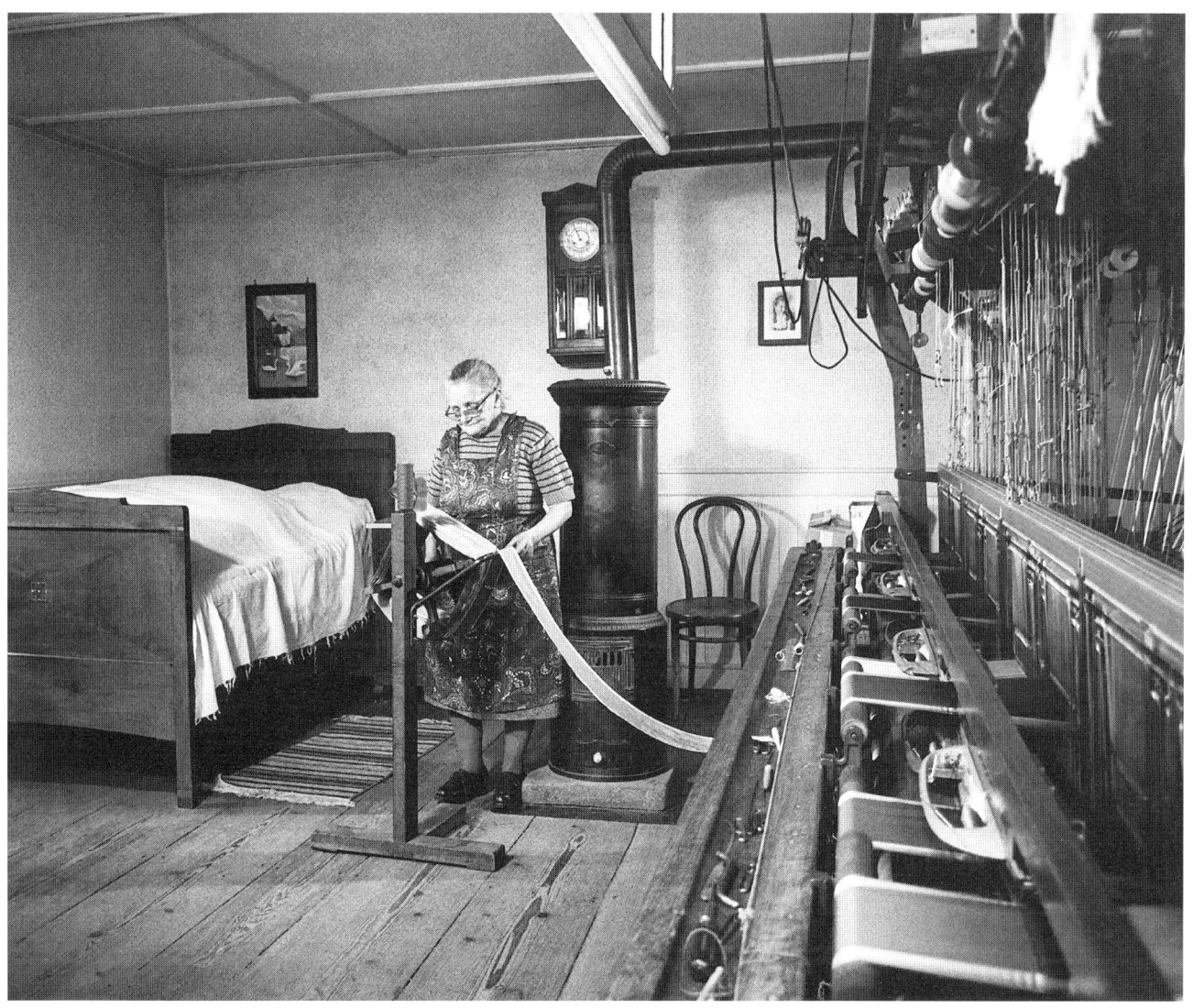

*Bild zum Kapitelanfang*
**Frauenarbeit**
*Martha Grieder kam 1896 in Rünenberg zur Welt. Ihre Eltern wohnten auf dem Hof Hundsbrunnen, den sie mit der Familie Buser teilten. Neben der Landwirtschaft betrieben beide Familien insgesamt fünf Webstühle. Im Film «Die letzten Heimposamenter» von Yves Yersin berichtete Martha Grieder später: «Buuret, as me vermöge het z pasimänte oder umgchehrt au, jo s het halt früener alls buuret und alls pasimänted im ganze Dorf.» Nach der Schule übernahm die junge Martha 1910 einen eigenen Stuhl. Mit 24 Jahren heiratete sie Wilhelm Buser aus der unteren Wohnung, arbeitete aber vorerst im oberen Stock weiter. 1934 richtete man einen Hausanbau als Posamenterstube ein. Ihr Mann Wilhelm besorgte die Landwirtschaft und wirkte nebenbei als Schreiner. Martha Buser versah den Haushalt und stand bis 1977 am Webstuhl. Während ihrer 67 Jahre dauernden Berufstätigkeit wob sie zuerst schmale Bänder für die Firma Vischer in Basel, später Haarbänder für die Firma Sarasin & Co. in Ormalingen und schliesslich breite Kranzschleifen für die Firma Rohrbach AG in Reinach: «Schöni Bändel, aber die, wo sen überchöme, gsäije se nümme», meinte Martha Buser-Grieder. Auf dem Bild haspelt Martha Buser-Grieder Kranzbänder.*

Die Fabrik, die zu besichtigen Pauline Wirz als «Zobeträgerin» zu Beginn des 20. Jahrhunderts Gelegenheit hatte, stand in Sissach. Vermutlich war es die Obere Fabrik. Doch es hätte auch die Untere Fabrik sein oder sie hätte in einer andern Talgemeinde des Kantons stehen können. 1895 zählten die eidgenössischen Fabrikinspektoren im Baselbiet sieben Bandfabriken, in denen 882 Frauen und Männer tätig waren.[1]

In den dreissiger Jahren des 19. Jahrhunderts waren städtische Unternehmer dazu übergegangen, Seidenbänder in Fabriken statt in Heimarbeit herstellen zu lassen. Denn in den Fabrikbetrieben liessen sich die Webstühle zunächst mit Wasser-, später mit Dampfkraft treiben. Zudem konnte der Jacquard-Automat zum Einsatz gelangen, welcher über Lochkartensteuerung («glochti Chartungbletter») die Bänder mit komplizierten Webmustern versah. Beides erlaubte, hochwertige Bänder relativ billig herzustellen. Die ersten Fabrikbetriebe entstanden in der Stadt und nicht wie in andern Kantonen auf dem Land. Grund waren die politischen Spannungen nach der Kantonstrennung. Die ersten Bandfabriken auf Baselbieter Boden waren Filialbetriebe der Basler Unternehmen. Die Firma Sarasin eröffnete 1846 in Binningen, 1860 in Sissach Ableger. Ebenfalls 1846 verlegte die Firma De Bary eine Filiale nach Gelterkinden. 1859 folgte die Firma Fiechter und Söhne ihrem Beispiel.[2]

Pauline Wirz staunte nicht über die Seidenbänder, sondern über die Art ihrer Herstellung. Die Ersetzung der menschlichen Kraft und die Selbststeuerung der glänzenden Maschinen kannte sie von zu Hause nicht: «Gross und schwer sy die Pasimänterstüel dogstande, euse dehei isch s reinscht Chläpperchischtli gsi dergege.» Die Herstellung der Seidenbänder in der Fabrik hatte im 19. Jahrhundert an Bedeutung gewonnen. Aber die traditionelle Heimposamenterei, das Weben auf handbetriebenen Webstühlen in den Wohnungen der Posamenterfamilien, hatte sich noch nicht verdrängen lassen. Die Heimposamenterei war im Baselbiet seit dem 18. Jahrhundert verbreitet,[3] und zunächst gedieh Neues neben Altem.

**Fabrikbesichtigung**
Do hai mer [...] eusi Chöpf zwüsche de Fänschterpföschten ynedrückt, hai die glänzige Cholben und Stange agstuunt und die breite Läderrieme, wo wie s Büsiwätter über suferi Redli und Reder gfahre sy, agafft und hai nit begriffe, was der Maschinemeischter mit sym ölige Sydefädewüsch all no die ganzi Zyt z rybe und z pützerle gha het. Do het jo alles vil schöner glänzt ass bi eus dehei in der Chuchi. [...]
E bsunderi Freud han in albe gha, wenn mer in die lange, grosse Säl ynecho sy. Dä Lärme, won is do etgege cho isch, wenn mer die höchi Türe ufgmacht hai! S eige Wort het me nümm verstande. Zum Glück hai die Zobeträger gwüsst, wo d Mueter, der Vater, d Schweschtere oder d Brüedere ihri Stüel hai. [...] D Wäbstüel sy jetz es Rüngli abgstellt worde, und mir hai d Bändel und alles drum und dra chönnen alueg.
Do het würkli niem an die lange Wäbstüel müese zieh wie deheime; d Chraft isch vo der Turbine gliferet worde. Gross und schwer sy die Pasimänterstüel dogstande, euse dehei isch s reinscht Chläpperchischtli gsi dergege. D Wäber hai nummen am ene Ysestängeli es bitzeli müese zieh, und scho isch d Maschine gloffen oder abgstellt gsi. Däwäg sy bed Händ

HOCH-ZEIT UND NIEDERGANG DER SEIDENBANDWEBEREI 29

**Blick in die Fabrik**
*Die Aquarelle von Emil Himmelsbach zeigen zwei Abteilungen der Gelterkinder Seidenbandfabrik Seiler & Co. AG. Sie entstanden in den dreissiger Jahren des 20. Jahrhunderts.*
*Oben ist die Winderei, unten die Weberei zu sehen.*

frei gsi für näbenem Wäbe yne mit eme chlyne Pasimänterscherli überflüssigi Fäden abzhaue oder mit der Lupe d Bändel uf d Schütz,[1] wo genau vorgschribe gsi sy, zmuschtere.

Do han i jezt d Doppellade, wo d Mueter mängisch dehei dervo brichtet het, chönne gseh. Oben- und undedure sy d Schiffli mit de Spüeli dur d Sydefäde, wo vo de Schäft gnau im Takt ufezoge und wider abeglo worde sy, gschosse. Glungeni, glochti Chartungbletter sy uf der Syte vom Wäbstuel ob de Zahnreeder allsfot grütscht und grütscht, und Negel hai gspässig drinyne gstoche. Der Wäber, wo im Augeblick uf der Bändelchischte näben em Stuel e

chly abgsässen isch und si Kaffi us em Chruegli trunke het, het mer erklärt, ass die Charte Jacquart heisse und Bluem und Bletter und suscht no alle Gugger in d Bändel deuge wäbe.

Mängisch hai mer au zoberscht ufe bis unders Dach müese go s Zobe träge. Öbben acht bis zäh langi Stäge hai mer müese duruf, und ängstlig hai mer vom oberschte Glända obenaben in d Tiefi gluegt. In däm Saal, wo d Fänschterschybe schreg wies Dach mit eme Ysestängeli e Spalt wyt ufgmacht gsi sy, ass die heissi Luft am Summer dur d Luftzug vo der offene Türe här hät sölle abküelt wärde, dört inne hai d Litzechnüpfere, d Yziejere und d Fädelänger-

Als in Basel die ersten Fabriken entstanden, betrug die Zahl der Heimarbeiterstühle auf der Landschaft 3500 und war im Steigen begriffen. In den sechziger Jahren des 19. Jahrhunderts war der Höchstbestand an Heimwebstühlen erreicht. 1871 rapportierte der Regierungsrat in seinem Amtsbericht einen Bestand von 4467 Heimwebstühlen. Seither nahmen nur noch die Fabrikwebstühle zu.[4]

Für 1880 zählte A. Koechlin-Geigy in einem Vortrag, den er am 16. Dezember 1883 vor der Statistischen Gesellschaft in Basel hielt, insgesamt 6309 Webstühle. Davon standen 4909 im Kanton Basel-Landschaft, 1023 in der Stadt und 377 in den übrigen Kantonen der Nordwestschweiz. Wie sich die Stühle auf Fabriken und Heimarbeiterbetriebe verteilten, geht aus seinen Zahlen nicht hervor.[5] Schätzungsweise dürften zwischen einem Viertel und einem Drittel der Webstühle damals in Fabriken gestanden haben, wobei der Anteil der Fabrikstühle in der Stadt höher, auf der Landschaft tiefer gelegen haben dürfte.[6] In den achtziger Jahren des 19. Jahrhunderts war der Höchstbestand an Webstühlen zu verzeichnen. In den folgenden Jahren sank ihre Zahl wieder. 1908 erhob Emil Thürkauf im Rahmen einer Untersuchung in der ganzen Region 4057 Heim- und 3090 Fabrikstühle. Nur noch 3512 davon standen im Kanton Basel-Landschaft.[7]

Die Seidenbandweberei war von Anbeginn an in weltweite Marktbeziehungen eingebunden. Die Verleger und späteren Fabrikbesitzer bezogen die Rohseide über den internationalen Rohstoffmarkt, und sie setzten später die fertigen Seidenbänder wieder weltweit ab. Die Abhängigkeit der Seidenbandweberei vom Weltmarkt bescherte ihr immer wieder Absatzschwierigkeiten: so zum Beispiel nach der Gründung des Deutschen Zollvereins 1834, der die Krefelder Konkurrenzbänder bevorzugte. Oder zu Beginn der sechziger Jahre, als der Sezessionskrieg den amerikanischen Markt verstopfte. Oder in den neunziger Jahren des 19. Jahrhunderts, als das Deutsche Reich seine Zollschranken erhöhte.[8]

maitli gschafft. Die Maitli hai mer guet kennt, he jo, si sy jo s letscht Johr no in d Schuel und hai no mit is uf de Stross und Huusplätz, wenn s es grad so ge het, gspiilt.
Dört obe sy also d Gschir für d Wäbstüel barat gmacht worde. Vor de Schäft sy d Yziejere gsässen und hinder de Schäft d Fädelängermaitli. Summer und Winter isch s Pasimänterhöggli vo de Morgen am halber sibeni bis zmittag am zwölfi und wider vo de halber zweune bis znacht am halber sibeni, also zähnehalb Stund, dur d Litzelächli gstoosse worden und d Fadelängere het müese gnau noch Vorschrift d Fädezelle und ans Höggli hänke. Und schnäll het das müese go! Wenn so nes Maitli nit gleitig gsi isch, d Yziejere wägen em nit uf e Zahltag cho isch, so isch em öbbenemol mit eme Stopf ans Schinbei e chly Gleich gmacht worde, und s het derzue überdure hässig gheisse: «Nit e so lamaaschig, i bi nit zum Vergnüege do obe!» Die arme Fadelängermaitli! [...]

Pauline Wirz[2]

Die Seidenbandweberei hatte grosse wirtschaftliche Bedeutung. 1815 waren in den fünf Baselbieter Ämtern 28,5 Prozent aller Haushalte von Einkünften aus der Posamenterei abhängig. 1888, bei einer mehr als doppelt so grossen Wohnbevölkerung, betrug dieser Anteil noch immer gut 27 Prozent.[9] In der zweiten Hälfte des Jahrhunderts floss in schlechteren Jahren eine Lohnsumme von total zwei Millionen Franken und in besseren Zeiten eine solche von vier Millionen Franken auf die Landschaft. 1861 machte dieser Betrag 30 bis 40 Prozent des insgesamt im Kanton erzielten Einkommens aus. 1890 waren es 30 Prozent und 1908 noch 12 Prozent.[10] Zeitgenössische Beobachter schätzten denn auch den volkswirtschaftlichen Ertrag, den die Seidenbandweberei für den jungen Kanton abwarf. So hob zum Beispiel Johann Jakob Kettiger, Schulinspektor und Präsident des Landwirtschaftlichen Vereins, hervor, dass diese den landwirtschaftlichen Fortschritt nicht hemme, sondern zusätzliche Erwerbsmöglichkeiten biete und einen Beitrag zur Bekämpfung der Armut darstelle. Demgegenüber traten die von ihm registrierten negativen Folgen der «Fabrikarbeit» für Moral und Sittlichkeit in den Hintergrund.[11]

Unter der Oberfläche des günstigen Geschäftsganges aber bahnte sich in der zweiten Hälfte des 19. Jahrhunderts eine strukturelle Krise der Heimposamenterei an: Das Neue drängte dem Alten eine andere Rolle auf. Die Bandfabriken, für welche die Unternehmer Gebäude gebaut, Kraftanlagen errichtet und moderne Webstühle eingekauft hatten, waren kapitalintensiv. In den Heimarbeiterstuben standen demgegenüber einfachere Handwebstühle, und die Posamenterfamilien sorgten für Gebäulichkeiten und Antrieb. Die heimindustriellen Betriebe waren also arbeitsintensiv. Bei gutem Geschäftsgang gab es Arbeit für Fabriken und Heimbetriebe. Brach der Absatz jedoch ein, traf es zunächst die Heimarbeiterfamilien. Denn die Verleger und Fabrikunternehmer schauten in erster Linie darauf, dass ihre kapitalintensiven Fabriken ausgelastet waren. An die Heimarbeiterbetriebe vergaben sie, was übrig blieb. Die heimindustrielle Bandweberei erhielt die Rolle

**Die Untere Fabrik am Ufer der Ergolz**
*Weil sie die Wasserkraft nutzten, standen viele Bandfabriken an Bächen und Flüssen. Der Verlauf des Kanals, der das Wasser der Unteren Fabrik in Sissach zuführte, ist noch heute in der Uferlandschaft zu erkennen.*

**Männer haben das Sagen**
*Die Arbeiterschaft der Unteren Fabrik in Sissach präsentiert sich dem Fotografen in Sonntagskleidern im grossen Shedgebäude. Während sich die Frauen eher im Hintergrund halten, postieren sich ihre männlichen Vorgesetzten vorne oder erhöht: Sie haben das Sagen.*

**Beim Aufmachen**
*Das Vorbereiten des Webstuhles war eine Arbeit, die grosse Konzentration und viel Fingerfertigkeit voraussetzte. Zudem war sie nicht oder sehr schlecht bezahlt. Zu zweit ging sie einfacher von der Hand. Dabei bot sich auch Gelegenheit für einen Schwatz.*

*Das Bild zeigt die Cousinen Emmy und Emma Buser aus Rünenberg beim Andrehen: Sie verknüpfen den Zettel des neuen Auftrags mit den vorhandenen Reststücken des letzten. Dazu haben sie Tausende von Fäden zu bearbeiten.*

eines «Puffers». Die neue Rolle der Heimindustrie blieb aber einige Zeit wegen des günstigen Geschäftsgangs verborgen. Zudem konnten die Posamenterfamilien gegen die Konkurrenz der Fabrikarbeit ihre billige Arbeitskraft und ihre Flexibilität in die Waagschale werfen.

Günstige Arbeitskräfte waren die Heimarbeiterfamilien, weil sie meistens nicht nur woben, sondern auch Landwirtschaft betrieben oder zumindest einen Gemüse- oder Obstgarten pflegten sowie eine Ziege oder eine Kuh hielten. Sie produzierten einen Teil ihrer Lebensmittel selbst und konnten sich mit einem geringeren Lohneinkommen abfinden als die Arbeiterinnen und Arbeiter in der Stadt oder in der Fabrik, die sich zu einem grösseren Teil über den Markt versorgen mussten. Der Spruch «Me buuret um vermöge z'posimänte und me posimänet um vermöge z'buure» wurde im Kanton Basel-Landschaft zum geflügelten Wort. Obwohl der Besitz meist klein und die Landwirtschaft vieler Posamenterfamilien vernachlässigt war,[12] konnten sie sich mit dem Nötigsten versorgen.

Die Flexibilität der Heimarbeiterfamilien resultierte aus dem Umstand, dass die Heimarbeiterbetriebe von ganzen Familien getragen waren. In Zeiten hoher Auslastung packten alle Familienmitglieder an, so dass die Aufträge rasch und fristgerecht bewältigt waren. In solchen Phasen waren die Arbeitszeiten in den meist engen, schlecht belüfteten und beleuchteten Posamenterstuben lang, und die Kinderarbeit führte in vielen Fällen zur Vernachlässigung der Schulpflicht.

Frühe Anzeichen der strukturellen Krise der Heimposamenterei waren der Rückgang der Heimarbeiterstühle sowie die Stagnation des Bevölkerungswachstums in den Posamentergemeinden gewesen.[13] Die Posamenterfamilien hatten bald auch Gegenmittel ergriffen: «Das Sinnen und Trachten des Johannes und der Elisabeth ging auf den Erwerb von Äckern», berichtete Martin Birmann in seinen Lebenserinnerungen. Johannes und Elisabeth, seine Eltern, waren Posamenter mit kleinem Landbesitz und kauften sich, wenn immer es ging, alle drei Jahre ein zusätzliches Stück Acker. Sie

**Ein Tag im Leben von Ernst Walliser[3]**
Ich stehe selten vor sechs Uhr früh auf. Dann mache ich Feuer und koche Kaffee. Oft esse ich bereits, wenn um Viertel nach sechs die Nachrichten kommen. Doch es kommt nicht auf die Minute an. Nach dem Morgenessen spüle ich das Geschirr, und darüber wird es sieben Uhr. Jetzt geht es im Wohnzimmer los. Mit der Glut, die ich in der Küche nicht mehr brauche, feuere ich den Ofen hier an, damit es warm wird. Manchmal erledige ich noch sonst etwas und dann lässt man ihn an, den Webstuhl. Früher waren es 14 Stunden am Tag, dann ging es auf zwölf und zum Glück schliesslich auf zehn Stunden zurück. Meine Frau hätte gerne noch etwas länger gewoben, aber mir reichten die zehn Stunden. Der Lohn sollte so bemessen sein, dass man auch von dem leben kann, was man in zehn Stunden verdient.

Als wir noch Vieh hatten, kümmerte ich mich auch darum. Oder es gab etwas auf dem Feld zu tun. Dann stellte man einfach ab, wenn die Frau nicht wob. Es war eine Abwechslung. Auch wenn ich mein Mittagessen vorbereite, stelle ich ab. Rüsten tue ich nicht neben dem Weben. Brennt dann aber das Feuer, und das Essen gart, dann webe ich nochmals etwas. Meistens koche ich gerade für zwei Tage, das ist dann schon eine Zeitersparnis. Gegen halb zwölf

waren bestrebt, ihren Landbesitz mit dem Wachstum ihrer Familie zu mehren, damit mit der Zahl der Familienmitglieder der Vorrat an Kartoffeln und Garben und die Futterbasis für die Milchtiere zunahm.[14] Wie die Familie Grieder verhielten sich viele andere Kleinbauern- und Posamenterfamilien, was in der Summe zu einer wachsenden Nachfrage nach Land und zu steigenden Landpreisen führte. Fritz Grieder verzeichnet für die Jahre 1865 bis 1890 in den Posamenterdörfern einen eigentlichen «Landhunger». Die Zahl der landlosen Dorfbewohner nahm in diesen Jahrzehnten ab, und der Landbesitz der Klein- und Nebenerwerbsbetriebe wurde in bescheidenem Ausmass grösser.[15] Obwohl viele Posamenterfamilien das zusätzliche Land um den Preis höherer Verschuldung erwarben, in ihrer familienwirtschaftlichen Denkweise war dieses Verhalten rational: Sie passten die Existenzbasis den Familienverhältnissen an und sorgten für schlechtere Zeiten vor. Mochte das Land auch extensiv genutzt werden, es bot jederzeit die Möglichkeit, das landwirtschaftliche Standbein des Familienbetriebes zu verstärken und einen längerdauernden Verdienstausfall in der Posamenterei aufzufangen.[16] Eine weitere Möglichkeit, auf den Konkurrenzdruck der Bandfabriken zu reagieren, war die Erhöhung der Arbeitszeit. Für die Fabrikbetriebe hatte das Gesetz 1868 die Kinderarbeit sowie die Nachtarbeit der Erwachsenen eingeschränkt.[17] Die Heimarbeit aber blieb auch weiterhin ungeregelt. Dort konnten sowohl Kinder eingesetzt als auch Tag- und Nachtarbeit geleistet werden. Beobachter der Heimindustrie beschrieben Anfang des 20. Jahrhunderts, wie «Söhne, Töchter oder Grosseltern […] ohne besonderes Entgelt» zum Einsatz kamen, und 1909 registrierte ‹Der Posamenter, das Obligatorische Fachblatt des Posamenterverbandes von Baselland›, in Gemeinden, die dem Verband noch nicht angeschlossen waren, 16- bis 18-stündige Arbeitstage.[18]

Ende des 19., Anfang des 20. Jahrhunderts, als sich die schlechten Geschäftsjahre für die ganze Basler Seidenbandweberei häuften, brach die Krise in voller Heftigkeit aus. Die «Rechnungen», wie die Posamenterfami-

**Der Posamenterstreifen**

*Die Karte zeigt, wo die Betriebszähler von 1905 einen überdurchschnittlichen Anteil an Beschäftigten der Seidenbandindustrie vorfanden. Ausser Arlesheim und Füllinsdorf, wo grosse Seidenspinnereien standen, liegen sämtliche Gemeinden mit überdurchschnittlichem Posamenteranteil im oberen Kantonsteil. Sie bilden einen breiten Streifen, der sich vom Südwesten dem Faltenjurakamm entlang Richtung Nordosten hinzieht und weite Teile der Bezirke Waldenburg und Sissach abdeckt. Als weisse Flecken im Posamenterstreifen fallen nur gerade Niederdorf, Thürnen, Ormalingen und Kilchberg auf. Die Karte unterscheidet nicht zwischen Fabrik- und Heimposamentern. Die Bandfabriken standen in erster Linie in grösseren Talgemeinden wie Sissach oder Gelterkinden, rekrutierten ihr Personal aber auch aus den umliegenden Gemeinden. Die Heimarbeiterbetriebe waren vor allem in den kleineren Talgemeinden oder in den Gemeinden auf den Hochebenen des Tafeljuras vertreten und standen in enger Verbindung mit der Landwirtschaft. 43 Prozent davon kombinierten Posamenterei mit Landwirtschaft.*

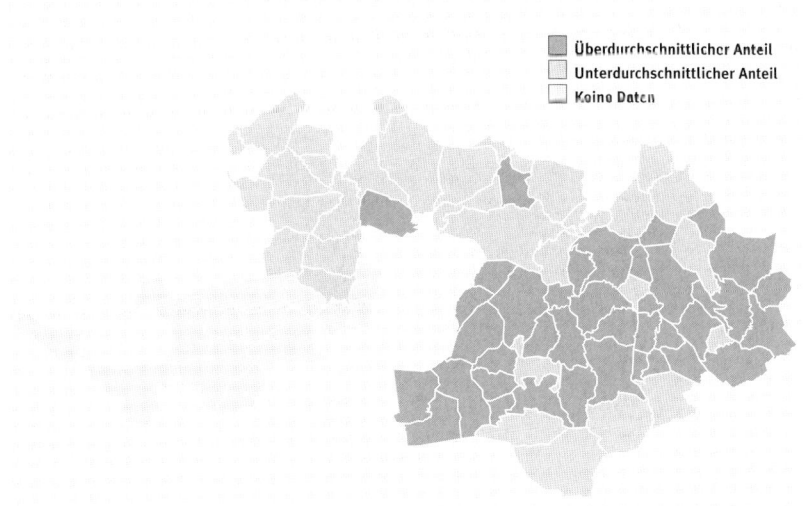

lien die Aufträge der Verlage nannten, blieben aus und die Webstühle standen lange Zeit still. Ursachen des längerdauernden Einbruchs waren die Zollpolitik der wichtigsten Absatzmärkte sowie die modischen Trends. Zu Beginn des 20. Jahrhunderts kam das Seidenband für lange Zeit fast ganz aus der Mode. 1908 stellte ‹Der Posamenter› fest: «Die gegenwärtige Krisis ist für den Einzelnen eine schwere Zeit und bringt es mit sich, dass mancher Posamenter und manche Posamenterin dem Webstuhl den Rücken kehren und sich auf andere Weise ihr Brot zu verdienen suchen.»[19] Als Sachwalter der verbleibenden Familienbetriebe mochte der Posamenterverband dieses «Unglück» jedoch nicht beklagen. Denn die verbleibenden Familienbetriebe konnten so zu mehr Aufträgen kommen. Doch bevor es zum grossen «Webstuhlsterben» kam, suchten die Heimposamenterfamilien nach anderen Auswegen.

Um die Jahrhundertwende schien sich für die Heimposamenterfamilien mit der Elektrifizierung der Webstühle ein Ausweg aus der Krise abzuzeichnen. Schon an der Kantonalen Gewerbeausstellung, welche vom 16. August bis zum 4. Oktober 1891 gegen 23 000 Besucher nach Liestal gelockt hatte, wurde ein mit elektrischem Strom betriebener Seidenbandwebstuhl gezeigt. Zudem hatten sich 1897 die Elektra Birseck und im darauf folgenden Jahr die Elektra Sissach-Gelterkinden und die Elektra Baselland formiert. Sie machten sich zur Aufgabe, den Kraftwerken Strom abzukaufen und in die Gemeinden zu liefern. Da sie mit den Lieferwerken Mindestabnahmemengen vereinbart hatten, waren sie daran interessiert, möglichst schnell die Feinverteilung in die Dörfer und zu den einzelnen Strombezügern herzustellen.[20] Dabei kam ihnen entgegen, dass die Posamenterfamilien in der Elektrifizierung ihrer Webstühle eine Möglichkeit sahen, ihre Produktivität zu steigern und einen Ausweg aus der Krise zu finden. Da diese Aufgabe den einzelnen Haushalt überfordert hätte, aktivierten die Posamenterfamilien Formen kollektiver Selbsthilfe, wie sie die Bauern schon länger praktiziert hatten. In rascher Folge entstanden in den Posamenterdörfern Elektrage-

**Ernst Walliser beim Spüelimachen**

esse ich, und habe ich gegessen, so mache ich «Spüeli», bis die Nachrichten kommen um halb eins. Diese höre ich. Anschliessend gehe ich vor das Haus an die frische Luft und zu den Leuten, damit ich wieder auf dem Laufenden bin. Hier herein kommt niemand, um mir zu berichten. Auf dem Bänkli vor dem Haus treffe ich andere Leute. Bin ich alleine oder ist es zu kühl, gehe ich nicht hinaus. Ich habe es wärmer hier drin.
In der Regel webe ich 20 Meter pro Tag. Ich hole nicht das Maximum heraus. Wenn es pressiert, liessen sich 30 Meter erreichen. Aber mir hilft niemand. Die «Spüeli» macht mir niemand, kochen tut mir niemand. Ich nehme es heute gemütlich. Manchmal stelle ich schon um fünf Uhr ab.
Ich darf nicht zu spät mit den «Spüeli» anfangen, denn ich will meinen Feierabend haben. Ich höre um Viertel nach sieben die Nachrichten und lese dann noch etwas, was mich interessiert. Eine Zeitschrift oder die Zeitung. Aber ich lese nie alles, das dauert mir zu lange. Oft schon um halb neun gehe ich in die Ruhe, es sei denn, im Radio ist etwas zu hören, was mich interessiert.

HOCH-ZEIT UND NIEDERGANG DER SEIDENBANDWEBEREI   35

**Posamenterdorf**
*Mit dem Aufschwung der Posamenterei in der ersten Hälfte des 19. Jahrhunderts nahm in den Posamenterdörfern die Zahl der zwei- bis dreistöckigen Einhäuser zu, die Wohnteil, Scheune und Stall unter einem Ziegeldach vereinten. Oft füllten neue Häuser die Lücken zwischen bestehenden Liegenschaften, so dass geschlossene Häuserzeilen entstanden. Das Bild entstand im Dorfkern Itingens.*

nossenschaften: 1900 wurde in Gelterkinden der erste elektrisch betriebene Webstuhl ans Netz angeschlossen. 1904 existierten in Basel-Landschaft bereits 22 Elektragenossenschaften, die 35 Gemeinden bedienten.[21]

Die Elektrifizierung der Webstühle erlaubte den Posamenterfamilien nicht nur eine bessere Bandqualität zu liefern und auch produktivere Doppelläuferstühle zu betreiben.[22] Die Arbeit am elektrischen Stuhl war auch weniger ermüdend und damit weniger beschwerlich als die an den Handwebstühlen. Das bedeutete, dass die Posamenterfamilien ihre Gesamtarbeitszeit nochmals ausdehnen konnten, weil dem Posamenten nunmehr keine physischen Grenzen mehr gesetzt waren und auch Kinder- und Frauenarbeit fast unbegrenzt möglich wurde.[23] Die heimindustrielle Produktion konnte deshalb gegenüber der fabrikindustriellen Herstellung etwas Boden zurückgewinnen und die Folgen der strukturellen Krise nochmals um einige Jahre hinausschieben. Finanziell aber zahlte sich der zusätzliche Aufwand

**Posamenterhaus**

kaum aus, weil die «Seidenbandherren» nicht bereit waren, den Produktivitätsgewinn durch die Elektrifizierung der Webstühle an die Posamenterfamilien weiterzugeben.[24] Obwohl die Posamenterfamilien selbst für die Investitionen aufgekommen waren, blieb ihr Nettolohn unverändert.[25]

In den sechziger Jahren des 19. Jahrhunderts hatten ausgelastete Heimarbeiterbetriebe 600 bis 800 Franken Jahreseinkommen erzielt. 1875 kamen sie auf durchschnittlich 900 Franken. Nach der Elektrifizierung, die kurz nach der Jahrhundertwende einsetzte, erhöhte sich dann der Stundenansatz. Da der Umfang der Aufträge jedoch nicht grösser wurde, sondern die Stühle einfach entsprechend längere Zeit stillstanden, konnten Posamenterfamilien auch 1906 bis 1908 lediglich Jahreseinkommen von maximal 900 bis 1100 Franken erzielen. Schon zu jenem Zeitpunkt erreichte aber nur noch weniger als die Hälfte der Heimarbeiterstühle eine maximale Auslastung von 240 Tagen.[26] Fabrikarbeiter in der Stadt hatten demgegenüber bereits 1892 für 279 Arbeitstage 1203 Franken Verdienst erhalten, und einer ihrer Baselbieter Kollegen wies im ‹Posamenter› für die Jahre 1897 bis 1900 einen Durchschnittsverdienst von 1026 Franken aus.[27] In ihrer Abhängigkeit waren viele Posamenter sogar bereit, den «blinden Akkord» zu akzeptieren. Das heisst, sie übernahmen eine «Rechnung» ohne Wissen darüber, was sie für die Arbeit lösen würden. Den Lohnansatz bekamen sie erst bei der Ablieferung der Ware mitgeteilt.[28]

Die Konsequenz der Elektrifizierung aber war, dass die einzelnen Posamenterfamilien die Dehnbarkeit ihrer Arbeitszeit auszuschöpfen begannen. Die Beschwerlichkeit der Arbeit für die Posamenterfamilien war zwar gesunken, ihr Ertrag entwickelte sich aber nicht im erwarteten Masse, und so blieb nur die Erhöhung der Selbstausbeutung, wollte man den herkömmlichen Lebensstandard sichern. Die Folge waren Arbeitszeiten bis 18 Stunden und ein Buhlen um «Rechnungen», das jeder solidarischen Widerstandsregung gegen die Arroganz der «seidenbandherrlichen» Macht Grenzen setzte, weil diese die unterbeschäftigten Posamenterfamilien gegeneinander ausspie-

**Posamenterwerk**
*Die Vielfalt an Formen und Farben, welche sich auf den Seidenbändern darbot, war riesig. Die Musterbücher der Firma Seiler & Co. füllen meterlange Regale. Mit dem Zeichnen und Umsetzen der Bandmuster waren bei dieser Firma zeitweise bis fünf Dessinateure und zwei Lehrlinge beschäftigt.*

**Von der Rohseide zum Seidenband**[4]
Seide entsteht, wenn sich die Raupen bestimmter Schmetterlingsarten zu Kokons verpuppen. Die feinen, vom menschlichen Auge kaum wahrnehmbaren Seidenfasern der Kokons lassen sich abspulen.
Werden mehrere Kokons gemeinsam abgehaspelt, entsteht Grège oder Rohseide. Ihre einzelnen Fasern sind noch nicht verdreht, sondern halten durch den Seidenbast, eine klebrige, aber lösliche Schicht, welche die einzelne Kokonfaser umgibt, zusammen.
Das Zwirnen verdreht mehrere Rohseidefäden. Die Drehung hält den Faden zusammen, so dass er sich weiterverarbeiten lässt. Der lösliche Seidenbast kann ausgekocht, der Faden gefärbt und verwoben werden. Sowohl bei der Gewinnung der Rohseide als auch beim Zwirnen fallen kurze Seidenfaserstücke an. Auch diese Seidenrückstände lassen sich verarbeiten. Allerdings sind dazu mehrere Arbeitsgänge nötig, welche in der Schappe- oder Florettspinnerei erfolgen. Schappegarne lassen sich dann ebenfalls zwirnen. Eine der ersten Fabriken auf Baselbieter Boden war die Schappe in Arlesheim. 1830 verlegt sie Johann Sigmund Alioth aus der Stadt dorthin.
Das Weben verkreuzt zwei Fadensysteme zu einer textilen Fläche oder einem Ge-

len konnten. Der Konkurrenzkampf zwischen Heimarbeit und Fabrik sowie zwischen den Posamenterfamilien selbst nahm ruinöse Formen an. Weitsichtige Posamenter riefen deshalb 1904 zur Gründung eines Posamenterverbandes Baselland auf. Bemühungen, die Posamenterinnen und Posamenter zu organisieren, hatte es schon mehrfach gegeben, doch auf Dauer waren die Versuche nie von Erfolg gekrönt gewesen, weil sich die Posamenter nicht leicht zu einem gemeinsamen Vorgehen verpflichten liessen. Erstens kamen sie nicht wie die Fabrikarbeiterschaft täglich am selben Ort zusammen, wo sie sich über ihre Lage austauschen und beraten konnten. Zweitens zeichneten sich viele Posamenter durch ein mittelständisches und patriarchalisches Bewusstsein aus: Sie waren zwar in hohem Masse vom Gang der Seidenbandweberei und von den Verlegern abhängig. Da sie aber meist über Landbesitz verfügten, Arbeitszeit und -tempo selbst bestimmten und in der Familie das Sagen hatten, konnten sie sich dennoch als Herren ihrer selbst empfinden. Die Notwendigkeit, sich auf Dauer zusammenzuschliessen, erkannten sie erst spät, als sie die Erwartungen, die sie an die Elektrifizierung ihrer Stühle geknüpft hatten, enttäuscht sahen.[29] Ihrer patriarchalischen Haltung entsprach, dass der Posamenterverband nur Männer organisierte, obwohl die Posamenterei überwiegend Frauenarbeit war, während sich die männlichen Haushaltsvorstände dem Bauern oder einer andern Verdienstarbeit zuwandten.

Um zu verhindern, dass die Posamenterfamilien einander in den finanziellen und physischen Ruin trieben, führte der Posamenterverband zunächst Massnahmen zur Selbstkontrolle ein. Die angeschlossenen Dorfsektionen, meist identisch mit den örtlichen Elektragenossenschaften, einigten sich auf Höchstarbeitszeiten und übernahmen dorfweise deren Überwachung. Weil sie den Stromfluss unter Kontrolle hatten, war es ihnen einfach möglich, Übertretungen festzustellen und zu unterbinden. Zudem organisierte der Verband eine interne Lehrlingsausbildung, welche die Qualität der heimindustriellen Produktion steigern sollte.[30] 1907 gehörten

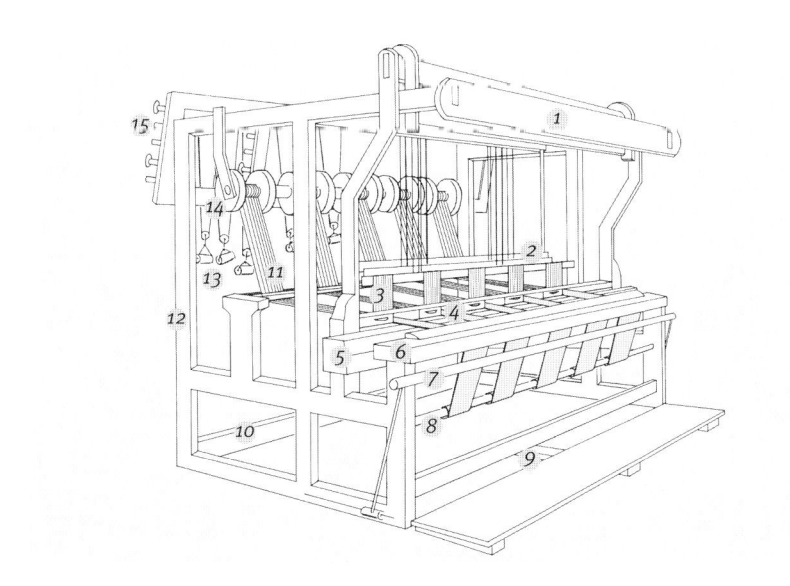

**Seidenband-Mode**

*In den achtziger Jahren des 19. Jahrhunderts waren lange, gesässbetonende Kleider in Mode. Sie waren reich mit Seidenbändern verziert. Solche fanden sich ferner auch an Hüten, Trachten, Kränzen und Puppen sowie in Blumengebinden oder Haargeflechten. Seide war ein Luxusgut. Nur wohlhabende und modebewusste Käuferschichten konnten sich seidene Bänder leisten. Die Posamenterei war deshalb ausgesprochen mode- und konjunkturabhängig.*

**Posamenterstuhl**

1. *Stirnbrett*
2. *Schäfte*
3. *Schnüre*
4. *Schiffchen/Schutz*
5. *Lade*
6. *Liegebrett*
7. *Weberstange*
8. *Zeugbaum*
9. *Mittelbalken*
10. *Hintere Schwelle*
11. *Zettelfaden*
12. *Seitenständer*
13. *Behänk*
14. *Rollen*
15. *Zettelrechen*

dem Verband 28 Ortssektionen und 1836 Mitglieder an. Damit vertrat er 77 Prozent der Heimwebstühle. Obwohl er eine moderate Haltung einnahm und bescheidene Forderungen stellte, war der Posamenterverband nicht in der Lage, sich gegenüber dem Verband der Seidenbandunternehmer als Verhandlungspartner zu behaupten, geschweige denn Forderungen durchzusetzen. Zwar schien der «blinde Akkord» um die Jahrhundertwende aus der Übung gekommen zu sein und erklärten sich die Verleger 1907 bereit, einen Teil der Botenlöhne zu übernehmen, einen Lohntarif aber gaben die Unternehmer erst nach dem Ersten Weltkrieg bekannt.[31]

Während der Kriegsjahre wagte der Posamenterverband, in Konkurrenz zu den Basler Verlagen eine Produktionsgenossenschaft zu gründen, welche Rohstoff, Produktion und Absatz in eigener Regie zu besorgen versuchte. Doch der Versuch endete im finanziellen Ruin, der zur vorübergehenden Auflösung des Verbandes führte. Da die Mitglieder solidarisch hafteten, zog die Liquidation der Selbstproduktion und des Verbandes viele Posamenterfamilien tief in die roten Zahlen. Erst jetzt schwoll der Ruf nach staatlicher Intervention unüberhörbar an. Bisher hatte der Kanton lediglich vermittelnd in Streitfälle zwischen Bandfabrikanten und Posamenterverband eingegriffen. Nun wurden finanzielle und direkte Interventionen des Staates verlangt und durchgesetzt. Der Landrat verabschiedete 1922 ein kantonales Heimarbeitergesetz, das den Zwölfstundentag brachte. Die Regierung leistete Not leidenden Posamenterfamilien Überbrückungshilfen. Sie setzte eine Kommission zur Erhaltung der Heimindustrie ein, welche die Situation der Heimposamenterfamilien untersuchte und Massnahmen zur Krisenbewältigung ausarbeitete. In der Folge führte sie einige der empfohlenen Massnahmen durch. In ihrem Auftrag organisierte man für arbeitslose Frauen hauswirtschaftliche Kurse, für Männer Notstandsarbeiten im Strassenbau. Zudem wurde der feldmässige Gemüseanbau gefördert sowie der Busverkehr unterstützt, der es Arbeitslosen erlaubte, in die Industriebetriebe der Talgemeinden zu pendeln. Weder der Posamenterverband noch die

webe. Das Fadensystem, das in der Längsrichtung des Gewebes verläuft, ist die Kette. Rechtwinklig dazu verläuft der Schuss oder der Einschlag. Bevor das eigentliche Weben beginnen kann, müssen die beiden Fadensysteme vorbereitet sein. Für die Kette oder den Zettel rollt man Kettfäden in der gewünschten Anzahl, Länge und Farbe auf Spulen. Für den Schuss oder Einschlag wickelt man Faden auf kleinere Schussspulen, welche in die Schifflein der Webstühle passen. Es ist das Webschifflein, welches beim Weben den Schussfaden zwischen den Kettfäden hindurchführt.

Das eigentliche Weben erfolgt am Webstuhl. Dessen wichtigste Teile sind der Zettelrechen, die Schäfte mit den Litzen, das Webblatt und die Lade mit den Schiffchen. Elektrifizierte Stühle sind zudem mit einer Litzenzugmaschine sowie einem motorischen Antrieb versehen. Erhält die Heimposamenterfamilie einen Auftrag oder eine «Rechnung», so überbringt ihr der Bote Zettelspulen, Schäfte und Faden für den Schuss. Der Verleger hat das Rohmaterial beschafft und die vorbereitenden Arbeitsgänge von spezialisierten Heimarbeiterinnen oder in der Fabrik vornehmen lassen. Der erste Arbeitsschritt für die Posamenterin oder den Posamenter ist das «Aufmachen» des Webstuhls: Zettelspulen und Schäfte sind einzuhängen und zu be-

kantonalen Behörden konnten die Krise der Seidenbandweberei beeinflussen. Das «Webstuhlsterben» liess sich nicht aufhalten. Ihnen blieb nur, den Niedergang des einst wichtigen und blühenden Industriezweigs sozial abzufedern.

Im Verlauf der Krise zeigte sich auch das Unvermögen vieler Fabrik- und Verlagsunternehmer zur Anpassung an neue Gegebenheiten. Weder führten sie ihren Firmen durch eine Umwandlung in moderne Aktiengesellschaften zusätzliches Kapital zu noch entwickelten sie genug Initiative, um mit neuen Produkten konkurrenzfähig zu bleiben. In der Zwischenkriegszeit stellten die meisten der Seidenbandunternehmen den Betrieb ein. Nur wenige, wie etwa die Firmen Senn & Co. in Ziefen und Seiler & Co. in Gelterkinden, wandelten sich zu Aktiengesellschaften, erweiterten ihre Kapitalbasis und stellten die Produktion auf marktgängige Gebrauchs- und Industriebänder um.[32] Sie unterhielten auch nach dem Zweiten Weltkrieg noch einige Heimwebstühle. 1988 stellte die letzte Heimposamenterin ihre Tätigkeit ein.[33]

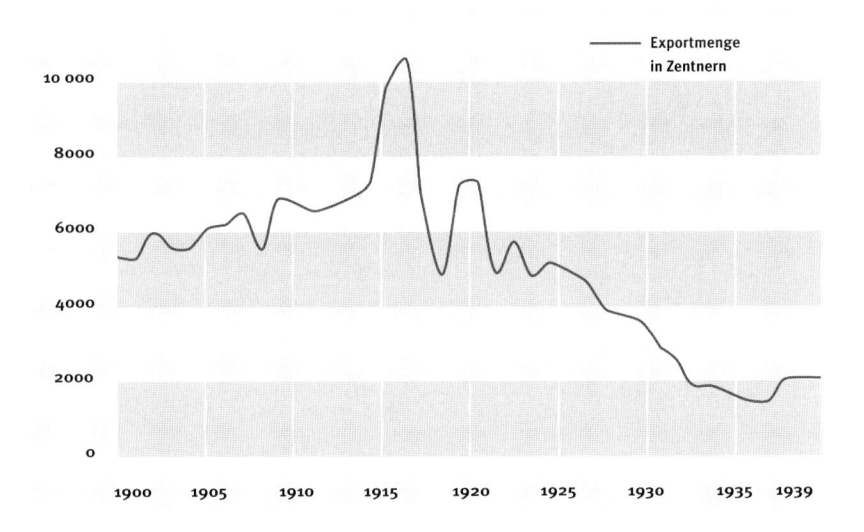

**Konjunkturverlauf**

*Die Seidenbänder waren ein Exportgut. Zwar wurden auch in der Region und in der übrigen Schweiz Bänder abgesetzt; im Vergleich zum Export waren die auf dem Binnenmarkt verkauften Mengen allerdings bescheiden. Die Exportwerte und -mengen sind deshalb ein zuverlässiger Indikator für den Konjunkturverlauf der Basler Seiden-bandindustrie. Für den Gang der Heimindustrie war die Exportmenge wichtiger als der Exporterlös, denn von dieser hing das Quantum an Arbeit für Fabriken und heimindustrielle Betriebe ab. 1895 betrug die Ausfuhrmenge 13 193 Zentner, der Zentner zu 50 Kilogramm. Diese Menge entsprach ziemlich genau dem Durchschnitt der Jahre 1885 bis 1895, der bei 13 436 Zentnern pro Jahr lag. Zwischen 1895 und 1905 sank dieser Durchschnittswert. Für das 20. Jahrhundert liegen mehr Zahlen vor. Sie zeigen, dass die kleine Exportmenge, mit der das 19. Jahrhundert zu Ende ging, in den ersten Jahrzehnten des 20. Jahrhunderts nur sachte wieder zunahm. Auch die Ausnahmejahre während und nach dem Ersten Weltkrieg erreichten nie die Exportmengen, wie sie in besseren Jahren Durchschnitt waren. In den zwanziger und dreissiger Jahren ging der Seidenbandexport nochmals zurück. Von diesem Einbruch erholte sich die Seidenbandindustrie nicht mehr. Die Jahre zwischen den Kriegen waren denn auch die Zeit, in denen Zeitgenossen wie Traugott Meyer ein grosses «Webstuhlsterben» beobachteten.*

schweren. Die einzelnen Zettelfäden sind durch die Litzen der Schäfte und durch das Webblatt zu führen und an die Zettelenden des vorangehenden Auftrags anzudrehen. Dieser Arbeitsgang ist sehr aufwendig, weil Tausende von Fäden zu verknüpfen sind. Das «Aufmachen» war üblicherweise sehr schlecht bezahlt.

Ist der Stuhl aufgemacht, beginnt das Weben. Dabei treiben Motor oder Arme die Lade mit den Schiffchen. Die Schiffchen führen den Einschlag zwischen den Kettfäden hindurch, die von den Schäften in unterschiedlicher Anordnung angehoben oder gesenkt werden, wodurch das Muster entsteht. Die Posamenterin überwacht den Arbeitsvorgang, was viel Konzentration verlangt. Wo den Spülchen in den Schiffchen der Faden ausgeht, setzt sie ein neues ein. Gerissene Fäden verknüpft sie. Sind ein paar Meter gewoben, zieht sie die Gewichte hoch. Zudem füllt sie an der Spüli-Maschine die leeren Spülchen neu auf. Hin und wieder schaut ein Visiteur vorbei. Er ist der Beauftragte des Verlegers und besucht die Heimposamenterfamilien sporadisch. Er überwacht den Arbeitsprozess und wo Probleme auftauchen, greift er ein. Ist ein Auftrag ausgeführt, haspelt die Posamenterin die gewobenen Bänder zu Strangen und lässt sie vom Boten dem Verlag überbringen.

**Lesetipps**

*Das Standardwerk zur Baselbieter Seidenbandindustrie hat Grieder (1985) geschrieben. Sein Buch beruht auf Quellenstudien und verarbeitet die vorhandene Literatur. Wichtige Ergänzungen und zuverlässige Statistiken bietet Meier (1997, S. 323–354).*

*Zu einzelnen Aspekten entstanden am Historischen Seminar der Universität Basel informative Lizentiatsarbeiten. Müller (1984) behandelt im Zusammenhang mit der Gründung der Elektragenossenschaften die Elektrifizierung der Webstühle der Heimarbeiterfamilien. Buscher (1983) beschreibt die Geschichte der Firma Senn & Co. AG in der Zwischenkriegszeit. Lauper (1992) untersucht das Delikt des Seidendiebstahls.*

*Einblicke in den Alltag der letzten Heimposamenterinnen und -posamenter gewährt ein eindrücklicher Dokumentarfilm, den Yves Yersin 1972 drehte. Im Film kommen Frauen und Männer, die zeitlebens am Webstuhl arbeiteten, Unternehmer, Visiteure und Gewerkschafter zu Wort. Zum Film existiert ein Begleitheft von Suter (1978), das auch auf problematische Seiten des Dokumentarstreifens aufmerksam macht. Eine Auswahl von Standbildern, die bei den Dreharbeiten entstanden, präsentiert Heer (1981).*

*Von der älteren Literatur über die Seidenbandweberei im Kanton Basel-Landschaft sind vor allem die Arbeiten von Thürkauf (1909) und Handschin (1929) hervorzuheben. Thürkauf fasst die Ergebnisse einer umfangreichen Enquête zusammen, die zu Beginn des 20. Jahrhunderts durchgeführt wurde. Handschin betrachtet Heim- und Fabrikarbeit aus betriebswirtschaftlicher Sicht und vergleicht die beiden Produktionsformen.*

**Abbildungen**

Kantonsmuseum Baselland; Foto Edouard Winniger: S. 27 [A], 32 [A], 34.
Historisches Museum Basel; Foto-Nr. 12420, Inv.Nr. 1986.70.6., Winderei Seiler; Foto-Nr. 12425, Inv.Nr. 1986.11., Websaal: S. 29.
Robert Häfelfinger, Sissach: S. 31 oben.
Fotosammlung Hodel, Einwohnergemeinde Sissach: S. 31 unten.
Heidi Schwarz, Oberdorf: S. 35 oben.
Mikrofilmstelle: S. 35 unten.
Bandsammlung Seiler, Kantonsmuseum Baselland, Inv. Nr. 24543, 22041, 20473, 20189, 19982, 9436: S. 36.
Andrea Leisinger, Zug: Zeichnung S. 37 unten.
E. Forcart-Respinger, Basel und das Seidenband, Basel 1942: S. 37 oben.
Anne Hoffmann: Karte S. 33. Quelle Eidgenössische Betriebszählung 1905.
Anne Hoffmann: Grafik S. 39.
Quelle E. Forcart-Respinger, Basel und das Seidenband, Basel 1942.

[A]= Ausschnitt aus Originalvorlage
Reproduktionen durch Mikrofilmstelle.

**Anmerkungen**

1 Schweiz. Fabrikstatistik 1896, S. 98.
2 Grieder 1985, S. 71. Vgl. auch Meier 1997.
3 Vgl. Bd. 3, Kap. 2.
4 Grieder 1985, S. 108.
5 Koechlin-Geigy 1885.
6 Schätzung aufgrund von Lauper 1992, S. 15.
7 Thürkauf 1909, S. 76.
8 Grieder 1985, S. 75–79, 153–154.
9 Blum 1977, S. 19; Gschwind 1977, S. 592–597; Ergebnisse der eidgenössischen Volkszählung 1888.
10 Grieder 1985, S. 77–78, 158–159.
11 Kettiger 1984, S. 7; Martin 1991, S. 166–186.
12 Vgl. Bd. 5, Kap. 3.
13 Meier 1997, S. 163–185.
14 Birmann 1894, S. 16–17.
15 Grieder 1985, S. 112–116.
16 Epple/Schnyder 1996, S. 269–272.
17 GS BL Bd. 9, S. 338–343.
18 Mangold 1910, S. 39; Der Posamenter 11, 1909.
19 Der Posamenter 10, 1908.
20 Blumer 1994, S. 83–98.
21 Grieder 1985, S. 169; Blumer 1994, S. 98–103; Müller 1984; Epple/Schnyder 1996, S. 262–263.
22 Handschin 1929, S. 48–55.
23 Grieder 1985, S. 171–172; Handschin 1929.
24 Sarasin-Iselin 1904.
25 Grieder 1985, S. 166–173.
26 Grieder 1985, S. 79, 110, 159–160.
27 Notz 1925, S. 230; Der Posamenter 5, 1908.
28 Grieder 1985, S. 174–176.
29 Grieder 1985, S. 173–176.
30 Grieder 1985, S. 188–190; Epple 1993a.
31 Grieder 1985, S. 173–198.
32 Buscher 1983.
33 Yersin 1972; Suter 1978; Roth 1974; Strübin 1982, ders. 1988.

1 «Schütz» = Schuss. Die Zahl der Schüsse pro französischen Zoll (27 mm) ist ein Mass für die Webdichte und Qualität des Seidenbandes.
2 Huldi/Kaufmann 1982, S. 198–202.
3 Yersin 1972.
4 Grieder 1985; Gattiker 1985.

# Die Landwirtschaft

*Bild zum Kapitelanfang*
**Beim Korn Schneiden**
*Bereits zu Beginn des 20. Jahrhunderts erforderte die wirtschaftliche Lage der bäuerlichen Betriebe eine Intensivierung der Produktion mittels Mechanisierung und Einsatz von Kunstdünger. Trotzdem blieb Handarbeit lange vorherrschend: Eine starke Verbreitung fanden landwirtschaftliche Maschinen wie der Traktor erst im Zweiten Weltkrieg und in den Jahren danach.*

**Kartoffelernte**
*Zu den Veränderungen der Landwirtschaft seit dem späten 18. Jahrhundert gehörte auch eine Reihe neuer Kulturpflanzen. Die Brache wurde mit Futterkräutern wie Klee oder Luzerne bepflanzt. Grössere Verbreitung fand auch die Kartoffel, die sich im 19. Jahrhundert zu einer der wichtigsten Alltagsspeisen entwickeln sollte. Die Bedeutung dieser Pflanze für die Ernährung lässt sich auch daran ablesen, dass im Zweiten Weltkrieg versucht wurde, die Produktion soweit zu steigern, dass Kartoffeln nicht rationiert werden mussten, ein Ziel, das erreicht wurde.*

## Frühe Anstösse

Im Grunde genommen ist es erstaunlich: Die Industrie wird mit Veränderung, Wandel und Neuem gleichgesetzt, die Landwirtschaft dagegen verkörpert Kontinuität, Beharren und Tradition. Dabei würde ein Bauer von heute seinen Berufskollegen des beginnenden 19. Jahrhunderts kaum wieder erkennen können. Zu gross sind die Unterschiede zwischen ihnen geworden. Derart viel hat sich im Laufe der letzten 200 Jahre gewandelt.

Um die Wende vom 18. zum 19. Jahrhundert begann sich die Landwirtschaft in der Umgebung Basels zu ändern. Dabei spielte die 1804 erreichte Möglichkeit eine Rolle, sich von Bodenzinsen und Zehnten loszukaufen.[1] Man bezeichnet jene Zeit der Jahrhundertwende als Agrarmodernisierung oder gar als Agrarrevolution und meint damit, dass für die landwirtschaftliche Nutzung des Bodens neue Rahmenbedingungen entstanden. Als Ausdruck des weit verbreiteten Änderungswillens kann der 1818 gegründete Landwirtschaftliche Verein angesehen werden. Im grossen Ganzen war die Baselbieter Landwirtschaft jedoch noch immer eine Subsistenzwirtschaft: Die Bauernfamilien verkauften nur, was als Überschuss anfiel. Die meisten der von ihnen produzierten Güter verwendeten sie selbst. Vor allem im oberen Kantonsteil breitete sich die Posamenterei immer mehr aus. Sie schuf zusätzliche Verdienstmöglichkeiten, erhöhte das Mass der Arbeitsteilung und drängte die «normale» Landwirtschaft zurück. Umgekehrt wuchs bei den Posamenterfamilien die Nachfrage nach landwirtschaftlichen Gütern, und es gab daher einen guten Absatzmarkt. Ihr Verdienst erlaubte ihnen, den Lebensbedarf in zunehmendem Umfang über den Markt zu decken.[2]

## Vom Ackerbau zur Milchwirtschaft

Die grösste Umstellung war wie überall der Wechsel von der traditionellen Dreizelgenwirtschaft zu einer individuell betriebenen Fruchtwechselwirtschaft auf den Grundstücken eines Betriebes mit weitgehend freier Wahl von Anbauprodukten und -rhythmus. Die Dreizelgenwirtschaft war eine kollek-

### Krisen und «Hungersnöte»

Meistens wird die typische Krise vorindustrieller Gesellschaften als klimatisch bedingte Hungerkrise betrachtet. Krisen in industriellen Gesellschaften dagegen gelten gemeinhin als ökonomische, vor allem konjunkturelle Störungen. Stellt man jedoch in Rechnung, dass auch die Krisen von 1770/71 und 1816/17 politische und soziale Hintergründe gehabt haben und dass der Hunger in den Ländern der so genannten Dritten Welt heute sowohl von ökologischen Faktoren als auch von Subsistenzproblemen verursacht wird, so wird rasch deutlich, dass eindimensionale Interpretationen wenig erklären. Weder waren die Krisen der frühen Neuzeit nur Naturereignisse, noch sind jene des 20. Jahrhunderts nur die Ergebnisse von Weltmarkt- und Börsenentwicklungen. Die Not von 1816/17 gilt gemeinhin als die letzte reine Subsistenzkrise grossen Ausmasses in weiten Teilen Europas. Für die Krise nach der Mitte der 1840er Jahre gehen die Meinungen weiter auseinander. Eine Reduktion der beiden kritischen Situationen auf natürliche Ursachen würde die Zusammenhänge politisch-sozialer Art ausblenden. Die klimatischen Verhältnisse und die Kapriolen des Wetters sind nur als auslösendes Moment anzusehen. Die Versorgungskrise war ein Produkt bestimmter

tive Organisation. Sie erschien den Zeitgenossen als starres Korsett, von dem sie sich lösen wollten.[3] Die Aufteilung war während Jahrhunderten gleich geblieben. Die Einschlagsbewegung löste nun diese kollektive Anbauweise mehr und mehr auf. In der Vogelschau auf die ländliche Kulturlandschaft machte das grossflächige einem kleinflächigeren, mehr oder weniger rasch wechselnden Farbmuster Platz.

Absprachen zwischen den Bauern waren aber nach wie vor nötig, zum Beispiel beim Pflügen, bei der Aussaat oder bei der Ernte. Auch die enorme Güterzerstückelung zwang sie zur Zusammenarbeit.[4] Die Brache traf man jedoch Mitte des 19. Jahrhunderts im Baselbiet nur noch selten an. Das Vieh stand nun mehrheitlich im Stall und graste allenfalls im Frühjahr und im Herbst für ein paar Wochen auf den dorfnahen Matten. Die Stallfütterung auch während des Sommers war zur Selbstverständlichkeit geworden. Die Milch- und Viehwirtschaft gewann enorm an Bedeutung, zunächst im oberen Kantonsteil, mit der Zeit aber auch im übrigen Baselbiet. Gesetze wie jene über die Prämierung der Pferdezucht (1841) und der Viehzucht (1842) waren beredter Ausdruck dieses Wandels. In den späten 1850er Jahren setzte vor allem im oberen Kantonsteil, so etwa in Reigoldswil, Bretzwil, Ziefen und Wenslingen, die Gründung von Käserei- und Milchgenossenschaften ein. Der Getreideanbau ging etwa seit den 1830er Jahren spürbar zurück.

Weiterhin der kollektiven Verwendung unterworfen blieben die Weiden und der Wald. Nach der Kantonstrennung von 1833 gingen die Wälder mehrheitlich an die Gemeinden, dann zunehmend an die Bürgergemeinden über, welche sie noch heute zum grossen Teil besitzen und nutzen.

### Von der Selbstversorgung zur Markt- und Geldwirtschaft

Der Übergang von der kollektiven Dreizelgen- zur individuellen Fruchtwechselwirtschaft brachte auch ein effizienteres Wirtschaften mit sich. Die Stallhaltung machte es möglich, den tierischen Dünger wirksamer einzusetzen. Darüber hinaus erschloss der Anbau neuer Nutzpflanzen wie Klee und

**Mädchen mit Hutte**

*Die meisten landwirtschaftlichen Betriebe beruhen hauptsächlich auf der Mitarbeit aller Familienmitglieder. Auch die Kinder mussten nach ihren Möglichkeiten mithelfen. Die bäuerliche Arbeit war geschlechtsspezifisch verteilt, so war zum Beispiel das Melken der Kühe Männerarbeit.*

*Die Berufsbildung lag bis nach dem Ersten Weltkrieg in der Hand von Betrieben und Verbänden. Der Staat unterstützte die Bemühungen jedoch schon längere Zeit. Der Landwirtschaftliche Verein, der Kurse und Vorträge zur beruflichen Aus- und Weiterbildung von Bauern veranstaltete, forderte bereits im 19. Jahrhundert eine staatlich getragene landwirtschaftliche Schule. Nach längeren Vorbereitungen öffnete die Landwirtschaftliche Schule 1917 im Berrischen Gut in Liestal ihre Tore. 1953 erfolgte der Umzug nach Sissach, wo neben Schule und Betrieb auch eine hauswirtschaftliche Schule untergebracht werden konnte.*

---

sozialer Beziehungen und Herrschaftsverhältnisse. Deutlich wird dies in den jeweiligen Bewältigungsversuchen.[1]

**Die Krise von 1816/17**
Alles deutet darauf hin, dass es sich 1816/17 klimatisch um harte Jahre handelt. Ende 1816 jedenfalls vergegenwärtigt sich Pfarrer Merian von Bretzwil die meteorologische Entwicklung der vergangenen Jahre wie folgt: Seit vier bis fünf Jahren scheint alles «gegen die Wohltätigkeit zu laufen. Späte FrühlingsReiffen, vier bis fünf kalte und nasse Sommer, schreckliche Schlossen- und Hagelwetter» im Juni/Juli 1815 haben das Obst, das Getreide und die Erdäpfel zerstört.[2] Seit 1811 ist das Obst jedes Jahr missraten, die Vorräte an Dörrfrüchten sind praktisch aufgebraucht. Seit zwei Jahren hat es nur wenige, kleine und schlechte Kartoffeln gegeben. Die regnerischen Sommer haben Quantität und Qualität des Futters stark reduziert. Darunter hat dann wiederum die Viehzucht gelitten, und schliesslich – so hält Pfarrer Merian fest – ist wegen «anhaltender Hemmung des Commerzes», besonders «des Seidenbandgewerbes», kaum mehr Bargeld vorhanden. Dieses sehr schlechte Klima ist nicht allein auf Basel und seine Umgebung beschränkt. Es herrscht auch weitgehend in Baden, Württemberg und Bayern, den

**Laufental**

*Die Situation im damals bernischen Laufental war im Ganzen gesehen nicht viel anders als jene auf der Basler Landschaft. Zwar hatte Bern 1816 für die ehemals bischöflichen Gebiete, die so genannten Leberbergischen Ämter, die Auflösung des bisherigen Zelgensystems dekretiert, ebenso ein Verbot des allgemeinen Weidgangs auf privaten Grundstücken. Vorgeschrieben war im Weiteren, dass die Gemeindeweiden nicht übersetzt, das heisst übermässig mit Vieh bestossen werden durften. Trotzdem wurde im Laufental noch lange an den alten Nutzungstraditionen festgehalten. Die Grundstücks- und Wegverhältnisse blieben unverändert und erschwerten die Umstellung auf eine individuell betriebene Parzellenkultur. Der zelgenweise Anbau wurde deshalb auf freiwilliger Basis noch lange, mitunter bis zum Beginn des 20. Jahrhunderts weitergeführt.*

Kartoffel der Landwirtschaft neue Möglichkeiten. Die erhöhte Produktion und Produktivität beruhte jedoch nach wie vor auf dem, was die Region an Rohstoffen bereit hielt und was die regionale Witterung daraus wachsen und reifen liess.[5]

Mitte des 19. Jahrhunderts erhielt die Region Anschluss an das entstehende europäische Eisenbahnnetz. Die Eisenbahn war Ausdruck des industriellen Wachstums: Sie verband Industriestädte und Agrarzonen. Hatte also in der ersten Hälfte des 19. Jahrhunderts die Modernisierung der Baselbieter Landwirtschaft selbst im Vordergrund gestanden, so war sie in der zweiten Hälfte des Jahrhunderts Anpassungsprozessen der Industrialisierung ausgesetzt. Eisenbahn und Industrie waren in zweifacher Hinsicht von einschneidender Bedeutung: Erstens ging der Landwirtschaft mit dem Anschluss ans europäische Eisenbahnnetz der Entfernungsschutz verloren, von dem sie bisher profitiert hatte. Landwirtschaftliche Produkte, welche in andern Gegenden besser gediehen oder billiger zu stehen kamen, drängten nun auf ihren regionalen Markt und konkurrenzierten ihre einheimische Produktion. Zweitens liess die Industrialisierung die Zahl der Konsumentinnen und Konsumenten landwirtschaftlicher Produkte anwachsen. Die Posamenterfamilien hatten noch eine an der Selbstversorgung orientierte landwirtschaftliche Produktion betrieben. Wer in den Fabriken der Stadt oder der grösseren Talgemeinden arbeitete, konnte sich aber kaum noch selbst versorgen. Das heisst, dass mit der Industrialisierung für die Baselbieter Landwirtschaft eine wachsende Schicht von Konsumentinnen und Konsumenten entstand, die mit landwirtschaftlichen Produkten versorgt sein wollte.

**Zwang und Chance**

Die industrielle Entwicklung bedeutete somit für die Baselbieter Landwirtschaft Zwang und Chance zugleich. Der Zwang bestand darin, unrentable Produktionszweige wie den Getreidebau aufzugeben. Ihre Chance war, sich

Ländern, aus denen die Schweiz seit jeher Getreide importiert. Die frühsten Anzeichen einer Krise kommen aus dem Bezirk Waldenburg. Die Gemeinden dieses Bezirks sind sehr anfällig für Krisen. Sie weisen starke soziale Gegensätze auf, und die wirtschaftliche Situation ist prekär, weil die Posamenter und Posamenterinnen höchstens noch die Hälfte, meistens aber nur einen Viertel der üblichen Arbeitsmenge haben. Im Dezember 1816 ist die Krise offensichtlich, die Preise sind enorm gestiegen, die Probleme häufen sich. Insbesondere die vom Grossherzogtum Baden beschlossenen Fruchtausfuhrsperren mobilisieren die Regierung. Als ihre wichtigste Massnahme setzt sie Ende 1816 eine Armenaufsichtskommission ein, der die administrativen Krisenmassnahmen übertragen werden. Im Bericht der Kommission über eine Informationsreise in «die bedrängtesten Gemeinden» der Landschaft Ende Februar 1817 ist nachzulesen, dass «das durch Misswachs, Teuerung und Verdienstlosigkeit überall erzeugte Elend sich leider auch auf unserer Landschaft besonders aber im Waldenburger Amt fühlen lässt [...].» Gleichwohl ist die Situation nicht so schlimm wie in anderen Teilen der Schweiz. Es handelt sich im Baselbiet nicht um eine extreme Hungerkrise. Ausserdem trifft die Entwicklung nicht alle Gemeinden

vermehrt auf die rentableren Produktionszweige wie die Vieh- und Milchwirtschaft zu konzentrieren und den wachsenden regionalen Markt zu beliefern. In sämtlichen Betriebszweigen, selbst in der mit der landwirtschaftlichen Produktion kombinierten Posamenterei zeigten sich in der zweiten Hälfte des 19. Jahrhunderts die Auswirkungen dieser Anpassungsprozesse.

Die Industrialisierung brachte der Landwirtschaft aber nicht nur auf dem Markt landwirtschaftlicher Produkte, sondern auch auf dem Arbeits- und Kapitalmarkt Konkurrenz. Taglöhner und Taglöhnerinnen, die den grösseren Bauernbetrieben bisher als Arbeitskräfte zur Verfügung gestanden hatten, konnten ihr Auskommen nun auch in den Fabriken finden. Wer auf landwirtschaftliche Hilfskräfte angewiesen war, musste dem höheren Lohnniveau der Industrie folgen oder die landwirtschaftliche Produktion rationalisieren. In der zweiten Hälfte des 19. Jahrhunderts hielt denn auch sehr langsam die Mechanisierung Einzug in die Baselbieter Landwirtschaft. Vereinzelt wurden Sämaschinen, verbesserte Pflüge und Eggen eingesetzt.

**Konjunkturen**

Wandel und Anpassung der Landwirtschaft vollzogen sich nicht gleichmässig, sondern schubweise. Wachstumsphasen wechselten mit Stagnationsperioden oder Krisen. Die zweite Hälfte des 18. und die ersten zwei Jahrzehnte des 19. Jahrhunderts waren für Gross- und Mittelbauern günstig. Die Preise für Land und landwirtschaftliche Produkte stiegen, die Bodenspekulation warf Extraprofite ab. Niemand sprach von der steigenden Verschuldung.

Weit ungünstiger waren die Verhältnisse für die Angehörigen der unterbäuerlichen Schicht. Sie lebten am Existenzminimum. Bei Ernteausfällen, Verdienstlosigkeit oder steigenden Lebensmittelpreisen gerieten viele dieser Menschen sofort in Not und in Abhängigkeit von der Fürsorge der Gemeinden. 1820 bis 1830 war ein Rückgang der Produkte- und Bodenpreise zu verzeichnen. Sofort traten im Agrarsektor Krisenerscheinungen auf. Die vierziger und der Beginn der fünfziger Jahre des 19. Jahrhunderts brach-

**Milchabnahme in einer Molkerei 1949**
*Im Laufe des 19. Jahrhunderts nahm die Milch- und Viehwirtschaft gegenüber dem Getreidebau zu. Besonders ausgeprägt war diese Entwicklung im oberen Kantonsteil, weil die naturräumlichen Gegebenheiten diesen Produktionszweig begünstigten. Ab der Mitte des 19. Jahrhunderts entstanden in verschiedenen Gemeinden genossenschaftlich organisierte Dorfkäsereien. Die Eisenbahn ermöglichte jedoch auch die Lieferung von Frischmilch nach Basel. Abnehmer der Milch in der Stadt waren die Milchhändler und in zunehmendem Masse der Allgemeine Konsumverein.*

gleich stark. Am schlimmsten ist es im Bezirk Waldenburg. Die typischen Getreidebaudörfer des Tafeljuras und des Leimentals dagegen erleiden deutlich weniger Schaden, vor allem wegen der beiseite gelegten Vorräte früherer Jahre. Der Höhepunkt ist vielerorts schon zu Beginn des Jahres 1817 erreicht. Viele Arme haben ihr Geld fast vollständig für das Essen ausgegeben und zum Beispiel den Ersatzbedarf bei der Kleidung hintangestellt. Sie müssen auf alles verzichten, was sie im Moment nicht unbedingt brauchen, gleichgültig ob sie dieser Entschluss mittelfristig in weitere Engpässe bringen wird.

**Massnahmen**

Als Krisenmassnahmen werden Projekte vorgesehen, bei denen gleich wie bei den heute in Entwicklungsländern üblichen «food-for-work-Programmen» gemeinnützige Arbeit mit Nahrungsmitteln entlöhnt wird. Konkret will der Kleine Rat vor allem im Bezirk Waldenburg und im angrenzenden Teil des Bezirks Sissach durch arme Männer Haupt- und Nebenstrassen ausbessern lassen. Die Durchführung der Arbeiten vor Ort ist den Gemeinden und den Pfarrern überlassen und im traditionellen Stil als Frondienst organisiert. Die Armen erhalten pro Tag anderthalb Pfund Brot, ein Pfund Mehl und einen Batzen Geld.

ten zwar wieder bessere Produktepreise mit sich, waren gleichzeitig jedoch von ungünstigen klimatischen Verhältnissen und hemmenden politischen Entwicklungen geprägt. In Heimindustrie und Gewerbe sanken die Verdienste, so dass die Lage vor allem für die Angehörigen der Unterschicht prekär war und zahlreiche Konkurse zur Folge hatte. Mitte der fünfziger Jahre setzte eine agrare Hochkonjunktur ein, die bis Mitte der siebziger Jahre des 19. Jahrhunderts dauerte. Die Posamenterei erreichte in jener Phase im Baselbiet ihren Höhepunkt. Die Verdienste aus landwirtschaftlicher wie heimindustrieller Lohnarbeit verbesserten sich. Auch kleinbäuerliche Schichten konnten so am Konjunkturhoch teilhaben. Die Bodenpreise stiegen in dieser Zeit um 40 bis 50 Prozent. Gleichzeitig wuchs die hypothekarische Belastung vieler landwirtschaftlicher Güter. Ende der siebziger Jahre setzte in der Landwirtschaft erneut eine Krise ein. Sie dauerte während der achtziger Jahre an. Bei gleich bleibenden Lohnkosten und Steuerlasten, nur langsam rückläufigen Hypothekarzinssätzen und sinkenden Produktepreisen verminderten sich die Einkommen deutlich. In diesen Jahren entpuppten sich die im Zuge der Bodenpreissteigerung eingegangenen Hypothekarschulden als besondere Belastung. Zins- und Amortisationsleistungen mussten nun mit sinkendem Reinerlös bestritten werden. Viele Bauernfamilien gerieten in Zahlungsschwierigkeiten oder sogar in Konkurs. Da die Agrarkrise mit einer allgemeinen Wirtschaftskrise zusammenfiel, boten sich in den andern Sektoren kaum Ausweichmöglichkeiten. Ende der achtziger Jahre verbesserte sich die Situation allmählich. Fleisch- und Milchprodukte erzielten bessere Preise, die hypothekarische Belastung liess dank sinkender Zinssätze langsam nach und die Lohnkosten waren in den Krisenjahren etwas gesunken.

**Krisen und Armut**
Obwohl die erste Hälfte des 19. Jahrhunderts für die Landwirtschaft allgemein günstig war, traten in den Jahren 1816/17 und 1847/48 gravierende Krisen auf. Der Grund lag in schlechten Ernteerträgen, die sich nach ungüns-

Den Beteiligten ist in erster Linie wichtig, auf den Lohnlisten dieser Projekte zu figurieren, im Übrigen aber mit einem Minimum an Arbeits- und Zeitaufwand wegzukommen. Die reichlich improvisierten Arbeiten kommen denn auch bald nach Beginn ins Stocken.
Anders als bei den Männern werden die «Spinnanstalten» der armen Frauen von Frauen aus der Basler Oberschicht organisiert und finanziert. Eingerichtet werden sie bei den Pfarrern beziehungsweise den Pfarrfrauen in Basel, Liestal, Sissach, Oltingen, Ziefen und Reigoldswil.

**Ernährung in schlechten Zeiten**
Wie seit Jahrhunderten üblich zieht auch in der Krise von 1816/17 die Herstellung von Brot besondere Aufmerksamkeit auf sich: Mahl- und Backlöhne werden vorgeschrieben, ebenso die Laibgrössen, Mahlproben durchgeführt, um die Ausbeute der Mahlgänge verschiedener Getreidesorten festzustellen, Backrezepte veröffentlicht und die Brotpreise genau kontrolliert. Dabei kommt es zu einigen Konflikten.
So haben verschiedene Müller schon Ende 1816 für die Armen «Mischletenbrot» gebacken, das sie stückweise und billiger als die Bäcker abgeben, während diese nur weisses Brot, und auch dieses nur laib-

DIE LANDWIRTSCHAFT 47

tigen Witterungsverhältnissen einstellten. Die Lebensmittelpreise stiegen derart stark an, dass die unterbäuerlichen Schichten mit ihren knappen Einkommen in Not gerieten.

Die Versorgung des Kantons Basel-Landschaft beruhte noch auf der regionalen Basis. Importe kamen allenfalls aus den nahegelegenen Nachbargebieten. Vor dem Bau der Eisenbahnen war es schwierig, die regionale Versorgungslage dadurch zu verbessern, dass rasch auf ein ausserregionales Angebot hätte ausgewichen werden können. Mit dem Anschluss an das europäische Eisenbahnnetz erweiterte sich der Versorgungsrayon über die engeren Gebietsgrenzen hinaus, was bei Missernten rasche und über den Markt vermittelte Ausweichmanöver erlaubte. Hingegen wuchs die Abhängigkeit von den Importen sowie vom Wirtschaftsgang anderer Sektoren. Die Krise der Baselbieter Landwirtschaft nach 1870 war denn auch Folge einer industriellen Wirtschaftskrise sowie der Zwänge zur Anpassung an die weltwirtschaftliche Verflechtung.

Die Armenfürsorge überliess die Baselbieter Regierung immer noch ganz den Gemeinden.[6] Auch im neuen, im eigenen Kanton hatten sich die Positionen zu den Armen und der Armenfürsorge kaum gewandelt. Arme standen jederzeit und überall im Verdacht, als Folge von Müssiggang und eigener Liederlichkeit arm zu sein. Hilfe und Unterstützung wurden als Barmherzigkeit und Almosen verstanden. Es gab keinen Rechtsanspruch darauf. Die Hauptlast der Armenunterstützung lag bei den Gemeinden.

Als sich beispielsweise die Krise im Herbst 1846 zuspitzte, schärfte die Regierung den Gemeinden ihre Pflichten mit Nachdruck ein: Gemeinderäte oder Delegierte wurden Anfang Oktober 1846 in jedem Bezirkshauptort versammelt und von einem eigens entsandten Regierungsrat daran erinnert, dass sie, wenn die Unterstützung der Armen nicht freiwillig geschehe, obligatorisch dazu angehalten würden. Nach Auffassung der Regierung mussten die Gemeinden die Armen unterstützen, ob sie nun dafür Geld hatten oder nicht. Die Eingriffe der Regierung wurden von den Gemeinden als

**Wellenmacherinnen**
*Zum ersten Sektor gehört neben der Land- auch die Forstwirtschaft. Holz war vor dem Aufkommen neuer Brenn- und Baustoffe eine zentrale Ressource.*

Einmischung der kantonalen Instanzen in ihre ureigensten Angelegenheiten angesehen, denn, so empfand man, es könne «die unentgeltliche Austeilung von Lebensmitteln an Einsassen», das heisst also an Nicht-Gemeindebürger, «auch wenn in den Grundsätzen der Menschlichkeit liegend, doch keineswegs irgendwelchen Gemeinden zur Pflicht gemacht werden». Treffender lassen sich die harten Realitäten der damaligen Schweiz, insbesondere auf Gemeindeebene, nicht in Worte fassen.[7]

Allerdings gab es eine kleine Zahl von Armenpolitikern, welche auch den übermässigen Reichtum als Problem ansahen. Zumindest im Zusammenhang der Basler und der Baselbieter Krisenmassnahmen war diese Sicht einigermassen neu. Von einer daraus abzuleitenden Umverteilungspolitik war die Baselbieter Regierung 1845 bis 1848 aber weit entfernt. Armenhilfe sei, so proklamierte die Regierung immer wieder, in erster Linie Aufgabe der Gemeinden. Ebenso betonte sie die Pflicht aller Menschen zur Selbsterhaltung. Zudem ermahnte sie die Reichen, die Armen zu unterstützen, und die Armen, die Spendefreudigkeit der Reichen zu schonen.

**Der Rebbau**

Befand sich die Landwirtschaft in der Krise, so war auch der Weinbau betroffen. Die Bedeutung des Rebbaus für den Kanton Basel-Landschaft war immens.[8] 1860 zählte man 650 Hektaren Rebland. Mitte der 1980er Jahre war der Bestand auf 71 Hektaren geschrumpft. In den 1990er Jahren waren es zwar rund 20 Hektaren mehr, aber mit insgesamt 94 Hektaren blieb die Rebbaufläche bescheiden. Über 130 Flurnamen weisen aber heute noch auf die Wichtigkeit des Weinbaus hin. Im 19. Jahrhundert war der Wein nicht ein Genussmittel, sondern tägliches Nahrungsmittel. Er war unentbehrlich. Bezeichnenderweise besassen deshalb zu Beginn des Jahrhunderts nur gerade neun Gemeinden keinen eigenen Rebberg: Bretzwil, Eptingen, Langenbruck, Läufelfingen, Lauwil, Liedertswil, Reigoldswil, Titterten und Waldenburg. Die durch die Ortsnamen markierte Grenzlinie des Rebbaugebie-

weise verkaufen. Weissbrot gilt als delikat. Je dunkler das Brot ist, umso schlechter sein Ansehen. Der Protest der Bäcker fruchtet wenig, die Müller erhalten die kantonale Erlaubnis, in «jetzigen teuren Zeiten schwarzes Brot» zu backen. Im Übrigen sollen die Bäcker die Brotordnung von 1808 einhalten und auch in normalen Zeiten «schwarzes oder Mischletenbrot», auch in kleinen Portionen, verkaufen. In Liestal ist es sogar der Gemeinderat, der gegen den Willen der Bäcker billigeres Mischletenbrot backen und verkaufen lässt.
Aber nicht nur das Brot steht in Krisenzeiten im Zentrum der Aufmerksamkeit.

Hunger bedeutet auch, auf den gewohnten Essensrhythmus, auf die gewohnten Mengen, auf die gewohnten Zubereitungsarten und vor allem auf die gewohnte Zusammensetzung der Speisen zu verzichten. Man muss oft auf als minderwertig empfundene Nahrungsmittel, wie etwa den Hafer, der als Pferdefutter gilt, ausweichen und vermehrt in Wald und Flur nach Lebensmitteln suchen. Die grosse Mehrheit der Posamenterfamilien ernährt sich normalerweise von Kartoffeln und Kaffee mit Weissbrot als Zusatzspeise, und zwar zwei bis drei Mal pro Tag. Diese Gewohnheiten auch in der Krise beizubehalten, gelingt nur wenigen. Die erste Ausweichstrategie

## DIE LANDWIRTSCHAFT

**Weinlese in Reinach 1928**
*Mit dem Zusammenwachsen der internationalen Eisenbahnstrecken bekam der regionale Rebbau Konkurrenz durch billigen Importwein. In erster Linie der Gotthard-Tunnel machte dies möglich. Der aus Amerika eingeschleppte Mehltau trug das Seinige zum Rückgang der Reben bei. Grosse Rebflächen wurden aufgegeben und dort, wo die Reben waren, Häuser gebaut. Die sonnenverwöhnte Südlage der meisten Rebberge lockte auch die Bauherrschaften an. Bauland zu verkaufen brachte mehr Gewinn als das mühevolle Arbeiten im Rebberg. Auf diese Art verschwanden, als die Bevölkerung des Kantons in der zweiten Hälfte des 20. Jahrhunderts enorm wuchs, fast alle Baselbieter Rebberge.*

tes fällt mit der Übergangszone vom Tafel- zum Kettenjura zusammen, etwas verallgemeinernd lässt sich sagen, dass sie sich auf etwa 600 Metern Höhe bewegt. Ein Kenner der Landwirtschaft hatte noch 1764 vom unteren Teil der alten Landschaft Basel festgestellt: «Es befleissen sich die Bewohner mehrentheils des Rebbaus». 1863 gab es zum Beispiel in Pfeffingen auf 54 Haushaltungen nur fünf ohne Reben. Und auch in Sissach hiess es: «Wer ein Haus besitzt, nennt gewiss auch ein Stück Reben sein.»

Während im oberen, klimatisch etwas raueren Teil des Kantons der Ertrag bescheiden ausfiel, überstieg die Produktion in günstig gelegenen Rebbergen den Eigenbedarf um ein Vielfaches. So kam es, dass der Weinbau und der Weinhandel für einzelne Gemeinden zu einem wichtigen Wirtschaftszweig wurden.

Ist die vollständige Ernährung mit Mus aus Getreide und Schwarzbrot, Milch sowie Kräutern. Wenn, wie es vor allem Ende 1816 und im Frühjahr 1817 der Fall ist, Getreide und Mehl knapp sind, so muss man sich vorwiegend von Obst, Gemüsen und Kräutern, etwas Milch und von den unregelmässig durch Betteln oder Armenhilfe erworbenen Getreide- oder Mehlquanten respektive dem daraus gebackenen Brot ernähren. Eine wichtige Krisenspeise ist die Kleie oder das so genannte Krüsch, das heisst das, was beim Mahlen des Korns übrig bleibt.

In der Krise prallen mitunter auch städtisch-bürgerliche und ländliche Standards aufeinander, etwa wenn Pfarrer Lutz von Läufelfingen die Nahrungsgewohnheiten der Posamenterfamilien – Kaffee, Kartoffeln und Brot – als nicht angemessen für diese Klasse und als «Leckerhaftigkeit» charakterisiert.

Die Ende 1816 auftretende Idee, Suppenanstalten einzurichten, stösst auf Skepsis, vor allem im oberen Baselbiet. Sich von anderen, konkret der Gemeinde oder der Regierung, kochen zu lassen, bedeutet einen massiven Eingriff in die persönliche Sphäre, nicht zuletzt, weil er mit Kontrolle und Zurschaustellung der eigenen Bedürftigkeit verbunden ist. Hunger ist nicht nur eine Frage des Mangels an Nahrungsmit-

Ein Beispiel ist Pratteln. Daniel Bruckner, der Verfasser der ‹Historischen und natürlichen Merkwürdigkeiten der Landschaft Basel›, rühmte 1754 die Prattler Produktion mit den Worten: «Der Wein von diesem Weinberge, insonderheit der rote, kan gar wol unter die guten und kräftigen unserer Land- und Nachbarschaft gezählet werden.» In guten Jahren, so berichtet Bruckner weiter, seien darum jeweils die Wirte aus dem ganzen Baselbiet nach Pratteln gekommen und hätten von dort die kostbare Fracht mit blumengeschmückten Fässern heimgefahren. 1727 und 1757 habe man in Pratteln nicht weniger als 60 000 Liter gekeltert. Von Wintersingen hielt Markus Lutz 1805 fest: «Das Wintersinger Rebgelände liefert einen vortrefflichen rothen Wein, der in grossen Mengen ausgeführt wird und den Einwohnern vieles Geld einbringt, daher solche auch meistens vermögliche Leute sind.» Angesichts solch lockender Aussichten gab es Tendenzen, den Weinberg zu vergrössern. Doch die Obrigkeit schob hier den Riegel. Um den lebenswichtigen Getreideanbau nicht zu schmälern, erliess sie immer wieder Verbote gegen das Einschlagen, das heisst die Umwandlung der Äcker in Matten und Rebland. Aber die Einnahmen, die sich für die Obrigkeit aus dem Verkauf von Wein ergaben, verachtete sie dennoch nicht. 1594 hatte die Erhöhung des Weinumgeldes zu Aufständen, zum so genannten Rappenkrieg geführt. Das Umgeld war immer eine gute Einnahmequelle; es konnte bis zur Revision der Bundesverfassung, bis 1874, erhoben werden.

**Die besseren Jahre um die Jahrhundertwende**
Am Ende des 19. und zu Beginn des 20. Jahrhunderts führten das Bevölkerungswachstum, die steigende Konsumkraft breiter Kreise sowie die inzwischen verbandsmässig koordinierte, bäuerliche Interessenpolitik zu einer beachtlichen Verbesserung der wirtschaftlichen Situation der Bauern. 1897 war der Schweizerische Bauernverband ins Leben gerufen worden, 1902 der Verband der Basellandschaftlichen Viehzuchtgenossenschaften, 1904 der Verband der nordwestschweizerischen Milchgenossenschaften und 1914, im

teln, sondern auch eine Frage der angemessenen Zubereitung der als normal betrachteten Speisen.
Etwas anders ist die Situation im unteren Kantonsteil und vor allem in zentralen Orten, wie etwa Gelterkinden oder Sissach. Für die Einrichtung von Suppenanstalten sprechen hier vor allem die verschärfte Abhängigkeit der vielen auswärtigen Armen, die besser dotierten Armenseckel und die Kontrolle der öffentlichen Hilfe. Die Suppenanstalt in Gelterkinden funktioniert sehr gut, weil die Reichen und die Regierung sie kontinuierlich unterstützen. Trotzdem, so der Pfarrer, «fehlt es bei einigen Armen täglich und sie klagen über Mangel. Jetzt erst sieht man, was so eine Armen-Haushaltung von sechs bis sieben Personen täglich braucht […]. Einige sind nicht zu ersättigen.» In Sissach werden Portionen von $3/4$ Litern einer keineswegs mageren Suppe zu einem minimalen Preis ausgegeben, ebenso in Muttenz, so dass im schlimmsten Fall – wenn dies die einzige Mahlzeit einer Familie ist – der Hunger nicht gestillt, wohl aber der Hungertod verhindert wird. In Liestal hat der Stabwirt mit gutem Erfolg eine so genannte Rumfordsche Suppe aus verstampften Knochen, Erbsen, Brot und Erdäpfeln angeboten. Die Gemeinde schliesst sich an und gibt sieben Mal pro Woche Suppe aus. Die

Jahr, als der Erste Weltkrieg ausbrach, der Verband der landwirtschaftlichen Genossenschaften der Nordwestschweiz. Die Bauernschaft war gut organisiert, ihre Vertreter waren machtvolle Politiker.

Von Waldenburg zeichnete Carl Spitteler in seinem Romanerstling ‹Das Wettfasten von Heimligen› 1888 das folgende, bittere und ironische Bild: «Obschon von kräftigem Körperbau, handfest und schlagfertig, überdies mit kriegerischen Schnurrbärten und unheimlichen Räuberhüten geschmückt, sind doch die eigentlichen Heimliger von stillem, beschaulichem Wesen, welches bei den Begabten ins Sinnige, Träumerische und Empfindsame, bei den Unbegabten ins Dumpfe schlägt. Sie können stundenlang im Wirtshaus einander stumm gegenübersitzen, die Arme weit über den Tisch gelegt und das Weinglas dazwischen. Manche starren dabei bloss trübe vor sich hin, manche aber schauen auch, ohne es selbst zu wollen, unverwandt nach einem schönen Ereignis, sei es nach dem blauen Rauch auf dem Dach, dessen Schatten sich auf den Ziegeln kräuselt, oder nach einem Gärtchen, das jenseits der Strasse aus einer offenen Haustür wonnig hindurchschimmert wie ein goldiges Bild auf schwarzem Papier oder einfach in die sonnigen Matten. Wenn sich dabei keine Gedanken formen, so ist es nur, weil sie anderes und Wertvolleres erzeugen als Gedanken.»[9]

Doch nicht nur die Literatur beschäftigte sich mit dem Dasein der hablichen Bauersleute. Landbesitz verschaffte gesellschaftliche Achtung und bedeutete vermeintliche Krisenvorsorge. Kleinbauern- und Posamenterfamilien wollten daher eigenes Land erwerben. Sie nahmen bereitwillig das Risiko einer langfristigen Verschuldung in Kauf. Viele Bauernbetriebe waren über und über verschuldet. Entwickelte sich die wirtschaftliche Situation anders, als sie sich das vorgestellt hatten, gerieten der Besitz beziehungsweise die Schulden zur kapitalen Belastung, welche oft im Ruin endete. Wegen der schlechten wirtschaftlichen Lage wandten sich die Baselbieter zahlreich dem Bauern- und Arbeiterbund zu, welcher sich der Verschuldung vieler so genannter kleiner Leute angenommen und die Revision der Hypo-

**Handlung Schnell in Röschenz**
*Die Industrialisierung führte dazu, dass sich immer mehr Menschen teilweise oder vollständig über den Markt mit Nahrungsmitteln versorgen mussten. Der Landwirtschaft bot dies grössere Absatzchancen. Die industrielle Entwicklung brachte gegen Ende des 19. Jahrhunderts jedoch auch neue Nahrungsmittel. Konserven oder auch die Suppen und Würzen von Maggi, deren Werbetafel vor diesem Geschäft zu sehen ist, fanden jedoch bei der bäuerlichen Bevölkerung und bei der ärmeren Arbeiterschaft lange schwachen Absatz.*

kantonalen Behörden unterstützen die Suppenanstalten bereitwillig. Neben der Abgabe von verbilligtem Getreide und neben den Strassenbauprojekten ist dies in den Jahren 1816/17 die wichtigste Form der Krisenbekämpfung.

**Die Krise von 1845 bis 1847**
Die 1840er Jahre sind ähnlich wie 1816 und 1817 kalte Jahre: die Winter ziemlich eisig und das Frühjahr jeweils zu kühl. Die Sommer sind reich an Niederschlag, die Herbstmonate ebenfalls zu nass und anhaltend frostig.
Das Zusammentreffen dieser misslichen Witterungsverhältnisse mit der vor allem 1845 und 1846 weit verbreiteten Kartoffelkrankheit löst die Krise aus. Die Kartoffelkrankheit wird durch einen Pilz hervorgerufen, der zunächst die Stauden, später aber auch die Knollen zerstört. «Das Angegriffenseyn der Erdfrucht ist hauptsächlich erkennbar an dem Vorhandenseyn von Flecken, welche bald röthlich, bald bläulich, bald heller, bald dünkler sind, und schnell auf der Oberfläche und in die Tiefe sich ausbreiten. Das Fleisch im Innern ist Anfangs stellenweise graulich; später werden diese Stellen weiss und endlich weich, breyig (muessig) und die Kartoffeln erhalten einen übeln Geruch. Schnelles Absterben und Schwarzwerden der Stängel

## Auf dem Weg in die ganze Schweiz

*«Tafelkirschen» allein anzuschreiben, das genügte lange Jahre nicht als Qualitätsbeweis für einen Marktstand. Baselbieter Kirschen mussten es sein. Dabei ist die Produktion von Tafelkirschen im Baselbiet gar nicht so althergebracht. Im Spitzenjahr 1922 wurden am Bahnhof Gelterkinden über eine Million Kilogramm Kirschen verladen. Tafelkirschen fehlten jedoch fast ganz. In einem anderen Spitzenjahr, 1944, waren es eine Million und 146 000 Kilogramm. Jetzt aber betrug der Anteil der Tafelkirschen bereits 70 Prozent. In früheren Zeiten wurden meist kleine, aber sehr zuckerreiche Kirschen gezogen. Sie wurden gedörrt oder gebrannt. Baselbieter Kirsch soll schon im 18. Jahrhundert ein guter Exportartikel gewesen sein. Der Kirschbaum wurde immer mehr zu einem Wahrzeichen der Baselbieter Landwirtschaft. Das Baselbiet als Land der Kirschen und des Kirschs wurde am schweizerischen Trachtenfest 1925 aus der Taufe gehoben, als eine Folkloregruppe aus Aesch mit dem «Chirsilied» auftrat.*

theken-Praxis auf seine Fahnen geschrieben hatte.[10] Schwierigkeiten für eine intensivierte Nutzung bereitete auch die Parzellierung des Bodens. Mittels Feldregulierungen, so genannten Meliorationen, wurde versucht, die Situation zu verbessern. 1896 trat das Gesetz «betreffend Felderregulierungen und Anlegen von Flurwegen» in Kraft. Die Durchführung der einzelnen Meliorationsmassnahmen, das heisst Regulierung und dauernde Bodenverbesserung, war jedoch in den Gemeinden sehr dornenvoll. Da musste Land verkauft und gekauft werden, da mussten Feldwege angelegt, Entschädigungen definiert und Einsprachen verhandelt werden. In Ettingen zum Beispiel konnte dieser Prozess erst 1946 abgeschlossen werden.[11]

### Die Zeit des Ersten Weltkrieges: Spannungen überall

Mit dem Sturz Europas in den Ersten Weltkrieg gingen die politisch problematischen Jahre der Landwirtschaft vorderhand einmal zu Ende. Zwar waren die Auswirkungen des Kriegs und der Mobilmachung der Schweizer Armee unmittelbar zu spüren: Die Landmänner wurden zu Wehrmännern, und die Frauen mussten ihren Einsatz vervielfachen, um alle Arbeit, die Kindererziehung, den Haushalt zu bewältigen. Trotz der erstmals 1917 erlassenen Mehranbauvorschriften geriet die Bevölkerung 1918 an den Rand des Hungers. Dennoch blieb die Baselbieter Bevölkerung am Wahnsinn des Weltkrieges nicht direkt beteiligt. Ja, die Bauernfamilien profitierten von den steigenden Preisen, ihre gesellschaftliche Wertschätzung nahm angesichts der knappen Lebensmittel zu. Weil sie über selbstproduzierte Nahrungsmittel verfügten, waren die Bauernfamilien gegenüber den Arbeiterfamilien im Vorteil. Die Arbeiterschaft sah in ihnen die Profiteure und Kriegsgewinnler. Der nach dem Ende des Krieges 1918 ausgerufene General- oder Landesstreik verschärfte die Spannungen zwischen Arbeiterschaft und Bauernschaft. Er schmiedete aus Bauern und Bürgerlichen einen politischen Block, dem es gelang, selbst die heiklen 1930er Jahre vergleichsweise unbeschadet zu überstehen.

und Blätter (des Krautes) zeigt öfters das Entstehen der Krankheit in der Kartoffel selbst an.» Die Krankheit ist nicht neu, es gab sie schon immer, wenn auch ihr Auftreten meist räumlich beschränkt war. Im grossen Ausmass der Jahre 1845 und 1846 trifft sie die Bevölkerung jedoch unvorbereitet. Besonders verheerend ist die Lage für die zahlreichen Angehörigen der ländlichen Unterschicht zum Beispiel im Bezirk Waldenburg. Hier ist die Kartoffel längst Hauptanbauprodukt und -nahrungsmittel. Die ersten Anzeichen einer Missernte bei den Kartoffeln machen sich auch im Kanton Basel-Landschaft schon im Herbst 1845 bemerkbar. In einer an die Gemeinden gerichteten Proklamation vom 2. Oktober 1845 appelliert der Regierungsrat an die Eigeninitiative gerade der Armen: «Die gesunden Kartoffeln sind gut an der Luft zu trocknen und genau von den kranken zu trennen.» Im Sommer 1846 verbessert sich die Lage geringfügig. Die Ernte ist eingebracht; man hat wenigstens für den Moment genug zu essen. Doch im Herbst und Frühwinter 1846 sind die wenigen Vorräte bereits aufgezehrt. Am prekärsten ist die Lage dann aber zu Beginn des Jahres 1847. Nach zwei höchst mittelmässigen Ernten sind vor allem die armen Bauernfamilien in Schwierigkeiten geraten.

## Die Krise der dreissiger Jahre

Etwas verzögert, wenn man die Entwicklung mit anderen europäischen Ländern vergleicht, erreichte die Weltwirtschaftskrise Mitte der 1930er Jahre die Schweiz. Die immer mehr auf Viehhaltung und Milchwirtschaft ausgerichtete Landwirtschaft stand auf wackeligen Beinen. Seit der Anbauzwang zum Beispiel für Kartoffeln wieder aufgehoben war – der Krieg war ja vorbei –, stieg die Milchproduktion. Zur gleichen Zeit ging der Export von Milchprodukten zurück. Eine Milchschwemme war das Resultat. Mit dieser Bezeich-

Die Hauptmassnahmen der basellandschaftlichen Regierung betreffen auch dieses Mal den An- und Weiterverkauf von Nahrungsmitteln. Im Übrigen zeigt sie grosse Zurückhaltung.

Die Kartoffelkrankheit und die durch sie hervorgerufene Krise haben den Einsatz zweier Nahrungsmittel zur Folge, die später kaum mehr aus den Lebensmittelregalen wegzudenken sind: Der Mais hat während jener krisenhaften Jahre seinen – wenngleich noch vorübergehenden – ersten grossen «Auftritt» überhaupt, an zweiter Stelle ist auch der Reis nicht zu übersehen. Insgesamt kauft die Regierung 1845 zur Linderung der Not 21 840 Pfund Reis und 2278 Pfund Bohnen. Die Gemeinden verlangen jedoch für ihre Bedürftigen vor allem Kartoffeln. Der Reis ist kaum loszuschlagen. Wohl deshalb kauft die Regierung 1846 vor allem den «so nahr- als schmackhaften» und relativ billigen Mais, der in den Gemeinden auf weniger Ablehnung stösst. Die Gemeinden sollen den «ganz Armen» eine Maissuppe oder einen Maisgriess gratis, den Angehörigen der Mittelklasse zum halben und den anderen, so weit möglich, zum ganzen Selbstkostenpreis abgeben. Drei Säcke müssen in den meisten Gemeinden für mehr als einen Monat reichen. Für die Maissuppe braucht man 13 Mass Wasser, «welche,

**Kirschenablieferung in Arisdorf 1937**
*Während der ganzen ersten Hälfte des 20. Jahrhunderts wurde der Kirschenanbau kultiviert und professionalisiert: Gross mussten die Kirschen sein, transportfähig, möglichst einfach zu ernten, weshalb als neueste Entwicklung halbstämmige Bäume den hochstämmigen vorgezogen wurden, obwohl Letztere doch dem bodennahen Frost der Frühlingsnächte besser trotzten.
Mit der Technisierung und Modernisierung der landwirtschaftlichen Arbeit nach dem Zweiten Weltkrieg konnte der Kirschenanbau verständlicherweise nicht Schritt halten. Die Früchte mussten nach wie vor mühselig von Hand abgelesen und rasch hintereinander, das heisst meist mit drastisch erhöhtem Personalbedarf geerntet werden. Gutes oder schlechtes Wetter blieb ein für das Reifen wie für das Ernten der Kirschen bestimmender Faktor, mehr noch als dies für die Landwirtschaft im Allgemeinen gilt. In den 40 Jahren zwischen 1951 und 1991 ging die Zahl der Kirschbäume um über 70 000 auf 108 000 zurück.*

**Beim Kraftwerk Augst 1925**
*Am Ende des 19. Jahrhunderts geriet die Berufsfischerei am Hochrhein in die Krise. Zum einen wirkte sich die Industrialisierung, die Verschmutzung des Wassers durch stinkende und giftige Abwässer aus Färbereien und der chemischen Industrie, negativ auf die Lebensbedingungen der Fischbestände aus. Zum andern führte die grosse Rheinkorrektur unterhalb Basels zur Austrocknung alter Flussläufe. Die Fische verloren Laichgründe. Die grössten Einschränkungen brachten jedoch die Kraftwerke und Staustufen, die den freien Zug der Fische verhinderten und die Fliessgeschwindigkeit des Wassers reduzierten. Die Vielfalt und der Umfang der Fischbestände gingen soweit zurück, dass sich die Berufsfischerei nicht mehr lohnte.*

nung kam ein Begriff auf, der bis in die jüngste Gegenwart die Probleme der Landwirtschaft erheblich mitbestimmte. Fast alle tierischen Produkte konnten in den 1930er Jahren nicht mehr wie gewünscht abgesetzt werden. Ihre Preise fielen in sich zusammen. Dadurch wurde das Einkommen der Bauernfamilien empfindlich geschmälert. Weil auf der andern Seite die Verschuldung ziemlich hoch war, gerieten die Bauern in existentielle Nöte. Wer zu viel Milch ablieferte, wurde bestraft, das Vieh wurde zu lächerlichen Preisen verkauft.[12] Die Pächter mussten ihre Pacht dennoch in gleicher Höhe weiter entrichten. Die 1932 im Kanton Basel-Landschaft eingerichtete Bauernhilfskasse vermochte die Krise zu mildern, sie aufzuheben war sie nicht imstande. Manch eine Familie konnte nicht anders als den Bauernbetrieb aufgeben, weil sie nicht mehr zu bezahlen in der Lage war. Junge Landleute gingen in die Stadt, in die Industrie. Trotz der wirtschaftlich scharfen Krise in der Landwirtschaft wurde der Bauernstand von den Protagonisten der Geistigen Landesverteidigung als Träger und Repräsentant des schweizerischen «Volkscharakters» gepriesen. Die «Bauernsame» wurde zum Mythos. Der ideologische Kern des Mythos der «Bauernschweiz» war aber nur in Teilen konservativ. Modernisierung, Fortschritt und Technisierung der Landwirtschaft stiessen auf Zustimmung, aber die gesellschaftliche und die kulturelle Moderne galt in der Bauernideologie als sehr negativ.[13]

### Der Zweite Weltkrieg: Der Bauernstand ist Nährstand

Seit dem 19. Jahrhundert war die Schweiz zunehmend in den Weltmarkt integriert worden. Die immer mehr auf Vieh- und Milchwirtschaft basierende Landwirtschaft war vorwiegend auf den Export ausgerichtet, was auf der andern Seite bedeutete, dass viele lebenswichtige Güter importiert werden mussten. Grosse Mengen an Brot- und Futtergetreide stammten aus dem Ausland. Die Wirtschaftskrise der dreissiger Jahre deckte diesen Sachverhalt schonungslos auf. Insofern war der Plan Friedrich Traugott Wahlens, die Ackerbauflächen in der Schweiz zu vergrössern, zunächst ein wirtschaft-

mit ¾ Pfund Salz vermischt, in volle Siedung gebracht werden, sind 3 Pfund Meisgries nach und nach beizumischen und in dieses, nachdem es etwa 10 Minuten gekocht, ⅛ Pfund Butter und beliebiges Gewürze zu thun und dann noch etwa 10 Minuten kochen lassen». Für die «Maispflutten» verwendet man nur vier Mass Wasser, Salz und drei Pfund Maismehl. Es wird so lange gekocht, bis es «zu Pflutten abgestochen» werden kann, die dann ihrerseits in Butter «gesotten» oder mit einer «beliebigen Schweize darüber gegossen» verzehrt werden können.

**Die Krisen von 1816/17 und 1845 bis 1847 im Vergleich**
Die Krise der Jahre 1816 und 1817 ist umfassend und erschüttert Gesellschaft und Wirtschaft des ganzen Kantons Basel. Die Krise der Jahre 1846 und 1847 dagegen trifft das Baselbiet nur punktuell. Die starke Verbreitung der Kartoffelkrankheit treibt die Preise in die Höhe und heizt die Teuerung an. Von dieser Agrarkrise sind vor allem die Unterschichten in mittleren und höheren Lagen des Kantons besonders betroffen, denn hier ist die Kartoffel das Hauptnahrungsmittel.
Während die Krise von 1816/17 vor allem im Frühjahr 1817 flächendeckend ist und

licher Lösungsvorschlag, nicht ein politischer. Aber die Bezeichnung Anbauschlacht zeigt, wie gross die identitätsstiftende politisch-ideologische Kraft des Plans Wahlen war. Es gelang eine Verbindung zwischen Freiheit, Widerstandswillen und Landesversorgung herzustellen. Übergangen wurde dabei, dass es an landwirtschaftlichen Arbeitskräften stets mangelte und dass Hilfsmittel, vorab Dünger, fehlten. Im Nachhinein wurde der Plan Wahlen zum schweizerischen Autarkie-Programm erhoben, was er während des Kriegs nie gewesen war. Gerade die ob des Bildes von der heroisch Widerstand leistenden Schweiz in Verruf geratene Export- und Importindustrie musste die wirtschaftlichen Aussenbeziehungen des Landes sicherstellen. Ohne sie wäre an ein Überleben nicht zu denken gewesen.[14]

Der landesweite Anbauplan Wahlens sah die Erhöhung der Ackerbaufläche auf 350 000 Hektaren, im Notfall gar auf 500 000 Hektaren vor. Er passte zunächst gar nicht in die Pläne des Bauernverbandes und des politischen Establishments. Doch sehr rasch zeigte sich der geniale Schachzug dieses Zukunftsentwurfs. Wahlen hatte ein bereits vom Parlament 1939 für die Zukunft beschlossenes Umstellungsprogramm übernommen und es zu Beginn des Zweiten Weltkriegs als Kriegsmassnahme radikalisiert. Die Anbauschlacht wurde dadurch als Beitrag zum Widerstand gegen den Nationalsozialismus verstanden, geeignet das Land aus dem Krieg herauszuhalten. So akzeptierten die etablierten Bauernvertreter den Plan als Notprogramm in Zeiten des Krieges, weil es die Bauernschaft als Ernährerin des Landes stärkte. Der Plan Wahlen bewirkte im Kanton Basel-Landschaft, dass die Ackerbaufläche zwischen 1940 und 1945 um insgesamt 3000 Hektaren zunahm, während der Viehbestand 1945 um fast 4500 Einheiten tiefer lag als noch 1936.[15] Im Gesamten gesehen wurden die wirtschaftlichen Ziele des Plans Wahlen nicht erreicht. Von den Bauernfamilien, vorab den Bäuerinnen, wurde die Anbauschlacht zudem allzu oft als eine zusätzliche Last empfunden. Während die Männer Aktivdienst leisten mussten und vom Hof abwesend waren, hatten die Frauen zusätzlich noch den Anbauplan zu erfüllen.

grosse Teile der Bevölkerung trifft, ist jene von 1846/47 nur für Teile der Bevölkerung beziehungsweise des Kantons von besonderer Schärfe.
Beide sind im Baselbiet keine Hungersnöte. Hunger gibt es sehr wohl, nicht aber Hungertote. Beide Male treten die sozialen Gegensätze, welche die Baselbieter Bevölkerung prägen, massiv hervor. Dabei wird deutlich, dass die Bewältigung einer Krise in erster Linie ein politisches und soziales Problem ist. Für viele Krisen sowohl der vorindustriellen Zeit als auch der Moderne gilt die Feststellung des indischen Ökonomen Amartya Sen, wonach Hunger nicht bedeutet, «dass einige oder viele Menschen nicht genug zu essen bekommen, dass nicht genug zu essen vorhanden wäre», sondern dass viele Menschen nicht genügend Geld haben, sich Essen zu kaufen.[3]

## Hochkonjunktur und erneuter Strukturwandel

Schon gegen das Ende des Zweiten Weltkriegs wurden die agrarpolitischen Weichen in der Schweiz gestellt. Getragen von der Vorstellung einer landwirtschaftlich tätigen «Volksgemeinschaft» ritten die Bauernfamilien auf einer Welle der Anerkennung.[16] Die Bauerninteressen galten als schützenswert. Bauer wurde nun zu einem anerkannten Berufsstand. Berufs- und Meisterprüfungen wurden eingeführt. Die erste Berufsprüfung im Kanton Basel-Landschaft fand 1945 statt. 1951 erwarb der Kanton in Sissach das Hofgut Ebenrain und gestaltete es zur Landwirtschaftlichen Schule mitsamt Versuchsgut beziehungsweise Musterhof um. Das Gut stellte 1971 auf biologische Wirtschaftsweise um; es wurde zum ersten staatlichen Schul- und Lehrbetrieb für biologischen Landbau im deutschsprachigen Europa.

Weitere Meliorationen, Zusammenlegungen von Gütern, Entwässerungen, aber auch Modernisierung der Wohnungen und der Ställe machten die Landwirtschaft effizienter. Nicht zu übersehen ist der Schub der Motorisierung und Technisierung jener Jahre. Standen im Baselbiet noch 1945 etwa 3500 Pferde in den Ställen, waren es 16 Jahre später noch etwas über 2000. Die kühne Konstruktion des Traktors wurde zum Symbol der Landwirtschaft. Er steht aber nur stellvertretend für Mäh- und Dreschmaschinen, für Melkanlagen und Modernisierung der Viehhaltung. Die Technisierung und mit ihr der verstärkte Einsatz von Chemikalien bewirkten einen völligen Strukturwandel der Landwirtschaft. Diese Industrialisierung der Familienbetriebe erzeugte nicht landwirtschaftliche Grossbetriebe, sie reduzierte aber das benötigte Personal auf den Bauernhöfen drastisch. Der Kanton Basel-Landschaft gehörte zu den vom Rückgang der Bauernfamilien am stärksten betroffenen Kantonen. 1980 lebten noch 4335 Personen von der Landwirtschaft. Das waren zwei Prozent der Bevölkerung. 1910 waren es 21 Prozent gewesen, genau 13 956 Personen. Allein von 1950 bis 1980 nahm die landwirtschaftliche Bevölkerung um 73 Prozent ab.[17]

**Landschaftsveränderungen**
*Der Wandel der landwirtschaftlichen Produktion verändert eine Landschaft augenfällig, wie diese beiden Beispiele zeigen.*
*Links: Obstbäume in traditioneller Streubauweise.*
*Rechts: eine Anlage mit Niedrigstammkulturen.*

In Bereichen, in denen sich Personal nicht einfach ersetzen liess, wie etwa bei der für das Baselbiet so typischen Kirschenernte, war im Verlauf der letzten 30 Jahre ein erheblicher Rückgang zu verzeichnen. Mit den Veränderungen in der Produktepalette freilich war der Strukturwandel der Landwirtschaft noch längst nicht zu Ende. Riesige Herausforderungen kamen auf die Bauernfamilien im letzten Viertel des 20. Jahrhunderts zu.

Den einen erschien es, als würden sich die Bauern immer mehr vom Boden entfernen: «Wer einem stolzen Reiter gleich, einen Meter hoch auf weichem Traktorsitz über dem Boden thront, und drei Furchen auf einmal umlegt, der hat weniger Verbindung mit dem Boden als sein Vorfahr, der hinter dem Pflug einherschritt.»[18] Doch modernisiert und gewandelt hat sich die Landwirtschaft immer. Der Kern des Problems liegt anderswo. Dort, wo die Bauernschaft jahrzehntelang ihre Stärken gehabt hatte, zeigten sich nun ihre Schwächen: im politischen Lobbying. Es gelang ihren Vertretern nicht mehr, das Bild vom Bauernstand als dem Nährstand der Schweiz aufrechtzuerhalten. Parallel zu den steigenden Subventionen ging der Anteil der Bauernschaft an der Bevölkerung zusehends zurück. Immer mehr machte die Rede von der völligen Umstrukturierung die Runde. Bauern sollten nicht mehr als Bauern wirtschaften, sondern als Landschaftsgärtner dafür sorgen, dass unsere Gefilde erhalten bleiben. Bio- und Ökoproduktion gewannen zwar an Marktanteilen, blieben aber bis anhin nur als Nischenwirtschaft interessant. Zollabkommen wie das GATT, die europäische Gemeinschaft und deren billige Importe, Computerisierung und Gentechnologie, die aus dem Bauern einen konzerngebundenen Lizenznehmer macht, der so genannte Rinderwahnsinn und das Zusammenbrechen der Schlachtfleischpreise machten aus dem Bauernstand eine zwar viel genannte, anteilmässig jedoch immer unbedeutendere Gruppe der Bevölkerung.

**Lesetipps**

*Was das 19. Jahrhundert anbelangt, so ist das Buch von Albert Schnyder und Ruedi Epple <u>Wandel und Anpassung</u> (1996) das umfassendste Werk zur Landwirtschaft.*

*Für das 20. Jahrhundert gibt es für den Kanton Basel-Landschaft nichts Vergleichbares. Der Beitrag von Edwin Huber im <u>Jubiläumsband der Kantonalbank</u> (1964) ist nach wie vor der Bezugspunkt.*

*Was Landwirtschaft auf der Ebene des Dorfes bedeutete, zeigt eindrücklich und detailliert Hans Utz in seiner Studie über die <u>Meliorationen in Ettingen</u> (1993).*

*Nicht das Baselbiet im Zentrum steht in Werner Baumanns Buch über Ernst Laur mit dem Titel <u>Bauernstand und Bürgerblock</u> (1993). Wer aber über die Landwirtschaft in der Schweiz Bescheid wissen möchte, kommt um die Lektüre dieses grundlegenden Buches nicht herum.*

*Ebenfalls wichtig, wenngleich ohne Baselbieter Bezug, ist Peter Maurers Dissertation <u>Anbauschlacht</u> (1985).*

**Abbildungen**

Sammlung Theodor Strübin, Kantonsmuseum Baselland: S. 41, 42, 43, 52.
Chumm ins Baselbiet. Ein illustrierter Führer durch den Kanton Baselland, Liestal 1948: S. 45.
Fotoarchiv Johann Baptist Anklin-Jermann, Inv.Nr. 12560, 11079; Erich Anklin, Zwingen: S. 47, 51.
E. A. Feigenwinter-Stiftung, Reinach: S. 49.
Archiv Rolf Jeck, Basel; Nr. 16 A; Foto Lothar Jeck: S. 53.
Fotoarchiv Seiler, StA BL, Inv.Nr. KM 00.562: S. 54.
Amt für Raumplanung, Natur und Landschaft, Liestal: S. 56, 57.

Reproduktionen durch Mikrofilmstelle.

**Anmerkungen**

[1] Huber 1964; Nebiker 1984; Grieder 1985; Abt 1988; Epple/Schnyder 1996.
[2] Vgl. Bd. 5, Kap. 2; Epple/Schnyder 1996.
[3] Vgl. Bd. 3, Kap. 1.
[4] Vgl. Bd. 3, Kap. 1; Epple/Schnyder 1996; Utz 1993, S. 47–53.
[5] Pfister 1984.
[6] Vgl. Bd. 5, Kap. 8.
[7] Epple/Schnyder 1996, S. 182.
[8] Dazu Salathé 1983; ders., Referat anlässlich der Generalversammlung des Weinproduzentenverbandes Baselland vom 10. Januar 1997 in Aesch; Suter 1971; Strübin 1991.
[9] Spitteler, Carl: Das Wettfasten von Heimligen, Zürich 1980, S. 16f.
[10] Vgl. Bd. 5, Kap. 17; Epple 1998.
[11] Utz 1993.
[12] Huber 1964, S. 70.
[13] Baumann 1993, S. 359.
[14] Maurer, Peter 1985, S. 166ff.
[15] Huber 1964, S. 72: Ackerbaufläche in ha 1940: 5013; 1945: 8017; Rindvieh 1936: 22 862; 1945: 19 450.
[16] Maurer, Peter 1985, S. 175f.
[17] Brugger 1985.
[18] Buess 1986, S. 49ff.

[1] Nach Epple/Schnyder 1996.
[2] Epple/Schnyder 1996, S. 106.
[3] Sen 1982, S. 1.

# Handwerk und Gewerbe

*Bild zum Kapitelanfang*
**Schneidermeister Karl Anklin aus Zwingen**
*Schneider gehörten neben dem Schuhmacher seit dem Mittelalter zu den am zahlreichsten vorkommenden Handwerkern im Dorf. Während die Weber, ebenfalls ein verbreitetes Dorfhandwerk, gegen Ende des 19. Jahrhunderts durch das Aufkommen industriell hergestellter Stoffe ihre Beschäftigung zunehmend verloren, konnten die Schneider, die auch Stoff verkauften, weiterexistieren. Auch sie wurden durch industriell produzierte Kleidung jedoch zunehmend überflüssig und befriedigen heute vor allem noch den Luxusbedarf.*

**Zwei Typen von Mühlen**
*Mühlen gehörten in Gebieten mit Getreideproduktion zu den wichtigsten und ältesten Gewerben. Eine Mühle gab es nicht in jedem Dorf, sondern sie hatte im Ancien Régime für ein bestimmtes Gebiet das Monopol. Die Mühle von Wintersingen (auf dem Bild 1914) ist ein Beispiel für eine solche dörfliche Mühle. Andere Dimensionen hatten die Jurassischen Mühlenwerke in Laufen. Das zeigt schon das mehrstöckige, 1898 erbaute Gebäude. Der Betrieb verarbeitete nicht nur Getreide aus der Region, sondern aus Europa und aus Übersee. Die Handelsmühle handelte mit Getreide, stellte verschiedene Mehl- und Futtersorten her. Ausserdem wurden Teigwaren und Presshefe produziert. Seit 1900 wurden durchschnittlich rund 40 Personen beschäftigt.*

## Handwerk und Gewerbe: Vielfältige Erwerbsform

Neben der so genannten «Urproduktion», welche im Wesentlichen aus der land- und forstwirtschaftlichen Tätigkeit bestand, und der Industrie gehen Handwerk und Gewerbe als weitere Erwerbsform früherer Zeiten oft vergessen. Bei beiden handelte es sich um eine an den Kundinnen und Kunden des regionalen, lokalen Marktes orientierte Form der Güterproduktion (Handwerk), der Güterveredelung und -verteilung (Gewerbe).[1] Doch die Bandbreite dessen, was man landläufig Handwerk und Gewerbe nannte, hätte grösser nicht sein können. Um das Schneider- oder das Flickschusterhandwerk auszuüben, benötigte einer handwerkliches Geschick sowie ein paar Nadeln, entsprechenden Faden, ein paar Scheren, Stifte, etwas Leder oder Stoff sowie eine Ledertasche als fahrbare Werkstatt. Darüber hinaus war man bei grossen Handwerksbetrieben nicht sicher, ob es sich nicht viel eher um eine Fabrik handelte.[2] Ja, schon zwischen einem über die Lande fahrenden Hausierer oder einer – auch nicht seltenen – Hausiererin und einem fest etablierten Spezereiladeninhaber lagen Welten.

Nach der Trennung des Standes Basel in zwei Halbkantone versuchten städtische Handwerkerkreise ihrer Interessenpolitik gemäss die alte Zunftordnung nochmals zu stärken. Die Polizeistrafordnung von 1837 sicherte den Zünften denn auch das städtische Produktions- und Absatzmonopol zu. Doch mit dem einsetzenden Bevölkerungswachstum der Stadt war diese Monopolstellung der zünftigen Handwerker immer schwieriger aufrechtzuerhalten. Eine umfassende Kontrolle zum Beispiel der eingeschmuggelten Waren war nicht mehr möglich.

Das städtische Zunftsystem erwies sich als zu starr, um den Anforderungen der Zeit zu genügen: Berufswechsel waren ausgeschlossen, Preissenkungen fast unmöglich, Flexibilität in der Betriebsgrösse rührte an ein Tabu. Für den Konkurrenzkampf waren die billiger produzierenden und verkaufenden Handwerker aus dem Ausland und aus dem Baselbiet besser gerüstet.[3]

### Flottante Elemente und strebsame Krämerseelen

Es heisst: Wer im 19. Jahrhundert Handwerker oder Kaufmann werden will, muss hinaus in die Welt und seine Erfahrungen in der Fremde machen. Handwerker oder Kaufmann sein, das bedeutete, eine Lehrzeit meist in der Nähe des heimatlichen Ortes absolvieren und dann als Geselle hinausziehen, immer grössere und weitere Kreise schlagen. Klassische Betriebe des Gewerbes sind die Mühlen.[1] Seit der Französischen Revolution und der Helvetik in der Schweiz war das lehensrechtliche Verleihen der Mühlerechte verschwunden. Die Mühlen wurden von privaten Besitzern übernommen. So wurde etwa die Mühle in Zwingen versteigert und ging in den Besitz einer Familie Anklin über. Mühlen sind aber nicht nur allein auf das Mahlen von Getreide ausgerichtete Betriebe, sondern die wirtschaftlichen Zentren des dörflichen Lebens. Die Müller betreiben, um auch während der Zeit nach dem Mahlen des Getreides voll ausgelastet zu sein, eine Flachsreibe, eine Walke, eine Sägerei, eine Öltrotte oder eine Schleife. Jedes Dorf hat seinen Müller, oder es kommt ein so genannter Kundenmüller von Zeit zu Zeit «auf die Stör».

Mit dem 19. Jahrhundert ist eine Zeit der Konzentration angebrochen. Viele alte

HANDWERK UND GEWERBE 61

Jurassische Mühlenwerke. — Laufen.

BAND FÜNF / KAPITEL 4

## Gewerbe, Manufaktur, Fabrik: Gewerbeverein Liestal und Umgebung

Liestal als Verkehrs- und vor allem als Marktort war seit altersher, bedingt durch seine zentrale Lage, ein Handwerkerstädtchen. Zur gleichen Zeit, in welcher sich ein gesamtschweizerischer Gewerbeverein konstituierte, wurde in Liestal zum ersten Mal eine Gewerbeausstellung durchgeführt. Dass, wie Johannes Kettiger bekannt gab, über 100 Aussteller vertreten waren, zeigt, wie wenig präzise der Begriff des Gewerbes verwendet werden konnte. In diese Richtung deutet auch die Bezeichnung des Vereins, den Kettiger 1855 aus der Taufe hob: des Gewerbe- und Industrievereins.[4] 20 Jahre später wandelte sich der Name zum Gewerbeverein Liestal, zu welchem sich 83 Mitglieder zusammenschlossen. Sie versuchten damit den 1862 als Zwischenlösung entstandenen Handwerker- und Gewerbeverein auf neue Grundlagen zu stellen.

Die Geschichte des Gewerbes im Baselbiet zeigt einen ähnlichen Verlauf wie die schweizerische. Bestrebungen, die verschiedenen Gewerbe und Handwerksgattungen in einer gemeinsamen Organisation zusammenzuführen, bestanden schon vor der Schaffung des schweizerischen Bundesstaates von 1848. Die vielen Zollstationen sowie die verschiedenen Masse und Münzen in der Schweiz boten Anlass genug, über die Beschränkungen des Gewerbes nachzudenken. Ebenso war die Eisenbahnfrage steter Bezugspunkt. Erst recht befördert wurde der Zusammenschluss durch die Krisenjahre um 1845. Teuerung, Verdienstlosigkeit, Zollsperren des Auslandes taten das Ihre, dass 1847 ein Eidgenössischer Gewerbeverein entstand. Die Anfangszeit einer Vereinspolitik war ein nicht enden wollendes Auf und Ab. Der Gewerbeverein von 1847 wurde bereits 1849 ein zweites Mal gegründet, und schon 1850 gab es Pläne, ihn wieder aufzulösen. Trotz an und für sich lebenswichtiger Traktanden wie Berufsbildung, Handelsverträge mit dem Ausland, verschiedenste Rechtsfragen, schliefen die Tätigkeiten während der 1870er Jahre wieder ein. Erst die neuerliche Gründung von 1879 hatte einen bleibenden Erfolg.[5]

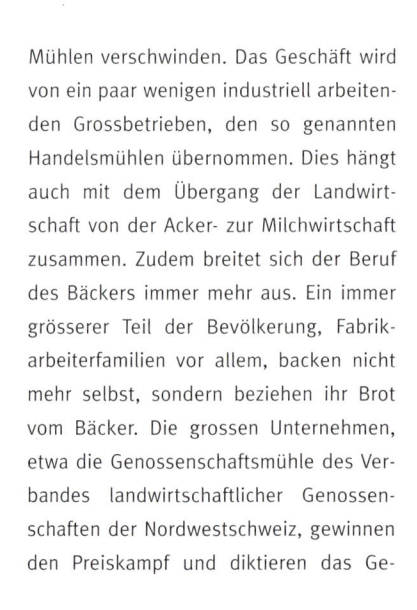

**Gerberei Baader in Gelterkinden**
*Die Gerberei Baader, gegründet 1841, war die erste fabrikmässig betriebene Gerberei im Kanton. Die Häute bezog der Betrieb zunächst als Lohnware von den Bauern der Umgebung und lieferte sie nach der Gerbung wieder an diese zurück. Später wurden die Tierhäute aus China, Java und Südamerika eingeführt. Beliefert wurde beispielsweise die ebenfalls in Gelterkinden ansässige Schuhfabrik Bally. 1989 wurde die Gerberei geschlossen.*

Mühlen verschwinden. Das Geschäft wird von ein paar wenigen industriell arbeitenden Grossbetrieben, den so genannten Handelsmühlen übernommen. Dies hängt auch mit dem Übergang der Landwirtschaft von der Acker- zur Milchwirtschaft zusammen. Zudem breitet sich der Beruf des Bäckers immer mehr aus. Ein immer grösserer Teil der Bevölkerung, Fabrikarbeiterfamilien vor allem, backen nicht mehr selbst, sondern beziehen ihr Brot vom Bäcker. Die grossen Unternehmen, etwa die Genossenschaftsmühle des Verbandes landwirtschaftlicher Genossenschaften der Nordwestschweiz, gewinnen den Preiskampf und diktieren das Geschäft. Aus besonders gut gelegenen Mühlen, mit gleich bleibendem Wasserstand des antreibenden Gewässers zum Beispiel, werden gut gehende Teigwarenfabriken oder Confiseriebetriebe.

Doch nicht nur die Müller sind unterwegs. Zahllose Bauhandwerker, Schuster, Pfannenflicker, Händlerinnen und Händler aller Art bevölkern das Baselbiet. Daraus entsteht dem immer noch auf Sesshaftigkeit angelegten dörflichen Gefüge ein Problem.

Die Verfasser der Heimatkunde von Muttenz aus dem Jahr 1863 legen Wert auf die Feststellung, dass die dorfeigenen Handwerker die Bedürfnisse des Dorfes

**Steinhauerei im Laufental**

*Die Steinhauerei hatte, wie andere Gewerbe auch, eine lange handwerkliche Tradition. Im Laufe des 19. Jahrhunderts entwickelte sich aus dem Steinhauerhandwerk die Steinindustrie, die im Laufental in grösserer Zahl Beschäftigungsmöglichkeiten für Männer schuf. Die Blütezeit dauerte jedoch nur rund ein halbes Jahrhundert; der Niedergang dieser Industrie setzte nach 1910 ein. Verursacht war er nicht zuletzt durch die Konkurrenz billigerer Baumaterialien wie Beton. Auf dem Bild: jugendliche Lehrlinge, Arbeiter und Kinder, die ihren Vätern und älteren Brüdern das Mittagessen in den Steinbruch brachten.*

Es war in jenen Jahren der frühen Industrialisierung schwierig, zwischen Gewerbe und Industrie klar zu unterscheiden. Das Beispiel des Blattmachers verdeutlicht dies nochmals: Der Blattmacher war ein hochspezialisierter Holzhandwerker, der als Fachmann für die Rechen, das heisst für die Herstellung und Reparatur der Führungsteile für die Zettelfäden in den Webstühlen eine wichtige Stellung einnahm. Was heute als klassische Handarbeit angesehen wird, wurde vom Sissacher Pfarrer Huber 1774 zu den Fabrikarbeiten gezählt, also nicht dem eigentlichen Handwerkerstand zugerechnet.[6]

Bezeichnet man als den massgebenden Unterschied zwischen einer Fabrik und einer Manufaktur die Frage der Antriebskraft, so muss man in Rechnung stellen, dass viele der Baselbieter «Fabriken» Manufakturen waren, weil sie weder über Dampf- noch Wasserkraft verfügten: zum Beispiel die Papierfabriken, die Saline, die Chemische Fabrik Schweizerhall und die Uhrmacherateliers. Demgegenüber kann man auch grössere Handwerksbetriebe wie Schmieden, Drahtzüge und Papiermühlen als Manufakturen

kaum befriedigen können.[2] Die «4 Metzger, 3 Bäcker, 1 Spengler, 4 Schmiede, 4 Wagner, 3 Schreiner, 3 Drechsler (3 Küfer) und 2 Maler» sind zu wenig. Immer mehr müssen deshalb Wandernde und Fahrende herangezogen werden, was wiederum zur Bemerkung führt: «so lockt auch die gute bürgerliche Kost die Arbeit suchenden Leute herbei, besonders solche, welche gerne gut leben, aber nicht gern viel arbeiten.»
Speziell ins Visier der Dorfbehörden geraten die Hausiererinnen und Hausierer, aber auch die Handwerksgesellen gelten als «Vaganten», als «flottante Elemente», derer man gerne habhaft werden möchte,

um sie auszuweisen.[3] Allein, weil die Handwerksburschen dauernd unterwegs sind, ist es schwierig, sie beim Wickel zu packen. Die erstellten Verzeichnisse werden immer als unvollständig bezeichnet. Die zwischen den kantonalen Polizeibehörden und den Bevollmächtigten der Dörfer hin und her gehende Korrespondenz ist vor allem in der zweiten Hälfte des 19. Jahrhunderts sehr umfangreich. Sie zeigt drastisch, wie ohnmächtig die Verwaltung ist. Ist einer ausgeschafft, heisst das noch lange nicht, dass er sich auch wirklich nicht mehr im entsprechenden Dorf aufhält. Bisweilen legen sich auch die Gemeindevertreter quer und stel-

**Verpackung für Eiermaccaroni**
*Ein Beispiel für die Verbindung von traditionellem Handwerk und fabrikähnlicher Produktion ist die Teigwarenfabrik Biehly in Sissach. Armand Biehly-Meyer betrieb eine Bäckerei, die er 1905 zu einer Teigwarenfabrik ausbaute.*

bezeichnen, weil sie im Wesentlichen bereits auf der Arbeitsteilung basierten.[7] Ungewöhnlich war es daher nicht, dass einzelne Vorstandsmitglieder aufgrund ihrer Berufsbezeichnung eher als Industrielle angesehen wurden und nicht als Vertreter des Gewerbes: Wilhelm Brodtbeck, Zementfabrikant, ist ein Beispiel.

### Eine typische Laufbahn: Wilhelm Brodtbeck

Wilhelm Brodtbeck wurde 1846 in Liestal geboren. Er verlor sehr früh den Vater. Sein Onkel Johannes Kettiger übernahm an dessen Stelle ein Stück weit die Erzieherfunktion. Brodtbeck schlug die Laufbahn eines Baufachmannes ein. Nach der Lehre als Zimmermann studierte er am Polytechnikum in Stuttgart Architektur. Nach verschiedenen Tätigkeiten auf diesem Gebiet, unter anderen beim Bau der württembergischen Eisenbahn, kehrte Brodtbeck 1871 nach Liestal zurück. Hier kaufte er die Feldmühle. Im Frühjahr 1872 begann er mit der Fabrikation von Zementröhren, Platten und anderen Zementwaren. Von den frühen 1880er Jahren an gelang es ihm, den vorher aus Deutschland importierten Portlandzement in einer eigenen Anlage mit Rohmaterial aus Lausen herzustellen. Er verfügte damit über die zweite Produktionsanlage für Portlandzement in der Schweiz. Wilhelm Brodtbeck wurde damit ein vermögender und einflussreicher Mann. Lange Zeit sass er im Verwaltungsrat der Firma Rosenmund.[8]

Auch Ambrosius Rosenmund war Vorstandsmitglied und Vizepräsident des Gewerbevereins Liestal, obwohl auch sein Unternehmen, die Tuchfabrik, eher auf eine industrielle Produktionsweise schliessen lässt. Die Beziehun-

**Teigwarenfabrik Dalang, Muttenz**
*Die Teigwarenfabrik Dalang entstand um 1850. Damals wurden die Nudeln noch mit einer Handwalze hergestellt, weshalb man eher von einer Nudelmanufaktur hätte reden müssen als von einer Fabrik. Um die Jahrhundertwende wurde die Produktion elektrifiziert, was die hergestellten Mengen sehr steigerte.*

len einem Handwerker ein gutes Zeugnis aus, obwohl er laut kantonaler Polizeiaufsicht als «fallit», das heisst als konkurs gegangen, im Amtsblatt ausgeschrieben ist. Erschwerend kommt hinzu, dass jeder Kanton froh ist, wenn ein paar missliebige Personen weniger in seinen Gefilden auftauchen. Keiner unternimmt etwas, wenn «freundnachbarliche Abhülfe» gefordert wird. «Der Aufenthalt solcher Leute bildet nun aber für den hiesigen Kanton eine stete Gefahr und Belästigung», schreibt der basellandschaftliche Polizeidirektor Glaser 1885 an seinen städtischen Kollegen.[4] Und er fügt gleich noch an, weshalb diese Leute eine Gefahr bilden: «Indem die be-

treffenden Individuen oft auf Raub, Unzucht und Bettel hieherkommen.»
Damit nicht genug: Vor allem in den 1880er Jahren macht ein Gespenst von sich reden, das ganz schnell mit den meist weltgewandten Handwerksgesellen in Verbindung gebracht wird: der Anarchismus. Ausgehend von den frühkommunistischen Lehren des Schneidergesellen Wilhelm Weitling, und vor allem seit die Uhrmacher im Jura den Lehren des Michail Bakunin anhängen, bildet der Anarchismus eine vermeintlich riesige Gefahr. Freilich lässt sich bei manchem Ausgewiesenen der Vorwurf der anarchistischen Umtriebe nicht erhärten.

gen zu Brodtbeck weisen auf ein Ziel des Gewerbevereins hin: «Moralische und materielle Unterstützung von Unternehmungen, die geeignet sind, die lokale Gewerbetätigkeit zu heben.»⁹ Verflechtung, gegenseitige Hilfe und Schutz, kurz: der Gewerbeverein Liestal verstand sich in der Argumentation seiner Gründer als Lobbyinstrument.

Dieses Ziel galt ebenso für den Gewerbeverein Gelterkinden, der sich 1894 konstituierte. «Der Gewerbeverein Gelterkinden bezweckt die Förderung und Hebung des Gewerbewesens, sowie aller Bestrebungen, welche die Hebung des Handwerks anbetreffen. Er strebt dafür auch eine freundschaftliche Vereinigung aller Handwerker und Gewerbetreibenden an und huldigt in politischer Beziehung einem gesunden Fortschritt», hiess es im Eingangsparagraphen der Statuten, die gleich beim ersten Anlauf 182 Gewerbetreibende unterschrieben.¹⁰

Ein wichtiges Instrument zur «Hebung des Handwerk- und Gewerbestandes» waren Vorträge «gewerblicher und politischer Natur», Betriebsbesuche und -besichtigungen sowie Ausflüge. Daneben galten die Bestrebungen aber nicht bloss der eigenen Weiterbildung, sondern entsprangen dem Wunsch der Gewerbetreibenden, ihre Lehrlinge besser auszubilden. Deshalb stand die Fortbildungsschule sowohl in Liestal als auch in Gelterkinden ganz oben auf der Liste der Forderungen.

### Gegen die sozialistischen Umtriebe

War die Anfangszeit der Gewerbevereine und damit auch der Beginn des neuen Jahrhunderts noch ganz im Zeichen des Aufbaus und der Fortbildungsschulen gestanden, so kam mit der Zeit des Ersten Weltkrieges eine neue Auseinandersetzung hinzu, die für die weiteren Wege der Gewerbevereine prägend war: die Organisierung der Arbeiterschaft. Mittlerweile hatten sich die Gewerbevereine zu ortspolitischen Grössen gemausert. Ihren Einfluss wollten sie sich durch die Arbeiterorganisationen nicht streitig machen lassen.

### Der Spezialist: Dorfelektriker

Als im Baselbiet zu Ende des 19. Jahrhunderts das elektrische Licht eingeführt wird, gelten die Sachverständigen zuerst einmal als «Chnuperi».⁵ Sie künsteln und werkeln etwas mit den Birnen herum und daraus wird – einem Wunder oder einer Hexerei gleich – Licht. Aber das Dorf ist auf diese Spezialisten angewiesen. Anfangs noch mit halbprofessionellem selbst angeeignetem Praxiswissen ausgestattet, später mit beruflicher Ausbildung versehen und gerüstet, verschaffen sich die Dorfelektriker Respekt, Anerkennung und eine monopolartige Stellung. Ihres Wissensvorsprungs sind sie sich wohl bewusst. Kommen sie auf einen Hof, wo erstmals elektrische Glühbirnen das Licht verbreiten sollen, inszenieren sie diesen Akt geschickt und geben sich so das Bild eines Handwerkers, welcher mit übernatürlichen Kräften spielerisch umgehen kann. Sie installieren nicht nur, sie reparieren auch, denn manch eine ihrer Installationen ist nicht vor Pannen gefeit. Oder sie greifen bei befreundeten Familien zu Tricks und legen die Zuleitung aus Gefälligkeit am Zähler vorbei. Selbst zum Auswechseln der defekten Glühbirnen muss der Elektriker anrücken, weil sich die Familienmitglieder – selbst wenn sie es als segensreich empfinden – nicht an dieses

### Fortbildungsschule

*Noch immer kämpfte die Schule im Baselbiet mit einer manchmal geringen Begeisterung vieler Eltern, ihre Kinder in die Schule zu schicken – und ebenso gering war der Eifer der Schulkinder. Immerhin bestand aber ein flächendeckendes Angebot, welches für die Lehrlinge fehlte. Die fachliche Weiterausbildung blieb ganz dem Lehrmeister überlassen. Natürlich waren Lehrlinge zunächst einmal billige Arbeitskräfte, aber die Modernisierung der Betriebe machte es nötig, die Fähigkeiten der nachwachsenden jungen Kräfte zu fördern. Das war alles andere als einfach, denn auf die Arbeitskraft wollten und konnten die Gewerbetreibenden nicht verzichten. Also fand die Fortbildungsschule in Liestal zunächst einmal an den Abenden statt. Nur im Winter, denn im Sommer war auf den elterlichen Bauernbetrieben genug andere Arbeit zu erledigen, als dass die jungen Leute ohne weiteres in die Schule hätten gehen können.*

*Der erste Stundenplan der «Winterabendschule» Liestal sah folgendes Programm vor: am Montagabend nach acht Uhr Buchhaltung, am Dienstag Deutsche Sprache, Mittwoch und Freitag Zeichnen, am Donnerstag Vaterlandskunde sowie am Sonntagnachmittag um drei Uhr Rechnen! In Gelterkinden dagegen fand der Unterricht an nur einem Wochentag, und auch da nur am Vormittag statt. Der Schulbesuch war mangelhaft, je nach Fach. Deutsch stand nicht in der Gunst der Schüler. Zum Teil scheint aber auch von den Lehrmeistern Kritik an der Schule geübt worden zu sein. Das Fach Vaterlandskunde hielten offenbar einige für überflüssig. Doch im Laufe der Jahre – und trotz ihren finanziellen Schwierigkeiten – waren beide Gewerblichen Fortbildungsschulen weder aus Liestal noch aus Gelterkinden mehr wegzudenken.*

**Wachsende Bedeutung des Dienstleistungssektors**
*Seit der Jahrhundertwende nahm die Bedeutung der Dienstleistungsberufe immer stärker zu. 1930 waren in Baselland 29 Prozent der Erwerbstätigen im dritten Sektor beschäftigt. Der Anteil der Frauen in diesem Sektor veränderte sich prozentual nur wenig; er schwankte zwischen knapp unter 50 Prozent 1870 und um 44 Prozent 1941.*

Der Erste Weltkrieg von 1914 bis 1918 hatte die Vereinstätigkeit fast lahm gelegt. Für die Schulen mussten Aushilfskräfte gesucht werden, und als dann eine Besserung der Situation in Aussicht stand, band die Grippewelle von 1917 die Bemühungen zurück.

Als die Schweizer Arbeiterschaft nach dem Ersten Weltkrieg aufbegehrte und 1918 zum Landesstreik mobilisierte, schlugen die Gewerbevereine betont antisozialistische Töne an. In Läufelfingen trat die Belegschaft des Gipswerks in den Ausstand: Das Dorf bildete daraufhin eine Bürgerwehr gegen die rote, bolschewistische Gefahr. In Wintersingen wurde ein sozialdemokratischer Genosse niedergeschrieen, als er sich an einer Versammlung der eben entstehenden Demokratischen Fortschrittspartei mit dem Votum zu Wort meldete: Es brauche allerdings einen politischen Zusammenschluss, aber es gebe ihn bereits in der Form der Sozialdemokratie.[11]

Diese Einstellung in den Dörfern Basellands änderte sich auch nicht, als der Landesstreik zu Ende gegangen war. Noch 1920 witterten die Verantwortlichen des Gewerbevereins Gelterkinden hinter jeder Aktion ein sozialistisches Komplott. So etwa als die Postdirektion beschloss, den Briefzustelldienst an Sonntagen einzustellen. Ein weiterer Diskussionspunkt waren die Ladenschlusszeiten. 1922 wurden sie vereinheitlicht und auf die Zeit von 6.30 Uhr bis 20 Uhr festgelegt. Doch lange nicht alle Geschäftsinhaber hielten sich an den Beschluss.

Gewerbevertreter waren daran interessiert, der Sozialdemokratie nicht nur eine Standesorganisation, sondern eine politische Partei entgegenzustellen. Am 3. März 1919 berichtete die ‹Basellandschaftliche Zeitung›: «Am Ruder sind heute nicht mehr Männer, die auf geordnetem, gesetzlichem Weg Verbesserungen für den Arbeiterstand anstreben, sondern ausgesprochene Anhänger der bolschewistischen Diktatur. Selbst im Kanton Baselland hat diese extreme Richtung ihre Anhänger. Wir müssen uns darauf gefasst machen, dass die Versuche des Novemberputsches wiederholt werden. Man hat gar keine Ahnung, mit welchen Mitteln auf

Teufelszeug herantrauen. Oft unterhalten die Dorfelektriker auch gleich noch einen kleinen Laden. Immer mehr elektrische Geräte kommen im Lauf der Zeit ins Sortiment. Zuerst sind es Glühbirnen und Sicherungen. Dann tauchen neue Produkte auf, zum Beispiel ein elektrisches Heizkissen. Es ist aus Eternit, steinhart und sehr gefährlich. Die Heizschlangen können sich entzünden. Das traditionelle, auf dem Ofen erwärmte Steinsäckli kann es nicht ersetzen. Letzteres ist ihm bei weitem überlegen. Aber der Dorfelektriker, der ein solches Heizkissen besitzt, kann sich damit brüsten, ungemein modern zu sein. Er hat den «Dernier Cri». Da ist die Funktionalität von geringerem Interesse. Wie überhaupt «Coca-Cola die Welt nicht deswegen erobert hat, weil es ein besonders gutes Getränk war, Rausch und Vergessenheit versprach, sondern weil es kalt getrunken werden musste, weil es Kühlschrank bedeutete, Lichtreklame, Nachtleben, Fortschritt, Wohlstand, Elektrizität».[6]

die Bolschewiki-Herrschaft hingearbeitet wird.»[12] Im April 1919 entstand als Gegengewicht zur Sozialdemokratischen Partei die Demokratische Fortschrittspartei, der sich der kantonale Gewerbeverband sofort anschloss. Doch die bürgerliche Geschlossenheit hielt nicht lange an. Immer wieder spalteten sich Teilgruppen von der Demokratischen Fortschrittspartei ab. 1925 entstand die Idee, mit einer eigentlichen «Bürger-, Bauern- und Gewerbepartei» aufzutreten. Ziel der später BGB (Bauern-, Gewerbe- und Bürgerpartei) genannten Organisation war es, einerseits die Vormacht der Fortschrittspartei zu brechen und dem «Volk» mehr Einfluss zukommen zu lassen sowie anderseits jene Kreise zu unterstützen, welche von den Parteien vernachlässigt würden oder «unter den Daumen» geraten seien: Bauern und Gewerbetreibende.[13]

Als neuerlicher Angriff des Sozialismus auf das Gewerbe wurde in den 1930er Jahren das Aufkommen der Migros begriffen.[14] Schon Jahre früher hatte sich das Gewerbe gegen den Allgemeinen Konsumverein ACV zur Wehr gesetzt. Zusammenschlüsse auf dieser Ebene, genossenschaftliche Organisation der Produktions- und Absatzkanäle wurden zum Todesstoss des freien Gewerbes erklärt: «In Liestal sind so ziemlich alle Detailgeschäfte – und die Stadt besteht zumeist nur aus Detailgeschäften in allerlei Artikeln, aus grösseren und kleineren ‹Läden› und ‹Lädelein›, geführt auch von einsamen Frauenspersonen – auf das Aussterbeetat gesetzt. Günstigst gelegene Ladenlokale stehen monatelang, sogar ein Jahr lang, leer. Wer wagt es, dieselben zu mieten oder feilstehende Häuser zu kaufen? Nachdem der Konsumverein Liestal, der würdige Sohn des ACV Basel und die spezielle Schöpfung des Herrn Nationalrat Gschwind und des Herrn Heinis, Strafanstaltsdirektor, diese ‹Läden› und ‹Lädelein› ausgeschaltet, kalt gestellt, halb und ganz ruiniert hat, soll nun im Bestreben, die Stadt dem Erdboden gleich zu machen, fortgefahren werden ...»[15]

Der Migros erging es nicht anders. Mittels Flugblattaktionen, woran sich selbst der Gemeinderat beteiligte, sollten die Einwohnerinnen und

**Friedrich Aenishänslin**

Nicht alle jedoch schaffen wie die Dorfelektriker den wirtschaftlichen und sozialen Aufstieg. Das Beispiel des Gelterkinder Händlers Friedrich Aenishänslin zeigt mit eindrücklicher Kraft, wie das Leben der Gewerbetreibenden und Handwerker im 19. Jahrhundert immer auch nah an Ruin und Armut entlangläuft.[7]

Friedrich Aenishänslin wird 1815 in Gelterkinden geboren. Sein Vater ist wohlhabender Inhaber eines Spezerei- und Tuchgeschäfts. Seine Mutter schildert Aenishänslin als «stille, häuslich geschickte, gutgesinnte Frau», welche «fast immer wie die Schnecke im Hause war». «Der Vater» – so fährt Aenishänslin in seiner Autobiographie fort – «konnte keines seiner Kinder von sich lassen; alle mussten daheim bleiben, daher genoss keines eine weitere Bildung.» Friedrich Aenishänslin bringt sich vieles im Selbststudium bei. Nach der Schulzeit wird er rasch zu einer angesehenen Persönlichkeit in Gelterkinden. Er ist Friedensrichter, Bezirksgerichtsschreiber, Landrat, Gründer eines «Consumvereins» und eines Altersvereins, später auch Advokat und Redaktor des ‹Baselbieters›. Politisch ist seine Karriere 1863 beendet, da er – nicht zu den Leuten um Christoph Rolle gehörend – als Bezirksrichter nicht mehr wieder gewählt wird.

**Lebensmittelladen in Schönenbuch 1914**
*Genossenschaften waren wichtige Selbsthilfeorganisationen. Neben den Landwirtschafts- und den Konsumgenossenschaften bestanden im Baselbiet auch Elektragenossenschaften. Die Birseck'sche Produktions- und Konsumgenossenschaft wurde 1895 gegründet. Anders als ihr Vorbild – der 1865 in Basel entstandene Allgemeine Konsumverein – war sie nicht nur eine Vertriebsgenossenschaft, sondern sie produzierte selbst Güter.*

Einwohner Gelterkindens dazu angehalten werden, die ortsansässigen Geschäfte zu berücksichtigen. Die Migros wurde noch bis in die 1960er Jahre angeschwärzt, ihre Produkte wurden als minderwertig verunglimpft. Manch eine Familie weigerte sich, einen Fuss in die Migros zu setzen.

### Zwei Schritte vorwärts … und drei zurück ins 19. Jahrhundert

Noch einmal gingen während des Zweiten Weltkriegs die Wogen hoch, als die Warenumsatzsteuer eingeführt wurde. Darin wurde sogleich wieder «eine Geissel des freien Unternehmertums» gesehen, die nichts anderes im Sinne hätte, als den Detaillisten und Gewerbetreibenden zu schaden. Dies in einer Zeit, in der viele Gewerbetreibende gerade durch Bundesaufträge ein gutes Auskommen in schwierigen Zeiten garantiert hatten.

Der Zweite Weltkrieg war mit seinen Rationierungen für die Bevölkerung, aber auch für die Gewerbetreibenden und die Ladeninhaber, welche rückgängigen Absatz zu beklagen hatten, eine Notsituation. Als die Ratio-

Auch sein privates Leben ist von Schicksalsschlägen und vom Niedergang geprägt. Mit seiner Frau übernimmt Friedrich Aenishänslin kurz nach ihrer Hochzeit die Spezereihandlung des Vaters. Der Erfolg dauert nur kurz. Die Frau wird «gemüthskrank» und kommt an ihrem Lebensende sogar ins «Irrenhaus» in Liestal, der Nachlass seines 1866 verstorbenen Vaters – der Spezereiwarenhandel und die Liegenschaften – muss 1868 mit dem Konkurs belastet werden. Dieses «Falliment» reisst auch Friedrich Aenishänslin selbst in den Bankrott. Er verkauft alles und zieht nach Pratteln. Sein Sohn Oskar versucht es ein paar Jahre später nochmals. Mit geschenktem Geld probiert er einen Spezereiladen in Gelterkinden aufzubauen. Die Eltern helfen mit. Sie reüssieren nicht. Sechs Jahre dauert der Traum, dann ist Oskar pleite. Bis zum Tod des Sohnes Oskar im Jahr 1888 versucht sich die Familie mit allerlei Hilfsarbeiten für die Bandindustrie über Wasser zu halten.

Alle seine Kinder sterben vor Friedrich Aenishänslin. Von 10 Kindern sind zwei tot geboren worden, fünf leben nur kurze Zeit, und die zwei neben Oskar verbleibenden werden nur 24 beziehungsweise 16 Jahre alt. Dem Sohn Robert hat Friedrich Aenishänslin als noch vermögender Mann eine ganze Gerberei bauen lassen. Doch auch

nierungen nach und nach aufgehoben wurden, zog die Konjunktur an, und damit kamen zusehends fettere Jahre. Allerdings hatte die Zeit der Hochkonjunktur eine grosse Schwachstelle: Das Engagement der Gewerbetreibenden, ihre Sache auch auf der Ebene der Politik zu vertreten, wurde immer geringer. Warum sollte man sich auch die Freizeit mit Gewerbe-, Verbands- oder Parteipolitik versauen? Die Geschäfte liefen ja auch ohne ausgezeichnet. Zwar versuchte zum Beispiel der Gewerbeverein Gelterkinden noch ein eigenes Rabattmarken-System auf die Beine zu stellen. Gelingen wollte es indessen nicht. Das war das letzte Verbandsthema. Nachher war der Gewerbeverband kaum mehr politisch aktiv. Dies änderte sich erst in den 1980er Jahren. Von einem dynamischen Präsidenten getragen, wuchs der kantonale Gewerbeverein zur politischen Grösse heran, der in vielen Fragen seine Stimme ertönen liess. Erstaunlich bleibt nur, dass trotz des erhöhten gewerbepolitischen Rendements die Konkurrenzierung und Ausbootung der lokalen Gewerbetreibenden durch schweizerische und ausländische Giganten nicht verhindert werden konnte. Immer mehr wurden ganze «Gewerbeparks» errichtet – zum Beispiel in Pratteln – und die lokalen wie die regionalen Betriebe sahen zu und staunten. Dies hat seinen Grund darin, dass der Gewerbeverband seinen Hauptfeind in der «Staatswirtschaft» ausmachte, welche ihm zu regulierend und zu eingriffsfreudig war. Dass er gleichzeitig von der multinational operierenden Konkurrenz überfahren werden würde, schien ihm lange Zeit nicht in den Sinn zu kommen. Insofern müsste die folgende Stelle aus der ‹Basellandschaftlichen Zeitung› gar nicht fremd anmuten, in der das Schicksal des Handwerks und des Gewerbes beklagt wird. Sie stammt allerdings vom 28. April 1882. «Das Kleingewerbe ist herabgekommen durch die Art und Weise, wie sich unter dem Einfluss der Maschinen die gewerbliche Tätigkeit entwickelte. Gar mancher fleissige und tüchtige Handwerker hat angesichts der ihm aus dem Grossbetriebe, aus der kapitalistischen Produktionsweise erwachsenen Konkurrenz die nötige Kraft, den rechten Mut zur Arbeit verloren.»[16]

diese erleidet Konkurs. Selbst wenn er diesen Konkurs dem verschwenderischen und luxuriösen Lebensstil seiner Schwiegertochter zuschreibt und seinen eigenen Sohn freispricht: Sein investiertes Vermögen kommt deshalb nicht zurück.

Friedrich Aenishänslins Leben mag zu einzigartig dastehen, als dass man darin ein typisches Leben des 19. Jahrhunderts zu sehen vermöchte. Zu sehr hat ihn sein Schicksal gebeutelt. Zwar haftet der Art und Weise des Niedergangs und seiner Tragik schon etwas Besonderes an. Immerhin hatte der Vater Johann Jakob Aenishänslin als der reichste Gelterkinder Gewerbetreibende gegolten. Aber dass einer am Ende seines Lebens schreiben muss: «Und meine Hoffnungen sind alle verwelkte Blumen», das ist beileibe nichts Ausserordentliches. Das Phänomen des Abstiegs, des Ruins war im 19. Jahrhundert genauso verbreitet wie dasjenige des rasch erworbenen Reichtums und des Aufstiegs.

**Migroswagen**
*Die Migros wurde 1925 in Zürich gegründet. Bevor sie Filialen eröffnete, brachte sie ihre Produkte mit Verkaufswagen zu den Kundinnen und Kunden. Die erste Baselbieter Migros-Filiale entstand 1931 an der Seestrasse in Liestal.*

**Lesetipps**

*Leider existiert kein neuerer Überblick über die spannende Geschichte des Handwerks und des Gewerbes. Ein paar ältere Dissertationen und ein Dutzend oder mehr Jubiläumsschriften können dafür kein Ersatz sein. So bleibt dieses Thema denn eine der Lücken, die auch die Arbeit der Forschungsstelle Baselbieter Geschichte nicht zu schliessen vermochte.*

**Abbildungen**

Fotoarchiv Johann Baptist Anklin-Jermann, Inv.Nr. 12459; Erich Anklin, Zwingen: S. 59.
Heini Bachmann, Wintersingen: S. 61 oben.
Laufentaler Museum, Laufen: S. 61 unten, 63.
Sammlung Theodor Strübin, Kantonsmuseum Baselland, o. Nr., Inv.Nr. ST 284, ST 271, ST 268: S. 62 oben, 62 unten, 66 oben, 66 unten.
Schweizerisches Wirtschaftsarchiv (SWA), Basel: S. 64 oben.
Chronik des Kantons Baselland, Zürich 1947 (SWA): S. 64 unten.
Helene Sütterlin, Schönenbuch: S. 68.
50 Jahre Migros, Basel 1980: S. 69.

Reproduktionen durch Mikrofilmstelle.

**Anmerkungen**

1 Meier 1950, S. 3.
2 Vgl. Bd. 5, Kap. 1.
3 Vgl. Bd. 3, Kap. 2.
4 HK von Liestal 1970, S. 196.
5 Reichesberg 1905, S. 333ff.
6 Simon 1981, S. 168, Anm. 91; Gschwind 1977, S. 343ff.
7 Meier 1997, S. 73ff., S. 157.
8 Personenlexikon 1997, S. 34.
9 Geschichte des Gewerbe-Vereins 1916, S. 4.
10 100 Jahre Gewerbeverein, S. 11.
11 Rudin-Bühlmann 1997, S. 219f.
12 Rudin-Bühlmann 1997, S. 238.
13 Rudin-Bühlmann 1997, S. 325.
14 Dazu Häsler 1985.
15 50 Jahre Konsumverein Liestal 1897–1947, S. 9.
16 HK von Liestal 1970, S. 196.

1 Müller 1940.
2 HK von Muttenz 1863 (Reprint 1987), S. 57.
3 Hochstrasser 1993; Frey 1994.
4 StA BS Kantone, Baselland 1, Allgemeines und Einzelnes 1841–1934, 1885, D. 212.
5 Blumer 1994.
6 Steiner, Jörg: Das Netz zerreissen, Frankfurt am Main 1982.
7 Manz/Nebiker 1989, S. 101–133.

# Die Bevölkerungsentwicklung

*Bild zum Kapitelanfang*
**Geburtenraten um die Jahrhundertwende**
*Auf dem Hausplatz präsentiert sich das Ehepaar Wilhelm und Anna Hägler-Martin von Frenkendorf mit seiner Nachkommenschaft. Hinter den Eltern hat der Stör-Fotograf die sieben Kinder gruppiert. Zwei weitere sind schon im Säuglingsalter gestorben. Der Altersunterschied der Geschwister beträgt bis zu 13 Jahren. Die beiden ältesten Söhne sind zum Zeitpunkt der Aufnahme vermutlich bereits verheiratet. Als Vater Wilhelm 1907 mit 65 Jahren stirbt, hinterlässt er sieben Enkel, acht weitere kommen in den Folgejahren dazu. Keines seiner Kinder hat mehr als drei Nachkommen.*

## Die Dynamik des Wachstums

Im Jahre 1837, als erstmals seit der Helvetik eine gesamtschweizerische Volkszählung veranstaltet wurde, zählte man im Kanton Basel-Landschaft eine Bevölkerung von 41 120 Personen. 160 Jahre später lebten im ganzen Kanton 257 371 Menschen (Tabelle 1 und Grafik 4). Das Laufental nicht mitgerechnet, waren es 240 616, also fast sechsmal (5,9) mehr als damals. Der Verlauf dieses Wachstums lässt sich anhand der eidgenössischen Volkszählungen verfolgen; diese fanden seit 1850 in der Regel alle zehn Jahre, einzig 1888 und 1941 etwas verschoben, statt. Dabei stellen wir fest, dass die Bevölkerung nicht gleichmässig angewachsen ist, sondern phasenweise in unterschiedlicher Intensität. Von 1837 bis 1850 zeigt sich noch das Ende einer ziemlich starken Wachstumsphase, welche die erste Jahrhunderthälfte geprägt hatte, mit durchschnittlichen jährlichen Zuwachsraten von deutlich über einem Prozent. Die Zeit seit 1850 lässt sich grob besehen in fünf Abschnitte gliedern, die allerdings auch in sich Schwankungen enthalten. Der erste Abschnitt umfasst die knapp 40 Jahre bis zur Zählung von 1888 mit einem mässigen Wachstum von durchschnittlich knapp 0,7 Prozent pro Jahr, worin einzig die 1870er Jahre mit einer stärkeren Bewegung herausragen. Der zweite Abschnitt von den 1890er Jahren bis Ende der 1920er Jahre zeigt einen beschleunigten Bevölkerungsanstieg, unterbrochen von einem kriegsbedingten Einbruch zwischen 1910 und 1920. Der dritte Abschnitt enthält zwei sehr gegensätzliche Jahrzehnte mit einer Stagnation in den 1930er und dem Beginn der Wachstumsbeschleunigung in den 1940er Jahren. Bis zu seinem Ende hat die Bevölkerungszahl die Hunderttausender-Grenze überschritten und sich seit 1837 um den Faktor 1,6 erhöht. Der vierte Abschnitt umfasst die 20 Jahre von 1950 bis 1970, in welchem die wirtschaftliche Konjunktur und eine immense Zuwanderung den Kanton nicht nur demographisch einschneidend verändert hat. Mit einem durchschnittlichen jährlichen Zuwachs von 3,3 Prozent hat sich in dieser Zeit die Bevölkerung des Kantons um insgesamt 90,5 Prozent beinahe verdoppelt. Danach,

**Die ausländische Bevölkerung**
Bis zum Jahre 1870 lebten, gemessen an der Gesamtbevölkerung, bloss drei bis vier Prozent Ausländerinnen und Ausländer im Kanton. Danach begann eine rege Zuwanderung aus dem Ausland, welche ihren Höhepunkt vor dem Ersten Weltkrieg erreichte. Der Anteil der ausländischen Bevölkerung betrug 1910 im ganzen Kanton 14 Prozent, beinahe das Fünffache von 1870 (Grafik 1). Er war damals übrigens im schweizerischen Durchschnitt etwa gleich hoch, so hoch wie in keinem andern europäischen Land ausser Luxemburg. Die «Fremdenfrage» wurde denn auch wieder einmal zum Thema.[1] Doch gingen dann, bedingt durch die Ereignisse des Ersten Weltkrieges und später durch die Wirtschaftskrise der 1930er Jahre, die Ausländerzahlen wieder zurück, bis 1941 auf etwas über 5 Prozent. Die Entwicklung verlief regional und lokal sehr unterschiedlich. Die beiden oberen Bezirke Sissach und Waldenburg wurden davon kaum berührt. Dagegen schnellten im Bezirk Arlesheim nach 1870 die Anteile in die Höhe, auf schliesslich ein Viertel der gesamten Bevölkerung im Jahre 1910. Der Bezirk Liestal lag dazwischen. Er verdoppelte in der gleichen Zeit seinen Anteil auf etwas über zehn Prozent. Viel mehr Ausländerinnen und Ausländer als im Baselbiet lebten in

in unserem fünften Abschnitt, der Zeit seit der wirtschaftlichen Rezession der 1970er Jahre, hat sich das Bevölkerungswachstum wieder abgeflacht auf durchschnittliche 0,6 Prozent im Jahr, es ist somit etwas schwächer ausgefallen als in der Zeit des ersten Abschnittes von 1850 bis 1888.

Der Wachstumsboom der 1950er und 1960er Jahre war auch im schweizerischen Vergleich extrem. Die jährlichen Zuwachsraten waren mehr als doppelt so hoch wie im Durchschnitt des ganzen Landes (Grafik 2). In der Tendenz verlief das Wachstum in der Schweiz und im Baselbiet über den gesamten Zeitraum hin ähnlich, allerdings mit unterschiedlichen Ausschlägen nach oben und unten. Bis Ende der 1880er Jahre wuchs die Baselbieter Bevölkerung eher rascher als die gesamtschweizerische, in den beiden Jahrzehnten um die Jahrhundertwende etwas langsamer. Nach 1910 lagen, abgesehen vom Einbruch in den 1930er Jahren, die Zuwachsraten im Baselbiet deutlich höher als in der Schweiz. Zweimal verhielt sich das Baselbiet gegen die gesamtschweizerische Tendenz: In den 1860er Jahren schlug im Baselbiet noch stark die für ländliche Gebiete damals typische Entvölkerung durch. Und nach 1980 ging seit langem wieder das gesamtschweizerische Wachstum über jenes unseres Kantons hinaus. Generell lässt sich für das 20. Jahrhundert sagen, dass im Baselbiet die konjunkturellen Schwankungen viel ausgeprägter ihren Niederschlag in der Bevölkerungsentwicklung fanden, als dies gesamtschweizerisch der Fall war. So kommen im raschen Bevölkerungsanstieg zwischen 1920 und 1930 die Hochkonjunktur Ende der zwanziger Jahre, in der Stagnation zwischen 1930 und 1941 die Krise der dreissiger Jahre, in der enormen Wachstumsbeschleunigung seit den 1950er Jahren die Hochkonjunktur der Nachkriegszeit und mit dem Wachstumsknick in den 1970er Jahren die einsetzende Rezession zum Ausdruck.[1]

Die einzelnen Regionen des Kantons sind im Verlaufe der Zeit sehr unterschiedlich gewachsen (Grafik 4). Anfänglich verteilte sich die Bevölkerung ziemlich ausgewogen auf die vier Bezirke. Im Jahre 1837 war Sissach der grösste Bezirk mit 30 Prozent der Kantonsbevölkerung (Grafik 3). In den

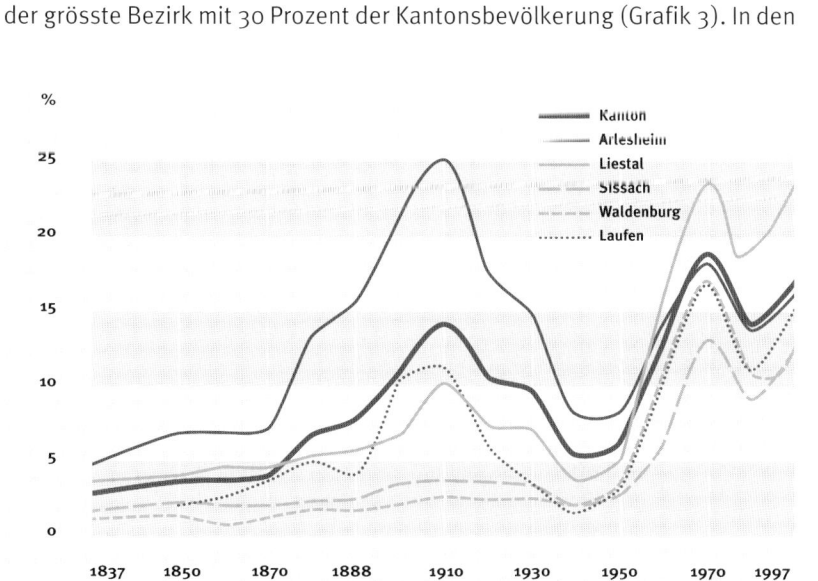

| Jahr | Einwohner |
|------|-----------|
| 1837 | 41 120 |
| 1850 | 47 885 |
| 1860 | 51 582 |
| 1870 | 54 026 |
| 1880 | 59 171 |
| 1888 | 61 941 |
| 1900 | 68 497 |
| 1910 | 76 488 |
| 1920 | 82 390 |
| 1930 | 92 541 |
| 1941 | 94 459 |
| 1950 | 107 549 |
| 1960 | 148 282 |
| 1970 | 204 889 |
| 1980 | 219 822 |
| 1990 | 233 488 |
| 1997 | 257 371 |

*Tabelle 1*

**Die Einwohnerzahlen des Kantons Basel-Landschaft 1837–1997**

*Grafik 1*

**Die ausländische Bevölkerung**
*im Kanton und in den Bezirken 1837 bis 1997 (Anteil in Prozenten). Bereits vor dem Ersten Weltkrieg lebten 14 Prozent Ausländerinnen und Ausländer im Kanton, im Bezirk Arlesheim war gar ein Viertel der Bevölkerung ausländisch. Nach einem starken Rückgang war 1970 ein neuer Spitzenwert von 19 Prozent erreicht, diesmal viel gleichmässiger auf die Bezirke verteilt.*

74　DIE BEVÖLKERUNGSENTWICKLUNG

*Grafik 2*
**Wachstumsraten**
*im jährlichen Durchschnitt in Baselland und in der Schweiz 1837 bis 1990 (in Prozenten). Das Bevölkerungswachstum des Kantons in den 1950er und 1960er Jahren war auch im schweizerischen Vergleich extrem hoch. In der übrigen Zeit hielt es sich in der Regel nahe am schweizerischen Durchschnitt.*
*Die Ausnahmen zeigen, dass sich konjunkturelle Schwankungen im Baselbiet stärker auf die Bevölkerungsentwicklung auswirkten als in der gesamten Schweiz.*

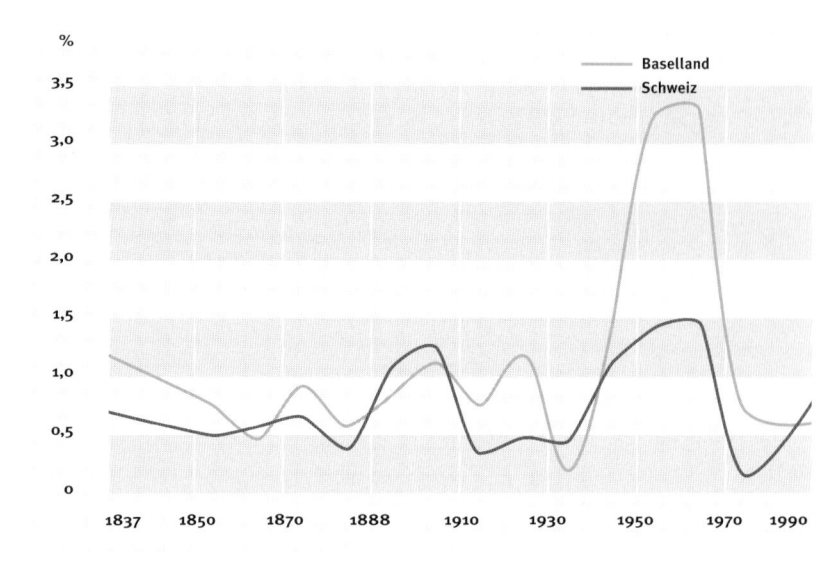

fast genau gleich grossen Bezirken Arlesheim und Liestal lebten je 25 Prozent und im kleinsten Bezirk Waldenburg immerhin noch 20 Prozent. Es war dann der Bezirk Arlesheim, welcher ein weit überdurchschnittliches Wachstum entwickelte und die beiden oberen Bezirke Sissach und Waldenburg mit der Zeit förmlich an die Wand drängte. Der Bezirk Liestal konnte seinen Anteil einigermassen halten. Den Höhepunkt dieser Verschiebung zeigt die Volkszählung von 1980. Die Bezirke Waldenburg und Sissach wiesen noch ganze sechs und zwölf Prozent der Kantonsbevölkerung auf. Arlesheim, schon seit längerem der weitaus grösste Bezirk, hatte jetzt einen Anteil von 61 Prozent erreicht. In absoluten Zahlen waren es gegenüber 1837 ganze 14-mal mehr Menschen, die nun in diesem Bezirk lebten, im Bezirk Liestal etwa fünfmal mehr. Im Bezirk Sissach hatte die Bevölkerung sich gut verdoppelt und im Bezirk Waldenburg bloss um den Faktor 1,7 zugenommen. Begründet war die skizzierte Gewichtsverschiebung vor allem durch die seit der zweiten Hälfte des 19. Jahrhunderts anhaltende Wachstumsdynamik des stadtnahen und am meisten industrialisierten Bezirkes

*Grafik 3*
**Die Verteilung der Bevölkerung auf die Bezirke 1837 bis 1997**
*In der Zeit nach der Entstehung des Kantons Basel-Landschaft war die Bevölkerung noch ziemlich ausgeglichen auf die vier Bezirke verteilt. Der grösste war Sissach mit etwa 30 Prozent, der kleinste Waldenburg mit rund 20 Prozent. Mit der Zeit verloren vor allem die beiden oberen Bezirke Sissach und Waldenburg an Bevölkerung, während der Bezirk Arlesheim mehr als die Hälfte aufnahm. Seit 1990 zeichnet sich allerdings eine Trendwende ab.*

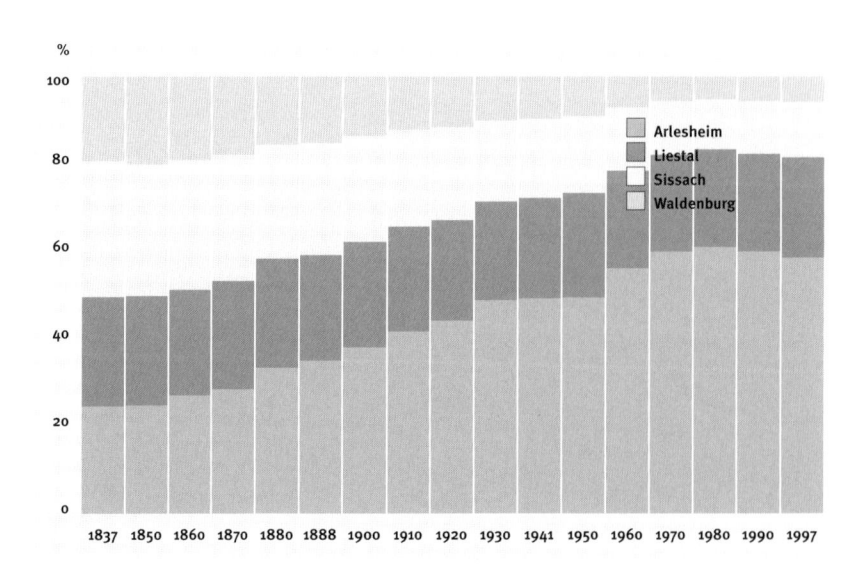

BAND FÜNF / KAPITEL 5

Arlesheim, mit Zuwachsraten meist um das Doppelte des kantonalen Durchschnitts. Markante Sprünge in diese Richtung sind in den 1870er und in den 1920er Jahren festzustellen, mit deutlich über zwei Prozent jährlichem Wachstum. Beispiellos sind jedoch die 1950er und 1960er Jahre mit jährlichen Zuwachsraten von durchschnittlich über vier Prozent. Schon bald nach 1950 überschritt die Einwohnerzahl dieses Bezirks die Hälfte des ganzen Kantons. Der Wachstumsboom jener Zeit hat eben in erster Linie hier stattgefunden. Der Schub ging quasi wellenförmig von der Stadt Basel aus. In den fünfziger Jahren waren es die stadtnahen Vororte, welche überdurchschnittlich wuchsen. In den Sechzigern war dort schon eine gewisse Sättigung eingetreten, und das Wachstum verschob sich in die entfernteren Agglomerationsgemeinden. In Therwil lebten am Ende dieses Jahrzehnts fast dreimal so viele Menschen wie zu Beginn, in Reinach mehr als das Doppelte. Hier brachte allein das Jahr 1961 eine Zunahme von 17 Prozent, noch drei weitere Jahre wiesen Wachstumsraten von über 10 Prozent auf. In den siebziger Jahren stagnierten die eigentlichen Vorortsgemeinden, die weiter entfernten Agglomerationsgemeinden setzten ihr Wachstum fort oder wurden, wie Ettingen oder Pfeffingen, jetzt erst richtig davon erfasst.

Das Wachstum des Bezirks Liestal repräsentierte stets ungefähr den kantonalen Durchschnitt. Es gab hier aber beträchtliche Unterschiede zwischen den Gemeinden. Insbesondere fiel die Industriegemeinde Pratteln aus dem Rahmen und verhielt sich seit der Jahrhundertwende eher wie die stadtnahen Vorortsgemeinden. In den Sog der Boomjahrzehnte gerieten besonders stark die Gemeinden Frenkendorf und Füllinsdorf. Im Bezirk Waldenburg stagnierte das Wachstum bis anfangs der 1940er Jahre beinahe, insgesamt fünf Jahrzehnte wiesen sogar negative Raten auf. Hier, wie in etwas abgeschwächtem Ausmass auch im Bezirk Sissach, schlug die allgemein feststellbare Entvölkerung ländlicher Gebiete nach 1850 zu Buche, welche auch in unserem Kanton bis in die Mitte des 20. Jahrhunderts, zum Teil darüber hinaus, anhielt. In der Zählung des Jahres 1950 weisen im Bezirk

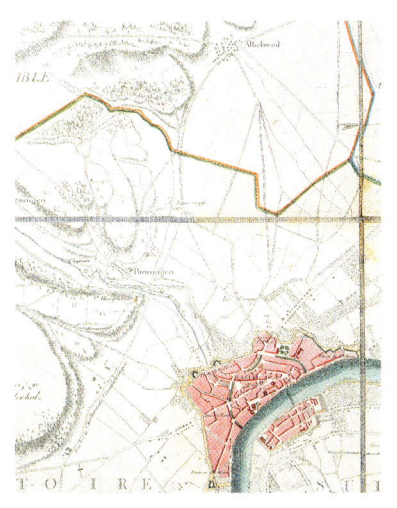

**Binningen 1798**

*Im Jahre 1798 war Binningen noch ein Dorf auf dem Lande, getrennt von der Stadt Basel durch eine weite Zone offenen Feldes. Dies zeigt der Ausschnitt aus dem Plan der Umgebung von Basel und Hüningen von J. T. Steinmann. Rund 180 Jahre später ist die Gemeinde nahtlos mit der Stadt verbunden. Schon viel früher allerdings, bereits im ausgehenden 19. Jahrhundert, hatte sich das Bevölkerungswachstum aus der Stadt in die umgebenden Landgemeinden auszubreiten begonnen.*

der Stadt Basel. Dort machten sie 37 Prozent aus. Demgemäss konzentrierten sich die hohen Anteile in Baselland sehr stark auf einige stadtnahe Gemeinden, Allschwil mit über 41, Birsfelden mit 38 oder Binningen mit 37 Prozent. In Augst waren es fast 50 Prozent.

Der Wachstumsboom der 1950er und 1960er Jahren zog wiederum im grossen Ausmasse Arbeitskräfte aus dem Ausland an. Bis 1970 erreichte der Ausländeranteil schliesslich einen zweiten Spitzenwert, diesmal von fast 19 Prozent. In breiten Kreisen sprach man jetzt von «Überfremdung». Verschiedene politische Vorstösse und Initiativen, am bekanntesten die beiden Schwarzenbach Initiativen, entstanden als Reaktion darauf. Unter diesem politischen Druck erliess der Bundesrat 1970 eine Verordnung zur Kontingentierung der Ausländerbestände. Seither werden jährliche Höchstzahlen für Saisonbewilligungen und erstmalige Jahresbewilligungen festgelegt. Mit dieser Massnahme reduzierte sich vorerst bloss die Zuwanderung. Dann aber, mit der Wirtschaftskrise nach 1974, hatten viele ausländische Arbeitskräfte ihre Rolle als Konjunkturpuffer zu spielen und mussten das Land verlassen. Rund 15 000 Ausländerinnen und Ausländer weniger wohnten im Jahre 1980 im Kanton als zehn Jahre zuvor. Ihr Anteil

Liestal 6 von 14 Gemeinden weniger Einwohner aus als 100 Jahre zuvor, im Bezirk Sissach 15 von 29 und im Bezirk Waldenburg gar 10 von 15. Im Bezirk Arlesheim war es nur eine einzige, nämlich das damals noch selbständige Biel. Ganz spurlos ging auch an den beiden oberen Bezirken das Wachstum der Hochkonjunktur in den fünfziger und sechziger Jahren nicht vorbei. Im Bezirk Sissach konzentrierte es sich zuerst auf die regionalen Zentren Sissach und Gelterkinden, später mehr auf die «Vororte» des Hauptortes, im Bezirk Waldenburg auf die Industriegemeinden des Waldenburgertales.

Nach 1980 machte sich bezüglich der regionalen Gewichtung eine leichte Trendumkehr bemerkbar. Die bisherigen Wachstumsgemeinden waren aufgefüllt. Einen eigentlichen Schub erlebten jetzt die kleinen und mittelgrossen ländlichen Orte. Was sich schon in den siebziger Jahren angekündigt hatte, war jetzt offensichtlich: Mit zunehmender Mobilität wurden die Dörfer des oberen Baselbiets als attraktive Wohnorte entdeckt. Als Folge dieser periurbanen Neubesiedlung des Raumes begann sich das Gewicht wieder etwas zu Gunsten der oberen beiden Bezirke, besonders Sissachs, und zu Ungunsten des Bezirks Arlesheim zu verlagern. Dessen Bevölkerung ist innerhalb der alten vier Bezirke (ohne Laufen) bis 1997 auf einen Anteil von 59 Prozent zurückgegangen.

Die grösste Gemeinde im Jahre 1837 war übrigens der Hauptort Liestal mit 2642 Personen, bis 1997 angewachsen auf beinahe das Fünffache, nämlich 12 507 Personen. Zu Beginn des 20. Jahrhunderts lief ihm dann für etwa zwei Jahrzehnte Binningen den Rang ab, dann Allschwil. Im Jahre 1950 stand nochmals der Kantonshauptort an der Spitze, seit 1960 ist es wiederum Allschwil. Lebten hier im Jahre 1837 noch 1053 Personen, sind es 1997 knapp 18-mal mehr, nämlich 18 843. Dicht hinter Allschwil folgt Reinach mit 18 156 Personen, und jede der beiden Gemeinden weist für sich eine grössere Bevölkerung auf als der ganze Bezirk Waldenburg.

*Grafik 4*
**Die Bevölkerungsgrösse des Kantons und der Bezirke 1837 bis 1997**
*Die Bevölkerung des Kantons ist in den 160 Jahren von 1837 bis 1997 um etwa das Sechsfache angewachsen. Eine erste Phase beschleunigten Wachstums verlief von 1888 bis 1930, eine zweite seit den 1940er Jahren, insbesondere von 1950 bis 1970. Das Wachstum des Kantons wurde wesentlich von jenem des Bezirks Arlesheim geprägt. Die gesamtkantonalen Werte verstehen sich bis 1990 ohne den Bezirk Laufen.*

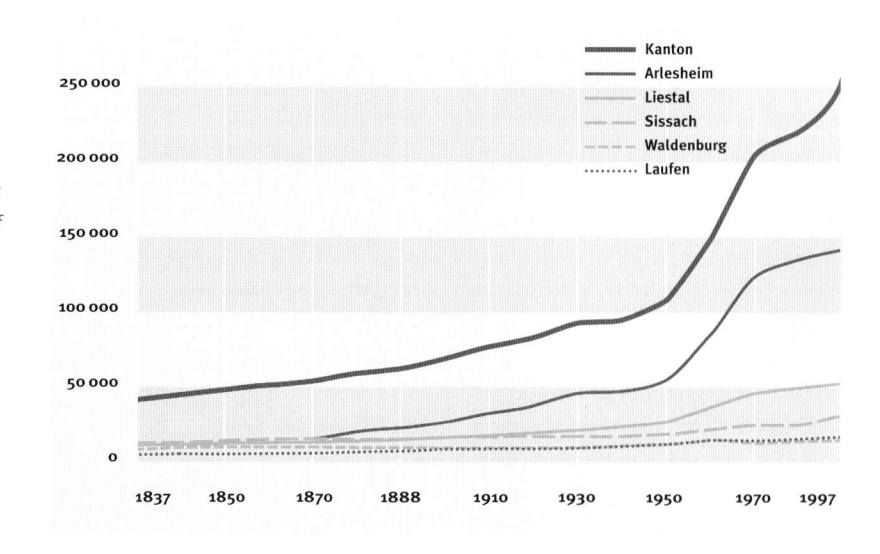

# DIE BEVÖLKERUNGSENTWICKLUNG

**Die Kammermatt in Ettingen**

*Im Jahre 1970 führten die Geleise der Birsigtalbahn noch durch ein freies Feld, ungefähr 30 Jahre später durch dicht bebautes Wohngebiet. In den 1970er Jahren waren die stadtnahen Agglomerationsgemeinden bereits an die Wachstumsgrenze gestossen. Entferntere Gemeinden des unteren Baselbiets jedoch wie Ettingen wurden von der Wachstumsbewegung erst jetzt richtig erfasst.*

an der Kantonsbevölkerung lag jetzt noch bei etwa 14 Prozent. Der erneute Anstieg auf 17 Prozent im Jahre 1997 spiegelt einerseits das konjunkturelle Zwischenhoch der späteren 1980er Jahre, ein Teil davon ist aber auch durch den verstärkten Familiennachzug seit Ende der 1980er Jahre zu erklären.

Gegenüber der ersten Einwanderungswelle vor und nach der Jahrhundertwende fällt diesmal die viel ausgeglichenere regionale Verteilung auf (Grafik 1). Am höchsten lag der Anteil jetzt in dem Bezirk Liestal und seinen Industriegemeinden mit dem Höchstwert von 23 Prozent in den Jahren 1970 und 1997. Der Bezirk Arlesheim hingegen lag etwa beim kantonalen Durchschnitt. Und deutlich, wenn auch unter dem Durchschnitt, waren die beiden oberen Bezirke Sissach und Waldenburg von der ausländischen Zuwanderung ebenfalls betroffen. Auf der Ebene der Gemeinden sah die Verteilung ebenfalls gleichmässiger aus. Der höchste Anteil innerhalb einer Gemeinde betrug 1997 noch 34 Prozent, und zwar in Pratteln. Noch zwei andere (Grellingen und Waldenburg) zählten über 30 Prozent und weitere elf über 20.

Ein Vergleich der ausländischen Bevölkerung von 1910 und jener von 1990 zeigt noch einige weitere Unterschiede. So beschränkte sich die Herkunft der zugewan-

BAND FÜNF / KAPITEL 5

## Geburt, Tod und Wanderungen

Geburt und Tod sowie Zuwanderung und Abwanderung sind die Faktoren, welche das Wachstum einer Bevölkerung bestimmen. Die Geburten- und Sterbeziffern, die durchschnittliche Zahl der Geborenen und Verstorbenen bezogen auf 1000 Einwohner, lassen sich für den Kanton seit 1837 überblicken (Grafik 5). Die Geburtenziffern sind seit den 1870er Jahren, die Sterbeziffern seit den 1880er Jahren rückläufig. Einzig in den 30 Jahren zwischen 1941 und 1970 verzeichneten die Geburtenziffern eine gegenläufige Tendenz. Der Wandel ist beträchtlich: Kamen bis 1880 im jährlichen Durchschnitt auf 1000 Einwohner etwas über 35 Kinder zur Welt, so waren es im letzten Jahrzehnt des 20. Jahrhunderts dreieinhalbmal weniger, nämlich noch knapp über zehn. Die Sterbeziffer reduzierte sich besonders in der Zeit nach 1880 bis in die 1920er Jahre, als nur noch durchschnittlich knapp elf von 1000 Personen starben gegenüber 25 in den 1870er Jahren. Nachher verlief der Rückgang flacher und in den letzten 20 Jahren kehrte sich der Trend leicht um.

*Grafik 5*
**Geburt und Tod im Baselbiet 1837 bis 1996**
*Geborene und Verstorbene
im jährlichen Durchschnitt, bezogen
auf 1000 Einwohner*

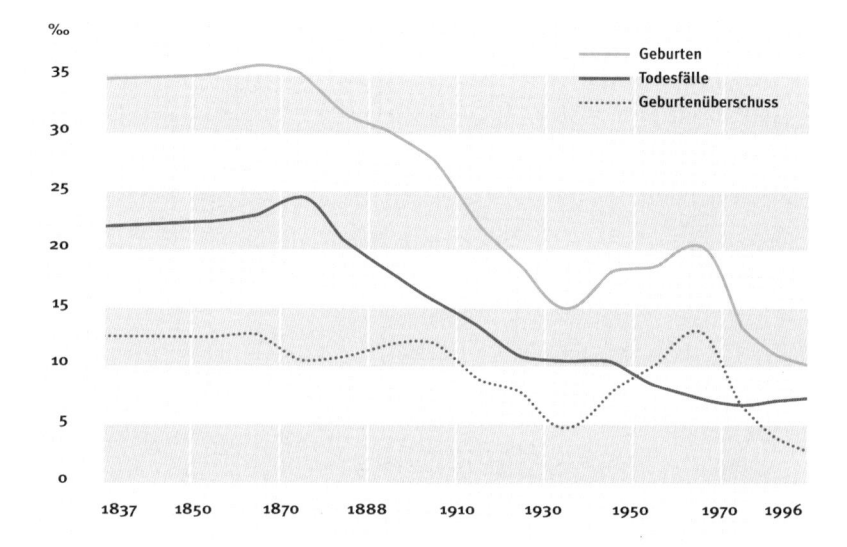

**Kinder aus 12 Nationen**
*Sie besuchten 1986 die Frenkendörfer Schulen. Sie stammten aus Armenien, Deutschland, Italien, Jugoslawien, Österreich, Polen, Portugal, Schweden, Spanien, der Tschechoslowakei, der Türkei und aus Vietnam.*

derten Personen im Jahre 1910 fast ausschliesslich auf die Nachbarstaaten (Grafik 6). Und zwar stellten den Löwenanteil das Deutsche Reich[2] mit 6763 Personen oder fast zwei Dritteln aller Ausländerinnen und Ausländer im Kanton sowie Italien mit 3059 Personen oder mehr als einem Viertel, nämlich 28 Prozent. Die Volkszählung von 1990 weist eine viel breitere Verteilung der Herkunftsländer aus. Mit 38 Prozent oder 12 543 Personen war Italien nun am stärksten vertreten. Neu dazugekommen waren Länder des weiter entfernten südlichen Europa: Spanien und Portugal, das damalige Jugoslawien, die Türkei. Die Angehörigen dieser Staaten machen jeweils etwa zehn Prozent aus, etwa die gleiche Grössenordnung wie jene aus Deutschland, das gegenüber 1910 seine dominierende Stellung als Herkunftsland verloren hatte. Ein grösseres Gewicht als 1910 kam auch den Ländern des übrigen Europa und ausserhalb Europas zu. Allerdings hatte in diesen Jahrzehnten ebenfalls eine starke Umschichtung stattgefunden. Während des Wachstumsbooms der Nachkriegszeit waren vor allem Menschen aus Italien zu uns gekommen, um hier Arbeit zu finden. Insgesamt 21 100 Italienerinnen und Italiener lebten 1970 im Kanton, also gegen 9000 mehr als im Jahre 1990. Mit 55 Prozent stellten sie über die

Aus der Differenz zwischen den Zahlen von Geburten und Todesfällen ergibt sich der Geburtenüberschuss. Er bewegte sich bis nach der Jahrhundertwende mit Schwankungen in einem Bereich zwischen 10,6 und 12,9 Promille. Danach verlief er einigermassen parallel zum Verlauf der Geburtenziffer, mit einem ersten Tiefpunkt von 4,7 Promille in den 1930er Jahren, einem Spitzenwert von über 13 Promille in den 1960er Jahren und einem erneuten Abfallen auf schliesslich noch knapp 3 Promille gegen Ende des 20. Jahrhunderts. Die skizzierte Entwicklung im Baselbiet entspricht im Grossen und Ganzen jener in der übrigen Schweiz. Allerdings waren im Baselbiet die Geburtenziffern fast durchwegs höher, anfänglich gehörten sie gar zu den höchsten in der Schweiz. Die Sterbeziffern hingegen lagen unter dem schweizerischen Durchschnitt. Das hatte zur Folge, dass die Geburtenüberschüsse in der Regel um 20 bis 45 Prozent, in den Boomjahrzehnten nach 1950 bis 80 Prozent, höher ausfielen.

Was wir in der Zeit zwischen etwa 1870 und den 1930er Jahren beobachten, das Absinken der Geburten- und der Sterbeziffern auf ein viel tieferes Niveau, ist ein in ganz Westeuropa verbreitetes Phänomen. Es wird auch als demographischer Übergang bezeichnet, nämlich von einer noch vorindustriell geprägten zu einer modernen Bevölkerungsweise.[2] Den Rückgang der Sterblichkeit dürfte man generell als Folge eines verbesserten Lebensstandards betrachten. Für den Geburtenrückgang gibt es verschiedene Erklärungsversuche. So könnte er jenem der Sterblichkeit gefolgt sein: Weil weniger Kinder starben, hätte es zur Sicherung des Nachwuchses auch weniger Geburten bedurft. Andere Erklärungen könnten sein, dass wegen des Verbots der Kinderarbeit nicht mehr mit Kindern als Arbeitskräften gerechnet werden konnte, dass mit der Schulpflicht und steigenden Ansprüchen der Ausbildung Kinder teurer geworden waren und nicht zuletzt dass sich die emotionale Beziehung zum Kind gewandelt hatte und dieses dadurch in seiner Individualität aufgewertet worden war. In Wirklichkeit dürfte ein ganzes Bündel von Faktoren zusammengewirkt haben.

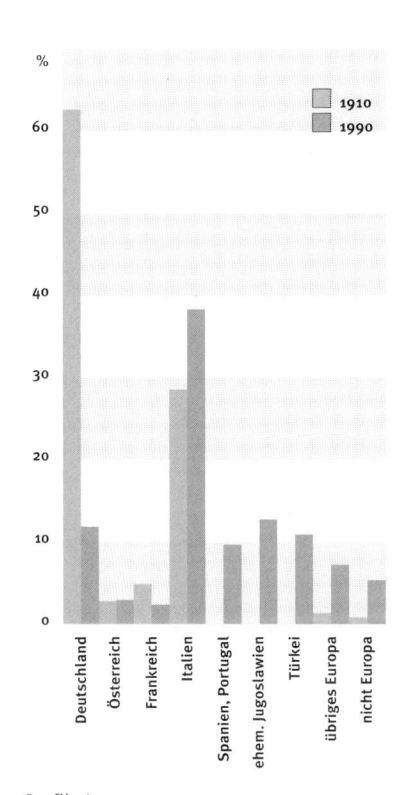

*Grafik 6*
**Die Herkunft der ausländischen Bevölkerung**
*des Kantons 1910 und 1990 (in Prozenten). Im Jahre 1910 stammten fast zwei Drittel aller Ausländerinnen und Ausländer im Kanton aus dem Deutschen Reich und mehr als ein Viertel aus Italien. Das Jahr 1990 zeigt eine viel breitere Verteilung. Mit 38 Prozent am stärksten vertreten ist Italien. Neu dazugekommen sind insbesondere die Länder der iberischen Halbinsel und Südosteuropas.*

Hälfte der ausländischen Wohnbevölkerung. Viele mussten während der Rezession der siebziger Jahre in ihre Heimat zurückkehren. Die Länder der Iberischen Halbinsel blieben seit 1970 etwa gleich stark vertreten. Hingegen war die Zuwanderung aus dem ehemaligen Jugoslawien und aus der Türkei erst seit den 1980er Jahren in grösserem Ausmasse erfolgt. Auf der Suche nach Asyl hielten sich 1990 etwa 2600 Personen auf oder rund 7 Prozent aller Ausländerinnen und Ausländer.

**Der Wandel der Altersstruktur**
Die Altersstruktur der heutigen Bevölkerung ist ganz anders als jene vor einem Jahrhundert. Die Grafik 7 zeigt im Überblick seit 1880 den Anteil der Jugendlichen bis zum 19. Altersjahr, der Erwachsenen im erwerbsaktiven Alter von 20 bis 64 Jahren sowie jener im dritten Lebensalter von 65 und mehr Jahren. Um 1880 gehörte fast die Hälfte der Bevölkerung, nämlich 45 Prozent, zu den Jugendlichen, 50 Prozent zählten zur mittleren Altersgruppe und bloss knapp fünf Prozent zur Gruppe der Alten. Im Jahre 1997 wies die erste Gruppe noch 22 Prozent auf, die zweite 63 Prozent und die dritte 15 Prozent. Die Tendenz ist deutlich: Der Anteil der Jugendlichen hat sich mehr als halbiert, jener der mittleren Erwachsenen ist um ein Viertel und jener der

*Tabelle 2*

**Mittlere Lebenserwartung in der Schweiz seit 1881**

| Jahre | Bei der Geburt | | Bei 20 Jahren | | Bei 60 Jahren | |
|---|---|---|---|---|---|---|
| Zeitraum | Männer | Frauen | Männer | Frauen | Männer | Frauen |
| 1881–1888 | 43.3 | 45.7 | 39.6 | 41.0 | 12.4 | 12.7 |
| 1889–1900 | 45.7 | 48.5 | 40.5 | 42.2 | 12.5 | 12.7 |
| 1901–1910 | 49.3 | 52.2 | 41.7 | 43.7 | 12.7 | 13.7 |
| 1921–1930 | 58.1 | 61.4 | 45.2 | 47.6 | 13.8 | 15.1 |
| 1931–1941 | 60.9 | 64.8 | 46.7 | 49.7 | 14.3 | 16.0 |
| 1941–1950 | 64.1 | 68.3 | 48.8 | 52.2 | 15.2 | 17.1 |
| 1951–1960 | 67.7 | 72.6 | 50.9 | 55.0 | 16.0 | 18.4 |
| 1961–1970 | 69.2 | 75.0 | 51.7 | 56.9 | 16.3 | 19.6 |
| 1978–1983 | 72.4 | 79.1 | 53.8 | 60.1 | 17.9 | 22.4 |
| 1988–1993 | 74.2 | 81.1 | 55.3 | 61.8 | 19.3 | 24.0 |

Jedenfalls war der Rückgang der Sterbeziffern hauptsächlich durch weniger Todesfälle im Säuglings- und Kindesalter bedingt. Dies zeigt ein Blick auf die Veränderung der mittleren Lebenserwartung (Tabelle 2).[3] In den 1880er Jahren lag sie bei der Geburt bei 43,3 Jahren für Knaben und bei 45,7 Jahren für Mädchen. War ein Mann einmal 20 Jahre alt geworden, konnte er noch 39,6 Lebensjahre und somit ein Alter von knapp 60 Jahren erwarten. Einer 20-jährigen Frau standen noch durchschnittlich 41 Jahre oder ein Alter von 61 Jahren zu. Wer dann das 60. Altersjahr geschafft hatte, konnte mit weiteren 12,4 beziehungsweise 12,7 Jahren oder einem Alter von etwas über 72 Jahre rechnen. Bis in die 1920er Jahre hatte sich die Lebenserwartung vor allem beim Eintritt ins Leben entschieden erhöht. Ein Knabe hatte jetzt bei seiner Geburt die durchschnittliche Chance, 58,1 Jahre, ein Mädchen 61,4 Jahre alt zu werden. Weniger gross war die Veränderung für die 20-Jährigen, sie konnten jetzt ein Alter von gut 65 beziehungsweise knapp 68 Jahren erwarten. Nur geringfügig erhöht hatte sich die Lebenserwartung der 60-jährigen Männer, ein bisschen mehr die der Frauen. Wenn sich vor allem die Lebenserwartung bei der Geburt verbessert hat, dann bedeutet dies, dass die Chance massiv gestiegen ist, die ersten 20 Jahre zu überleben, jenen

Alten um das Dreifache angestiegen. Dass sich der Anteil der Jugendlichen verminderte, war vor allem von zwei Faktoren bedingt: Einerseits erreichten dank dem Rückgang der Säuglings- und Kindersterblichkeit mehr Menschen das Erwachsenenalter, was das Gewicht der mittleren Altersgruppe verstärkte. Anderseits zielte selbstverständlich auch der Rückgang der Geburtenziffern in die gleiche Richtung. Erstmals deutlich wirksam war dieses Zusammenspiel um 1920, wenn es sich auch schon seit der Jahrhundertwende leicht abgezeichnet hatte. Bis 1941 erreichte dann der Anteil der Jugendlichen mit 30 Prozent einen ersten Tiefpunkt, jener der mittleren Erwachsenen mit 62 Prozent hingegen einen vorläufigen Höchststand. Bei der dritten Altersgruppe machte es sich um 1930 bemerkbar, dass im Jahrzehnt zuvor die Lebenserwartung der 60-Jährigen erstmals deutlich angestiegen war (siehe Tabelle 2). Bis 1941 erreichte ihr Anteil gut acht Prozent, einen Wert, der bis 1970 in ungefähr dieser Grössenordnung bleiben sollte.

Die Veränderungen im Altersaufbau lassen sich etwas deutlicher veranschaulichen durch die Aufteilung in Fünfjahres-Altersklassen. Ihre Darstellung ergibt dann eine so genannte Alterspyramide. Die klassische Pyramidenform zeigt sich allerdings

Lebensabschnitt, der einstmals recht viele Gefährdungen mit sich gebracht hatte. Insbesondere die Säuglingssterblichkeit war noch weit über die Mitte des 19. Jahrhunderts hinaus sehr hoch. Um 1870 starben im schweizerischen Durchschnitt ein Viertel aller Neugeborenen innerhalb des ersten Lebensjahres. Danach sank die Säuglingssterblichkeit rasch, bis 1912 unter zehn Prozent (bis heute auf weniger als ein Prozent). Dank Verbesserungen der Hygiene und der Wohnverhältnisse sowie Fortschritten der Medizin starben zudem die Menschen wesentlich seltener an Infektionskrankheiten. Tuberkulose, Diphterie, Scharlach, Masern waren die wichtigsten, und sie hatten vor allem Kleinkinder, Jugendliche und junge Erwachsene getroffen. Tuberkulose war im 19. und frühen 20. Jahrhundert gar die hauptsächliche Todesursache bei jüngeren Leuten. Die Geburtenziffern gingen anfänglich etwas langsamer zurück als die Sterbeziffern, wodurch der Geburtenüberschuss sich bis nach der Jahrhundertwende leicht erhöhte. Das änderte sich erst nach 1910, als sich der Geburtenrückgang beschleunigte.

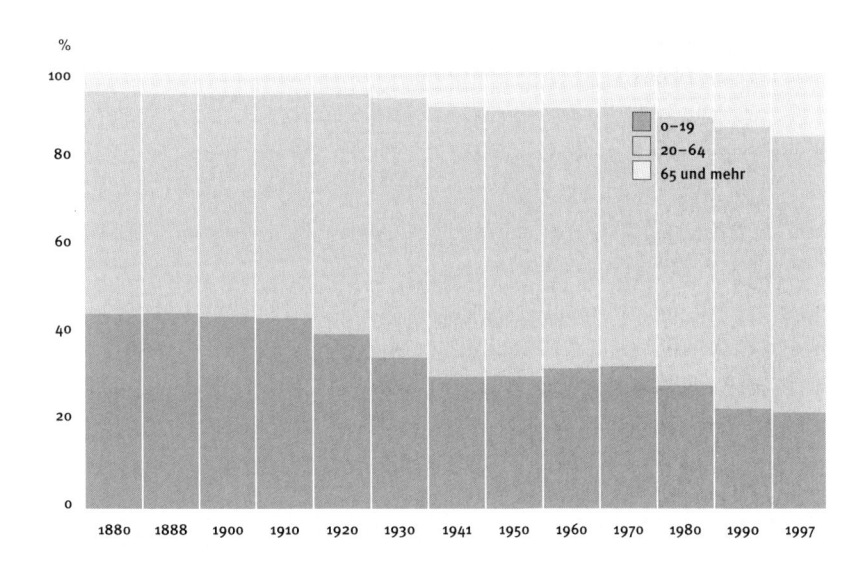

*Grafik 7*

**Die Altersverteilung der Baselbieter Bevölkerung 1880–1997**

nur bei einer gleichmässig wachsenden Gesellschaft: Jeder Jahrgang Neugeborener ist dann grösser als der vorhergehende. Der Zuwachs der jüngeren Jahrgänge bewirkt eine Verbreiterung nach unten, die natürliche Absterbeordnung eine Verschmälerung nach oben. In unserem Zeitraum erhalten wir das letzte Mal für das Jahr 1900 eine derartige Altersverteilung (Grafik 9). Die Basis der ersten Altersgruppe ist ausladend breit und spiegelt die noch vergleichsweise hohen Geburtenziffern. Die Lebenserwartung ist gegenüber den späteren Jahrzehnten tief. Deshalb wird die Pyramide gegen die Spitze zu ziemlich rasch schmäler. Die nach wie vor hohe Säuglings- und Kleinkindersterblichkeit wird sichtbar im augenfälligen Rückgang der zweituntersten gegenüber der untersten Altersklasse. Die Einbuchtung bei den mittleren Jahrgängen, insbesondere bei den Männern weist darauf hin, dass beträchtliche Teile dieser Jahrgänge in früheren Jahren ausgewandert waren. Die Altersgruppe der über 90-Jährigen ist statistisch gar nicht mehr relevant und erscheint deshalb nicht.

Zu einer ganz anderen Form führt die Altersverteilung des Jahres 1941 (Grafik 10). Man spricht hier nicht mehr von einer Pyramide, sondern von einer Urne oder einer Zwiebel. Sie spiegelt eine gealterte Bevöl-

Die Wanderungsbilanz, also der Saldo von Zuwanderung und Abwanderung, blieb bis in die 1930er Jahre meist negativ (Grafik 8). Der Bevölkerungszuwachs wurde in diesem Zeitraum also im Wesentlichen vom Geburtenüberschuss getragen. Während damals die Stadt Basel in grossem Ausmasse Fremde anzog, blieb die Landschaft immer noch ein Auswanderungsgebiet. Tatsächlich sind noch bis zum Ersten Weltkrieg zahlreiche Baselbieterinnen und Baselbieter ins Ausland, zum Teil nach Übersee ausgewandert. Einzig in der Hochkonjunktur Ende der 1920er Jahre zogen beträchtlich mehr Menschen in den Kanton. Doch schon einige Jahre später zwang die Wirtschaftskrise im grossen Ausmass zur Abwanderung. Die blosse Bilanz gibt allerdings die eigentliche Wanderung nur sehr summarisch wieder. Während sich nämlich die ländlichen Gemeinden entvölkerten, waren die Agglomerationsgemeinden in der Nähe der Stadt durchaus ein Ziel der Zuwanderung. Darauf weisen auch die dortigen beträchtlichen Anteile ausländischer Bewohnerinnen und Bewohner hin, 25 Prozent im Jahre 1910 im Bezirk Arlesheim. Die gleichen Gemeinden verzeichneten im Übrigen dann in den 1930er Jahren auch die grössten Wanderungsverluste.

Die 1930er Jahre bedeuteten einen Einschnitt in die Bevölkerungsentwicklung des Kantons wie auch der übrigen Schweiz und liessen das Wachstum beinahe stagnieren. Die Geburtenziffern sanken mit rund 15 Promille auf einen Tiefpunkt, und der Rückgang der Sterbeziffern schien ein Ende zu haben. Die krisenbedingte Abwanderung hinterliess ein erneutes Wanderungsdefizit. Der nun seit Jahrzehnten anhaltende Rückgang der Geburtenziffern war Anlass zu bevölkerungspolitischen Diskussionen und führte zu Ängsten vor einer zu weitgehenden Alterung der Bevölkerung, ja einem Aussterben der Schweizerinnen und Schweizer. Eine Prognose des Eidgenössischen Statistischen Amtes kam zum Schluss, dass Mitte der vierziger Jahre in der Schweiz das Bevölkerungsmaximum erreicht sein werde und dass danach die Einwohnerzahlen wieder sinken würden. Ende der 1960er Jahre hätte demnach eine stark gealterte Bevölkerung von etwa vier Millio-

kerung. Nach dem rasanten Geburtenrückgang der vorhergehenden Jahrzehnte ist der ganze Unterbau bis zu den 30-Jährigen sehr geschmälert. Man spricht deshalb auch von einer Alterung von unten her. Da nun insbesondere dank der erfolgreichen Senkung der Kindersterblichkeit die Lebenserwartung deutlich gestiegen war – um etwa 15 Jahre bei der Geburt – fehlt auch die 40 Jahre zuvor feststellbare Abstufung der unteren Altersstufen nach innen. Die gesamte Altersverteilung weckte damals Ängste vor einem allmählichen Aussterben der Bevölkerung.
Nach 1941 setzte sich die Tendenz der vorangegangenen Jahrzehnte vorerst nicht fort (Grafik 7). Der Anteil der Jugendlichen stieg wieder an, insbesondere während der 1950er Jahre. Dies passt zu diesen Boomjahrzehnten, während derer besonders viele junge Erwachsene und damit auch junge Familien zugewandert waren. Die differenzierte Altersverteilung des Jahres 1970 (Grafik 11) ergibt wiederum ein neues Bild. Von der Altersgruppe der 25- bis 29-Jährigen aufwärts präsentiert sich erneut die klassische Pyramidenform. Hätten sich jedoch die Altersgruppen von 1941 unter den gleichen Bedingungen wie damals einfach um die 30 Jahre nach oben verschoben, müsste dies ganz anders aussehen. Durch die Zuwanderung haben

nen die Schweiz bewohnt.[4] Vergleichbare Zukunftsperspektiven werden auch heute gelegentlich formuliert. Allerdings wurden jene Prognosen schon bald hinfällig. Bereits Ende der 1930er Jahre begannen die Geburtenzahlen wieder anzusteigen. Wahrscheinlich war die Überwindung der Wirtschaftskrise Anlass zu neuem Optimismus. Vielleicht haben auch der neu besiegelte soziale Friede und die weltpolitischen Bedrohungen den Menschen den Wert des Familienlebens näher gebracht. Es war allerdings nicht in erster Linie so, dass die Familien wieder mehr Kinder hatten. Der Geburtenanstieg war vor allem darauf zurückzuführen, dass mehr Leute heirateten und dass sie das früher taten, so dass mehr Frauen in einem früheren Zeitpunkt ein erstes oder zweites Kind zur Welt brachten. Es ist bemerkenswert, dass in der unsicheren Situation während des Krieges mehr Kinder geboren wurden als zuvor.

Begünstigt durch die wirtschaftliche Situation setzte sich dieser «Babyboom» nach dem Krieg fort. Doch während die Geburtenziffern im

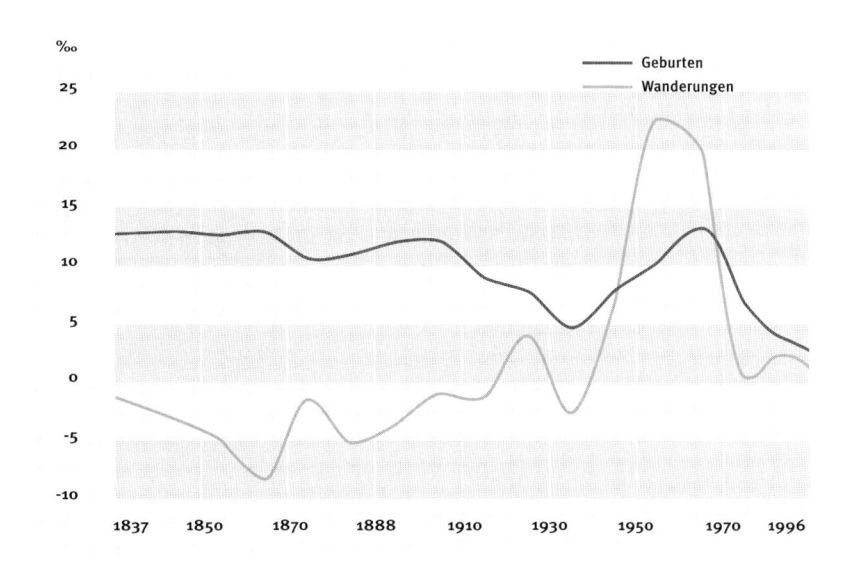

*Grafik 8*

**Geburten- und Wanderungsüberschüsse**
*im Baselbiet 1837 bis 1996. Trotz beträchtlichen Wachstums war die Bilanz von Zuwanderung und Abwanderung bis in die 1930er Jahre meist negativ. Der Kanton als Ganzes blieb ein Auswanderungsgebiet. Der Bevölkerungszuwachs wurde vom Geburtenüberschuss getragen. Enorme Wanderungsüberschüsse wiesen jedoch die Jahrzehnte zwischen 1941 und 1970 aus.*

aber die Altersgruppen von 20 bis 49 wieder mehr Gewicht bekommen. Und die Basis ist gegenüber 1941 auch wieder breiter geworden, eben aufgrund des Nachwuchses jener Generation.

Seit dem Wachstumsknick der 1970er Jahre mit den stark sinkenden Geburtenziffern begann der Jugendlichen-Anteil weiter zu schwinden (Grafik 7). Gleichzeitig vergrösserte sich jener der Alten ebenso markant. Die Alterung der Bevölkerung schreitet seither fort. Diese machte sich allerdings im Baselbiet viel später bemerkbar als in der übrigen Schweiz. Im gesamtschweizerischen Durchschnitt nahm der Anteil der Menschen über 65 Jahren nach 1941 stetig zu. Bereits 1960 hatte er über zehn Prozent erreicht, während er im Baselbiet noch bei etwas mehr als acht Prozent lag. Im Jahre 1980 hatten in der Schweiz bereits fast 14 Prozent die Grenze zum Pensionsalter überschritten, im Baselbiet nun erst zehn Prozent. Dann aber blieb der gesamtschweizerische Anteil bis 1990 gleich, während er im Baselbiet auf fast 13 Prozent im Jahre 1990 aufholte und seither bis 1997 sprunghaft auf 15 Prozent angestiegen ist. Die Baselbieter Bevölkerung hatte sich eben mit der Zuwanderungswelle der Nachkriegszeit gegenüber dem schweizerischen Durchschnitt verjüngt, und dadurch verzögerte sich ihre

gesamtschweizerischen Durchschnitt bereits in den 1950er Jahren zu stagnieren begannen, wurden sie im Baselbiet zum Bestandteil einer Dynamik, welche den Kanton für zwei Jahrzehnte an die Spitze der schweizerischen Wachstumskantone katapultierte. Die Geburtenziffern stiegen weiter an, auf über 20 Promille in den 1960er Jahren. Die Sterbeziffern gingen nochmals merklich zurück, insbesondere in den fünfziger Jahren, etwas verlangsamt in den sechziger und siebziger Jahren, insgesamt von über zehn auf knapp sieben Promille (Grafik 5). Der aus der gegenläufigen Bewegung von Geburten und Todesfällen resultierende Geburtenüberschuss wurde noch weit überboten von einem immensen Wanderungsüberschuss (Grafik 8). Die Zuwanderung war denn auch der bestimmende Faktor jenes Wachstums, dessen Ausmass und dessen Auswirkungen niemand vorausgesehen hatte. Sie verstärkte ihrerseits die erwähnten Wachstumsfaktoren der natürlichen Bevölkerungsbewegung: Da vor allem junge Leute im aktiven Lebensalter und junge Familien zuwanderten, begünstigte dies die Geburtenraten und hielt die Sterberaten tiefer. Zu Letzterem trug in geringerem Masse auch die allgemein nochmals angestiegene Lebenserwartung bei. Die zugewanderten Personen können bezüglich ihrer Herkunft in drei Kategorien unterschieden werden: Erstens waren es Leute aus der Stadt Basel, welche aus der städtischen Enge ins «Grüne» der Agglomerationsgemeinden zogen. Zweitens wirkte das Baselbiet im Rahmen einer schweizerischen Binnenwanderung als Sog für Menschen aus wirtschaftlich weniger stark boomenden Regionen der Schweiz. Und drittens kamen in grossem Ausmasse ausländische Arbeitskräfte auch ins Baselbiet.

Um 1970 zeichnete sich ein Umschwung der Bevölkerungsentwicklung ab. Bereits nach 1964 hatte, wie anderswo auch, im Baselbiet ein Rückgang der Geburten eingesetzt. Man spricht in diesem Zusammenhang etwas vereinfachend vom «Pillenknick». Der Trend zur Vorverschiebung der Geburten nahm ein Ende und im Gegenteil begannen nun immer mehr Frauen die Geburt ihres ersten Kindes hinauszuschieben, oft über das 30. Altersjahr

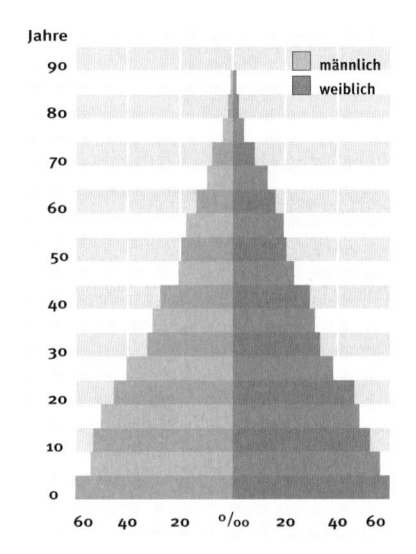

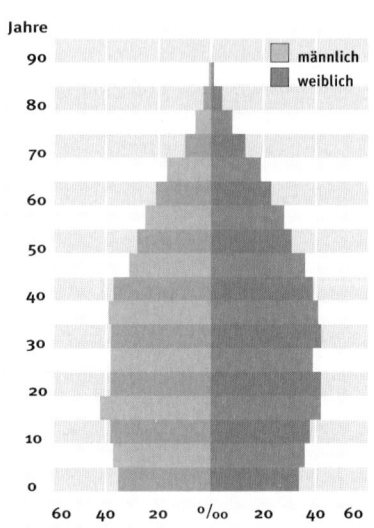

*Grafik 9 und 10*
**Die Altersverteilung der Baselbieter Bevölkerung in Promille nach Fünfjahresklassen 1900 und 1941**

Alterung. Erst seit dem Ende dieses Booms zeichnet sich eine Angleichung an die gesamtschweizerischen Verhältnisse an.

Die Verteilung des Jahres 1997 (Grafik 12) gleicht wieder eher jener von 1941. Sie spiegelt ebenfalls eine gealterte Bevölkerung. Allerdings sind einige Unterschiede festzuhalten. So verschmälert sich die Figur im oberen Teil weniger stark, selbst die über 90-Jährigen bilden eine recht gewichtige Gruppe. Und sie steht auf einer noch schmaleren Basis als jene von 1941. Übrigens sind die Frauen im obersten Bereich viel stärker vertreten als die Männer, was der unterschiedlichen Lebenserwartung entspricht. Die Pyramidenform setzt bei der Gruppe der 50- bis 54-Jährigen ein, bei der gleichen Generation wie 1970, nur war sie damals gut 25 Jahre jünger gewesen. Darunter erkennt man in den Altersgruppen ab 25 Jahren zum einen Teil die Nachkommenschaft jener Generation wieder. Zum andern macht sich die ausländische Bevölkerung bemerkbar, die in ihrer Altersstruktur viel jünger ist als die schweizerische und bei der dazu noch speziell die Männer zwischen 25 und 34 Jahren sehr stark übervertreten sind. In den schmalen untersten fünf Altersklassen spiegeln sich die seit 1970 stark gesunkenen Geburtenziffern. Innerhalb dieser Gruppen ergibt sich keine verschmälernde

hinaus. Der Trend zur Klein- und Kleinstfamilie wurde ausgeprägter. Schliesslich stieg auch erstmals seit 1910 wieder der Ledigenanteil innerhalb der Bevölkerung. Im Laufe der 1970er Jahre sanken nun die Geburtenziffern massiv, von über 20 Promille im Durchschnitt des vorangehenden Jahrzehnts auf gut 13 Promille. Sie unterschritten schon damals die Tiefstmarke der 1930er Jahre. Aber auch die Welle der ausländischen Zuwanderung ebbte ab, vorerst wegen der gesetzlichen Beschränkung des Ausländerbestandes, dann als Folge der wirtschaftlichen Rezession. Hingegen hielt der Zustrom aus der übrigen Schweiz vorderhand noch an, insbesondere auf Kosten des städtischen Nachbarn. So stieg die Gesamtbevölkerung, nach einem vorübergehenden Rückgang vor 1978, dennoch über das ganze Jahrzehnt hin noch leicht an. Doch waren jetzt die Wachstumsraten bei weitem nicht mehr mit jenen der vorangehenden Jahrzehnte zu vergleichen, sie näherten sich den gesamtschweizerischen an. Das stürmische Bevölkerungswachstum der zwei Nachkriegsjahrzehnte war jetzt zu Ende.

In den 1980er Jahren sah zwar der Saldo der Wanderungen vorübergehend wieder etwas günstiger aus, eine Spiegelung des konjunkturellen Zwischenhochs. Mehr als die Wanderungen trugen zum bescheidenen Bevölkerungswachstum jetzt allerdings, wie schon in den siebziger Jahren, die Geburtenüberschüsse bei. Doch auch diese waren rückläufig. Die Geburtenraten gingen in den achtziger Jahren weiter zurück, mit elf Promille unter den schweizerischen Durchschnitt, und dann nochmals weiter auf zehn Promille in den neunziger Jahren. Aufgrund der Altersstruktur stieg jetzt erstmals auch die Sterberate wieder leicht an, dies trotz nochmalig gestiegener Lebenserwartung. Die Schere zwischen Geburten und Todesfällen, deren Öffnung den demographischen Übergang eingeleitet hatte, beginnt sich zu schliessen. Auch dies ist ein Zeichen dafür, dass die Zeit der jungen Wachstumsbevölkerung vorläufig vorbei ist.

Abstufung mehr nach oben wie bei der klassischen Pyramidenform. Darin zeigt sich, dass die Säuglings- und Kindersterblichkeit jetzt kaum noch von Belang ist. Die im schweizerischen Rahmen schon länger sichtbare Alterung hat also auch die Baselbieter Bevölkerung eingeholt. Nicht nur das, sie wird sich in den nächsten Jahrzehnten auch besonders stark akzentuieren. Dann wird nämlich jene Generation, welche in den Boomjahren zugewandert war und die Bevölkerung überdurchschnittlich verjüngt hatte, zu den Alten gehören und entsprechend das Übergewicht des oberen Altersbereichs noch verstärken. Nach Berechnungen des Statistischen Amtes des Kantons Basel-Landschaft wird bis zum Jahre 2020 die Zahl jener, die älter als 65 Jahre sind, um 57 Prozent zunehmen, jene der über 80-Jährigen gar um 75 Prozent.[3] Das wird Staat und Gesellschaft vor neue Aufgaben stellen. Es können aber, wie nach den pessimistischen Prognosen der 1930er Jahre, auch in Zukunft Entwicklungen eintreten, an die wir heute nicht denken.

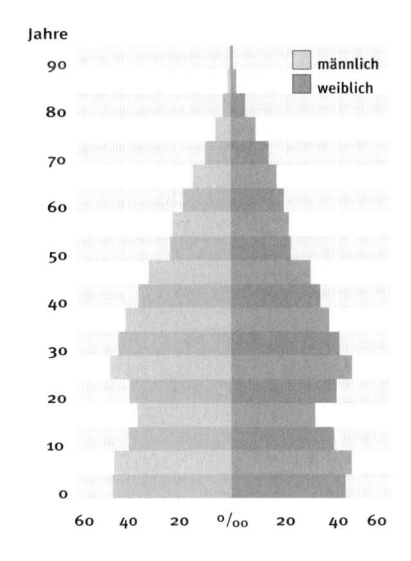

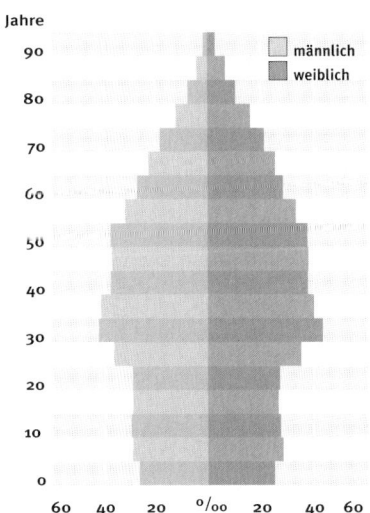

*Grafik 11 und 12*
**Die Altersverteilung der Baselbieter Bevölkerung in Promille nach Fünfjahresklassen 1970 und 1997**

**Lesetipps**

*Die in diesem Kapitel präsentierten Zahlen entstammen den vom Eidgenössischen Statistischen Amt publizierten Volkszählungsergebnissen und sonstigen Statistiken sowie Publikationen des Statistischen Amtes des Kantons Basel-Landschaft.*

*Für die Bevölkerungsgeschichte der Schweiz bis vor die Mitte des 20. Jahrhunderts ist immer noch gültig der Klassiker von Wilhelm Bickel, Bevölkerungsgeschichte und Bevölkerungspolitik der Schweiz seit dem Ausgang des Mittelalters (1947).*

*Zur Geschichte der Bevölkerungsbewegung in der Schweiz sehr aufschlussreich ist die Arbeit von François Höpflinger, Bevölkerungswandel in der Schweiz (1986).*

*Mit der Frage, welche Herausforderungen die gestiegene Lebenserwartung an den einzelnen Menschen und die Gesellschaft stellt, befasst sich Arthur E. Imhof in seinem materialreichen Buch Die gewonnenen Jahre (1981).*

*Eine Darstellung der Bevölkerungsentwicklung des Kantons Basel-Landschaft im Speziellen gibt das Kapitel Die Bevölkerungsentwicklung von Georg Siegrist in: Beiträge zur Entwicklungsgeschichte des Kantons Basel-Landschaft (1964).*

*Ein ausführliches Kapitel zur Bevölkerung bis um 1940 findet sich bei Martin Meier, Die Industrialisierung im Kanton Basel-Landschaft 1820–1940 (1997). Mit der Bevölkerungsentwicklung nach 1940 befasst sich Jean-Daniel Blanc in einzelnen Abschnitten seiner Arbeit Wachstum und Wachstumsbewältigung im Kanton Basel-Landschaft (1996).*

*Einige wichtige die ausländische Bevölkerung des Kantons betreffende Aspekte bringt die Publikation des Statistischen Amtes des Kantons Basel-Landschaft, Die ausländische Bevölkerung (1994).*

**Abbildungen**

Christine Lerch-Hägler, Frenkendorf: S. 71.
StA BS, Planarchiv K 1, 83: S. 75 [A].
Hans Utz, Ettingen, Foto Johann Rudolph Thüring: S. 77 oben.
Hans Utz, Ettingen: S. 77 unten.
Gert Martin, Frenkendorf: S. 78.
Anne Hoffmann: Grafik 1–12. Quellen GS BL 1837, Eidgenössische Volkszählung 1850–1990, Statistische Quellenwerke der Schweiz, Statistische Mitteilungen.
Anne Hoffmann: Tabellen 1–2. Quellen GS BL 1837, Eidgenössische Volkszählung 1850–1990, Statistische Mitteilungen.

[A] = Ausschnitt aus Originalvorlage Reproduktionen durch Mikrofilmstelle.

**Anmerkungen**

1 Vgl. auch Siegrist 1964, S. 37f.
2 Bickel 1947, S. 146ff.; Mackenroth 1953, S. 92ff.; Höpflinger 1986, S. 54ff.
3 StJ CH, 1978, 1985, 1997. Es handelt sich um Werte für die gesamte Schweiz.
4 Bickel 1947, S. 246ff.; Blanc 1996, S. 16.

1 Bickel 1947, S. 16ff.
2 Hier ohne Elsass-Lothringen, das bei Frankreich gezählt ist.
3 Statistische Mitteilungen 224/1998.

Religion und Kirchen

*Bild zum Kapitelanfang*
**Pfarrhaus Läufelfingen**
*Aquarell von Lucretia Faesch, 1825. Damals lebte hier der Pfarrer und Historiker Markus Lutz. Er und Wilhelm Hoch in Ormalingen waren die beiden einzigen reformierten Pfarrer auf der Landschaft, welche nach der Kantonstrennung ihre Stellen nicht verliessen oder verlassen mussten.*

**Pfarrer Joseph Otto Widmann, Liestal**

## Von der reformierten Staatskirche zur Landeskirche

Man möge doch endlich einen Schritt zur rechtlichen Ordnung der Kirchenverhältnisse unternehmen, forderte 1849 der reformierte Liestaler Pfarrer Joseph Otto Widmann in einem Zeitungsartikel. «Sind diese, welche auf die höchsten Besitztümer des geistigen Menschen sich beziehen, vielleicht weniger wichtig als Gesetze über Strassen, Salz, Steuern, über materielles Wohl der Bürger?» Und an anderer Stelle: «Es wird politisiert mit Leidenschaftlichkeit von Jung und Alt, Hoch und Nieder, Gebildet und Unreif. Das kirchliche Interesse kann mit dem politischen nicht Schritt halten, so lange unsere Kirchgenossen gar keine andere Äusserung des kirchlichen Lebens als die des notdürftigen Kirchenbesuchs und der Teilnahme an den Pfarrwahlen kennen lernen.» Die Geistlichen seien die Kirche, hiesse es allgemein, und nicht selten würden Gläubige in die Arme von Sekten getrieben, «in welchen unter den Gliedern mehr kirchliches Interesse herrscht und für jedes Glied das Recht gilt, nach Befund der Umstände sein Wort oder Wörtlein mitzureden».[1]

Pfarrer Widmann versuchte hier an einem Zustand zu rütteln, mit dem das Baselbiet tatsächlich einzigartig dastand: Es gab keine gesetzliche Regelung des Kirchenwesens. Die Kantonstrennung hatte auch die reformierte Kirche in Stadt und Landschaft erschüttert und bedeutete einen personellen wie institutionellen Bruch. Die Pfarrer aus der Stadt, welche die Gemeinden der Landschaft betreut hatten, verliessen fast alle ihre Stellen, freiwillig oder gezwungenermassen, spätestens, als sie sich weigerten, den Amtseid auf die Verfassung des neuen Kantons zu leisten. Zu sehr erschienen eben manchen ehemaligen Untertanen die Pfarrer als Exponenten städtischer Herrschaft, und in deren Augen anderseits lief das revolutionäre Treiben auf der Landschaft der gottgewollten Ordnung der Dinge zuwider. Einzig zwei Geistliche blieben: der aus Liestal stammende Wilhelm Hoch in Ormalingen und der als Historiker bekannte Markus Lutz in Läufelfingen. Die Lücken füllte eine sehr heterogene Schar auswärtiger Geistlicher, viele davon

**Das Begräbnis im Dorf**
Unter dem Geläute aller Kirchenglocken und dem Gebet der Beteiligten bewegte sich der Leichenzug vom Trauerhaus weg in einer überlieferten Ordnung: Vor dem Sarg gingen, wenn ein Schulkind zu Grabe getragen wurde, die Schulkameraden. War der Tote Mitglied eines Vereins gewesen, schritten die Vereinsmitglieder mit umflorter Fahne dem Sarg voran. Direkt hinter dem Sarg folgte der Pfarrer, neben ihm der «Leidführer»; das war der Vater, Ehemann, älteste Bruder oder Sohn des oder der Toten. Dann reihten sich zuerst die männlichen und danach die weiblichen Angehörigen ein, jeweils in absteigender Linie der Verwandtschaft. Endlich schloss sich die übrige Trauergemeinde an, wiederum zuerst die Männer und dahinter die Frauen, beide nach abnehmendem Alter geordnet. Das ganze Dorf nahm Anteil. Jede Familie schaute, dass sicher jemand dabei war. Den Sarg trugen Nachbarn auf ihren Schultern – vier, wenn eine Frau, sechs, wenn ein Mann verstorben war. Sie hatten tags zuvor auch gemeinsam das Grab geschaufelt. War der Zug beim Friedhof angelangt, läutete für die letzte Strecke zum Grab nur noch die grosse Glocke. Mit einem Seil versenkten alsdann die Leichenträger den Sarg. Am offenen Grab sprach der Pfarrer ein Gebet. In der

aus der Ostschweiz. Sie vertraten unterschiedliche theologische Richtungen, und nicht alle erwiesen sich in gleicher Weise als qualifiziert. Einige waren von einem revolutionären Pathos bewegt wie etwa der Appenzeller Johann Ulrich Walser. Als Pfarrer 1833 nach Liestal gewählt, gab er bald seinen Pfarrerberuf auf und stürzte sich als Zeitungsmacher und Politiker in weltlichere Belange. Es gab allerdings auch Gemeinden, die ihre alten Pfarrer nur mit Bedauern ziehen liessen, und nicht überall kam den neuen das gewünschte Vertrauen ihrer Gemeindeangehörigen entgegen. Manche «Revolutionspfarrer» wurden von ihren Gemeinden wieder abgewählt oder verliessen sie von sich aus; längerfristig blieben nur einige wenige. Nachdem die entsprechenden Verbote wieder gelockert waren, residierten in den meisten Pfarrhäusern schon bald wieder Geistliche aus der Stadt, und einige wenige – allerdings von jenen scheel angeschaut – aus der Landschaft. Doch auch sie vertraten weiterhin unterschiedliche theologische Richtungen.

Die institutionelle Trennung von der städtischen Kirche blieb endgültig. Das neue Staatswesen unterliess es jedoch, das Kirchenwesen gesetzlich und organisatorisch zu regeln. Die Verfassung erklärte in ihrem zehnten Artikel lediglich die Glaubensfreiheit als unverletzlich und gewährleistete die Rechte der beiden Kirchen, der Evangelisch-reformierten und der Römisch-katholischen, sowie die Besoldung ihrer Geistlichen. Die reformierte Kirche wurde und blieb für lange Zeit eine reine Staatskirche: Die politischen Behörden in Kanton und Gemeinden waren zugleich kirchliche Behörden und die Pfarrer staatliche Beamte. Eine kirchliche Hierarchie, etwa mit einem Kirchenrat und Dekanen, gab es nicht mehr. Die Pfarrer organisierten sich selbst und gründeten 1834 den Verein basellandschaftlicher Pfarrer, den späteren Pfarrkonvent. Dieses Gremium erörterte und entschied wichtige kirchliche Fragen und wurde auch von der Regierung als der wichtigste Ansprechpartner beigezogen. Aus seinen Reihen kamen seit den Anfängen des Kantons über Jahrzehnte hin immer wieder Anläufe zur Schaffung einer kirchlichen Organisation. Pfarrer Widmanns Initiative war nicht die erste

**Pfarrer Markus Lutz, Läufelfingen**

**Trauerzug in Laufen**
*Die Trauergemeinde folgte dem Sarg in einer festgelegten Ordnung. Die Beerdigung war eine öffentliche Angelegenheit. Die ganze Gemeinde nahm Anteil.*

**Die neugotische Kirche von Bubendorf**
*Ansicht von Westen. Die 1974 abgebrochene Kirche wurde 1881 nach den Plänen des Architekten Paul Reber errichtet. Sie steht als Beispiel der auf die spezifischen Bedürfnisse der reformierten Liturgie zugeschnittenen neugotischen Kirchenarchitektur im Baselbiet. Reber baute schon früher die reformierten Kirchen in Allschwil, Birsfelden und Kilchberg.*

dieser Art und sollte auch nicht die letzte bleiben. Doch es wurde bis in die Mitte des 20. Jahrhunderts nichts daraus. Dass entsprechende Vorschläge stets «im Schosse der Regierung schlafen gingen», wie schon 1834 konstatiert wurde,[2] lag nicht nur an der verbreiteten, durch Erfahrungen aus der Basler Zeit genährten politischen Skepsis gegenüber kirchlicher Macht, vor einem Staat im Staate. Auch die Pfarrer selbst – als Orthodoxe, Reformer

Kirche, wohin sich die Gemeinde danach begab, verlas er den Lebenslauf des Verstorbenen und hielt die Leichenpredigt. In katholischen Gemeinden trug man den Sarg zuerst in die Kirche, wo er während der Totenmesse eingesegnet wurde. Erst anschliessend wurde er auf dem Friedhof unter den vorgeschriebenen Gebeten des Priesters ins offene Grab gesenkt. Mit der Bewirtung der Verwandten und Bekannten schloss fürs Erste das Ritual, mit dem sich die dörfliche Gesellschaft von einem verstorbenen Mitglied verabschiedete. Begonnen hatte das Ritual mit der Begleitung des Sterbenden durch den reformierten Pfarrer, der ihm das Abendmahl reichte, oder den katholischen Priester, der ihn mit den Sterbesakramenten versah. Danach wurde der Tote, gekleidet in sein bestes Gewand, im Hause aufgebahrt. Es begann die Totenwache: Angehörige, Nachbarn, Freunde, Arme aus dem Dorf fanden sich im Trauerhaus ein, um der verstorbenen Person die Ehre zu erweisen. In katholischen Orten betete man den Rosenkranz und wechselte sich dabei ab, so dass sie nie allein blieb. Die Besucherinnen und Besucher wurden von der Trauerfamilie bewirtet. In der reformierten Vorstellung galt diese Totenwache der Ehrung des Verstorbenen, im katholischen Verständnis galt es, für dessen Seelenheil zu beten. Zu-

oder Vermittler – blockierten einander, indem sie sich gegen allgemein verbindliche Vorgaben, etwa im Bereich der Liturgie oder des Glaubensbekenntnisses, sträubten. So blieb die Baselbieter Kirche für lange Jahrzehnte schwach strukturiert und sehr stark auf die Pfarrer hin orientiert. Neben allen Nachteilen bot dieser Zustand den Pfarrern auch einen einzigartigen theologischen Freiraum.

In den 1920er Jahren begann diese Strukturlosigkeit besonders in den grossen Gemeinden des unteren Kantonsteils unhaltbar zu werden. Auf der einen Seite erwies sich mit der zunehmenden konfessionellen Durchmischung die Zuständigkeit der politischen Gemeindebehörden auch für kirchliche Belange immer mehr als Anachronismus. Anderseits widersprach die «Pfarrerkirche» zusehends neuen Ansprüchen der Seelsorge, welche das kirchliche Leben wesentlich von der christlichen Gemeinde getragen sahen. Der Prattler Pfarrer Lukas Christ, die wohl herausragendste Pfarrerpersönlichkeit jener Jahrzehnte, suchte sehr engagiert nach Veränderungen. Auf seine Initiative hin gründeten einige Gemeindemitglieder in Pratteln am 11. Mai 1922 die erste freiwillige Kirchenpflege des Kantons. Andere Gemeinden, vor allem des unteren Kantonsteils, folgten. Vier Jahre später trafen sich die inzwischen gegründeten freiwilligen Kirchenpflegen zu ihrer ersten Versammlung. Auch der Pfarrkonvent begann sich in diesen Jahren der Neuordnung des Kirchenwesens anzunehmen. Nicht überall jedoch stiess die Bewegung auf Gegenliebe. Besonders im oberen Baselbiet war man nicht bereit, die gewohnte Einheit von Kirche und Staat aufzugeben, und auch die Regierung signalisierte Ablehnung. Einen entscheidenden Schritt setzte dann die kirchliche Seite mit der Schaffung einer freiwilligen Synode im Jahre 1936 und mit der Verabschiedung einer Synodalordnung 1939. Diese Initiativen brachten auch die staatlichen Stellen unter Zugzwang. Am 8. Dezember 1946 stimmte das Baselbieter Volk dem Artikel 36 der Staatsverfassung zu, welcher den bisher staatlich anerkannten Kirchen eigene Rechtspersönlichkeit zuerkannte. Am 25. Juni 1950 folgte dann die Zustim-

**Pfarrer Jakob Haller in Diegten**
*um 1950 mit dem 80-jährigen Sigristen Niklaus Häfelfinger-Buser. Vor dem neuen Kirchengesetz von 1950 war das reformierte Kirchenwesen wenig strukturiert und die Mitwirkung der Gemeinde am kirchlichen Leben kaum geregelt. Die Kirche blieb stark vom Pfarrer geprägt.*

grunde lag aber wohl auch eine archaische Totenabwehr: Der Tote sollte bis zur Versenkung im Grab ununterbrochen bewacht werden, damit er nicht zurückkehren und die Lebenden verstören konnte.
So etwa vollzog sich ein Begräbnisritual in der dörflichen Gesellschaft des Baselbiets bis weit ins 19. und teilweise bis ins 20. Jahrhundert hinein. Nicht nur war das Sterben und das Begräbnis in eine religiöse Bedeutung eingebettet und von kirchlichen Handlungen begleitet. Auch das ganze Dorf war an der Verabschiedung der Toten beteiligt. Einzelne Elemente dieses Rituals lösten sich allmählich auf, und zwar mit grosser zeitlicher Verschiebung von Ort zu Ort. Galt das Schaufeln des Grabes anfänglich noch als nachbarschaftlicher Freundschafts- und Ehrendienst, wurden in der zweiten Hälfte des 19. Jahrhunderts überall Totengräber angestellt, welche diese Arbeit professionell verrichteten. Das Tragen des Sarges auf dem oft langen Weg vom Trauerhaus zum Friedhof, welches die Träger manchmal «todtmüde fast zusammensinken» liess, erübrigte sich, als die Gemeinden damit begannen, Leichenwagen anzuschaffen, und diesen unter die Obhut eines Leichenwagenführers stellten. Die Gemeinde Pratteln etwa sah sich 1874 im Gefolge einer Cholera-Epidemie veranlasst, einen Totenwagen zu

**Pfarrer Lukas Christ**

mung zum neuen Kirchengesetz. Es regelte die Organisation der Evangelisch-Reformierten, der Römisch-katholischen und der Christkatholischen Landeskirchen des Kantons Basel-Landschaft. Damit wurden der freiwilligen Synode, und später in ihrer Nachfolge der neuen Synode, jene Funktionen übertragen, welche bis dahin dem Staate in Bezug auf das Kirchenwesen zugestanden hatten. Erst jetzt, beinahe 120 Jahre nach der Kantonstrennung, war aus der Staatskirche eine Landeskirche mit eigenen Organisationsformen geworden.

Die neue Kantonsverfassung von 1984 übergab den Kirchen die Regelung ihrer Finanzen in eigener Regie. Das in der Folge revidierte und 1991 in Kraft getretene Kirchengesetz sieht zwar einen ordentlichen jährlichen Staatsbeitrag an die drei Landeskirchen vor, welcher sich im Wesentlichen an der Anzahl ihrer Mitglieder bemisst. Darüber hinaus verpflichtet es die Kirchgemeinden zur Erhebung von Kirchensteuern. Für 19 von 34 evangelisch-reformierten Kirchgemeinden bedeutete dies 1991 eine wesentliche Neuerung. Sie kannten bisher keine Kirchensteuern, ihre Defizite waren von der politischen Gemeinde übernommen worden.

**Die Katholische Kirche zwischen Tradition und Liberalismus**
Als der Wiener Kongress im Jahre 1815 das ehemalige Fürstbistum Basel der Schweiz und damit das Birseck dem Kanton Basel zuschlug, wurde die geschlossen protestantische Basler Landschaft um acht katholische Gemeinden erweitert. Kirchlich gehörten sie weiterhin als eigenes Dekanat zum Bistum Basel, auch nach dessen Reorganisation und der Verlegung des Bischofssitzes nach Solothurn im Jahre 1828. Der Kanton Basel-Landschaft wurde, in der Nachfolge des alten Basler Staatswesens, einer der Diözesanstände. Diese nahmen zusammen die – übrigens weltweit aussergewöhnlichen – Rechte des mit dem Vatikan ausgehandelten Bistumskonkordats wahr. Somit war das Verhältnis zwischen Staat und Kirche im katholischen Bereich ein ganz anderes als im protestantischen. Der Kanton konnte hier

kaufen. Ein nächster Schritt war der Bau von Leichenhallen, wo nun die Toten statt im Trauerhaus aufgebahrt wurden. Damit entfiel, bis auf wenige ländliche Gemeinden im oberen Baselbiet, nach der Mitte des 20. Jahrhunderts allmählich auch der Trauerzug von dort zum Friedhof. Die vielfältigen Gelegenheiten für die Anteilnahme der Nachbarschaft und des ganzen Dorfes am Bestattungsritual verschwanden zusehends. Wachsende Mobilität, konfessionelle Durchmischung und zunehmende Anonymität entzogen einer solchen Tradition den Boden. Die allmähliche Verbreitung der Kremation tat noch das Ihre dazu. Und besonders in den grossen, quasi städtischen Ortschaften gerieten Tod und Bestattung immer mehr zu einer privaten Angelegenheit der Familie und eines nahen Bekanntenkreises. Geblieben ist hingegen bis in unsere Zeit für die meisten Menschen die religiöse Deutung des Todes. Das zeigt etwa ein Blick in Todesanzeigen. Und für religiös indifferente Menschen ist die Konfrontation mit dem Tod oft noch die einzige Gelegenheit, die Dienste der Kirchen in Anspruch zu nehmen. Aber auch dies geschieht nun in einem privaten Rahmen, weitab von der öffentlichen Inszenierung im traditionellen Ritual.
Auch der Begräbnisplatz ist nicht mehr derselbe geblieben. Im Laufe des 19. und

für seine Entscheidungen nicht von einem freien Spielraum ausgehen, sondern bewegte sich in einem Rahmen, welcher durch eingegangene Verpflichtungen und Absprachen sowie durch die Ansprüche des katholischen Kirchenrechts begrenzt war: Eine Garantieerklärung des Wiener Kongresses gewährleistete der katholischen Bevölkerung des Birsecks die Ausübung ihrer Religion «in ihrem gegenwärtigen Zustand», eine Formulierung, deren Interpretation umstritten blieb. Die katholische Kirche bot zudem mit ihrer straffen, auf das römische Zentrum hin ausgerichteten hierarchischen Struktur dem Staat ein machtvolles Gegenüber. Und schliesslich bestand, gerade als Gegengewicht zu dieser Hierarchie, das Konkordat der Diözesanstände, welches immer wieder grenzüberschreitende Absprachen notwendig machte. Im Verhältnis zwischen Staat und katholischer Kirche war einiges an Konfliktpotential angelegt, besonders als der liberale Staat daran ging, der kirchlichen Macht Zügel anzulegen. Die Schweizer Geschichte des 19. Jahrhunderts ist auf weite Strecken von dieser Auseinandersetzung geprägt. Sie spielte sich auch im Baselbiet ab. Allerdings ging hier die Regierung, auch wenn sie grundsätzlich eine liberale Linie vertrat, mit der katholischen Minderheit ziemlich behutsam um, ganz anders als etwa die Kantone Aargau oder Bern. Dazu trug auch die birseckische Geistlichkeit das Ihre bei. Sie war zwar zum grösseren Teil konservativ, mied jedoch nach Möglichkeit die Konfrontation mit dem Staat, im Unterschied zu gewissen Klerikern im Berner Jura.

Ein Thema, welches immer wieder für Unruhe sorgte, war die Wahl der Pfarrer. Bis 1872 war sie anders geregelt als im reformierten Kantonsteil, wo die Gemeinden die Pfarrer wählten. Im Birseck wurden diese, nach vorangegangener Prüfung durch eine Regierungskommission, vom Bischof eingesetzt und durch die Regierung bestätigt. Über Jahrzehnte blieb die Pfarrwahl auf dem Tapet, und jedes Mal verlangte zumindest der grössere Teil der Birsecker Bevölkerung und auch der Gemeinden das Recht, ihre Pfarrer selbst zu wählen. Akut wurde die Frage bereits im Jahre 1834, als in Oberwil und in Allschwil die Pfarrstellen neu zu besetzen waren. In beiden Orten stellten

**Zentraler Brunnen auf dem Friedhof von Liestal**

20. Jahrhunderts brach die alte sakrale Einheit des Kirchhofes auseinander. Der alte Kirchhof – Friedhof ist erst eine späte Bezeichnung – war um die Kirche herum angelegt und seinerseits von einer Mauer eingeschlossen. Er bildete so einen heiligen Bezirk, der die jenseitige Welt repräsentierte; die Kirche stand darin unübersehbar als Zentrum und als Orientierungspunkt. Es waren dann die Mediziner, welche in der zweiten Hälfte des 19. Jahrhunderts aus hygienischen Gründen die Verlegung der Begräbnisplätze ausserhalb der Dörfer propagierten. Die Ausdünstungen der Leichen konnten angeblich die Gesundheit in den Dörfern gefährden.

Diese Vorstellungen flossen auch in die kantonale Sanitätsgesetzgebung ein, und in den meisten Gemeinden fand eine Verlegung statt. Die neuen Begräbnisplätze waren nun nicht mehr Kirchhöfe, sie hatten den Charakter von zweckmässigen Entsorgungsstätten. Gottesacker war der Name, welcher sich dafür zuerst einbürgerte und erst später wurde die Bezeichnung Friedhof üblich. Doch ihnen fehlte nun die Kirche als Zentrum und damit auch ein Ort, welcher augenfällig eine Perspektive über den Tod hinaus repräsentierte. Was konnte die Kirche in dieser Rolle ersetzen? Die Antworten auf diese Frage wandelten sich im Verlaufe der Zeit. Aus praktischen

**Eingang in den Kirchhof von Sissach**

**Übergabe der Gemeinde Oberwil**
*an die Truppen von Basel-Landschaft am 3. August 1835.*
*Eine umstrittene Pfarrwahl stellte den neuen Kanton in den Jahren 1834 und 1835 auf eine Belastungsprobe. Die Gemeinde Oberwil weigerte sich, den von Bischof und Regierung eingesetzten Pfarrer anzunehmen. Nach blutigen Auseinandersetzungen liess die Regierung die Gemeinde militärisch besetzen. Die Anführer wurden hart bestraft.*

sich Gemeindebehörden mit der Mehrheit ihrer Gemeinden gegen die von Bischof und Regierung eingesetzten Geistlichen liberaler Observanz. In Oberwil führte der Streit zum Totschlag an zwei Landjägern und schliesslich zur militärischen Besetzung der Gemeinde. Interessanterweise verlief hier die Konfliktlinie nicht zwischen Regierung und Bischof, sondern zwischen Bischof, Regierung und einer liberalen Minderheit im Dorf auf der einen und einer konservativen Mehrheit im Dorf auf der andern Seite. Zugrunde lag der epochale Richtungsstreit zwischen einem liberalen bürgerlichen und einem traditionalen ländlichen Katholizismus, wobei es allerdings nicht einer gewissen Ironie entbehrt, dass sich der Bischof diesmal auf der Seite der Liberalen fand. Auch im Birseck geriet die Kirche unter liberalen Modernisierungsdruck, etwa wenn in den 1850er und 1860er Jahren von Seiten der Diözesanstände die Reduktion der Feiertage gefordert und durchgesetzt wurde. Zuweilen fanden liberale Postulate auch bei vereinzelten Geistlichen Gehör, beispielsweise beim ersten Liestaler und späteren Pfeffinger Pfarrer

Gründen wurden früher oder später Abdankungshallen gebaut, welche jedoch schon von der architektonischen Gestalt her nicht mit Kirchen vergleichbar waren. Es waren Bauten im klassizistischen Stil oder moderne Zweckbauten, welche der religiösen Pluralität der Gesellschaft Rechnung trugen und kein konkretes religiöses Bekenntnis repräsentierten. Später begann man den Friedhof als Naturpark zu gestalten und fand im Bild des Werdens und Vergehens in der Natur eine Deutung des Todes, die nicht im engeren Sinne religiös war. Dann wieder wurden Brunnen zu einer beliebten Zierde von kommunalen Friedhöfen, sprudelnde Wasserquellen inmitten der Toten. Neben dem Natursymbol des Wassers stellte das von Menschenhand gestaltete Brunnenbecken auch ein kulturelles Sinnangebot dar. Seit den 1950er Jahren wurden wieder vermehrt Künstler als Vermittler von Sinnstiftung in Anspruch genommen und man liess sie zentrale Skulpturen schaffen, welche für den modernen Menschen gültige Deutungen geben konnten. Alle diese Versuche konnten aber die Kirche nicht ersetzen, das Zentrum blieb verwaist. In gewisser Weise ist die Bedeutung der Kirche auf das einzelne Grab übergegangen. Durch dessen Gestaltung und Pflege ist die Sinnstiftung und Sinnfindung in den Bereich des

Johann Jacob Weber. Gegen das letzte Drittel des 19. Jahrhunderts hin passte sich allerdings der Klerus zunehmend geschlossen dem härteren antimodernistischen Druck Roms an. Innerhalb der Gemeinden war der konservativ-liberale Gegensatz häufig vermischt mit anderen dörflichen Parteiungen.

Der Konflikt zwischen katholischer Kirche und liberalem Staat spitzte sich im Kulturkampf der 1870er und 1880er Jahre zu. Vorerst war wiederum die Pfarrwahlfrage aktuell. Der Landrat verabschiedete 1871 ein Gesetz, welches die Wahl sowie die periodische Wiederwahl aller Pfarrer, auch der katholischen im Birseck, durch die Gemeinden vorschrieb. Nicht zuletzt auf Druck der bischöflichen Kurie mochte nun der Grossteil der birseckischen Katholiken nichts mehr von ihrer alten Forderung nach der Gemeindewahl wissen. In der Volksabstimmung vom Mai 1872 stimmten sie in der Mehrheit dagegen, wurden jedoch vom übrigen Kanton überstimmt. Im Streit um die päpstliche Unfehlbarkeit erklärte Ende Januar 1873 dann auch der Kanton Basel-Landschaft, zusammen mit den meisten andern Diözesanständen, die Absetzung des romtreuen Bischofs Lachat und verbot den Geistlichen jeden weiteren amtlichen Verkehr mit ihm. Zu einem spektakulären Kräftemessen zwischen liberalen und konservativen Katholiken geriet der Arlesheimer Tag vom 20. April 1873, von den Liberalen als Demonstration ihrer Stärke geplant und von den Konservativen mit einer massiven Gegendemonstration gestört. Ein kantonales Truppenaufgebot wurde notwendig, um die beiden Streitparteien auseinander zu halten. In seiner Mehrheit zeigte sich das Birseck konservativ, und der Kulturkampf verlief hier, nicht zuletzt dank einer behutsamen Politik der Regierung, vergleichsweise gemässigt. In einzelnen Gemeinden allerdings tobten die Leidenschaften. Am wildesten ging es in Pfeffingen zu, wo Pfarrer Fridolin Schmidlin jahrelang unter liberalem Beschuss stand, jedoch seine Position schliesslich behauptete.

Die sichtbarsten Spuren hinterliess der Kulturkampf in Allschwil, einer Hochburg des liberalen Katholizismus. Hier nutzte die Gemeinde im Jahre 1877 das neue Wahlrecht, verweigerte Pfarrer Peter Wildi die Wiederwahl

**Bischof Eugène Lachat**
*An seiner Person entzündete sich der Kulturkampf in den Kantonen des Bistums Basel. Er wurde von den zuständigen Kantonsbehörden abgesetzt.*

Individuellen übergegangen. Das Allgemeinverbindliche blieb die Friedhofordnung, eine Festschreibung des kleinsten gemeinsamen Nenners. So wurde die Geschichte des Friedhofes ein Spiegelbild der Individualisierung nicht nur des Todes, sondern auch der Religion.[1]

**Die Anfänge der katholischen Diasporagemeinde in Sissach**

Gegen Ende der 1880er Jahre lebten im Bezirk Sissach etwa 760 Katholikinnen und Katholiken. Das waren um die fünf Prozent der ganzen Bevölkerung. Rund ein Drittel davon wohnte in der Gemeinde Sissach und ein weiteres Fünftel in der Gemeinde Gelterkinden. Aus Süddeutschland und der Innerschweiz, aus dem Elsass, aus dem Tirol und aus Italien waren sie im Verlaufe der Jahrzehnte zugezogen: Mägde, Knechte, Handwerker, Bauarbeiter. Kirchlich gehörten sie, wie alle ihre Glaubensgefährten von Pratteln bis ins oberste Baselbiet, zur katholischen Pfarrei Liestal, der ersten Diasporapfarrei des Kantons. Den Grossteil konnte der Liestaler Pfarrer in dem weitläufigen Gebiet seelsorgerisch gar nicht betreuen. Er regte deshalb bei seinen kirchlichen Obern eine Missionsstation Sissach-Gelterkinden an. Vorerst wurde ihm ein Vikar beigestellt.

**Pfarrer Johann Jacob Weber**
*Weber war zuerst katholischer Pfarrer in Allschwil. Nach seinem Weggang wurde er 1835 als erster Pfarrer der Diasporagemeinde Liestal eingesetzt. Später übernahm er die Pfarrei seiner Heimatgemeinde Pfeffingen. Er war ein Liberaler und zeigte sich ausgesprochen regierungstreu.*

und wählte den christkatholisch gesinnten Pfarrer Johannes Schmid. Damit war der letzte Schritt zum bereits zuvor beschlossenen Beitritt zur Christkatholischen Kirche getan. Dies führte nicht nur zu einer heftigen politischen Auseinandersetzung auf kantonaler Ebene um den Besitz am Kirchengut, sondern auch zu erbitterten Streitereien zwischen Römisch-Katholiken und Christkatholiken innerhalb der Gemeinde. Oft verliefen die Gräben quer durch die Familien. Die romtreuen Katholiken sammelten sich in der Römisch-katholischen Kirchgenossenschaft, welche erst 1937 vom Staat als Kirchgemeinde anerkannt wurde.

Viel dramatischer als im Birseck spielte sich der Kulturkampf, wie auch schon frühere Konflikte um die katholische Kirche, im bernischen Laufental ab. Die radikale Berner Regierung enthob hier im März 1873 alle jene Pfarrer, welche den Bischof weiterhin als ihren Vorgesetzten betrachteten, ihres Amtes und verwies sie im Januar des folgenden Jahres gar des Landes. An ihre Stelle setzte sie christkatholische Pfarrer, so genannte «Staatspfarrer», ein, und die Kirchgemeinden samt ihren Mitgliedern wurden der Christkatholischen Kirche der Schweiz zugewiesen. Noch deutlicher als im Birseck lässt sich hier feststellen, wie der religiöse Kampf in den Gemeinden mit der Austragung sozialer und politischer Machtkonflikte einherging. Die zwangsweise Christkatholisierung wurde im Verlauf der Jahre faktisch und schliesslich 1893 auch rechtlich zum grossen Teil rückgängig gemacht. Einzig in Laufen blieb eine christkatholische Gemeinde bestehen.

Im Birseck hatten sich, ausser in Allschwil, die Wogen des Kulturkampfes schon bald gelegt, und auch im Laufental normalisierte sich die Lage mit der Zeit. Die Erfahrungen des Kulturkampfes trugen aber wesentlich zu einem neuen katholischen Selbstverständnis bei. In diesen Zusammenhang zu setzen ist auch die Ausbildung einer katholischen Sondergesellschaft, welche ihre Mitglieder bis über die Mitte des 20. Jahrhunderts hinaus in wichtigen Alltagsbereichen von der protestantischen und modernistischen Umwelt abzuschirmen versuchte.

**Joseph Meyer-Kunz**
*genannt «Cheesmeyer», Sissach*

Damals lebten in Sissach zwei einflussreiche katholische Familien. Auf dem Ebenrain residierte seit 1872 der Elsässer Industrielle Albert Hübner, der wegen seiner sozialen Tätigkeit geachtet war und viel zur Verständigung zwischen den Konfessionen beitrug. Und im Dorf hatte es die Familiensippe der «Cheesmeyer», deren Familienoberhaupt Joseph Meyer etwa 35 Jahre zuvor als Hausierer aus dem Luzerner Hinterland nach Sissach gezogen war, zu einigem Wohlstand und Grundbesitz gebracht. Die beiden Familien trugen mit ihrem Prestige nicht nur viel zur Akzeptanz der geplanten Missionsstation bei, sie unterstützten das Vorhaben auch tatkräftig. Im Erdgeschoss seines neuerstellten Wohnhauses südlich des Bahnhofs richtete Meyer eine Kapelle ein, wo der Liestaler Pfarrer Robert Müller am 1. Februar 1893 erstmals einen katholischen Gottesdienst feiern konnte. Dabei, wie auch in der Folgezeit, nahmen etwa 80 Personen teil, «worunter die Männer nicht fehlen», was Pfarrer Müller in einem Bericht ausdrücklich festhielt und offenbar nicht selbstverständlich war.

Drei Jahre später erhielt Sissach-Gelterkinden vom zuständigen Bischof den Status einer selbständigen Missionspfarrei. Der erste Pfarrer hiess Otto Wiederkehr und stammte aus Künten im aargauischen

## «Katholisch, nicht päpstlich» – Die Christkatholische Kirche

Die Christkatholische Kirche der Schweiz bildete sich im Widerstand gegen das 1870 vom Vatikanischen Konzil verkündete Dogma der Unfehlbarkeit des Papstes. Getragen wurde dieser Widerstand vom Schweizerischen Verein Freisinniger Katholiken. Die Konfrontation spitzte sich zu, als Bischof Lachat von Basel zwei Geistliche exkommunizierte, welche sich der Verkündigung des Dogmas öffentlich widersetzten. Einer davon war der aus Therwil stammende Paulin Gschwind, Pfarrer im solothurnischen Starrkirch. Der Verein Freisinniger Katholiken schritt zur Gründung eigener Gemeinden und verabschiedete schliesslich eine neue Kirchenverfassung, auf deren Grundlage sich 1875 die Christkatholische Kirche der Schweiz konstituierte. Ein Jahr später wählte diese mit Eugen Herzog ihren ersten Bischof.

Die Freisinnigen Katholiken waren auch im katholischen Birseck vertreten. Sie organisierten den Arlesheimer Tag von 1873. In Allschwil wurde bereits 1871 ein altkatholischer Verein gegründet. Und im April 1875, als der römisch-katholische Pfarrer Welti noch immer im Amt war, beschloss die Gemeindeversammlung, die Verfassung der Christkatholischen Kirche der Schweiz anzunehmen und zwei Delegierte in die Nationalsynode zu entsenden. Dies zeigt, wie offen anfänglich die Grenzen zwischen den beiden Strömungen des Katholizismus noch waren. Erst zwei Jahre später, nach der Wahl des christkatholischen Pfarrers Johannes Schmid, nahmen die Beteiligten die Trennung als endgültig wahr. Später bildeten sich im Kanton noch zwei christkatholische Diasporagemeinden, die Kirchgemeinde Birsigtal und die Kirchgemeinde Baselland. Mit der Verfassungsänderung von 1946 und dem Kirchengesetz von 1950 erhielt die Christkatholische Kirche Baselland ebenfalls den Status einer Landeskirche. Heute bekennen sich im Kanton etwas mehr als 1100 Menschen zu ihr.

**Paulin Gschwind aus Therwil**
*Pfarrer in Starrkirch (SO), einer der Begründer der Christkatholischen Kirche der Schweiz*

Reusstal. Die Familie Meyer richtete ihm über dem Gottesdienstlokal eine Wohnung ein und offerierte anlässlich seiner Amtseinsetzung in ihrem Hause ein Festessen für einen kleinen Kreis von auserwählten Gästen. Rechtlich konstituierte sich die Pfarrei als «Römisch-katholische Kirchgenossenschaft Sissach», der alle katholischen Gläubigen ab dem 16. Altersjahr angehörten, wovon die männlichen Mitglieder ab dem 20. Altersjahr stimmberechtigt waren. Zum fünfköpfigen Kirchenvorstand gehörte von Amtes wegen der Pfarrer, und es wundert nicht, dass auch der Sohn des inzwischen verstorbenen Joseph Meyer im Gremium sass.

Pfarrer Wiederkehr und seine Getreuen gingen nun daran, die Pfarrei mit kirchlichem Leben zu füllen. Mit dem sonntäglichen Gottesdienst allein war es nicht mehr getan. Auch jeden Wochentag wurde um sieben Uhr morgens Messe gehalten. Einmal im Monat, wenn ein Kapuziner als Aushilfe zu Gast war, gab es am Sonntagmorgen zusätzlich noch eine Frühmesse. In einer Reihe von Andachten bot der Pfarrer zudem seinen Schäfchen Gelegenheit zu frommer Übung: Am Sonntagnachmittag riefen die Glocken zur Andacht mit Rosenkranz, Litanei, kurzer Ansprache und Segen. Jeden Abend wurde im Monat März eine solche zum Heiligen Joseph gehalten,

**St. Peter und Paul**
*Die christkatholische Kirche in Allschwil*

**Dekan Johann Georg Sütterlin**
*Als Arlesheimer Pfarrer und Dekan des Kapitels Birseck trat er nach den Konflikten des Kulturkampfes für Versöhnung und Verständigung zwischen den Konfessionen ein.*

### Die konfessionelle Durchmischung

Die meisten Gemeinden des Baselbiets galten bis weit ins 19. Jahrhundert hinein als konfessionell geschlossen. Im alten Kantonsteil waren ihre Bewohnerinnen und Bewohner in der Regel reformiert, im ehemals fürstbischöflichen Birseck wie auch im bernischen Laufental katholisch. Noch 1850 gehörten gegen 95 Prozent der Bevölkerung in den katholischen und reformierten Gegenden des Kantons der jeweils dominierenden Konfession an (siehe die Grafiken). Im reformierten Gebiet änderte sich dies bis an die Wende zum 20. Jahrhundert nur geringfügig; noch bekannten sich gegen 90 Prozent zur Mehrheitskonfession. Im katholischen Birseck dagegen waren es mit etwa 80 Prozent schon weniger. In den nächsten drei Jahrzehnten bis 1930 fand hier ein beträchtlicher Wandel statt: Der Anteil der katholischen Bevölkerung reduzierte sich auf weniger als zwei Drittel und ging vor allem nach 1960 weiter zurück auf einen Anteil von bloss noch 43 Prozent im Jahre 1990. In den reformierten Gebieten vollzog sich diese Entwicklung langsamer: Noch 1950 betrug der Anteil der reformierten Bevölkerung 82 Prozent, ging aber dann ebenfalls massiv zurück auf 55 Prozent im Jahre 1990. In den vorwiegend ländlichen Bezirken hielt sich die relative konfessionelle Geschlossenheit noch viel länger als in den stadtnahen Bezirken. In den Bezirken Sissach und Waldenburg war die Bevölkerung 1950 noch zu mehr als 90 Prozent reformiert. Das gilt umgekehrt auch für das damals bernische Laufental, welches 1950 zu über 80 Prozent und noch 1990 zu rund 70 Prozent katholisch war.

Die oben festgestellte konfessionelle Durchmischung war die Folge von Wanderungsbewegungen: Innerhalb des Kantons und aus der Stadt Basel zogen Leute in Gemeinden anderer Konfession. Besonders ins Gewicht fielen aber jene, die im Zuge der Industrialisierung als Arbeitskräfte aus andern Gebieten der Schweiz oder aus dem Ausland ins Baselbiet kamen. Als Folge dieser Zuwanderung stieg der Anteil der katholischen Bevölkerung im gesamten Kanton innert der hundert Jahre von 1880 bis 1980 um

**Pfarrer Otto Wiederkehr**
*Erster katholischer Pfarrer in Sissach*

den Pfarrer Wiederkehr besonders verehrte, im Mai die Maiandacht zu Ehren der Heiligen Maria, im Juni die Herz-Jesu-Andacht, im Oktober die Oktoberandacht, im November eine für die armen Seelen. Die Gottesdienste waren unterschiedlich gut besucht, je nach Witterung, und Pfarrer Wiederkehr wie später auch sein Nachfolger beklagte sich, dass viele Gläubige sich damit begnügten, nur an Festtagen die Gottesdienste zu besuchen.

Der Pfarrer blieb die bestimmende Persönlichkeit. Pfarrer Wiederkehr, wie auch sein Nachfolger Ludwig Büttiker ab 1901, war in einer Person Präsident, Aktuar und Rechnungsführer der Kirchgenossenschaft. Da kein Geld für einen Sigristen vorhanden war, übernahm er auch dessen Aufgaben. Für die Arbeiten, die hierbei anfielen, konnte er sich allerdings auf seine Haushälterin und auf Helferinnen aus der Gemeinde verlassen. Alles zusammen bedeutete für den Pfarrer eine immense Arbeitslast, gab ihm aber auch grosse Einflussmöglichkeiten. Wichtige Entscheide fällte er im Alleingang. So fand nach Januar 1898 sechs Jahre lang keine Kirchgemeindeversammlung statt, da es angeblich keine Traktanden gab. Dabei fiel in diese Zeit nicht nur der Pfarrerwechsel, sondern vor allem der Bau einer neuen Kirche und eines Pfarrhauses.

knapp 80 Prozent an, nämlich von 20 auf 36 Prozent. Danach ging er wieder leicht zurück. Als Folge dieser Umschichtung löste sich die faktische Einheit von politischer Gemeinde und Kirchgemeinde allmählich auf. Und es gab jeweils in den Gemeinden konfessionelle Minderheiten, welche seelsorgerisch betreut werden wollten. Anfänglich geschah dies von den benachbarten katholischen oder reformierten Pfarrämtern aus. An einigen Orten jedoch, wo die konfessionellen Minderheiten einiges Gewicht hatten, gründeten sie eigene Diasporagemeinden. Bereits seit 1835 gab es eine katholische in Liestal, deren frühe Gründung wohl vor allem mit der Position Liestals als Kantonshauptort zu tun hatte. Der dortige Pfarrer betreute die katholische Bevölkerung von Pratteln bis ins oberste Baselbiet. Bis zum Bau einer eigenen Kirche im Jahre 1866 durfte er die reformierte Stadtkirche mitbenutzen. Die erste reformierte Diasporagemeinde entstand in Arlesheim unter dem Patronat des Industriellen August Alioth, der auf seinem eigenen Grundstück eine Kapelle für seine reformierten Schappe-Arbeiter errichten liess. Die Reformierten des katholischen Birsecks erhielten damit ein kirchliches

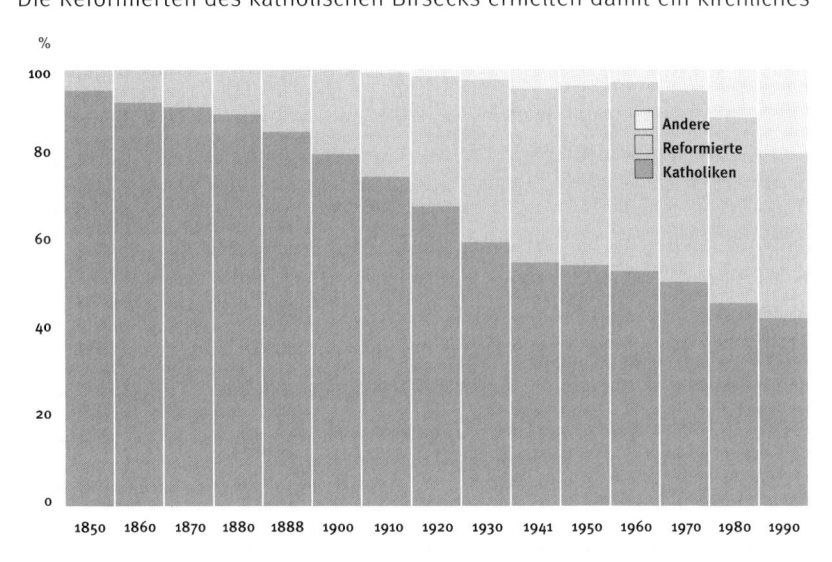

*Grafik*
**Katholisches Gebiet des Kantons**
*Die konfessionelle Verteilung der Bevölkerung 1850 bis 1990. Als katholisches Gebiet gelten die Gemeinden Aesch, Allschwil, Arlesheim, Ettingen, Oberwil, Pfeffingen, Reinach, Schönenbuch und Therwil.*

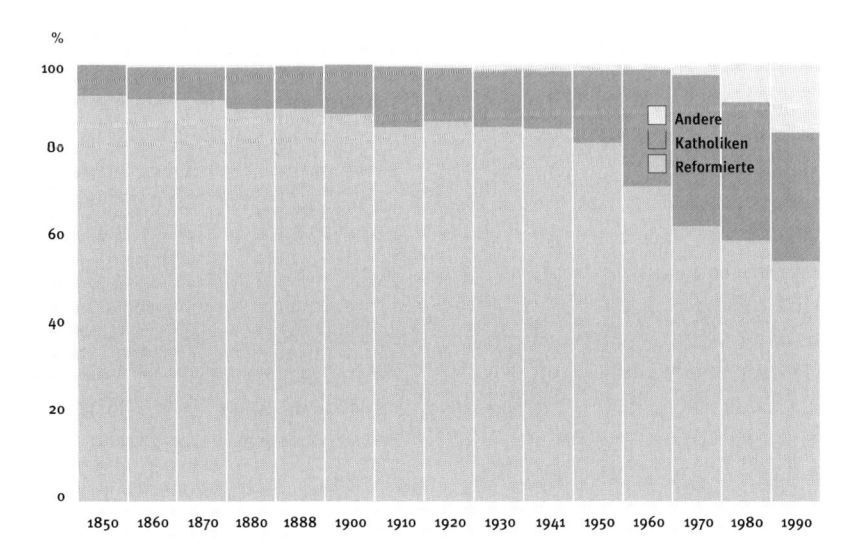

*Grafik*
**Reformiertes Gebiet des Kantons**
*Die konfessionelle Verteilung der Bevölkerung 1850 bis 1990. Als reformiertes Gebiet gilt das übrige Kantonsgebiet in den Grenzen vor 1994. In beiden Gebieten geht das Gewicht der jeweiligen Mehrheitskonfession allmählich zurück, eine zunehmende Durchmischung findet statt.*

Zentrum. 1858 fanden sie die regierungsrätliche Anerkennung als Kirchgemeinde. Weitere reformierte Gemeinden wurden dann 1878 in Allschwil und 1912 für Oberwil und Umgebung gegründet, übrigens die erste Kirchgemeinde im Kanton, welche den Frauen das Stimmrecht gewährte. Finanziell nicht auf sehr sichern Füssen stehend, konnten sie die Unterstützung des Protestantisch-kirchlichen Hilfsvereins beanspruchen. Später entstanden auch in Aesch-Pfeffingen und in Reinach reformierte Kirchgemeinden.

Für die katholischen Gläubigen in den reformierten Gemeinden des untern Baselbietes waren noch lange der Pfarrer in Arlesheim und sein Vikar zuständig. Auf ihre Initiative machte sich im Jahre 1869 eine Gruppe von Katholiken in Birsfelden an den Bau einer eigenen Kirche. Ein Jahr später wurde die «Missionsstation» eingeweiht und als zivilrechtliche Körperschaft ein «Katholischer Verein der Missionsstation Birsfelden-Neuewelt» gegründet. Im Verlaufe der nächsten Jahrzehnte entstanden weitere katholische Diasporagemeinden in Binningen 1890, in Sissach 1893 und in Münchenstein 1907. Der Bau der Kirchen und ihr Unterhalt sowie die Besoldung der Pfarrer erforderten jeweils beträchtliche finanzielle Mittel, welche die neuen Pfarreigenossenschaften von sich aus nicht aufbringen konnten. Sie waren auf Zuwendungen angewiesen. Oft waren es vermögende Gemeindemitglieder, welche sich für die entstehenden Gemeinden finanziell stark engagierten, das Bauland unentgeltlich zur Verfügung stellten und folglich auch bestimmende Positionen in den Gemeinden ausfüllten. Unabdingbar aber war die Unterstützung aus den katholischen Stammlanden, vermittelt vor allem durch die 1863 entstandene «Inländische Mission», welche sich die Förderung der katholischen Diasporagemeinden zum Ziel setzte. Aus der katholischen Innerschweiz und Ostschweiz stammten im Übrigen meist auch die Pfarrer, welche diese Gemeinden betreuten.

Das Zusammenleben mit Frauen und Männern anderer Konfession war für viele eine neue Erfahrung und gestaltete sich nicht immer einfach. Eine zumindest skeptische Distanz war angesagt. Oft war die Distanz auch räum-

Ein grosses Anliegen Pfarrer Wiederkehrs war der Bau einer eigenen Kirche in Sissach. Die Kapelle im Meyerschen Haus genügte den Ansprüchen nicht immer. Er konnte die Unterstützung der Inländischen Mission für den Kirchenbau gewinnen. Er ging auf Betteltour in die katholischen Stammlande und suchte Gönner und Stifter in der Region. Die gewichtigsten Beiträge hier kamen von der Witwe Hübner auf Schloss Ebenrain und von Angehörigen der Cheesmeyer-Familie. Mit Meyers Erben verhandelte er über den Kauf eines Bauplatzes – der Kaufpreis wurde später erlassen –, und beim St. Galler Architekten August Hardegger liess er Pläne für den Kirchenbau ausarbeiten. Beides legte er dem Kirchenvorstand erst vor, als die Hauptsache bereits vorentschieden war. Die Kirchgemeinde wurde, wie erwähnt, überhaupt nie einberufen. Wiederkehr befürchtete, aus ihren Kreisen könnte versucht werden, den Bau zu verhindern. Möglichst schnell erledigte er Planauflage und Ausschreibung der Bauarbeiten. Im Juli 1898 fand die Grundsteinlegung statt. Am 28. Mai 1899 konnte die Kirche, ein später Bau des Historismus mit formalem Bezug auf die Romanik, bereits eingeweiht werden.

lich, indem die Zugewanderten der minoritären Konfession vorwiegend in bestimmten Quartieren lebten. Die katholische Kirche suchte ihre Schäfchen in einem dichten Netz von Vereinen und Organisationen zusammenzuhalten: Bruderschaften, Volksverein, Jünglingsverein, Marianische Jungfrauenkongregation, Mütterverein und viele mehr. Die bedeutendsten katholischen Jugendorganisationen der Schweiz, die Jungwacht und der Blauring, entstanden im Baselbiet; sie gehen auf die Initiative des Birsfelder Pfarrers Krummenacher anfangs der 1930er Jahre zurück. Vereine galten als die «Kerntruppen der Seelsorger»³ und waren ein zentrales Element der so genannten katholischen Sondergesellschaft, die ihre Mitglieder von den Einflüssen der konfessionsfremden Umwelt abzuschirmen versuchte. Die aus den behüteten katholischen Stammlanden kommenden Geistlichen hatten aber nicht selten Mühe, sich in der Diasporasituation zurechtzufinden und die Mentalität ihrer Gläubigen zu verstehen. Oft stiessen sie mit einer aggressiven Polemik, insbesondere in der Frage der Mischehen, ihre reformierte Umgebung vor den Kopf. Kaum weniger provozierend wirkten anfänglich die Fronleichnamsprozessionen, welche seit den 1920er Jahren auch in der Diaspora als Demonstration katholischer Gläubigkeit inszeniert wurden. Eine solche führte in Liestal 1926 zu einer heftigen Pressepolemik. Misstrauische Abwehr prägte so noch lange das Zusammenleben. Sie wich erst im Verlaufe der späten 1960er und der 1970er Jahre einem Geist ökumenischer Verständigung und Zusammenarbeit.

Die konfessionelle Durchmischung betraf nicht nur die Angehörigen der anerkannten Konfessionen. Schon im 19. Jahrhundert wurden in verschiedenen Gemeinden vor allem des reformierten Kantonsteils Freikirchen und Gemeinschaften aktiv, etwa die Chrischona-Gemeinde, die Methodistische Kirche, die Pfingstgemeinden, die Neutäufer oder die Heilsarmee. Die Pfarrer machten schon früh auf diese «Gefahr» aufmerksam. In der Diskussion um die rechtliche Neuordnung des Kirchenwesens beispielsweise wurde in deren Kreis verschiedentlich mit dem «Sektenwesen» argumentiert.

**Die reformierte Kirche Arlesheim**
*erbaut 1912 von den Basler Architekten F. La Roche und A. Staehelin. Arlesheim war die erste reformierte Diasporagemeinde im katholischen Birseck. Bereits seit 1856 stand eine kleine Kapelle im Garten des Industriellen Daniel August Alioth.*

**Die Jungwachtschar in Birsfelden 1932**
*mit ihrem Gründer, Pfarrer Johann Krummenacher, und ihrem ersten Leiter, Lui Communetti. Die katholische Kirche suchte ihre Gläubigen in der Diaspora mit Vereinen und Organisationen an sich zu binden. Mit den Jugendorganisationen Jungwacht und Blauring wurden bereits die Kinder und Jugendlichen in die «katholische Sondergesellschaft» integriert.*

**Nichtchristliche Religionen**

*Menschen jüdischen Glaubens bekamen erst im Jahre 1866 die Niederlassungsfreiheit im Kanton zugestanden. Zuvor lebten nur einige wenige im Baselbiet, und zwar vorwiegend im Bezirk Sissach. Anlässlich der Zählung von 1860 waren es bloss noch vier Personen, eine Folge des restriktiven Judengesetzes von 1851, welches ihnen die Ausübung jeglichen Handels verbot. In den wenigen Jahren von 1866 bis 1870 machten sich etwa 130 Personen und bis 1880 weitere knapp 100 das neue Niederlassungsrecht zu Nutze und liessen sich im Baselbiet nieder, die meisten davon im Bezirk Liestal. In Liestal selbst bildete sich 1871 für einige Jahrzehnte eine eigene jüdische Gemeinde.*

*Nach einem vorübergehenden Rückgang der jüdischen Bevölkerung erfolgte im ersten Jahrzehnt nach der Jahrhundertwende eine erneute Zuwanderung auf rund 230 Personen, und zwar nun vor allem in die stadtnahen Gemeinden des Bezirks Arlesheim. Bis 1960 blieb die jüdische Bevölkerung des Kantons bei der Grössenordnung von rund 200 Personen, danach verdoppelte sie sich bis 1990 auf rund 440 Personen, die nun zum allergrössten Teil im Bezirk Arlesheim leben. Entsprechend ist das Gemeindeleben und der Besuch der Synagoge auf die Stadt Basel ausgerichtet. Der Umstand, dass sie einer Glaubensgemeinschaft angehören, die ihr Zentrum ausserhalb des Kantons hat, ist auch der Grund, dass die Juden in Baselland nicht den Status einer anerkannten öffentlich-rechtlichen Körperschaft geniessen. Ebenfalls in Basel befindet sich der jüdische Friedhof.*

**Der jüdische Friedhof in Hegenheim**

Die einen sahen sie durch die bestehende schwache Organisation, die andern durch geforderte allzu straffe Neuerungen begünstigt. Auch die Dorfgesellschaft war noch nicht gewohnt, mit den «Abweichlern» zusammenzuleben. Die 1889 gegründete Muttenzer Chrischona-Gemeinschaft etwa begleitete anfänglich ihre auswärtigen Prediger mit einer Männereskorte aus dem Dorf, weil sie Überfälle befürchtete. Und wenn ein Mitglied einer Freikirche gestorben war, wurde der Gemeinschaft noch lange die Dorfkirche für den Beerdigungsgottesdienst verweigert. Zahlenmässig fielen diese Gruppen im Ganzen noch nicht ins Gewicht. Aber sie stellten doch eine sehr aktive Minderheit dar, welche sich in der offiziellen Kirche nicht aufgehoben fühlte.

### Religion als individuelles «Patchwork»?

Ab etwa 1970 weisen die Statistiken auf eine neue Entwicklung hin (siehe die Grafiken Seite 99): Der Anteil jener Menschen nimmt rasch zu, welche keiner der beiden grossen Konfessionen angehören. Die Zählung von 1990 weist insgesamt etwa 18 Prozent aus. Etwas mehr sind es im eher urbanen Bezirk Arlesheim, wo diese Tendenz auch schon etwas früher festzustellen ist. Bedeutend kleiner, nämlich bei rund zehn Prozent, ist der Anteil in den Bezirken Sissach, Waldenburg und Laufen. Bis 1996 hat er sich im gesamten Kanton auf etwa 22 Prozent deutlich erhöht. Er umfasst zu einem Teil jene Menschen, welche andern Religionsgemeinschaften, christlichen und nichtchristlichen, angehören. Einen gewichtigen Teil dürften jedoch die Konfessionslosen ausmachen. Es geht jetzt also noch um etwas anderes als um die Durchmischung der Konfessionen: Eine zunehmende Distanz zu den traditionellen Kirchen wird sichtbar. Dabei scheint eine noch bedeutendere Gruppe in diesen Statistiken gar nicht auf: Ein beträchtlicher Teil der Kirchenmitglieder steht der Kirche mehr oder weniger fern und besucht die Gottesdienste kaum. In der Evangelisch-reformierten Kirche Baselland ist dies zurzeit eine Mehrheit von etwa 60 Prozent. Die katholische Kirche

Die Beiträge des geäufneten Baufonds hatten für den Kirchenbau nicht ausgereicht. Ein Bankkredit von Fr. 20 000 wurde notwendig. Die Baselbieter Kantonalbank verweigerte ihn trotz Empfehlung des Sissacher Gemeindepräsidenten. Schliesslich sprang die Kantonalbank von Schwyz ein. Dies ist nur ein Beispiel dafür, wie sehr eine Diasporagemeinde wie Sissach Unterstützung aus den katholischen Stammlanden genoss und auch auf sie angewiesen war. So kam die Inländische Mission gänzlich für die Besoldung des Pfarrers auf und beglich etwa die Hälfte der Kosten für dessen Wohnung. Pfarrer Wiederkehr selbst kam ebenfalls aus einer Gegend der katholischen Stammlande, wie übrigens alle seine Nachfolger bis Ende der 1970er Jahre. Entsprechend hatte er etliche Mühe mit der Diasporasituation, denn er war in der Seelsorge mit einer Mentalität konfrontiert, die er nicht kannte. «Da er vorher in ausschliesslich katholischen Orten pastorierte, war das neue Arbeitsfeld bei den Diasporakatholiken ein bedeutend verschiedenes für den neuen katholischen Seelsorger von Sissach», schrieb er selbst in die Pfarreichronik. «Die Grosszahl der Diasporakatholiken hat nämlich infolge der Einflüsse des Protestantismus ganz eigenthümliche Begriffe von Religion und deren praktische Ausübungen. Selbst bei

vermag ihre Mitglieder noch etwas besser an sich zu binden, doch zeigt sich eine Tendenz zur Angleichung an die Verhältnisse bei den Reformierten.

Der Befund könnte den Eindruck erwecken, die Religion verliere ihre Bedeutung in der modernen Gesellschaft. Dem ist nicht so. Wo es um Sinnfragen geht, ist die Gesellschaft voller Religion. Atheismus ist die Ausnahme. Christliche Grundwerte sind noch immer breit akzeptiert. Doch wie andere Lebensbereiche prägt die Individualisierung zunehmend auch die Einstellung zur Religion. Diese wird immer weniger als etwas von den kirchlichen Institutionen Vorgegebenes erlebt, sondern als Gegenstand individueller Entscheidung. Auf diese Offenheit antwortet eine Minderheit mit dem Rückzug in fundamentalistische Muster. Sehr viele Menschen suchen sich jedoch Inhalt und Ausdrucksform ihrer Religiosität selber aus, bei unterschiedlichen und manchmal sich widersprechenden Überlieferungen. Als «Patchwork» wird diese religiöse Einstellung des Individuums gelegentlich bezeichnet.

Das Verhältnis den Kirchen gegenüber ist paradox. Die Menschen gehen persönlich zunehmend auf Distanz zu ihnen, anerkennen sie jedoch als gesellschaftliche Institutionen, ja stellen sogar ganz bestimmte Erwartungen an sie: Diakonie an schwachen und randständigen Menschen, Orientierungshilfe, Kompensation der Sinnleere, Engagement für soziale Gerechtigkeit und gerechte internationale Entwicklung. Und noch immer werden die Dienstleistungen der Kirchen in wichtigen Lebensetappen gerne beansprucht, etwa bei der Taufe, der Heirat und insbesondere beim Tod. Von den kirchlichen Handlungen der letzten zehn Jahre in der reformierten Kirche Baselland waren einzig die Bestattungen nicht rückläufig. Die Kirchen haben in dieser Situation die Wahl, sich auf einen bekennenden Kern zurückzuziehen oder im Sinne einer Volkskirche gegenüber den unterschiedlichen Ansprüchen offen zu sein.

*Bis 1903 musste die dortige israelitische Gemeinde ihre verstorbenen Mitglieder noch im elsässischen Hegenheim bestatten. Im Jahre 1896 erwarb sie in Bottmingen ein Grundstück zur Errichtung eines Friedhofs. Die Nachbargemeinde Binningen widersetzte sich dem Vorhaben vehement und erreichte schliesslich, dass das Projekt von der Regierung abgelehnt wurde.*

*Zur bedeutendsten nichtchristlichen Religionsgruppe ist in neuester Zeit, seit etwa den 1970er Jahren, die mohammedanische herangewachsen. Es sind, neben einigen wenigen konvertierten Einheimischen, Immigrantinnen und Immigranten vor allem aus dem Balkan und der Türkei und ihre Familien. Im ganzen Kanton zählen sie rund 7000 Personen.*

denjenigen, die noch katholisch sein wollen, steht der religiöse Thermometer ziemlich tief und droht bisweilen bis auf Null herunterzusinken.» Von protestantischer Seite wurde ihm vorgeworfen, «von der Kanzel herab auf die Protestanten herabzuhauen» und das gute Einvernehmen mit den Katholiken zu stören. Und es scheint, dass er sich der verletzenden Wirkung seiner Worte gar nicht bewusst war. Möglicherweise hatte Wiederkehrs frühe Demission im Jahre 1901 mit konfessionellen Spannungen zu tun. Auch seine Nachfolger zeigten sich in konfessionellen Fragen unduldsam und bisweilen aggressiv, etwa wenn sie gegen das «Krebsübel» gemischter Ehen und den damit verbundenen «Abfall vom Glauben» wetterten. Wenn diese Pfarrer, wie übrigens die meisten ihrer Gläubigen auch, aus den katholisch und ländlich geprägten Regionen hierher in die mehrheitlich reformierte und zudem stärker industrialisierte Gesellschaft gerieten, stiessen auch zwei unterschiedliche Kulturen aufeinander. Dabei war zumindest ein Teil der katholischen Basis offenbar eher bereit, sich mit der neuen Umgebung zu arrangieren, und setzte sich über die rigorosen Abgrenzungsgebote ihrer Pfarrer hinweg. Bis die Kirchen zur ökumenischen Begegnung bereit waren, bedurfte es noch einer langen Zeit der Annäherung.[2]

**Lesetipps**

*Die Entwicklung der Evangelisch-reformierten Kirche Baselland von der Staatskirche zur Landeskirche ist dargestellt bei Gauss (1914) und Zeugin (1966). Zum reformierten kirchlichen Leben im 19. Jahrhundert gibt die Arbeit von Christine Burckhardt-Seebass, Konfirmation in Stadt und Landschaft Basel (1975) interessante Einzelheiten.*

*Für die jüngere Geschichte des Katholizismus in der Schweiz aufschlussreich ist Urs Altermatt, Katholizismus und Moderne (1989), sowie, was den Kulturkampf und seine Vorgeschichte betrifft, Peter Stadler, Der Kulturkampf in der Schweiz (1984 und in der ergänzten Neuauflage 1996).*

*Zum Thema konfessionelle Durchmischung geben einige Monographien über Diasporapfarreien gute Einblicke in das religiöse Gemeindeleben, besonders erwähnenswert jene von Josef Baumann über die katholische Pfarrei Liestal (1985) und von Rudolf Gadient über die katholische Gemeinde Sissach (1996). Bettina Hungers originelle Arbeit, Diesseits und Jenseits (1995), zeigt anhand der Säkularisierung des Todes im Baselbiet des 19. und 20. Jahrhunderts einen Aspekt der Geschichte von Religiosität.*

*Zur Geschichte der jüdischen Bevölkerung in Baselbiet ist noch immer Achilles Nordmann (1914) grundlegend.*

*Zum gesellschaftlichen Stellenwert von Religion in der Schweiz um 1990 ist eine sehr lesenswerte Publikation der Ergebnisse einer Nationalfondsstudie erschienen: der von Alfred Dubach und Roland J. Campiche herausgegebene Band: Jede(r) ein Sonderfall? Religion in der Schweiz (1993). Sie wird für das Baselbiet ergänzt und in vielem bestätigt durch die von Jörg Ferkel und Reto Stalder publizierten Resultate einer Repräsentativbefragung der Mitglieder der Evangelisch-reformierten Kirche des Kantons Basel-Landschaft (1996).*

**Abbildungen**

Hans Itin, Läufelfingen; Foto Mikrofilmstelle: S. 87.
Dichtermuseum, Liestal: S. 88.
Gedenkschrift zum 150. Todestag. Pfarrer Markus Lutz Läufelfingen, Liestal 1985: S. 89 oben.
Fotosammlung Schaltenbrand, Laufentaler Museum, Laufen: S. 89 unten.
Mikrofilmstelle: S. 90.
Anna Häfelfinger, Diegten: S. 91 oben.
Markus Christ, Oltingen: S. 91 unten.
Bettina Hunger, Bern: S. 93.
Kantonsmuseum Baselland, Grafische Sammlung, Inv.Nr. KM 1950.81: S. 94.
Zentralbibliothek Luzern: S. 95.
Pfarrhaus Pfeffingen; Foto Mikrofilmstelle: S. 96 oben.
Robert Häfelfinger, Sissach: S. 96 unten.
HBLS: S. 97 oben.
Erich Roth-Ettlin, Leo Zehnder, Allschwil: S. 97 unten.
Hans Georg Sütterlin, Dekan und Ehrendomherr, Liestal 1908: S. 98 oben.
Römisch-katholische Kirchgemeinde, Archiv, Sissach: S. 98 unten.
André Studer, Arlesheim: S. 101 oben.
Birsfelder Museum, Birsfelden, Inv.Nr. C 2.4.6.: S. 101 unten.
Gret Roth-Ettlin, Leo Zehnder, Allschwil: S. 102.
Anne Hoffmann: Grafiken S. 99.
Quelle Statistische Mitteilungen, Eidgenössische Volkszählung 1888, Statistische Quellenwerke der Schweiz.

[A] = Ausschnitt aus Originalvorlage
Reproduktionen durch Mikrofilmstelle.

**Anmerkungen**

1 Gauss 1914, S. 19f.
2 Gauss 1914, S. 15.
3 Pfarrblatt für die Katholiken der Stadt Basel 15. März 1912, zit. bei Gadient 1996, S. 67.

1 Das Ganze nach Hunger 1995.
2 Das Ganze nach Gadient 1996.

# Ländliche Kultur im Wandel

106  LÄNDLICHE KULTUR IM WANDEL

*Bild zum Kapitelanfang*
**Streichquartett Laufen**
*Das 19. Jahrhundert stand im Baselbiet, wie in der ganzen Schweiz, im Zeichen der Vereine. Auf die politisch motivierten Turn- und Schützenvereine der ersten Jahrhunderthälfte folgten bald kulturelle Vereinigungen wie Chöre, Musik- und Theatergesellschaften. Ihr erklärtes Ziel war es, der ländlichen Bevölkerung bürgerliche Bildungswerte zu vermitteln. Den Takt gab die örtliche Lehrer- und Beamtenschaft an. Im Streichquartett Laufen spielte 1902 der Oberrichter die erste Geige, unterstützt vom Lehrer und vom Pfarrer.*

**Puppenwäsche**
*Aus einer Werbebroschüre der Firma Henkel. 1912 wurde die Persilfabrik in Pratteln erbaut. Dank gross angelegter Werbekampagnen nach 1918 wurde Persil bald zum Markenzeichen für Sauberkeit.*

## Wunde Hände und blütenweisse Wäsche

«S'isch nümme wie albe.» Das behaupteten schon die Baselbieter und Baselbieterinnen des 19. Jahrhunderts im Rückblick. In der Tat veränderten sich in dieser Epoche Arbeits- und Lebensformen infolge des industriellen Aufschwungs rascher als zuvor. Sachkultur und Verhaltensmuster entwickelten sich allerdings unterschiedlich schnell, vor allem im Bereich der häuslichen Arbeit. Tiefgreifender als die materiellen Neuerungen war hier der Wandel weiblicher Rollenbilder. Das zeigt ein gewöhnlicher Waschtag in einem Baselbieter Dorf um die Wende zum 20. Jahrhundert.

Die Grosse Wäsche war ein ausserordentliches Ereignis für den Haushalt. Wo Leib- und Bettwäsche nicht sowieso Mangelware waren, sammelten die Frauen im Haus zwei- bis dreimal jährlich die schmutzige Wäsche ein. Am Abend begann die Arbeit. Es galt Holz herbeizuschleppen, den Waschbottich einzuheizen und die Wäsche einzuweichen. In manchen Dörfern wie etwa in Ziefen benutzten die Frauen seit dem 17. Jahrhundert genossenschaftliche Waschhäuser mit Ofen und Schwenktrögen. Sämtliche Arbeitsvorgänge mussten von Hand erledigt werden. Licht gab die Petrollampe, denn elektrische Glühbirnen wurden in Ziefen erst 1903 und in den Waschhäusern nach 1920 installiert. Einen eigenen Wasseranschluss erhielten die Waschhäuser ebenfalls nicht vor 1920. Hausleitungen waren nach 1891 eingerichtet worden. Zum Waschen musste das benötigte Wasser eimerweise aus dem Brunnen geschöpft werden. Aus Asche kochten die Frauen eine Lauge, und bis spät in die Nacht wurden die Kleidungsstücke benetzt, gespült und gewalkt. Als nach 1870 Seife und Soda als Massenprodukt auf den Markt kamen, konnte der Waschvorgang verkürzt werden. Eine weitere Erleichterung brachte das amerikanische Waschbrett mit seinem Blecheinsatz, das sich gegen Ende des Jahrhunderts durchsetzte. Nach wie vor dauerte aber so eine Grosse Wäsche bis zu zwei Tagen. Die Textilien wurden mehrmals gespült, im kalten Wasser ausgewaschen, ausgewrungen, zum Trocknen aufgehängt und gebügelt. Mechanische Hilfen wie Schleudern oder halb-

### Grenzgänger

An schwülen Sommerabenden oder in dunklen Nächten kann es einem passieren, dass man im Wald auf unheimliche Gestalten trifft. Aus Ziefen wird von Soldaten in historischen Kostümen berichtet, in Brislach soll es ein Männchen sein, das markerschütternd schreit, in Schönenbuch ein schwarzer Hund. Es sind die Geister jener Männer, die zu Lebzeiten unerlaubt die Grenzsteine ihrer Grundstücke oder der Gemeinde versetzt haben und die jetzt umherirren und büssen. In solchen Sagen, wie sie aus vielen Baselbieter Gemeinden bekannt sind, wird ein Stück Rechts- und Kulturgeschichte hörbar. Bis 1912 das eidgenössische Grundbuch eingeführt wird, wachen in den Gemeinden die Grenzgerichte oder Gescheide über die Setzung von Grenzsteinen und Lohen. Letzteres sind geheime Grenzzeichen wie Ziegel oder Kieselsteine, welche in bestimmter Anordnung unter dem Grenzstein vergraben werden. Sorgfältig überlieferte Rituale zeichnen die Arbeit der Gescheide aus. Bei der Einsetzung eines neuen Gescheidsrichters wird ein Strohbündel angezündet – zur Erinnerung, dass Grenzfrevler und fehlbare Gescheidsleute nach dem Tode zu «füürige Manne» werden. Dann wird ein feierlicher Schweigeeid geleistet. Die Männer tragen Sonntagskleidung und

automatische Waschmaschinen waren erst von den 1930er Jahren an verfügbar und erschwinglich. Bis ins 20. Jahrhundert hinein bedeutete Waschen harte Arbeit, krumme Rücken und von der Seife ausgelaugte Hände.

Stärker als der technologische Fortschritt wirkte sich aber der gesundheits- und sozialpolitische Wandel auf die Wascharbeit und auf die Frauenrolle aus. Unter dem Einfluss von Naturwissenschaft und Medizin wurde

lüften die Hüte, bevor sie die verborgenen Grenzzeichen aufdecken. Wer Grenzfrevel begeht, muss mit hohen Strafen und sozialer Ächtung rechnen. Die Gescheidsmänner verfügen auch über richterliche Gewalt, welche sie allerdings 1834 an die staatlichen Bezirksrichter abtreten müssen. Die Grenzgerichtsbarkeit wird von der Gemeinde zum Staat verlagert.

Parallel dazu verliert im 19. Jahrhundert ein anderer dörflicher Grenzbrauch, der Bannumgang, an Bedeutung. Diese jährliche Begehung der Gemeindegrenzen besitzt ursprünglich auch eine magisch-religiöse Funktion. Auf dem Bittgang über die Felder werden Segen und Fruchtbarkeit erfleht. In den katholischen Gebieten des Birsecks und des Laufentals bleiben kirchliche Flurprozessionen nach der Reformation weiterhin in Gebrauch, in Laufen etwa in Form des Grossen Umgangs.[1] In der Landschaft Basel hingegen erklärt die städtische Obrigkeit nach der Reformation den Bannumgang zur rein politischen Pflicht: Die Bürger, vor allem die eingesetzten Gescheidsleute, haben alle Jahre am Auffahrtstag die Grenzsteine des Dorfbanns zu untersuchen und darüber Bericht zu erstatten. Im 19. Jahrhundert verläuft ein Bannumgang etwa so: Auf den Ruf der Glocke hin versammeln sich die männlichen Dorfbewohner. Die Gemeinderäte

**Wunde Hände**

*Waschtag in der Waschküche Brunngasse, Reinach 1938. Bei Posamenterinnen half früher oft eine Waschfrau, eine Art Störwäscherin, mit. So musste der Webstuhl nicht allzu lange ruhen. Bis zur Jahrhundertwende vermochten sich Frauen aus fast allen Schichten der Dorfbevölkerung eine solche «Buuchiwäschere» zu leisten. Später konnten dies nur noch besser gestellte Familien. Zusätzlich belastend wirkte sich für die Frauen der Wechsel zur ausserhäuslichen Industriearbeit aus. Unter dem Zeitdiktat der Fabrikuhr musste der Waschtag verkürzt werden. Erwerbstätige Frauen mussten ihre häuslichen Pflichten nun am Abend und frühmorgens erledigen. Die Kleider aus Baumwolle, wie sie seit der Mitte des 19. Jahrhunderts verbreitet getragen wurden, verschmutzten zudem schneller als der früher übliche Leinen- oder Wollstoff.*

«Hygiene» seit dem ausgehenden 19. Jahrhundert zur weiblichen Tugend erklärt. Ärzte wie Lehrerinnen forderten die Frauen auf, für Sauberkeit in Wohnbereich und Kleidung besorgt zu sein. Und die Waschmittel-Werbung versprach 1923 eine «blendend weisse und desinfizierte Wäsche»[1]. Seifenprodukte und Waschmittel brachten zwar eine gewisse Erleichterung. Doch demgegenüber stand der erhöhte Aufwand für eine garantiert saubere und keimfreie Wäsche. Die Grosse Wäsche des 19. Jahrhunderts hatte im Zeichen der vorindustriellen Arbeitsorganisation gestanden. Nun wurde das Waschen zur Bewährungsprobe der einzelnen Hausfrau. Langsam, aber sicher setzte sich das bürgerliche Rollenbild der ordentlichen, sparsamen und reinlichen Hausfrau in den Köpfen der Dorfbewohnerinnen fest. Eine Ziefnerin erinnert sich: «Man war einfach ein wenig drauf, dass man saubere Sachen hatte zum Aufhängen. [...] Man musste schon darauf achten, dass man vor den anderen nicht zurückstand.»[2]

### Flötenkonzert und Weihnachtsbaum

Im 19. Jahrhundert veränderte sich die bäuerlich-handwerkliche Kultur des Baselbiets unter dem Einfluss bürgerlicher Werte und Normen stark. Einen einmaligen Einblick in diese Entwicklung gibt das Tagebuch Arnold Baaders, das er im Alter von 13 Jahren begann. Bis zum Ende seines Studiums 1863 füllte der Gelterkinder Arztsohn drei Bändchen mit Aufzeichnungen über seinen Alltag, über Arbeitserfahrungen, Feste, Schulerlebnisse.[3] Als Arnold Baader 1860 sein Studium der Medizin in Basel begann, wohnte er bereits seit drei Jahren in der Stadt. Doch er schrieb regelmässig nach Hause, wanderte manchmal am Wochenende nach Gelterkinden und half in den Sommerferien mit auf dem elterlichen Landwirtschaftsbetrieb. Die arbeitsfreie Zeit am Abend und am Sonntag verbrachte er dann häufig mit Gleichaltrigen aus dem Dorf. Baader begann in diesen Jahren, sich zunehmend vom dörflichen Verhalten zu distanzieren. Der junge Mann stiess sich an den Sitten seiner Altersgenossen, vor allem an den stetigen Liebeleien. Am Neujahrstag,

**Banntag**
*«Wir pfeifen auf Traditionen und fordern Gleichberechtigung!», meinte 1975 eine Leserbriefschreiberin aus Sissach. Doch der Banntag blieb eine Männersache. Ausnahmen, wie hier eine Liestalerin um 1949, bestätigten die Regel.*

kontrollieren die Vollzähligkeit der einzelnen Gruppen respektive «Rotten», die jungen Männer lassen die Flinten knallen. Nun werden die Bannweglein unter Trommel- und Pfeifenklang abgeschritten, bei den Grenzsteinen steckt man einen frischen Buchenast hin oder lässt die Buben Sprüche ausrufen: «Hier ist der Bannstein. D'Ormalinger hai e kain, si hai en hinder em Ofe, si sollen is tuusigmol ins F... blose!»[2] Begegnen sich gar die Banngänger zweier benachbarter Dörfer, kommt es häufig zu Wort- und Faustgefechten. Beim Bannumgang werden so die äusseren Grenzen der Dorfgemeinschaft symbolisch und handfest bestätigt. Doch diese praktische Bedeutung des Anlasses geht mit der Entwicklung moderner Grenzvermessung und -sicherung verloren. In vielen Gemeinden verzichtet man gegen Ende des 19. Jahrhunderts auf die Bannbegehung. Oft bleibt es beim reinen Festanlass: In Ormalingen etwa gibt es um 1900 alle drei Jahre ein «kleines Festli für die männliche Bevölkerung».

Eine Renaissance kündigt sich erst im beginnenden 20. Jahrhundert an, ausgehend von der Kleinstadt Liestal und von Sissach. Dort sind die Ortsbürger gegenüber den Einwohnern inzwischen zahlenmässig in die Minderheit geraten. Mit der Wiederbelebung des Banntags um 1910 betonen

an dem die konfirmierte Jugend traditionellerweise zu zweit zum Tanz loszog, ging er alleine hin. Und er regte sich auf über die jugendlichen Gelterkinder, die «soffen wie Kälber»: «Die ältern Knaben gehen von einem Wirtshaus zum andern und langweilen sich, die jüngern langweilen sich auch, dito die Töchter in corpore.» Arnold Baader setzte sich deshalb zum Ziel, jene verfeinerte Geselligkeit, die er in der Stadt Basel kennen gelernt hatte, in Gelterkinden einzuführen. Er sorgte dafür, dass auf der Allmend ein Turnplatz erstellt wurde, und amtete als erster Präsident des 1864 gegründeten Turnvereins. Auf dem Tanzboden führte er gymnastische Übungen vor, sein Bruder rezitierte Gedichte. Dem Männer- und Gemischtenchor Gelterkinden brachte er für ein Konzert die Kindersymphonie von Haydn bei. Er selbst führte ein Flötenstück mit Klavierbegleitung auf. Oft endeten diese Veranstaltungen aber in den gewohnt ausgelassenen Tanzabenden und Trinkgelagen. Unwillig kritisierte Baader auch das pathetische Getue des Männerchors und die Unbildung des Publikums, welches sich bei der Aufführung von Schillers ‹Kabale und Liebe› vor allem an den Liebesszenen erfreute.

**Cäcilienchor Ettingen 1894**
*Frauenvereine standen meist im Dienste der Kirche oder der Fürsorge. Ob im Cäcilienchor oder im Frauenhilfsverein, als Präsidenten amteten Männer.*

sie nun ihre ursprünglichen Vorrechte. «Burger ehre die Heimat» lässt 1931 der Kunstmaler Otto Plattner auf die von ihm geschaffene Banntags-Plakette setzen: Auch wenn die Einwohner erstmals mit eingeladen werden, der Banntag bleibt noch lange ein Aufmarsch der Ortsbürger. 1918 machen am Liestaler Banntag die Nicht-Ortsbürger gerade einen Viertel aus, 1968 erst stellen sie etwas mehr als die Hälfte der Mitmarschierenden. In den übrigen Gemeinden wird der Banntag viel später wieder eingeführt, nach dem Zweiten Weltkrieg und vor allem infolge des Wachstums der 1960er Jahre. Vielerorts steht er jetzt im Zeichen der Integration der Nicht-Ortsbürger. Doch anderswo behält der Anlass seine historische Form, seine ausgrenzende Funktion. In Grellingen zum Beispiel veranstalten Einwohner- und Bürgergemeinde heute getrennte Banntage. Und in Liestal legt man grossen Wert auf die Beibehaltung der alten Formen mit Rotten und Flintengeknalle, trotz öffentlicher Proteste seit den 1970er Jahren. Der Brauch wird zur Folklore. Viele andere Gemeinden haben das ursprünglich rein männliche Ritual den veränderten Rollenbildern angepasst und daraus einen Familienausflug gemacht. Die historische Form, entstanden aus der Pflicht der Männer zum «Gemeinwerk», erhält hier eine neue

110  LÄNDLICHE KULTUR IM WANDEL

## Bildungsarbeit

Mit seiner Kritik an der bäuerlichen Kultur stand Arnold Baader nicht allein. In den Dörfern des Baselbiets bemühten sich im 19. Jahrhundert Lehrer, Ärzte und Pfarrer um die Durchsetzung bürgerlicher Bildungsideale und Gesellschaftsformen. Gegenseitig unterstützten und bestätigten sie einander in ihren Zielen. Arnold Baader verkehrte im Doktorhaus in Rothenfluh bei Dr. Christian Rippmann, in dem auch Dr. Schmassmann aus Buckten, ebenso wie die Lehrer und Pfarrer der benachbarten Dörfer, gern gesehener Gast war. Vor allem die Lehrer erwiesen sich als treibende Kraft, wenn es um die Gründung von kulturellen Vereinen ging. In Aesch leitete Franz Anton Meier 1846 den Musik- und Gesangsverein, dessen Vorläufer bereits in den 1830er Jahren von einem Aescher Oberlehrer gegründet worden war. In Buus rief Johann Ulrich Schaub 1873 einen Frauenchor ins Leben. Der erzieherische Impuls dieser Vereinsgründungen, wie er zum Beispiel aus den Statuten des Theatervereins Laufen von 1876 sprach, war unüberhörbar: «Der Zweck der Gesellschaft ist die sittliche Bildung, Belehrung und Aufklärung des Volkes durch Aufführung auserlesener gediegener Theaterstücke.» In der Person Arnold Baaders verkörperten sich die wesentlichen Merkmale solch ländlichen Bildungsbürgertums. Baader stammte aus einer Arztfamilie und gehörte zu der Oberschicht des Dorfes. Er erhielt und vertrat eine klassische Bildung, blieb aber wie viele andere dörfliche Eliten zeitlebens mit einem Fuss in der Landwirtschaft. Typisch war auch die Einrichtung des Hauses von Dr. Rippmann in Rothenfluh: Glasveranda, Springbrunnen und Goldfischteich standen neben Bienenstöcken und Heuschober.

Kritisch beurteilte Arnold Baader den Einfluss ausserdörflicher Moden auf die Kleidung der jungen Frauen. «Das passt doch herrlich zusammen. Ein Mist sammt Zubehör vor oder hinter dem Haus und in demselben eine solche Fee.» Tatsächlich änderte sich die Kleidung der ländlichen Bevölkerung im 19. Jahrhundert stark. Bereits um 1800 hatte sich gegenüber den alten Trachten aus der ständischen Zeit die so genannt französische Art durchge-

**Mangel und Überfluss**
*Die Alltagsnahrung der Baselbieter Bauern und Posamenterinnen war bescheiden. Fleisch stand selten auf dem Tisch, vor allem an Sonntagen oder bei besonderen Anlässen wie einer Hausmetzgete. Dann allerdings wurde der Überfluss gefeiert. Das Bild stammt von einer Hausmetzgete in Lupsingen 1951.*

kulturelle Bedeutung. Doch in Liestal, Sissach, Olsberg und Tecknau markiert der Banntag nach wie vor die alten Grenzen der Dorfgemeinschaft: Frauen werden an den Rand des Umzugs verbannt. Auch die so genannte Fünfte Rotte, eine Gruppe Frauen und Männer unter links-grünem Banner, welche sich Mitte der 1990er Jahre in Liestal gebildet hat, bleibt eine Randerscheinung.

**Formen von Gewalt**
«Wurst heraus, Wurst heraus, / Glück und Heil in diesem Haus! / D'Sau die het e grosse Chopf, / S'git de Jude en Opferstogg; / D' Sau die het gar grossi Ohre, /

D'Jude sel der Teufel hole; / D'Sau die het e grosse Mage, / Gänt is, was mer möge trage; [...] D'Sau die het so chrummi Chnie, / Gämmer e weni vom rothe Wi; / D'Sau, die het es grosses Loch, / Wo me de Jude d'Suppe chocht.»³ So singen die Buben und Mädchen in Ettingen 1860, wenn sie an den Metzgeten um Würste anhalten. Gewalt und Fremdenfeindlichkeit sind prägende Merkmale dörflichen Lebens. Zahlreiche Bräuche enthalten symbolische Gewalthandlungen. Bei Heischebräuchen wie dem Mittfastensingen etwa sparen die jungen Ledigen nicht mit versteckten Drohungen, um ihren Anteil zu erhalten. Und wenn die Knabenschaft dem Hoch-

setzt mit langen Hosen für die Männer und einteiligen langen Röcken für die Frauen. Schwalbenschwanz-Frack, Krinoline, Zylinder, Stiefel, Spitzenhaube – die Nähe der Stadt und der aus der Fremde heimgekehrten «Herrenschneider» machte sich immer stärker bemerkbar. In der Kleidung widerspiegelte sich der wirtschaftliche und soziale Wandel. Leinenstoffe waren seit Jahrhunderten in Eigenproduktion aus Flachs hergestellt worden. Dessen Anbau und Verarbeitung oblag den Frauen, zum Teil auch Leinenwebern und Färbern. Um 1830 herum verbreiteten sich zunehmend industriell produzierte und bedruckte Baumwollstoffe, die Indiennes. Mehr und mehr übernahmen Schneider und Schneiderinnen die Herstellung von Kleidern. Nach 1860 entstanden so genannte Ellenwarengeschäfte, wie man die Stoffläden nannte. In Gelterkinden selbst konnte man seit 1866 im Warenhaus Jung auch Kleider ab der Stange kaufen. In den stärker bäuerlichen Dörfern des unteren Kantonsteils hielten die Frauen länger am alten Woll- und Leinenstoff fest als die Heimposamenterinnen im oberen Baselbiet, welche rascher von der aufwendigen Selbstversorgung abkamen. Solche Veränderungen kommentierte Arnold Baader in seinen Tagebucheinträgen mit einem tüchtigen Schuss Zivilisationskritik. Schuld an der Verderbnis der «guten, einfachen Sitten» seien die «Welschlandtöchter» und die Fabrikarbeiter. Baaders Idealisierung des alten bäuerlichen Lebens zielte so zugleich auf dessen Konservierung. Durch bürgerliche Erziehung wollte er die ländliche Gesellschaft verfeinern und gleichzeitig vor den schädlichen Einflüssen der industriellen Moderne bewahren. Diese Einstellung teilten viele städtische Bürger im ausgehenden 19. Jahrhundert, auch in anderen Gebieten der Schweiz. Wirtschaftlicher Wandel und soziale Mobilität hatten traditionelle Bräuche zum Verschwinden gebracht, zu einer Vermischung von ländlich-bäuerlicher und bürgerlich-städtischer Kultur geführt. Gleichzeitig begannen aber Einzelne mit der Wiederentdeckung überlebter Brauchformen.

**Feste feiern**

*Der kulturelle Wandel der dörflichen Gesellschaft vollzog sich im 19. Jahrhundert eher als langsamer Übergang denn als Bruch. Obwohl sie seit den 1850er Jahren zum Teil amtlicher Bewilligung unterlagen, lebten zahlreiche Formen von Heisch- und Lärmbräuchen weiter. Doch typische Bräuche gerieten bei Pfarrern und Lehrern zunehmend in Misskredit: als versteckte Bettelei oder rohe Bubenstreiche. Immer stärker konkurrenzierten bürgerliches Familiendenken und staatliche Sozialpolitik die dörflichen Bräuche. Am Heiligen Abend lärmten in vielen Oberbaselbieter Dörfern die «Nüünichlingler» durch die Gassen. Bereits 1855 aber begann der örtliche Frauenverein Gelterkinden an Weihnachten bedürftigen Kindern Kleidungsstücke und Zuckerzeug zu verteilen. In vielen Familien hatte der traditionelle «Göttiweggen» an Neujahr der häuslichen Bescherung Platz gemacht. Und in immer mehr Stuben glänzte am Ende des Jahrhunderts ein Weihnachtsbaum, wie er seit den 1820er Jahren bei den wohlhabenderen Familien in der Stadt aufgekommen war.*

zeitspaar ein Seil über den Weg spannt, bestätigt sie ihre Rolle als Wächterin über die Geschlechterbeziehungen. Kiltgänger aus anderen Gemeinden, die möglicherweise eine Braut wegheiraten könnten, werden von den Burschen in den Dorfbrunnen geworfen. Auch beim Dreschen gibt es mehr oder weniger handfeste Spässe, bei denen Neulinge «den Meister gezeigt bekommen». Solche Formen symbolischer Gewalt sind Teil einer dörflichen Konfliktkultur. Sie dienen dazu, soziale Spannungen im Innern zu regulieren und das Dorf gegen Aussen, das heisst gegen Fremde und gegen die Obrigkeit, abzugrenzen. Doch diese «Selbstjustiz» erhält im 19. Jahrhundert Konkurrenz. Der basellandschaftliche Staat baut sein Gerichts- und Polizeiwesen aus. Es dauert allerdings lange, bis aus dem neuerstellten «Landes-Polizei-Corps» von 1832 dann gegen 1900 eine geordnete und anerkannte Institution entsteht.[4] Zu Beginn werden die Landjäger hauptsächlich an den Grenzübergängen des jungen Kantons eingesetzt, zur Kontrolle und Abwehr von Heimatlosen und Fremden. Später baut der Staat dann das Netz der Posten im Innern aus. Als Vertreter staatlicher Gewalt verkörpern die Polizisten im Dorf eine umstrittene Autorität. Oft sind sie selbst nicht gerade zimperlich, wenn es um den Einsatz von Gewalt geht.

**Stadt und Land**

*Diese Skizze fertigte der Laienhistoriker Emil Kräuliger 1932 nach dem Original eines Ölgemäldes von zirka 1800 an. Die weisse Haube und die «Kutte» kennzeichnen die Frau als Laufnerin, das heisst als Städterin. Die Bauernfrauen aus der Vorstadt Laufen trugen eine so genannte «Juppe».*

**Mode um 1950**

*In der Kleidermode widerspiegeln sich sozialer Wandel und kulturelle Selbstbilder. Der Knabe trägt einen modernen «Pull-over». Die «Drächtli» der Mädchen aber repräsentieren traditionelle Frauenkleider und -bilder.*

## Brauchtum und Identität

Vieles, was als typisch baselbieterisch gilt, hat in der heutigen Form eine kurze Geschichte. 1891 fand in Liestal die kantonale Gewerbeausstellung statt. «Um dem Ganzen einen spezifisch baselbieterischen Anstrich zu geben», so die Komiteemitglieder, sollten die Kellnerinnen «in der alten Baselbietertracht servieren».[4] Nun waren solche aber kaum mehr zu finden und schliesslich musste man eine etwas modernisierte Version aus Bad Schauenburg ausleihen. Schon um 1870 waren Trachten aus dem Alltag der Baselbieter Dörfer verschwunden, man sah sie höchstens noch an Fasnachtsveranstaltungen. Für das gesamtschweizerische Trachtenfest von 1925 durchstreiften Männer das ganze Oberbaselbiet, um Trachtenteile aus den Truhen zusammenzutragen. Die erste Trachtengruppe des Baselbiets entstand 1926 in Sissach, bald folgten andere Gemeinden nach. 1932 erschien in Liestal eine Broschüre mit Anleitungen zur Neuanfertigung der «Baselbietertracht». Nach historischen Vorlagen wurde eine Sommertracht kreiert, wurden leichtere Stoffe und neue Farben gewählt. Anstelle der früheren regionalen Vielfalt präsentierte man aber die neue Tracht als einheitliches Wahrzeichen des ganzen Kantons, unterschieden wurde bloss zwischen Birsecker und Baselbieter Tracht. Auch im Laufental bestimmte die 1936 gegründete Trachtenvereinigung, die alte städtische Tracht gelte für alle Gemeinden des Tals. Präsident war hier Joseph Gerster-Roth, ein einflussreicher Fabrikbesitzer und Lokalpolitiker. Ihren Höhepunkt fand die Trachtenbewegung an der eidgenössischen Landesausstellung von 1939. Die Baselbieter Tracht gehörte nun, zusammen mit Chienbesen, «Chirsi» und Posamenterei, zum öffentlich vorgeführten Selbstbild des Baselbiets. Ob an der schweizerischen Ausstellung für Frauenarbeit 1928, dem eidgenössischen Trachtenfest 1951 in Luzern oder an der OLMA 1982: Das so genannt traditionelle Brauchtum war zum unverzichtbaren Markenzeichen des Kantons geworden.[5] Wie auch in anderen Kantonen war dieses Bild ländlich-bäuerlicher Identität im Grunde eine Erfindung «von oben». Es

1836 wird Landjäger Dill aus Langenbruck gerichtlich verurteilt. Schon zu mehreren Malen hat er brutal auf Verfolgte eingeschlagen. In Waldenburg muss sich im selben Jahr Landjäger Kaiser wegen Trunkenheit und wiederholter Verleumdung verantworten und Landjäger Gürtler ist des Diebstahls angeklagt. «Rappörtlerei» und «Geldhascherei» der Polizei werden von der Bevölkerung oft beklagt. Das hat seinen Grund: Bis 1890 haben die Polizisten das Recht auf eine so genannte Anzeigegebühr, die 20 Prozent des nicht zu satten Lohnes ausmachen kann. Von Gesetzes wegen überwachen sie immer mehr Bereiche des dörflichen Lebens. Dem Landjäger obliegt die Aufsicht über den Markt und die Gant, er muss an Veranstaltungen wie dem Sissacher Turnfest von 1885 präsent sein und auf Nachtpatrouille durch die Wirtshäuser ziehen. Daneben kontrolliert er Jagd-, Fisch- und Holzrechte, die Einhaltung von Feuerverboten und Patentregelungen. Er schreitet auch ein gegen Brauchformen wie das Schiessen und das Seilspannen bei Hochzeiten. Beides ist seit den 1850er Jahren gesetzlich eingeschränkt worden. Der Ausbau des Polizeiwesens soll dem Staat das Monopol über den Einsatz von Gewalt und über die Kontrolle von Normen sichern. Doch die polizeiliche Autorität wird auch von unten,

LÄNDLICHE KULTUR IM WANDEL   113

**Alte und neue Kleider**

*Das Aquarell von M. Oser zeigt einen Hochzeitszug in Maisprach anno 1823. Sichtbar wird der Wandel der Kleidung. Die Männer tragen noch nicht alle lange Hosen, dafür aber ausnahmslos Zylinder. Beide Kleidungsstücke waren ursprünglich revolutionäre Symbole, geschaffen als Gegenstück zum aristokratischen Dreispitz und den Kniehosen. Hier scheinen sie bereits zur Sonntagskleidung zu gehören. Die männlichen Zuschauer am Rande tragen Werktagskleidung, wie sie noch bis ins frühe 20. Jahrhundert hinein bestehen blieb: ein «Wältsch-» oder «Blauhemmli» und Zipfelkappe.*

entsprang dem Versuch gebildeter Kreise, die sich rasch wandelnde Kultur der bäuerlichen Bevölkerung zu verschriftlichen und als «Tradition» zu fixieren. Erste Bemühungen sind schon aus der Mitte des 19. Jahrhunderts überliefert. Vor allem die Dorfschullehrer wurden aktiv als Heimatkundler. 1862 fasste die in Sissach tagende Schullehrerkonferenz den Beschluss, jeder Lehrer solle für die schweizerische Schulausstellung vom nächsten Jahr «eine geschichtliche und ortsbeschreibende Heimatkunde» ausarbeiten.[6] Die Lehrer hatten in Natur, Geschichte und Lebensweise des Dorfes zu fahnden nach bürgerlichen Idealen wie «geistige und gemütliche Richtung, Spracheigentümlichkeiten, Vereinsleben, Spiele, Sinn für Gesang und Musik, Blumen und Gartenliebhabereien, Sparsamkeit, Zeitungen und Bücher, Einfluss von Kirche und Schule, Hilfeleistungen und Gemeinnützigkeit». Angestrebt wurde eine Art kulturhistorische Dokumentation des Fortschritts, ein Vergleich der «alten Sitten» mit den Errungenschaften der Gegenwart.

von der Bevölkerung selbst gestützt. Die Dorfbewohner und Dorfbewohnerinnen schalten den Landjäger dort ein, wo ihre eigenen Möglichkeiten zur Konfliktregelung versagen. Im 19. Jahrhundert geschieht das vor allem zur Abwehr der ungeliebten Fremden. In Gelterkinden etwa bemüht sich der Gemeindepräsident 1853 darum, dass die Gemeinde einen eigenen Landjägerposten erhält. Man zähle viele fremde Leute im Dorf, Reisende von der nahen Durchgangsstrasse, Fabrikarbeiter aus der umliegenden Industrie und «viele Vagabunden, Landstreicher, Diebe und Bettler». Da die staatlichen Behörden aus Kostengründen abwinken, setzt die Gemeinde 1855 einen eigenen Ortspolizisten ein. 1879 dann wird der Posten Gelterkinden bemannt. Die Zusammenarbeit mit der Bevölkerung gleicht einem ständigen Kräftemessen. Wenn es darum geht, einen «Vaganten» zu verhaften, packen Dorfbewohner gerne mit an. Oft geben auch sie dem Landjäger die entscheidenden Hinweise. Doch kaum überschreitet dieser seine Gewaltbefugnis, etwa wenn er allzu heftig auf einen Verhafteten einprügelt, protestiert der Gemeindepräsident beim Statthalter.

BAND FÜNF / KAPITEL 7

LÄNDLICHE KULTUR IM WANDEL

**Prattler Fasnacht im Wandel**
*Der «Böögg» geht auf das alte Ritual des Winterverbrennens zurück. Der Umritt mit Ross und Reiter aber ist 1931 vom Zürcher Sechseläuten übernommen worden. Zum Personal des «Butz» gehören im 19. Jahrhundert nebst der Knabenschaft auch Anleihen aus bürgerlich-städtischer Kultur: der antike Bacchus, der neuzeitliche Doktor und der Wilde Mann aus Basel. Die «Hornbuebe» hingegen entsprechen noch weitgehend der alten dörflichen Brauchform.*

## Vereinskultur

Parallel zu dieser Identitäts-Schaffung durch Wissenschaft, Schule und Literatur veränderten sich die Bräuche im ausgehenden 19. Jahrhundert auch infolge des sozialen Wandels. Die «Chnaabe», Gruppen lediger Jünglinge, verloren als dörfliches Sanktionsorgan an Bedeutung; für Disziplin sorgten jetzt Behörden und Lehrer. Vor allem aber die Vereine entwickelten sich zu den dominanten Akteuren im ländlichen Kulturleben. Ob Turner, Sänger oder Musikanten, jeder Verein lud ein zu Tanz, zu Konzert und zu Theaterabenden. Gespielt wurden vaterländische Geschichtsbilder, in Langenbruck 1904 bis 1908 etwa ‹Die Sonderbundsbraut› oder ‹Graf Rudolf von Werdenberg›. Hoch im Kurs standen auch Schillers ‹Wilhelm Tell› oder ‹Die Räuber›, in Konkurrenz mit Possen und Rührstücken. Vorläufer dieser kulturellen Vereinigungen waren die Gesangs- und Schützenvereine gewesen. Sie spielten seit dem frühen 19. Jahrhundert eine wichtige Rolle als Träger des neuen Staates. Gesangs-, Schützen- und Turnerfeste standen denn auch immer im Zeichen kantonaler oder nationaler Verbundenheit. Mit den Vereinen entstanden neue Formen der Geselligkeit und des Fests. Die zahlreichen Sängerfahrten, Vereinsausflüge und -abende traten neben ältere Festbräuche wie etwa die Tanzveranstaltungen an Auffahrt oder Neujahr. Viele bäuerliche Bräuche, die ihre ursprüngliche Funktion verloren hatten, überlebten dank der Vereinsaktivitäten. Die Turner von Sissach verübten um 1900 Nachtbubenstreiche, der Rickenbacher Männerchor veranstaltete 1880 an Nachostern den Eierleset. Solche Verhaltensweisen waren jedoch immer weniger lebendiger Teil einer sich wandelnden Kultur. Wo sie ihre bisherige soziale Funktion verloren hatten, als so genannte «Tradition» aber in unveränderter Form beibehalten wurden, gerannen sie bald zum folkloristischen Schau-Brauchtum.

**Liebe auf dem Lande**
«Aus dem täglichen Besuche der von der Mutter her verwandten Familie Freivogel im Rössli dahier […]; aus gemeinsamen Spielen etc. lernte ich die Tochter Rosina kennen und gewann solche Neigung zu ihr, dass sich das erste Gefühl der uneigennützigen Liebe in meiner Brust regte, zumal ich aus Blicken, Gruss und Rede auf Gegenliebe schliessen konnte. Ihre Besuche bei uns im Laden, die Schule wo wir einander gegenüber sassen, sie nach mir, ich nach ihr blickte und die Gelegenheiten die wir suchten uns zu treffen, meine abendlichen Spaziergänge bei ihrem Garten vorbei, wo sie im Gartenhäuslein von Haselgesträuch nach Feierabend sich aufhielt, die mir zugewinkten Grüsse und meine Gegengrüsse. Das gesuchte Zusammentreffen beim Kirchgange, alles dies nährte meine jugendlichen Träume der Zukunft. Ich fand in ihr das Wesen, mit dem ich sympathisch verbunden war, von dem Hölty dichtete: ‹Beglückt beglückt er die Geliebte findet, die seiner Jugendträum begrüsst: wo Arm um Arm, und Geist um Geist sich windet, und Seel in Seele sich ergiesst.› Sie war auch meiner tiefsten Sympathie werth, ihr sanftes Gemüth, die liebewekenden Gesichtszüge, das milde blau Auge, die raben schwarzen Haare, die sanfte Sprache und der schlanke gra-

## Stadt und Land

Immer stärker machte sich auch der Einfluss der Stadt auf die ländlichen Brauchformen bemerkbar. In Läufelfingen zogen zwar noch in den 1940er Jahren traditionelle Fasnachtsgestalten wie «Wäibelwyb» und «Straumaa» umher. Doch in Liestal gab es bereits 1880 einen Morgenstreich und in Allschwil 1904 Schnitzelbänke und Fasnachtszeitungen. Umgekehrt wurden einzelne traditionell anmutende Bräuche im 20. Jahrhundert neu erfunden. Die eindrucksvollen Feuerwagen beim Chienbesen-Umzug in Liestal zum Beispiel datieren aus den frühen 1930er Jahren, die Sissacher «Chluuriverbrennig» von 1933. In den Jahrzehnten vor und nach dem Zweiten Weltkrieg erhielt «Folklore» erneut Auftrieb, unter anderem angeregt durch die Frage der Wiedervereinigung. 1938 präsentierte der Heimatbund Selbständiges Baselbiet im Festzug dekorierte Mähmaschinen, Trachten- und Banntagsgruppen. Auch in den 1960er Jahren bedienten sich Befürworter eines selbstbewussten Baselbiets solcher Brauchtumssymbolik.[7] Die Bewegung Selbständiges Baselbiet sprach in ihrer Abstimmungskampagne zur Wiedervereinigung zwar nicht mehr von «Heimat», doch sie nutzte weiterhin entsprechende Symbole. Man sang das Baselbieter Lied, hisste Fahnen, verkaufte Bauernbrot oder brannte Höhenfeuer ab. Um dieselbe Zeit tauchte auch das Wort von der «Bauernfasnacht» auf. In Sissach erschien 1961 das seit Jahrzehnten verpönte «Hutzgüri» wieder, um dem «fasnächtlichen Allerweltsbetrieb die alte einfache und urchige Baselbieter Dorffasnacht» entgegenzustellen. Dabei handelte es sich nicht nur um eine Identitätssuche der Bewohner und Bewohnerinnen stadtnaher Gemeinden. Die Wurzeln dieser Folklorebewegung lagen im Oberbaselbiet des frühen 20. Jahrhunderts. Im unteren Kantonsteil gewann sie erst später an Bedeutung, durch das rasante Wachstum der Nachkriegszeit. Mit dem Rückgriff auf vereinzelte bäuerliche Brauchformen, gereinigt von Blut und Schweiss, schufen sich Teile der modernen Baselbieter Gesellschaft eine eigene Identität – in Abgrenzung zur Stadt.

**Hutzgüri**

*Am Tag nach Aschermittwoch geht in Sissach das «Hutzgüri» um, begleitet vom «Schärmuuser», dem «Vehdokter» und den «Wäibelwybern».*
*Diese alte Heischegestalt war im 20. Jahrhundert von modernen, städtischen Fasnachtsformen verdrängt worden. Man kannte sie nur noch als Tadelwort für unordentlich gekleidete Frauen: «Du chunnsch jo derhäär wie nes Hutzgüri». 1961 zog erstmals wieder eine Gruppe los. 1962 protestierten aber die Behörden, als Walter Eglin auf einem Wandmosaik beim Schulhaus das «Hutzgüri» abbildete: «In die Schule gehört kein Fasnachtsbild.»*

ziöse Wuchs mussten die Liebe wecken.»[5] Friedrich Aenishänslin aus Gelterkinden erinnert sich 1885 an seine erste Liebe. Was er beschreibt, ist eine geist- und gefühlvolle Beziehung, sozusagen das Idealbild bürgerlicher Liebe. Derart gewandt von Gefühlen zu sprechen, will gelernt sein. Die Kultivierung des Gefühls entspricht einer bestimmten Vorstellung von Liebe, Ehe und Familie, die sich erst gegen Ende des 18. Jahrhunderts entwickelt hat. Dass Gefühle ein Ehemotiv sein können, gehört zum Modell der bürgerlichen Familie, das sich im 19. Jahrhundert durchzusetzen beginnt. Heimposamenterinnen oder Fabrikarbeiter verfügen aber nicht über dieselbe Bildung wie Friedrich Aenishänslin. Ihre Art, Gefühle auszudrücken, erscheint den Gebildeten oft roh. Sicher hätte eine Posamenterin aus Aenishänslins Nachbarschaft weniger Worte um ihre Verlobung gemacht – vielleicht ähnlich, wie sich noch in den 1920er Jahren eine Frau aus Thürnen ausdrückte: «Er hat mich einfach gefragt, ob ich ihn wolle, wenn er mich wolle, und dann haben wir zusammen einen Halben genommen und geheiratet.»[6]

**Lesetipps**

*Detailreich gibt das Werk von Eduard Strübin, Jahresbrauch im Zeitenlauf (1991), Auskunft über einzelne Brauchformen. Vom selben Autor stammen die umfassenden Nachschlagewerke Baselbieter Volksleben (1952) und Kinderleben im alten Baselbiet (1998).*

*Auch finden sich in den Baselbieter Heimatblättern und im Baselbieter Heimatbuch immer wieder Beiträge einzelner Autoren zu volkskundlichen Aspekten.*

*Meist für das 20. Jahrhundert und überdies vergleichsweise mager dokumentiert sind alltägliche Arbeitserfahrungen und Verhaltensweisen der Fabrikarbeiter und -arbeiterinnen. Zum Beispiel schildert Theres Schaltenbrand das Leben in der Arbeitersiedlung Schönthal (1989), und Sabine Kubli/Martin Meier informieren über Uhrenarbeiter und -arbeiterinnen im Waldenburgertal (1990).*

*Bäuerinnen, Posamenter und Fabrikarbeiterinnen hinterliessen selten Schriftliches und noch seltener Autobiographisches. Die Erfahrung gesellschaftlichen und kulturellen Wandels beschrieben nur Vertreter des Bürgertums. Beispielhaft hier die von Matthias Manz/Regula Nebiker edierte Autobiographie Friedrich Aenishänslins (1989).*

**Abbildungen**

Laufentaler Museum, Laufen: S. 105.
Henkel & Cie AG, Basel 1913–1948 (SWA): S. 106.
E. A. Feigenwinter-Stiftung, Reinach: S. 107.
Sammlung Theodor Strübin, Kantonsmuseum Baselland: S. 108, 110, 111, 112 unten, 114.
Annelies Zoller, Ettingen: S. 109.
Pierre Gürtler, Blauen: S. 112 oben.
Kantonsmuseum Baselland, Grafische Sammlung, Inv.Nr. KM 1950.460: S. 113 [A].
Fotosammlung Hodel, Einwohnergemeinde Sissach, Nr. 3/593: S. 115.

[A] = Ausschnitt aus Originalvorlage
Reproduktionen durch Mikrofilmstelle.

**Anmerkungen**

1 Schumacher 1994, S. 25.
2 Schumacher 1994, S. 36.
3 Strübin 1981.
4 Strübin 1997, S. 63.
5 Wunderlin 1991.
6 Salathé 1997.
7 Epple 1998.

1 Jecker 1995.
2 Strübin 1952, S. 43.
3 Strübin 1992, S. 58.
4 Frei 1994; Leuenberger 1998. Vgl. Bd. 5, Kap. 17.
5 Manz/Nebiker 1989, S. 119f. Vgl. zu Friedrich Aenishänslin Bd. 5, Kap. 4.
6 Für diesen Hinweis auf einen Zeitungsartikel aus der Volksstimme (1978, Nr. 21) danke ich Herrn Eduard Strübin aus Gelterkinden.

**Die Armut**

Alßweil d. 13ten Wiedmonat

Hochedler Herr Pfarrer!

Zu meinem größten Mißvergnügen hab ich die Sachen an Ihnen wieder zu klagen, Sie haben es zwar selbst gesehen und ich habe Ihnen davon gesagt, Also wir befinden sich noch jetzt in derselben Lage weil wir immer noch kein Dach haben, aber ich kann es nicht mehr aushalten mit meinen Kindern wir müssen schier verfrieren weil Niemand keinem armen Sinn mehr zu helfen kommt, und Da weiß ich mir nicht den Todt herbei zu wünschen, an die Gemeinde schäme ich mich zu gehen und doch sind wir gezwungen, Ich besuche daher an den gütigen Herr Pfarrer, nehmen Sie sich unser an und habt Erbarmen mit mir und meinen Kindern, Wie sich Gott Erbarmet über einen Sündner und an einen, daß Sie es selbst mit der Gemein sonst besehen ich nicht, daß Sie uns ein Dach geben sollen Schritt zum Zweiten Mahl Ihn muß, ich habe ich selber Schuld daran, sonst weiß ich keinen, und eine Rettung, Ich bin Ihr die schnell dazu den da können wir nicht mehr bleiben wann kein kalter Sal für die Kindern zu Grunde gehen gestehen auch Sie weil ich sehe daß Sie ein Nachbar Vater sind für uns, und ich schreibe daß doch noch Jemand sich unser annehmen wird, denn wo die Noth am größten ist Gottes Hülf am Nächsten, wir vertrauen auf Gott, der Hülfe im Herzen weil wir nicht zu gut sind, Ich hoffe und es wird einen Antwort.

Indeßen Grüße ich Sie freundlich
Ihre Franziska Wagner

*Bild zum Kapitelanfang*
**Lydia Correncourt an Emil Gysin**
*Der Brief der Lydia Correncourt an den Armeninspektor Gysin schildert, was Armut ausser Hunger und Kälte auch bedeutete: Ausgrenzung und Schuldgefühle. «Ich ersuche desswegen Sie gütiger Herr Gisin, nehmen Sie sich um uns an und habt Erbarmen mit mir und unsren Kindern, Wie Sich Gott Erbarmt über einen Sünder der Busse thut.» Der Vergleich mit dem Erbarmen Gottes mit den Sündern, wenn sie nur Busse leisten, lässt deutlich werden, wie sehr Lydia Correncourt-Wagner ihre Armut als ihr persönliches Fehlverhalten ansah, obwohl sie ein paar Zeilen weiter unten bemerkte: «Ich zwar bin nicht Schuld daran». Ihre Gemütslage schwankte zwischen Unschuldsbeteuerung und Selbstbezichtigung. Bände spricht die Tatsache, dass die Formulierungen, wie sie Lydia Correncourt-Wagner brauchte, den Armeninspektor in Gottesnähe rückten. Natürlich liegt der Rückgriff auf derartig starke Bilder an der mangelnden Routine, Briefe zu schreiben, und an der fehlenden Treffsicherheit, aber solche Bilder sind auch mehr. Sie widerspiegeln eine Erfahrung, welche Lydia Correncourt-Wagner und ihresgleichen immer wieder machten. Je nach Verhalten des Armeninspektors war er Gott oder Teufel. In ihm allein sah Lydia Correncourt-Wagner ihre Rettung. «Ich fertröste mich auf Sie weil Ich sehe dass Sie ein Rechter Vater sind für Arme …» Würde er reagieren, wäre sie gerettet. Würde er nichts in die Wege leiten, so müsste sie «zu Grund gehen». «Es wird Ja imer wie kälter [...] geschweige wo man keine betten hat für die Kinder.»*

### Die Frau

Am «13ten Wintermonat» des Jahres 1874 setzte sich in Allschwil Lydia Correncourt, geborene Wagner, hin und begann einen Brief an den Armeninspektor Emil Gysin zu formulieren.[1] Er war ihre letzte Hoffnung. Er habe sich ja selbst von ihrer Situation überzeugen können, fing sie den Brief an, und sie habe ihm ja auch schon darüber berichtet. «Also wir befinden sich noch Jetzt in diser Kamer weil wir imer noch kein Loschi haben», fuhr Lydia Correncourt-Wagner fort, «Ich kann Es nicht mehr aushalten mit unsren Kindern wir müssen vast verfrieren weil nirgends keine wärme hinein komt und So weiss Ich mir nicht mehr zu helfen, Es ist mir so arg, dass Ich mir und den Kindern den Todt herbei wüntsche».

Ihr Mann hatte sie verlassen. Lydia Correncourt-Wagner, eben 30 Jahre alt geworden, bewohnte mit ihren beiden – oder waren es vier? Diese Zahl erwähnte die Justizdirektion in ihrem Schreiben vom 21. April 1875 – kleinen Kindern, der achtjährigen Tochter Lydia und dem siebenjährigen Sohn Eduard, eine winzige und unbeheizte Kammer in Allschwil. «Es ist wirklich so», hatte der Armeninspektor, Gysin, ein paar Tage zuvor die drastische Lage von Lydia Correncourt-Wagner beeindruckt bestätigt. Dass er in diesem Jahr ganz neu im Amt war, daran kann es nicht gelegen haben. Schliesslich war Gysin, der ehemalige Liestaler Lehrer, seit vier Jahren Martin Birmanns Assistent gewesen.[2] Er kannte die Not der Leute.

Am Schluss des Briefes an den Armeninspektor Gysin gab sich Lydia «Gorengu Wagner» – wie sie unterschrieb – der fatalistischen Hoffnung hin, irgendwer werde sich doch noch um sie und ihre Kinder kümmern, denn «wo die Noth am grössten ist Gottes Hilf am Nächsten.»

### Der Mann

Der Schreiner Eduard Correncourt, Bürger der Gemeinde Arlesheim, war nicht nur dort ein bekannter Mann.[3] Auch in der Gemeinde Känerkinden, Heimatort der ledigen Lydia Wagner, war die Geschichte der Familie Corren-

**Abgeschoben: Carl Benjamin Dunkel**
«In dem bis jetzt verflossenen Jahre», schreiben die Basler Nachrichten am 8. Dezember 1881, «kamen in den Vereinigten Staaten 669 431 Auswanderer an, davon 240 431 aus Deutschland, 153 718 aus Grossbritannien und Irland, 49 760 aus Schweden, 22 705 aus Norwegen, 15 382 aus Italien, 11 390 aus China und 11 293 aus der Schweiz.» Die Schweizer Auswanderinnen und Auswanderer stellen somit am Ende des Jahres 1881 ein Potential dar, das jenem der Chinesinnen und Chinesen und jenem der Italienerinnen und Italiener, zweier bekannter und «klassischer» amerikanischer Immigrantengruppen, an Grösse gleichkommt. Urteilt man lediglich nach diesen Zahlen, dann könnte es scheinen, als müsste die Auswanderung nach Amerika eine vergnügliche Reise sein. Der Schein trügt. Nach den Vereinigten Staaten von Amerika aufzubrechen, ist – vielleicht mit Ausnahme der wenigen Jahre des Goldrauschs – keine verlockende Perspektive. Viele versuchen den Aufbruch einfach aus der Auswegs- und Hoffnungslosigkeit in ihrer Heimat. Die Rettung suchen sie in Amerika. Dieses Land hält ein enormes Wachstumspotential, unermesslich viel Territorium und viele Träume bereit. Konkrete Vorstellungen, was aus ihnen werden soll, haben die wenigsten.

court-Wagner bestens bekannt. Die Ausgangslage bot sich in diesem Fall äusserst einfach und übersichtlich dar. Eduard Correncourt und Lydia Wagner wollten schon längst heiraten. Bloss hatte die Gemeinde Arlesheim ihr Veto dagegen eingelegt. Beabsichtigten zwei Mittellose – oder auch nur potentielle Arme – miteinander die Ehe einzugehen, so war dies für die Behörden der Heimatgemeinde des Mannes immer ein Grund zu erhöhter Wachsamkeit. Armenangelegenheiten waren schliesslich Sache der Gemeinde. Sie hätte die Armenfürsorge übernehmen müssen. Und diese Belastung der Gemeindekasse scheuten die Gemeindevertreter wie der Teufel das Weihwasser. Ledige hingegen musste die Gemeinde nicht unterstützen, Ledige mussten für sich selbst sorgen.

Die Beschränkung beziehungsweise das Verbot einer Ehe war während des 19. Jahrhunderts ein gebräuchliches Mittel, die Armenkasse der Gemeinde zu schonen.[4] Die Eheschliessung galt nicht als persönliche oder allenfalls familiäre Angelegenheit zweier Personen und ihrer Angehörigen, sondern stand ebenso im Brennpunkt des Interesses der ganzen Gemeinde. Die Gemeinderäte hatten darüber zu wachen, dass die Ausgaben der Gemeinde nicht zu gross wurden. Jede Unterstützung, welche die Gemeinde an Bedürftige und ihren Nachwuchs ausrichten musste, wurde zum Kostenfaktor in der Gemeinderechnung. Diese Belastung war mit unterschiedlichen Höhepunkten das ganze 19. Jahrhundert über nicht zu vernachlässigen. Vor allem kleinere, ärmliche Gemeinden hätten oft mehr ausgeben können, als sie überhaupt einnahmen. Zwar wird aus der zahlreichen Korrespondenz der Gemeinden mit der Kantonsregierung und den Betroffenen deutlich, dass allen Mittellosen oft mit negativen Vorurteilen begegnet wurde, aber selbst wenn es anders gewesen wäre, so hätte das Geld nicht ausgereicht. Die Gemeinden befanden sich in einer misslichen Situation. Dabei sahen sie sich als Hauptbetroffene, als federführend und daher als autonom an und wehrten sich nicht selten gegen den Regierungsrat, welcher, wenn eine Beschwerde gegen das Heiratsverbot anstand, das letzte Wort hatte.

**Bilder der Armut**
*Eine arme Familie? Wer sich eine «Geiss» halten konnte, wie diese Taunerfamilie in Münchenstein, gehörte (noch) nicht zu den Ärmsten. Bilder von Armut aus dem Baselbiet sind selten. Arme liessen sich nicht porträtieren und wurden nicht abgebildet. Und wer vor der Kamera stand, zeigte sich in seinen besten Kleidern.*

Sie erwarten nur, dass das Neue ihnen ein etwas besseres Auskommen bescheren wird als das Bisherige. Sie sind «Wirtschaftsflüchtlinge».
Einer von denen, die in beengten Verhältnissen zwischen Ratten und Fäulnis die Überfahrt mitmachen, ist nicht einmal das.[1] Am 29. Oktober desselben Jahres, 1881, wird der mehrmals vorbestrafte Carl Benjamin Dunkel in Basel aus seiner bislang letzten Haft entlassen. Etwas mehr als zwei Monate später, am 9. Januar 1882, wird er in Liestal dem Polizeidirektor vorgeführt. Er befindet sich bereits wieder wegen Bettelns in Haft. Dazwischen liegt jedoch eine abenteuerliche Fahrt nach Amerika und zurück. Carl Benjamin Dunkel ist auf Betreiben des Gemeinderates von Bottmingen nach den Vereinigten Staaten «spediert» worden, weil das doch billiger wäre, als ihn, den Nichtsnutz, auf Kosten der Gemeinde auszuhalten.
Carl Benjamin Dunkel, geboren 1860, ist seit seinen frühen Jugendtagen «kriminell». Er stiehlt überall und alles, Schuhe, Schmuck, Uhren, aber auch einfach Essen, um zu überleben. Was er nicht verzehrt, versucht er zu barem Geld zu machen. Er wird praktisch jedes Mal erwischt und bestraft. Bereits als 17-Jähriger hat er eine eindrückliche Liste an Delikten zusammen: Trunkenheit, seinen Eltern

So auch im Fall der Familie Correncourt-Wagner: Eduard Correncourt liess sich nämlich nicht einfach abwimmeln, sondern führte verschiedene Male Beschwerde gegen das ihm und seiner Frau auferlegte Heiratsverbot. Die Arlesheimer Gemeinderäte wähnten sich im Recht, zeigten sich stur, und provozierten gerade dadurch den für sie wenig erbaulichen Fortgang der Geschichte. Die sich wiederholenden Verbote der Gemeinde Arlesheim hatten nicht zur Folge, dass Lydia Wagner und Eduard Correncourt ihrer Liebesbeziehung ein Ende setzten. Vielmehr gaben sie die Hoffnung «schliesslich doch heirathen zu können» nicht auf und führten eine «wilde Ehe». Ja, in der Optik des Justizdirektors Johannes Bussinger diente sogar jeweils die anstehende Geburt eines Kindes dazu, den Beschwerden gegen das Heiratsverbot und den Argumenten für eine Heirat mehr Gewicht zu verschaffen. Von dieser Praxis, welche nicht nur das Paar Eduard Correncourt und Lydia Wagner, sondern viele Angehörige der wenig bemittelten Unterschicht übten – ob sie dies überlegt im Sinne einer bewussten Strategie oder mehr aus einer unbewussten Gefühlsstimmung heraus taten, bleibe dahingestellt –, fühlte sich der Gemeinderat von Arlesheim erpresst. Es brauchte einige Jahre, bis er 1873 nachgab, die Ehe erlaubte und zu guter Letzt nach ausgiebigem Streit mit der Heimatgemeinde der Lydia Wagner, Känerkinden, und der Kantonsregierung auch das Bürgerrecht der unehelich geborenen Kinder auf Geheiss des Regierungsrates anerkannte. Damit war die Voraussetzung geschaffen, dass Arlesheim später die Unterstützung übernehmen musste.

### Die Kinder

Am meisten unter der Armut litten die Kinder. Erst recht, wenn sie wie die Kinder des Eduard Correncourt und der Lydia Wagner «Bastarde» waren, wie es in ihren Geburts- und Taufbescheinigungen der Gemeinde Rümlingen zwar etwas vornehmer auf Lateinisch als «Spurius» beziehungsweise «Spuria», aber dennoch nicht weniger deutlich und stigmatisierend verzeichnet

**Kinderarbeit**
*Kaum den Kinderschuhen entwachsen und schon in den Arbeitsalltag der Fabrik eingespannt. Die Mitarbeit von Kindern und Jugendlichen, obwohl kaum fotografisch dokumentiert, gehörte zu den Überlebensstrategien vieler von der Armut bedrohter Familien. Diese halbwüchsigen Knaben arbeiteten in einer Laufentaler Ziegelei.*

wurde. Arm, aber ehrenvoll, das ging noch hin, genauso wie unehelich und nicht arm. Beides zusammen hingegen: arm und unehelich, das bildete eine langwährende Hypothek. Vor allem die Gesundheit des Buben Eduard hatte durch die Kälte und die Entbehrungen arg gelitten, wie der Armeninspektor Gysin bei seinem Besuch rasch befand. Er nahm den Buben deshalb mir nichts, dir nichts gleich mit sich mit nach Liestal, «da in Armensachen das Handeln über lange Berathungen hinaus geht», wie er schrieb.

Er versuchte den kleinen Eduard in Känerkinden unterzubringen und die Kosten dafür der «Unrecht habenden Gemeinde» zu überschreiben, bis ein definitiver Entscheid des Regierungsrates vorliege. Doch die Känerkinder wollten den kleinen Correncourt nicht haben. Der gehöre nirgends anders hin als nach Arlesheim, entgegneten sie barsch dem Hilfe suchenden Gysin. Vielleicht kam Eduard Correncourt junior nachher auch in eine Anstalt – wie viele Knaben und Mädchen vor und nach ihm. Für die Armeninspektoren, für Martin Birmann genauso wie für seinen Nachfolger Emil Gysin, bildeten die «Versorgungen» von Kindern in «Rettungs-» oder «Armenerziehungsanstalten» die Möglichkeit, die Jugendlichen durch ein strenges Regiment und durch rigorose Arbeitseinsätze zu «besseren Menschen» zurechtzubiegen. So sah es die damals gängige Theorie der Armut. Denn für Kinder und Jugendliche musste aus dem Gebote der Menschlichkeit gesorgt werden; die Alten – ohnehin an ihrer Armut selber schuld – gab man leichter verloren.

**Die Armenpflege**
«Man muss wirklich die auf den Tabellen angegebenen Gründe der Verkümmerung jener bemitleidenswerthen und laut nach Hilfe rufenden Kinder gelesen haben, um den Grad der Nothwendigkeit, dass hier Hülfe geschaffen werden muss, erkennen zu können.» So tönt es im ersten Rechenschaftsbericht des Armenerziehungsvereins von Baselland im Jahre 1851.[5] Trotz des flammenden Appells: Baselland war kein ausgesprochener Armenkanton. Der Armenerziehungsverein errechnete für 1845 453 Kinder und

**Ein männliches Gremium**
*Wie hier in Diegten um 1910 war die kommunale Armenpflege auch andernorts ein männliches Gremium. Frauen, die um Unterstützung nachsuchten, wurden oft nach moralischen Kriterien beurteilt. Wenn eine Fabrikarbeiterin die Doppelbelastung von Erwerbsarbeit und Familienbetreuung nicht aushielt, galt sie bald als faul oder als nachlässig. Vor allem ledigen Müttern, welche das Kostgeld für ihre Kinder nicht aufbringen konnten, wurde von der Armenpflege vielfach Verantwortungslosigkeit vorgeworfen.*

Jugendliche, welche auf Kosten der Gemeinden «verkostgeldet» wurden. Um 1870 bewegte sich die Zahl noch immer ungefähr auf der gleichen Höhe. Baselland lag damit im schweizerischen Vergleich auf dem siebten Rang.[6] Die anklagenden Schriften und Verlautbarungen der Armeninspektoren, der Pfarrherren und Behörden sind denn vor diesem Hintergrund immer auch als Absichtserklärungen zu verstehen. Sie schilderten die Zustände möglichst drastisch, damit ihre «Hülfe» umso erleichterter zur Kenntnis genommen wurde.

Armut, das war zwar für das 19. Jahrhundert kein neues, unbekanntes Problem. Mit der Ablösung des Ancien Régime und der alten Abhängigkeiten waren jedoch für die Bekämpfung der Armut neue Lösungen gefordert. So bedauerte der Armenerziehungsverein noch 1875, dass die landwirtschaftliche Armenschule vor den Toren Basels, «welche aus städtischen Mitteln für landschaftliche Kinder gegründet worden war», nicht mehr existierte. «Die Revolution zerriss auch diesen Kreis», heisst es im «fünften allgemeinen Bericht abgelegt nach 25-jähriger Wirksamkeit». Die Staaten konnten im 19. Jahrhundert nicht zu einer die Wurzeln des Problems anpackenden Sozialpolitik greifen. Für die Behebung der Armut übernahmen sie keine Verantwortung. Sie waren keine Sozialstaaten. Indessen definierten sie über die Gesetze den Geltungsbereich des Begriffs «Armut» und damit den Inhalt und die Ränder jener Gruppen, welche als arm zu gelten hatten. Durch ihre Gesetze und Erlasse bestimmten Landrat und Regierungsrat auch, was in der bürgerlichen Gesellschaft als «normal» anzusehen war und was nicht. Die Staaten und die Kantone konnten sich bloss anstrengen, das Problem Armut zu verwalten, das heisst, sie konnten bloss die Zuständigkeit für die Verwaltung der Armut regeln. Im 19. Jahrhundert kam in dieser Frage ein ausgeprägter Kommunalismus zum Zuge, nicht nur im Baselbiet. Es gab wohl in dieser Epoche kaum eine wichtigere Institution als die Armenkasse der Gemeinden. Die Verwaltung der Armut lag in der kommunalen Verantwortlichkeit; dieses System wurde erst im 20. Jahrhundert gesprengt.

**Werbung für Auswanderung**
*Das Geschäft mit den Auswandernden floriert. Die Generalagentur Zwilchenbart unterhielt Agenturen in Basel und New York. Das Inserat stammt aus dem Bauernkalender von 1906.*

entlaufen, Diebstahl, Vagantentum, Obdachlosigkeit, betrüglicher Bettel, Herumlungern mit einem italienischen Mädchen, Betrügereien, eine Uhr gestohlen, Bettel und immer wieder Diebstahl. Das alles sind nicht zu übersehende Begleiterscheinungen der Armut. Doch das interessiert allenfalls die Sozialreformer, nicht aber die Gerichte. Immer höher fällt die Strafzumessung aus. Carl Benjamin Dunkel ist – wie so viele andere – überhaupt kein renitenter Straftäter. Vielmehr ist es ihm gerade recht, wenn man ihn ins Gefängnis steckt. Immer gibt er sein «Verbrechen» unumwunden zu und meint: «Ich will Ihnen gleich alles wahrheitsgetreu erzählen,

wie ich den mir vorgehaltenen Diebstahl verübt habe.» Er bereut seine Taten stets, ja er bittet sogar: «Man sollte für mich sorgen, für ein paar Jahre». Im Zuchthaus kriegt er das, worum er in Freiheit vergebens bettelt: Geborgenheit, Schutz und ein warmes Bett. Irgendwann reisst der Geduldsfaden der Gemeindebehörden und sie beschliessen, Dunkel abzuschieben. Dies ist keine ungewöhnliche Praxis in jener Zeit. An Carl Benjamin Dunkels Geschichte ist wenig Untypisches. Weil nun die Vereinigten Staaten von Amerika mit der Schweiz ein völkerrechtliches Abkommen geschlossen haben, wonach vorbestraftes «Gesindel» nicht nach den

Die Verwaltung der Armenfrage wurde umso schwieriger, je mehr sich die liberale, am Arbeitsmarkt sich orientierende Gesellschaft entwickelte. Je mehr Arbeit und Lohn als allein glücklich machende Massstäbe galten, je schwächer ständische, verwandtschaftliche und dörfliche Verbindungen wurden, umso mehr mussten sich die Gemeinden um jene kümmern, welche aus diesen sich auflösenden Netzen herausfielen. Dabei sind Armengenössige nur ein Beispiel von vielen. Anderseits musste «der Staat» darauf achten, dass das Prinzip Arbeit – versinnbilchlicht im Spruch, der die Untere Fabrik in Sissach ziert: «Schaffen und streben, Arbeit heisst Leben» – nicht durch die Wohlfahrt als eine Art selbstverständlicher Dienstleistung ausgehebelt wurde. Arbeits- und mittellos zu sein, durfte auf keinen Fall als attraktiv erscheinen. «Müssiggang ist aller Laster Anfang» hiess es.

Es waren somit zwei Aspekte, welche die Armenpolitik im 19. Jahrhundert prägten. Einerseits wurde viel mehr als früher die «soziale Sicherheit» eine Aufgabe staatlicher Aktivitäten und anderseits musste auch ihr Pendant, die «soziale Disziplin» durchgesetzt werden. Wie auch immer man den Armen im 19. Jahrhundert begegnete, stets waren diese beiden Elemente von eminenter Wichtigkeit. Soziale Disziplin wiederum bedeutete in der Folge Kontrolle, bürokratische Verwaltung und Entscheide, legislative, exekutive und judikative Tätigkeit der staatlichen Instanzen (und ihren Ausbau), aber auch – und dies ist ganz wesentlich – Individualisierung des Problems (und damit auch nichtstaatliche, «gute und gemeinnützige» private Milderungsunternehmen), Stigmatisierung der Betroffenen, rigide Ausgrenzung der nicht Besserungsfähigen oder -willigen. Um dies zu ermöglichen, brauchte es die Verinnerlichung der bürgerlichen Selbstdisziplin: die individuelle Anstrengung zur Besserung, um die drohende Ausgrenzung zu vermeiden. Das 19. Jahrhundert ist voll solcher Versuche, diese «Disziplin» durchzusetzen, die heute noch jede moderne Sozialpolitik als Grundannahme voraussetzt.[7]

**Porträt eines Auswanderers**
*Für einige Baselbieter wurde der Traum vom erfolgreichen Neustart in der Fremde wahr. Stolz posierte der Thürner Johann August Grieder 1916 vor den Kulissen. Er hatte im kanadischen Montreal Arbeit als Milchführer gefunden.*

USA kommen darf, lässt die Einwanderungsbehörde Dunkel gleich auf dem Dampfer sitzen und schickt ihn sozusagen postwendend über Le Havre zurück in die Schweiz.

**Der amerikanische Konsul greift ein**
Dass der amerikanische Konsul Mason informiert ist, deutet auf einige Löcher im Netz der Auswanderungsagenturen oder auf Rivalitäten zwischen den Agenten. Mason missfällt, dass die Gemeindebehörden von Bottmingen Dunkel einfach nach Amerika abschieben wollen. Er interveniert am 10. November 1881 schriftlich beim Polizeidirektor des Kantons Basel-Stadt: «Geehrter Herr Vorsteher!», schreibt er, «Carl Benjamin Dunkel ist ein unverbesserlicher, rückfälliger Dieb, welcher schon mehr denn 15 Male für Diebstahl bestraft und unzählige Mal eingesperrt gewesen ist. Es wird auch Ihnen bekannt sein, dass nachdem er bereits 18 Monate in der Zwangsarbeit-Anstalt in Liestal verbracht hatte, derselbe in rascher Folge je 6–12 Monate Gefängniss abzusitzen hatte. Nach Beendigung seiner letzten 6 Monate in der Strafanstalt in Basel wird er nun nach den Vereinigten Staaten spediert, als wie die Vereinigten Staaten die offizielle Sträflings-Kolonie der austretenden Verbrecher Europas wäre.»

### Armenpolitik

Was den Kanton Basel-Landschaft anbelangt, so massen einflussreiche Kreise der Armenfrage eine prioritäre Stellung zu. Schon der Landwirtschaftliche Verein hatte sich immer wieder mit der Versorgung von Kindern beschäftigt und Pläne hin und her gewälzt, eine landwirtschaftliche Armenerziehungsanstalt aufzubauen. Doch erst dem 1848 gegründeten Armenerziehungsverein gelang es, so genannte Rettungsanstalten zu gründen und zu betreiben. Es war aber nicht das Ziel, mit solchen Anstalten die Armut zu beheben. Vielmehr galten die Worte Pestalozzis und Gotthelfs, dass ein Armer sein ganzes Leben lang immer ein Armer bleiben werde und genau deshalb auf ein Leben voller Arbeit und Entbehrung vorzubereiten und zu erziehen sei. Auf dass er gottergeben und in aller Bescheidenheit zufrieden auf seinem Platz in der Gesellschaft verharre.[8]

Die erste basellandschaftliche Rettungsanstalt entstand bei Augst. Man schrieb das für die «Armenfrage» entscheidende Jahr 1853. In diesem Jahr wurde Martin Birmann Armeninspektor. Seine Adoptivmutter, Frau Juliana Birmann, förderte den Armenerziehungsverein finanziell und ideell seit dessen Bestehen. 1853 stand der Verein auf sicheren Füssen; ein Armenpfleger wurde benötigt und wurde in der Person Birmanns auch sofort gefunden. 1853 war auch deshalb ein wichtiges Jahr, weil am 22. November im Landrat das «Gesetz über Versorgung verwahrloster Kinder» verabschiedet wurde, weil damit der Armenerziehungsverein offiziell als Organisation anerkannt wurde und ihm Funktionen zugewiesen wurden. Im Armengesetz von 1859 wurde diese wichtige Position des Armenerziehungsvereines bestätigt.

1853 ist also auch das Gründungsjahr der Rettungsanstalt in Augst. Martin Birmann war es rasch leid, Versorgungsplätze in Familien zu suchen und mit den Gemeindebehörden über Zuständigkeiten zu streiten.[9] Zudem war das Konzept der Anstalten ein zeitgemässes Vorhaben. Philipp Emanuel von Fellenberg und Johann Heinrich Pestalozzi hatten es vorgemacht. Birmann machte es nach.

Einen im Inhalt ähnlichen, in der Wortwahl aber noch resoluteren Brief richtet Mason an den Regierungsrat des Kantons Basel-Landschaft: «Geehrter Herr Präsident. Mit dem Rath des Chefs der Cantonalen Polizei-Direction in Liestal, haben die Gemeinde-Behörden von Bottmingen sich erlaubt, laut Armenpflege-Versammlungs-Beschluss vom 6. November diesen notorischen rückfälligen Verbrecher auf Gemeinde-Kosten nach den Vereinigten Staaten spedieren zu lassen. Namens der Regierung der Vereinigten Staaten lege ich nun hiemit meinen sehr ernst gemeinten Protest ein.»

Es geht Mason weniger um Carl Benjamin Dunkel als um die Verhinderung von unlauteren Auswanderungspraktiken, wie sie in der Schweiz zahlreich betrieben werden. Da lauern auf den Bahnhöfen Schlepper – oft sind es die Gepäckträger –, welche sich dadurch, dass sie Auswanderungswillige zu den Agenten schleppen, ein Zubrot verdienen. Wer mit Koffern bepackt ankommt, wird angesprochen. Wer nicht auf der Hut ist, landet in einem der Wirtshäuser rund um den Bahnhof und unterzeichnet, ehe er sich vorsieht, den Auswanderungskontrakt.

*Erziehungsanstalt Sommerau*

Im ersten Jahr ihres Bestehens nahm die Augster Anstalt 13 Knaben auf.[10] Auch das Programm der Anstalt stand ganz unter dem Zeichen des Fellenbergschen Vorbildes. Die Zöglinge hatten hauptsächlich manuelle, vorwiegend landwirtschaftliche Arbeit und Tätigkeiten im Zusammenhang mit dem Posamenten zu verrichten. Wenn es nicht anders ging, an langen Regentagen und den Winter über, erhielten sie etwas Volksschulunterricht. Birmanns Ausspruch: «Eine solche Anstalt muss Familie, Schule und sozusagen auch Kirche zugleich sein» widerspiegelt, wie sehr Birmann dem

**Die Sommerau**
*Die Anstalt zu christlicher Erziehung armer Mädchen und verlassener weiblicher Waisen auf der Sommerau, Kirchgemeinde Rümlingen, wurde 1853 eröffnet. Seit 1866 stand sie auch Knaben offen. Das Foto stammt aus der Zeit um 1900 und zeigt die «Zöglinge» (mit Gartenwerkzeug) und das Heimpersonal.*

### Die Behörden leiten weiter

Die Kantonsbehörden beider Halbkantone ziehen sich durch eine ähnliche und typische Taktik aus der Affäre:
Der Regierungsrat des Kantons Basel-Stadt leitet die Angelegenheit flugs an den Bund weiter. Das Schweizerische Handels- und Landwirtschaftsdepartement wiederum spielt den Ball an die Auswanderungsagentur zurück: «Zur Verantwortung gegen diese Anschuldigung geben wir Ihnen Frist bis Ende des laufenden Monats.» Unterdessen ist Carl Benjamin Dunkel schon eingeschifft. Die Rechtfertigung des Passagier- & Auswanderungsgeschäfts Johannes Baumgartner unterstellt dem örtlichen Agenten nur gute Absichten «Belieben Sie», schreibt das Büro zurück, «gleichzeitig hervorzuheben, dass Dunkel nicht etwa ex officio aus dem Zuchthaus wegspediert wurde, sondern seine Strafe verbüsst und wieder in seine bürgerlichen Rechte eingetreten sei und desshalb auch, ohne Anstand, mit den erforderlichen Legitimationspapieren reisend sei, und er auch auf sein wiederholtes Gesuch die Reiseunterstützung erhalten habe.» Diesen Standpunkt übernehmen auch die Gemeinderäte von Bottmingen.
Der Regierungsrat von Baselland delegiert die Verantwortung an die Gemeindevertreter. Die Angelegenheit ist ihm peinlich,

Idealbild einer Grossfamilie nacheiferte. Aus diesem Grund wurden auch vergleichsweise wenige Jungen in der Rettungsanstalt Augst platziert.

Ebenso wie für die Knaben sorgten sich Birmann und die mit ihm befreundeten Kreise um die Mädchen. Aber ganz so gewichtig schien Birmann das Problem nicht. Immerhin kooperierte er seit ihrem Bestehen mit der Richter-Linder'schen Anstalt auf der Schorenmattte vor Basel. Die von Johann Jakob Richter ebenfalls 1853 gegründete Anstalt für Mädchen war reine Privatangelegenheit. Zwischen Richter und dem Armenerziehungsverein bestand kein Kontrakt, aber zwischen ihm und Birmann gab es eine weitreichende Männerfreundschaft. Zwar hätte es Birmann gerne gesehen, wenn die Mädchen zu Posamenterinnen und Bäuerinnen ausgebildet worden wären, allein Richter setzte mit der Fabrikarbeit eigene und eigennützige Massstäbe. Die jungen Frauen und Mädchen wurden streng kontrolliert und streng überwacht. Sie hatten selbst ihr Erspartes abzugeben, damit ihnen nichts Falsches in den Sinn käme. Birmann verwaltete es. Er legte es bei der Basellandschaftlichen Hypothekenbank an.

Viele Mädchen, welche als junge Frauen die Richter-Linder'sche Anstalt verlassen konnten, wandten sich entgegen Birmanns Absichten nicht den Heimatdörfern auf der Landschaft zu, sondern gingen in die Stadt. Birmann hielt die städtische Umgebung für unglückselig und verderblich: «Am schlimmsten jedoch steht es mit denen, welche ihre Jugendjahre in Basel zubringen oder von da aufs Land gekommen sind. Diese wissen und treiben Dinge, welche die Jugend in den Dörfern nicht kennt», dozierte er dem Vorstand des Armenerziehungsvereins an dessen zweiter Jahresversammlung von 1854. Um Beispiele war Birmann ohnehin nicht verlegen. Die liessen sich aus der Praxis reichlich schöpfen: «Wenn ein zehnjähriges Büblein, das mit des Grossvaters Kleidern und Regenschirm sich fortgemacht, bis an zwei alle Dörfer des Kantons durchzogen, Alles verkauft und lügnerisch über seine Mutter Abscheuliches ausgesagt, dann in Rothenfluh einem Betteljungen die Kleider vom Leibe gegen 2 Fr. Nachgeld vertauscht hat, dir

aber schliesslich hat er sie nicht zu verantworten. Resolut wird er erst, als Mason die Leitung der kantonalen Strafanstalt angreift. Mason schreibt nämlich am 17. Dezember 1881 «an den verehrlichen Regierungsrath des Kantons Basel-Landschaft. [...] Dem Dunkel allerdings musste eine derartige Ermöglichung lieber und willkommener sein, als der Wiedereintritt in die Zwangsarbeitsanstalt in Liestal, wo nach Dunkels eigener Aussage, eminent brutale Behandlung, Stock und Peitschenhiebe sein tägliches Brot waren.» Auf diesen Vorwurf reagiert der Regierungsrat energisch. Wie selbstverständlich kommt der Regierungsrat, der sich die von Mason aufgeworfenen Fragen vom Direktor der Strafanstalt gleich selber beantworten lässt, zu einem ganz anderen Schluss. «Diese gegen die Verwaltung unserer Strafanstalt erhobenen schweren Anschuldigungen haben uns veranlasst», lässt er Mason wissen, «eine genaue Untersuchung anzustellen.» Sein Resultat tönt ganz anders als dasjenige von Mason. «Dunkel selbst, welcher nach seiner Ankunft in hier durch die Polizeidirection einvernommen wurde, giebt an, dass er sich über die ihm von seiten des Directors gewordene Behandlung nicht zu beklagen habe. Dreimal seien ihm Speiseabzüge dictiert worden, aber er kann sich darüber

gebracht, oder wenn ein 11jähriger Junge, der mit Unterschlagung des Schulgeldes sich entfernt, ein volles Jahr im Val de Travers herumgetrieben, nachdem er mit der Polizei in die Heimatgemeinde, mit dem Boten auf den Barfüsserplatz gebracht ist, da umgekehrt und die Wanderungen von neuem angetreten hat, wenn dieser dir zuletzt ohne Kleider, krätzig und voller Ungeziefer ins Haus gesetzt wird; oder wenn du einen anderen dergleichen, welcher Tage lang sich von Hause ferne hält, im Bruderholz dürres Holz sammelt, dieses verkauft und ganze Nächte hindurch auf den Tanzböden in Binningen sich umtreibt – wenn du ihn aus einer Schenke am Leonhardsberg am Schopf herausführen musst: dann magst du wohl seufzen um Hülfe für die verlassene Heerde.»

### Die Eigensicht der Armen

Die von Birmann als «verlassene Heerde» bezeichneten Armen beurteilten sich selbst freilich anders. Oft sahen sie sich nicht als Menschen, die ihre Armut aufgrund ihres «liederlichen Lebenswandels» selbst verschuldet hatten, sondern als Opfer der Gesellschaft. Kleinere oder grössere Zwischenfälle, berufliche und biografische, Arbeitslosigkeit oder ein Unfall konnten unvermittelt und rasch den ohnehin harten und finanziell stets prekären Kampf ums Überleben in die Armut abgleiten lassen. Dann aber war man rasch ausgeschlossen. Schon der sonntägliche Kirchgang in unsauberen Kleidern konnte ausreichen, im Dorf an den Rand gedrängt zu werden.

Der besseren Gesellschaft war die Armut zwar ein Dorn im Auge, aber sie bekämpfte nie die Wurzel des Problems, sondern die Symptome; sie linderte und milderte einzelne Auswüchse. Den Gemeinden wiederum machte das knappe Budget einen Strich durch die Rechnung. Die Ausrede, wer selbst schuld sei an seiner Armut, solle auch selbst dafür sehen, dass er oder sie wieder heraus fände, entpuppt sich bei näherem Hinsehen oft als Verlegenheitslösung. Aber sie ist auch Ausdruck von zeitgenössischen Wahrnehmungsmustern. Repressive Massnahmen wie Heiratsverbot, Wirts-

**Der Armenerziehungsverein**
*Christliche Fürsorge, patriarchalische Strenge und sozialpolitischer Ordnungswille prägten die Arbeit des Basellandschaftlichen Armenerziehungsvereins. Vor allem die (unschuldigen) Kinder armer Familien galt es zu retten, wie diese biblische Darstellung andeutet. Sie zierte den Bericht des Vereins von 1875.*

nicht beklagen, da er sich zuweilen gegen die Hausordnung verfehlt hätte. Sein Aufseher habe ihn allerdings nicht wohl leiden mögen und habe ihn wegen der geringsten Vergehen beim Director verklagt; geprügelt sei er aber auch vom Aufseher nicht worden.» Mit der Geste des Überlegenen, der die Affäre, die ein anderer aufbauscht, nicht weiter verfolgen will, schliesst der Regierungsrat sein Schreiben: «Diese eine Richtigstellung glaubten wir Ihnen besonders zu Kenntniss bringen zu sollen und verzichten im Übrigen, wie wir bereits oben angedeutet, auf die Anbringung weiterer Gegenbemerkungen.» Doch damit ist es noch nicht getan. Schliesslich muss das Unternehmen Dunkel noch bezahlt werden. An Irgendeinem bleibt die Zeche hängen.

### Von der eigenen Fortüne überholt: Die Gemeinderäte

Die Gemeinderäte, mit den finanziellen Folgen ihres Handelns konfrontiert, gehen stracks in die Offensive. Weshalb sollten sie Dunkel nicht nach Amerika schicken? Die Gemeindekasse ist immerzu über und über belastet, Arme gibt es genug. Ihre angriffslustige Haltung geben die Gemeindeväter auch nicht preis, als sich die Pleite ihres Unternehmens abzeichnet. Im Gegenteil: Sie setzen in die ‹Basellandschaftliche Zeitung› vom 21. Dezember 1881 eine

hausverbot, Bettelverbot, Verbot der ausserehelichen Schwangerschaft gingen oft am Ziel vorbei, waren in der Sicht der Armen blosse Schikane und erreichten wenig. Kurz: Wer arm war, blieb arm. An eine höhere Schulbildung war nur in den seltensten Fällen zu denken. Die Standesschranken blieben gewahrt. Bezeichnungen wie «Verwahrlosung», «Liederlichkeit», «Anstand» waren nichts anderes als moralische Beurteilungen von der einen Seite her gesehen. Nicht nur der Posamenter in Oltingen, welcher jahrelang die Spitalrechnung für seine psychisch kranke Frau und die Kostgelder für die Kinder aus der eigenen Tasche beglich, hatte da eine andere Einschätzung.[11] Immer mehr war sein Verdienst gesunken, bis er nicht mehr hatte bezahlen können und amtlich ausgekündigt wurde. Er kam sich als «Fallit» und «Lump» vor.

Wurde jemand armengenössig, so ging seine Autonomie als Persönlichkeit sehr rasch und definitiv verloren. Insofern ist es nicht erstaunlich, dass die Individualität, welche der kleine Eduard Correncourt durch die Erwähnungen in den Briefen erhalten hat, mit seiner Versorgung verloren ging. Nur einen Hinweis auf sein weiteres Leben gibt es noch. 1854 wurde er im Rechenschaftsbericht des Armenerziehungsvereins als eines von 127 Baselbieter Kindern aufgezählt, welche zu diesem Zeitpunkt in einer fremden Familie untergebracht waren. Wahrscheinlich ereilte ihn das Los eines Verdingbuben.

Früher, als es noch keine Heime und Anstalten, keine Fürsorge- und Armenvereine gab, waren die nächsten Verwandten zuständig, wenn Kinder zum Beispiel durch den Verlust ihrer Eltern plötzlich alleine dastanden. Fehlte die Verwandtschaft und gab es auch keinen Platz im «Schpittel» oder im Waisenhaus, wurden die Kinder irgendwo «an die Kost gegeben», das heisst «verdingt». Das Los der Verdingkinder war das Bitterste, das man sich vorstellen kann. Schlimmer gehalten als der Hofhund bestand ihr Leben aus Arbeit, Arbeit und nochmals Arbeit. Selbst der anklagende und flammende Protest von Jeremias Gotthelf in seinem Roman ‹Der Bauernspiegel› von

Erklärung, in der sie Konsul Mason öffentlich der «infamen Lüge» bezichtigen. Dass diese Erklärung sich bald als ziemlich übertrieben erweist, besorgt Frank A. Mason mit einer Richtigstellung in der ‹Grenzpost›. Er lässt kurzerhand ein paar Aktenstücke veröffentlichen, die den Sachverhalt richtig stellen und den Kenntnisstand der Gemeindebehörden schonungslos offen legen. Doch selbst in diesem Moment versuchen die Gemeinderäte die verlorene Sache durch geradezu seigneurales Gehabe zu retten. Dem basellandschaftlichen Polizeidirektor antworten sie auf dessen Forderung, die Gemeinde müsse auch die in Le Havre entstandenen Kosten übernehmen, in ministerlichem Tonfall: «Es sei diese Forderung nicht anzuerkennen.» Zwischenzeitlich hat sich nämlich in der Person des schweizerischen Konsuls in Le Havre eine Stimme gemeldet, der durch den Speditionshandel mit Dunkel unverschuldet Umtriebe entstanden sind, das heisst, die vor allem eine Rechnung für Unterkunft und Bahnreise zurück in die Schweiz zu präsentieren hat. Der Gemeinderat von Bottmingen lässt sich dann durch ein geharnischtes Schreiben des Polizeidirektors doch noch dazu «bewegen», auf seinen Beschluss zurückzukommen und die angefallenen Kosten zu übernehmen.

1837 vermochte daran wenig zu ändern. Die Praxis des Verdingens wurde bis weit ins 20. Jahrhundert fortgesetzt.

Doch darüber, wie es Eduard Correncourt in der fremden Familie tatsächlich ergangen ist, fehlen leider die Zeugnisse. «Möge doch der Herr seinen Segen legen auf die Schaar und auf das Werk liebevoller Fürsorge selbst, damit es immer tiefere Wurzeln schlage im Bewusstein unseres Volkes!»[12]

### Und Carl Benjamin Dunkel?

In dieser ganzen traurigen Angelegenheit spielt Carl Benjamin Dunkel eine untergeordnete Rolle. Er wird als Frachtgut hin- und her spediert. Die Abschiebung von Carl Benjamin Dunkel ist jedoch nicht einfach «eine andere Geschichte» oder eine weitere Episode in seinem vermaledeiten Leben. Dass die Gemeindebehörden von Bottmingen Carl Benjamin Dunkel regelrecht abschieben, lässt ahnen, wie Gemeinden im 19. Jahrhundert mit ihren Zeitgenossen verfahren, die ihnen durch ihre Armut lästig scheinen. Mit solchen wie Dunkel ist kein Auskommen. Seine Geschichte korrigiert die gängigen Legenden um die schweizerische Auswanderung nach Übersee. Aus zahlreichen anderen Dokumenten geht hervor, dass er nicht der Einzige ist, dem dieses oder Ähnliches widerfährt. Ob nur «arm» oder noch «kriminell» dazu, ist wenig von Belang. Beides bezeichnet jene, welche die Gemeindekasse belasten und den Alltag der Gemeindebehörden strapazieren. Das Geschäft mit den Auswanderungswilligen floriert. Agenten und Werber treiben unbehelligt ihre Geschäfte. Menschenhandel und Schleppertum sind einträgliche Gewerbe.

### Heischebräuche

*Beim Mittfastensingen – hier in Blauen um 1920 – zogen Kinder in den katholischen Dörfern von Haus zu Haus, um Eier und Mehl zu sammeln. Dieser Fastenbrauch symbolisierte wie alle so genannten Heischebräuche Ansprüche auf Unterstützung zwischen Dorfbewohnern. Gegen 1900 geriet das Mittfastensingen allerdings in Misskredit und wurde als Bettelei kritisiert. Es hatte seine soziale Bedeutung verloren. Oft waren jetzt nur noch die Kinder Armer unterwegs.*

**Lesetipps**

*Literatur über die Armut ist sowohl in belletristischer als auch sozialwissenschaftlicher Hinsicht reichlich vorhanden. Für das Baselbiet an erster Stelle müssen die Monographien von Christa Gysin-Scholer über die Armut (1997) und die Biographie über Martin Birmann von Fritz Grieder (1991) stehen. Weitere Angaben finden sich in den Bibliographien dieser beiden Werke reichlich.*

*Über Verding-, Heim- und Pflegekinder in der deutschsprachigen Schweiz informiert das reich bebilderte Buch von Jürg Schoch, Heinrich Tuggener und Daniel Wehrli, Aufwachsen ohne Eltern (1989), ausführlich.*

*Ebenfalls aus diesem Jahr stammt eine Aufsatzsammlung, welche unter dem Titel Armut in der Schweiz (1989) einen wissenschaftlichen Überblick und punktuelle Einblicke liefert. Annamarie Ryters Buch Als Weibsbild bevogtet (1994) gibt über die geschlechterspezifischen Ausformungen und Bedingungen von Armut im Baselbiet sehr genau Auskunft.*

*Für Schweizer Verhältnisse sind nicht nur die Werke Jeremias Gotthelfs eine Fundgrube, sondern auch jene des «Philosophen von Bümpliz», Carl Albert Loosli (1980), der sich zeit seines Lebens unentwegt gegen die Entmündigung und die moralischen Verbrechen an den Bedürftigen und Mittellosen einsetzte.*

**Abbildungen**

StA BL, NA, Armensachen G 2.3.13: S. 117.
Fotoarchiv Werner Spichty, Basel: S. 119.
Fotoarchiv Johann Baptist Anklin-Jermann, Inv.Nr. 11107; Erich Anklin, Zwingen: S. 120.
Elisabeth Meier, Peter Stöcklin, Diegten: S. 121.
Der Bauernkalender 1906, Langnau: S. 122.
StA BL, NA, England D 3: S. 123.
Ortssammlung Gelterkinden, Gelterkinden, Inv.Nr. 1015: S. 125.
Der Armenerziehungsverein von Basel-Land. Fünfter allgemeiner Bericht abgelegt nach 25-jähriger Wirksamkeit 1875, Liestal 1875: S. 127.
Pierre Gürtler, Blauen: S. 129.

Reproduktionen durch Mikrofilmstelle.

**Anmerkungen**

1 StA BL, NA, Armensachen G 2.3.13, 1874; vgl. auch Gysin-Scholer 1997, S. 108.
2 Grieder 1991, S. 116 und S. 165.
3 In StA BL, NA, Zivilstand K, dem Verzeichnis der Einbürgerungen, kommt Eduard Correncourt in Arlesheim nicht vor.
4 Dazu ausführlich auch statistisch Ryter 1994, S. 101–117 und S. 127–146.
5 Basellandschaftlicher Armenerziehungsverein 1973, Bericht Liestal 1851, S. 15.
6 Gysin-Scholer 1997, S. 33–34. 1870: 487 Kinder unter 16 Jahren wurden unterstützt.
7 Dazu ausführlich Sachsse/Tennstedt 1986; Niess 1982.
8 Schoch/Tuggener/Wehrli 1989, S. 19.
9 Vgl. Bd. 5, Kap. 16.
10 Grieder 1991, S. 84.
11 Gysin-Scholer 1997, S. 276f.
12 Basellandschaftlicher Armenerziehungsverein 1973, Bericht Liestal 1854, S. 47.

1 Die Geschichte des Carl Benjamin Dunkel entstammt einer Recherche anhand verschiedenster Aktenbestände: StA BS, Gerichtsprotokolle DD und EE; StA BS, Auswanderung; StA BS, Fremde Staaten Nordamerika A 4, Freundschafts-, Niederlassungs- und Auslieferungsvertrag der Schweiz mit Nordamerika 1855–1935; StA BL, NA, Straf- und Polizeiakten, Strafvollzug B2, Einzelne Fälle.

# Gesundheit und Krankheit

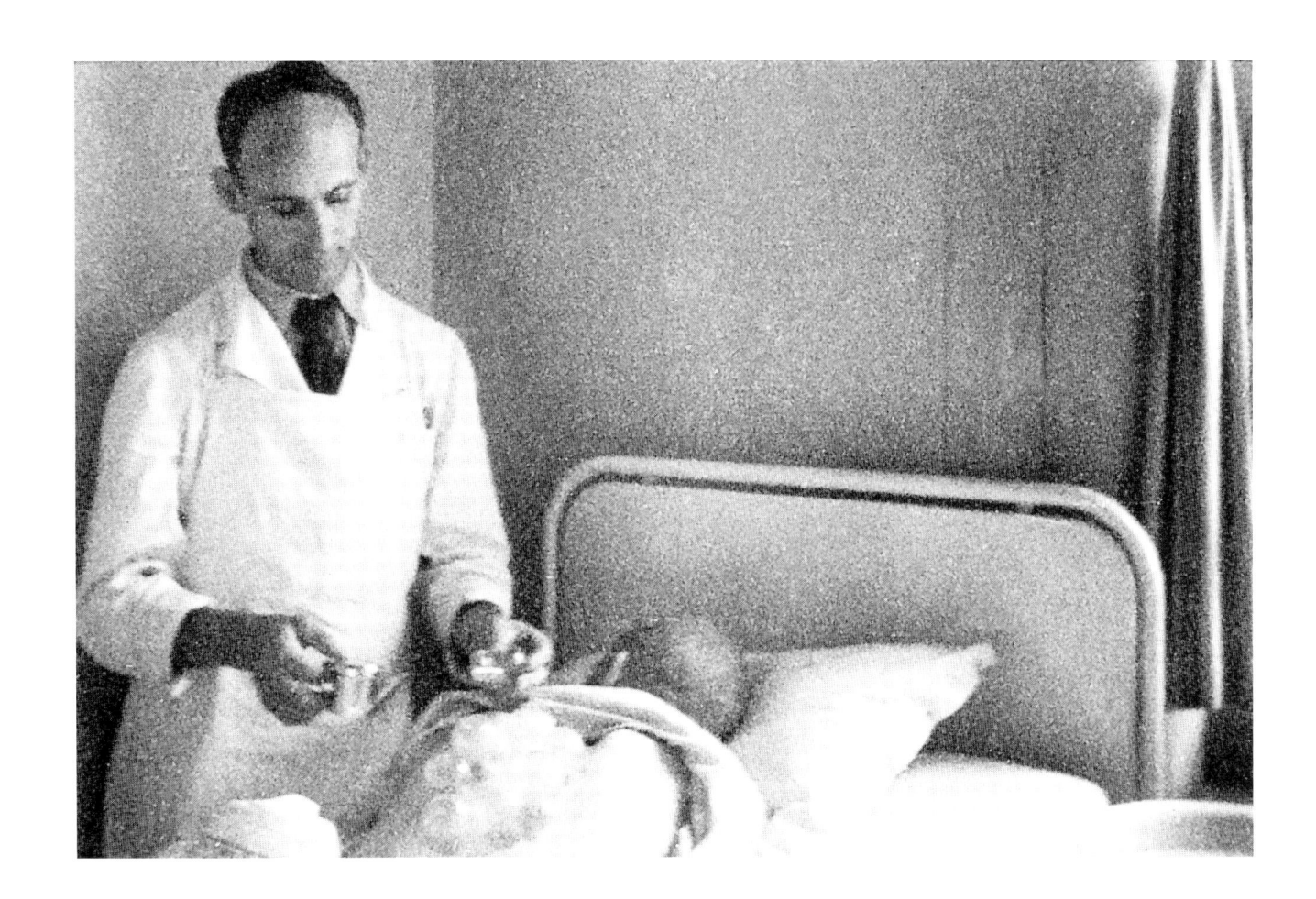

*Bild zum Kapitelanfang*
**Arzt und Patient: Psychiatriepflege**
*Ein Pfleger beim Schröpfen eines Patienten in der Kantonalen Psychiatrischen Klinik, dem Hasenbühl. Bis in die 1950er Jahre gab es kaum wirksame Therapien für psychisch kranke Menschen. Mit Dauerbad, Schockkuren oder mittels Arbeitsprogrammen versuchte man, die Patienten zu «normalisieren».*

**«Schpittel»**
*Der «Schpittel» in Liedertswil 1942. Er war 1782 erbaut worden.*

## Vom «Schpittel» zum Spital

«Wer aber kein Vermögen hat, ist in Tagen der Krankheit doppelt arm», schrieb 1872 der Armeninspektor Martin Birmann.[1] Seine Kritik an der sanitätspolitischen Versorgung war begründet. Martin Birmann war seit Anfang der 1850er Jahre Leiter der Spitalkommission und hatte als Mitglied der Kirchen-, Schul- und Landarmengut-Kommission auch Einblick in die finanziellen Schwierigkeiten. Bis 1834 hatten in Liestal ein unteres und ein oberes Spital bestanden. Im Jahr eins nach der Trennung hatte die Verwendung des oberen Spitals als Kaserne mehr Gewinn versprochen. Der Kanton hatte daher die Insassen ins untere Spital verlegt. Vom oberen blieb nur noch der Strassennamen: die Spitalgasse. Das untere Spital stand am Ausgang des Röserentals, weitab vom Städtlein Liestal, und hatte seinen Namen «Spital» erst seit 1821. Die Bezeichnung, welche es vorher getragen hatte, gibt seinen Zweck besser wieder: Siechenhaus. «Feldsiechen» oder «Sondersiechen» wurden die Aussätzigen genannt, welche zur Hauptsache im Siechenhaus Aufnahme fanden.

## «Siechen»

Weil die Gemeinden im «Siechenhaus» ein probates Mittel fanden, ihre Armen mit irgendeiner Begründung abzuschieben, bekam das Siechenhaus immer mehr den Anstrich eines Armenhauses. Was im Volksmund «dr Schpittel» hiess – das gab es auch in anderen Gemeinden –, war mit einem Spital nicht vergleichbar. Es war ein Käfig für Arme, Alte und Gebrechliche. Es war halb Gefängnis, halb Anstalt. Wer darin landete, war lebendigen Leibes begraben. Den Weg zu einer Lösung dieses Problems, der unhaltbar gewordenen Versorgung der Allerärmsten der Gesellschaft, beschritt der Kanton Basel-Landschaft mit dem Bau des neuen Spitals zwischen 1851 und 1854. Doch lagen nach wie vor Arme, Alte, geistig und körperlich Behinderte und physisch Kranke in einem Haus nahe beieinander: Einer Zahl von etwa 400 Insassen stand ein Grüpplein von 11–15 Ordensschwestern als

**Aussatz**
Aussatz war eine hochansteckende Krankheit, welche unter dem Namen Lepra heute noch bekannt ist. Sie endete fast immer mit dem Tod. Noch schlimmer als der Krankheitsverlauf war das Aussehen der Kranken. Eitrige, offene Geschwüre verunstalteten sie und machten sie für die Gemeinschaft im Dorf nicht nur unansehbar, sondern durch die Ansteckungsgefahr auch unakzeptierbar. Sie wurden daher aus den Dörfern vertrieben und waren obdachlos. Von daher der Name «Feldsiechen». Der Name «Sondersiechen» stammt aus der Zeit, in der die Aussätzigen bereits in den Siechenhäusern Aufnahme fanden, von anderen Kranken und Gebrechlichen jedoch abgesondert wurden. Später waren die Aussätzigen verschwunden, die «Siechenhäuser» waren geblieben. In ihnen befand sich eine ganze Reihe an anderen Krankheiten leidender Menschen: geistig und körperlich Behinderte, aber auch andere Randständige der Gesellschaft, so genannte Liederliche, Vaganten und notorische Alkoholikerinnen und Alkoholiker. Auch kantonsfremde Arme, welche auf den berüchtigten «Bettelfuhren» eingebracht wurden, landeten im Siechenhaus.

## GESUNDHEIT UND KRANKHEIT

**Versorgungsanstalten**
*Nicht zufällig baute man 1878 die neue Strafanstalt (rechts im Bild) nahe dem Spital, der so genannten Pfrund von 1854 (links) – draussen vor den Toren Liestals. Arme, Kranke, Alte und Straffällige sollten von der Gesellschaft fern gehalten werden.*

Pflegepersonal gegenüber. Das neue Haus war schon bald bis in die hintersten Räume belegt. Eine Trennung der Gruppen von Insassen war ein Ding der Unmöglichkeit. Vor allem die Kranken konnten nicht angemessen untergebracht und behandelt werden. Martin Birmann schilderte die Zustände so: «Ihrer Viele sind Fremdlinge und haben sonst oft niemand, der sich um sie kümmert. Sie kommen in den Spital, werden verpflegt, sterben und werden theilnahmlos begraben. Aber wenn dann aus der Fremde noch eine arme Mutter zum Begräbnis kommt und am Grabe ihres einzigen braven Sohnes klagt – und man sich selber sagen muss: unter bessern Verhältnissen wäre dieser nach menschlichem Ermessen wohl nicht gestorben – wird da die Klage der Wittwe nicht zur durchdringenden Anklage gegen das Land?»[2]

Martin Birmann mühte sich deshalb ab, den Neubau eines Spitals als medizinischer Anstalt zu erreichen. Ihm zur Seite standen die Ärzte Johann

**Psychiatrie-Krankenschwestern 1932**
*Im Gegensatz zur Krankenpflege galt die «Irrenwartung» lange nicht als typischer Frauenberuf. Es war eine körperlich schwere Arbeit mit niedrigem Sozialprestige. Erst im 20. Jahrhundert wurde eine eigentliche Ausbildung eingeführt.*

### Die Pflege ist weiblich

Vor allem die Entdeckungen der Bakteriologie sowie die Fortschritte in der Anästhesie brachten der Ärzteschaft die gewünschten Heilerfolge. Der «Schpittel» hatte damit eine neue Funktion. Er war nicht länger Sterbehaus der Armen, sondern erlangte einen Ruf als medizinische Heilanstalt. Zudem wurde er in den letzten Jahrzehnten des 19. Jahrhunderts auch zum Ort der medizinischen Praxis. Immer mehr verschob sich diese von der Behandlung zu Hause hin zur Behandlung im Spital. Parallel dazu gestaltete sich auch die innere Struktur des Krankenhauses um. Mit dem Aufschwung der akademisch geschulten Medizin im 19. Jahrhundert ging sowohl eine Trennung in verschiedenste Bereiche als auch eine Medikalisierung und eine Professionalisierung des gesamten Pflegewesens einher.[1]

Denn mit der rasanten Entwicklung der Medizin als Wissenschaft entfernte sich der Arzt immer mehr von der Behandlung der Patientinnen und Patienten. Er forschte, er lehrte, er diagnostizierte und verschrieb. Die Patientinnen und Patienten pflegen, das sollten andere tun. Dazu waren die Frauen da: die Schwestern, die Kranken-Schwestern und die gemeinnützigen Frauenvereine.[2] Dass es zunächst ausschliesslich religiöse Ordensschwestern

BAND FÜNF / KAPITEL 9

134   GESUNDHEIT UND KRANKHEIT

**Schulmedizin**
*Schon als junger Mann half Arnold Baader dem Vater in dessen Arztpraxis in Gelterkinden, begleitete ihn auf den Visiten und assistierte bei Operationen.*

Jakob Baader, Bezirksarzt von Sissach und 1866 bis 1869 Nationalrat, und Franz Eduard Fries, der politische Flüchtling aus Deutschland, Arzt zuerst in Reinach, dann in Sissach, dessen umfangreiches Herbarium eine bedeutende Sammlung darstellt. Birmann liess auf eigene Rechnung Pläne erarbeiten, welche er dann dem Regierungsrat schenkte. Nach nur zwei Jahren Bauzeit konnte 1877 das neue Spital, jetzt ein richtiges «Krankenhaus», seine Tore öffnen. Nach 20 Jahren Betrieb wurde es 1897 erstmals erweitert. Nach und nach wurde es erneuert und umgebaut: elektrisches Licht, Telefon und fliessendes Wasser, all das hatte es am Anfang nicht gegeben. Auch das alte Spital wurde mehrmals umgebaut. Das ehemalige Siechenhaus wurde in privaten Besitz gegeben und 1955 abgerissen. Wesentlichster Schritt auf dem Weg zur sanitätspolitischen Moderne war die Inbetriebnahme einer eigenen psychiatrischen Anstalt. Das «Hasenbühl» wurde 1934 eröffnet.

So widerspiegelt die Baugeschichte der verschiedenen Institutionen die Differenzierung der medizinischen Versorgung. Dies lässt sich auch am Neubau des Kantonsspitals Liestal von 1962 und am nur wenig später erfolgten Bau des Kantonsspitals Bruderholz wie auch am Bau des neuen «Hasenbühls» weiterverfolgen.

**Naturärzte**
Genau wie sein Vater es getan hatte, widmete sich auch Arnold Baader als Arzt dem medizinischen Fortschritt.[3] «Die Gesundheit», schrieb er, «ist für Alle ein köstliches Gut.» Doch anders als die Generation seines Vaters hatte sich Baader junior nicht damit auseinander zu setzen, dem widerspenstigen Volk klar zu machen, dass ihm ein Spital trotz der hohen Kosten zum Nutzen gereichen könnte. Seit Vater Baader sich für die Schaffung eines Kantonsspitals engagiert hatte, das diesem Begriff endlich auch Ehre machte, hatten sich die Vertreter der neuen, auf naturwissenschaftlicher Basis stehenden Medizin, hatten sich die ausgebildeten Ärzte zu einem eigenen und immer machtvolleren Berufsstand entwickelt. Knapp 30 Jahre

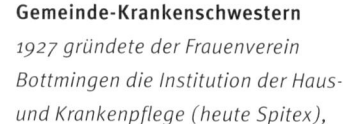

**Gemeinde-Krankenschwestern**
*1927 gründete der Frauenverein Bottmingen die Institution der Haus- und Krankenpflege (heute Spitex), unterstützt von der Gemeinde. Schwester Anneliese Utzinger (hier umrahmt von ihren Schwestern) war von 1934 bis 1956 für den Frauenverein tätig.*

Laufen - Partie beim Obertor

**Modernes Spital**
*Das Feningerspital in Laufen, heute Kantonsspital Laufen, verkörperte den neuen Typus des Krankenhauses im 19. Jahrhundert. Der Gründer, Chirurg Joseph Konrad Feninger, legte in seinem Testament 1869 ausdrücklich fest, das zu errichtende Bezirksspital sei nicht für Chronisch- oder Geisteskranke bestimmt. Noch gab es allerdings eine eigene Pfründerabteilung für arme und alte Menschen. Die Führung des Spitals oblag einem dort wohnenden Arzt, um die Kranken kümmerten sich bis 1977 katholische Ordensschwestern.*

nach dem Erfolg eines neuen Spitals in Liestal gingen sie nun daran, ihren Berufsstand zur Monopolorganisation auszubauen. Seinen Umzug von Gelterkinden nach Basel begründete Arnold Baader nicht mit der aussichtsreicheren Geschäftslage, sondern mit der Konkurrenzsituation im oberen Baselbiet. Er schrieb: «Ihr könnt wohl denken, wie schwer es mir fällt, wegzuziehen. Ich habe aber nach jeder Strapaze Husten und – fast keine Patienten mehr! Aus Dörfern, wo ich früher Alles hatte (Wenslingen, Rünenberg, Zeglingen, Oltingen, Anwyl) läuft Alles ausnahmslos zu dem Pfuscher Peter Rickenbacher, Säupeter, der ungestraft practiciert.» Peter Rickenbacher: das war kein geringerer als der «Zegliger Peter», zusammen mit Margaretha Bühler von Liestal der bekannteste und populärste Naturarzt des Baselbiets. Im Sommer 1880 wurde dem Zegliger Peter, der Margaretha Bühler und zwei anderen bekannten Heilpraktikern faktisch ein Berufsverbot auferlegt. Dessen Durchsetzung blieb aber äusserst mangelhaft.

waren, die den Dienst als Krankenschwestern versahen, findet seine Begründung im religiösen Gebot der Nächstenliebe, aus dem sich die karitative Pflege des leidenden Nächsten ableitete. So arbeiteten im Hasenbühl, der Psychiatrischen Klinik in Liestal, viele Diakonissen aus dem Mutterhaus Siloah in Gümligen bei Bern.[3]
Sie erhielten alles andere als eine tief schürfende, fundierte Ausbildung, konnten ihren Einsatzort nicht frei wählen, wohnten zu zweit in engen Dachkammern des Hasenbühls und arbeiteten im grossen Ganzen «für Gottes Lohn». Aber sie agierten nicht individuell, verstanden sich nie als Einzelkämpferinnen, sondern immer als Team: «Die Diakonissen halten zusammen, da kommt kein Faden durch», soll der Chefarzt des Hasenbühls, Dr. Stutz, die Solidarität unter seinen Schwestern gelobt haben.

Der Mann als ärztlicher Halbgott in Weiss; die Frau als solidarisch helfende Schwester, die «der Medizin den Charakter der hingebenden, helfenden Nächstenliebe sichert». Frauenarbeit als Hilfsarbeit, als zudienende Tätigkeit, blieb lange Jahre untergeordnet. Kaum ein anderer gesellschaftlicher Bereich macht die beiden Pole des Geschlechterverständnisses im bürgerlichen Zeitalter deutlicher.

**Naturarzt**
*Über den Naturarzt Peter Rickenbacher kursierten um die Jahrhundertwende zahlreiche Anekdoten. Weil er seine Diagnosen aus dem mitgebrachten Urin der Patienten las, nannte man ihn auch den «Wasserdokter».*

Die Naturärzte sahen der fortschreitenden Disqualifizierung als «Kurpfuscher» und «Quacksalber» durch die Gilde der akademisch gebildeten Ärzte nicht tatenlos zu und lancierten 1880 mit einer Initiative den Kampf um die Freigabe der medizinischen Praxis. Ihre Petition fand in der Abstimmung die Mehrheit. Fast 60 Prozent der Stimmenden nahmen am 26. Dezember 1880 die Initiative an, was bedeutete, dass Regierungsrat und Landrat ein neues, verändertes Sanitätsgesetz zu entwerfen hatten. Doch bei der Verabschiedung des neuen Gesetzes war nach den drei Lesungen von einer Freigabe nichts mehr zu entdecken. Unterstützt vom Sanitätsrat versuchten die Ärzte die ihnen lästige Konkurrenz der Naturärzte und der Volksmedizin auszuschalten. Dies gelang nicht, denn schon 1885 stand die nächste Initiative ins Haus. Getragen wurde sie dieses Mal vom Grütli-Verein Läufelfingen. Wieder fand die Freigabe der ärztlichen Praxis in der Abstimmung eine Mehrheit. Jetzt floss zum ersten Mal die freie Ausübung des Arztberufes in den Gesetzesentwurf ein, wie es die Abstimmung ergeben hatte. Aber der Regierungsrat schränkte in den Ausführungsbestimmungen die freie Praxis wieder ein. Das Gesetz wurde in der Abstimmung nicht angenommen.

Als sich 1924 ein neuer Vorstoss regte, hatten sich die Naturärzte schon zum Homöopathen-Verband Baselland zusammengeschlossen und machten nun ihrerseits standespolitische Argumente geltend, dass nicht jedem, «auch dem Unberufensten Tür und Tor zur Ausübung der homöopathischen Heilmethode» geöffnet werden dürfe. Der Gesetzesentwurf wurde verworfen. Ebenso wenig kam ein neues, total revidiertes Sanitätsgesetz 1932 durch. «Sanitätsgesetze sind nicht die starke Seite des Volkes», schrieb die ‹Basellandschaftliche Zeitung›. Erst 1947, nach 67 Jahren Auseinandersetzung, fand mit äusserster Knappheit ein Sanitätsgesetz die Gnade der Stimmenden, welches die Ausübung der Naturarzt-Praxis gestattete, sofern die betreffenden Bewerberinnen oder Bewerber «sich durch Zeugnisse über ihre Schulbildung und fachliche Ausbildung ausweisen» konnten und eine Prüfung bestanden.

**Alternative Heilmethoden**
*1921 eröffnete die Ärztin Dr. Ita Wegman in Arlesheim eine Privatklinik für alternative Heilmethoden. Die Ita-Wegman-Klinik stand unter dem Einfluss der Anthroposophie Rudolf Steiners und bildet heute zusammen mit anderen Heilinstituten ein überregionales Zentrum anthroposophischer Medizin.*

## GESUNDHEIT UND KRANKHEIT

Der jahrzehntelange Streit zwischen «Naturmedizin» und «Schulmedizin» offenbart die Widerständigkeit der traditionellen Heilmethoden gegen die akademische Lehre. Die beiden Richtungen hätten durchaus nebeneinander existieren können. Die wissenschaftlichen Mediziner akzeptierten diese Gleichberechtigung nicht. Zwar hatten am Schluss der Auseinandersetzung die Naturärzte die Nase vorn. Sie erlangten die Freigabe der Praxis. Aber diese Freigabe hatte ihren Preis. Indem sie eine Prüfung in medizinischen Fächern als Ausweis ihrer wissenschaftlichen Grundlage akzeptierten, entfernten sich die Naturärzte – ganz in Sorge um die Sicherstellung der eigenen Verdienste – von einem zentralen Grundsatz ihrer eigenen Tradition.

**Kurort Langenbruck**

*Im Kanton Basel-Landschaft gab es im 19. Jahrhundert eine grosse Anzahl von Bädern und Luftkurorten. In Langenbruck etablierte sich der Kurbetrieb nach 1850. Die Postkarte stammt aus der Glanzzeit zwischen 1890 und 1914. Auf der idealisierten Dorfansicht ist hinten das 1873/74 erbaute Kurhaus zu sehen, das in Wirklichkeit weit bescheidenere Ausmasse hatte. Am rechten Bildrand, in Hanglage, das Sanatorium Erzenberg (1894/95).*

### Gesundheits-Tourismus

Zehn Badekabinette mit zwölf Wannen, Strahl- und Regendouchen, eine Trinkhalle und Molke aus der Dorfkäserei: Das Kurhaus in Langenbruck, gebaut 1873/74, verfügte über den modernsten Standard an Kureinrichtungen. Für die vorgesehenen 100 Gäste standen 61 Zimmer zur Verfügung, Gänge, Vestibül und sogar die Abtritte waren mit Warmluft beheizt. Anvisiert wurden sowohl die traditionellen Gäste des Ortes als auch neue zahlungskräftige Publikumsschichten. Hinter seiner Errichtung standen nicht primär sozialmedizinische Interessen wie Stärkung der Volksgesundheit oder Schaffung von Erholungsstätten. Die Investoren, meist Vertreter der städtischen Elite, setzten auf die Förderung des Fremdenverkehrs. Kur-Tourismus blieb bis zum Ersten Weltkrieg ein «Klassenmerkmal», ein Privileg der bürgerlichen Oberschicht. Für Langenbruck bedeutete der Bau des Kurhauses eine markante Zäsur. Zwar mussten die Betreiber 1883 infolge der konjunkturschwachen Jahre Konkurs anmelden. Langfristig jedoch stärkte der professionell geführte Betrieb die Anziehungskraft des Ortes. Luft- und Badekurorte gab es schliesslich gegen Ende des 19. Jahrhunderts in vielen Gemeinden des Kantons: zum Beispiel in Ettingen oder Ramsach.

BAND FÜNF / KAPITEL 9

**Lesetipps**

*Über Gesundheit und Krankheit im Baselbiet ist bislang wenig bekannt. Es liegen zu einzelnen Persönlichkeiten aus der Volksmedizin oder aus der Gesundheitspolitik Biographien vor. Zum Beispiel über Peter Rickenbacher ein Beitrag von Dominik Wunderlin (1980) oder Martin Birmann, die Biographie von Fritz Grieder (1991).*

*Beatrice Schumacher beschreibt in Auf Luft gebaut (1992) anschaulich die Entwicklung des Luftkurorts Langenbruck zwischen 1830 und 1914.*

**Abbildungen**

Jakob Baumann-Jaun, Liestal:
S. 131, 133 unten.
Fotoarchiv Seiler, StA BL, Inv.Nr. KM 00.789, KM 00.249: S. 132, 133 oben.
Armin Baader, Gelterkinden: S. 134 oben.
HK Bottmingen 1996;
Maya Schweighauser, Bottmingen:
S. 134 unten.
Pierre Gürtler, Blauen: S. 135 [A].
Peter O. Rentsch, Liestal: S. 136 oben.
Ita-Wegman-Klinik, Arlesheim:
S. 136 unten.
Beatrice Schumacher, Basel: S. 137.

[A] = Ausschnitt aus Originalvorlage
Reproduktionen durch Mikrofilmstelle.

**Anmerkungen**

1 Sutter 1966; Grieder 1991.
2 Zitiert nach: Sutter 1966, S. 13.
3 Das Folgende nach Epple 1993.

1 Bischoff 1984; Fritschi 1989.
2 Wirthlin 1993; Benz Hübner 1992.
3 Braunschweig 1997, S. 69.

# Bildung, Schule, Erziehung

140   BILDUNG, SCHULE, ERZIEHUNG

*Bild zum Kapitelanfang*
**Schulklasse aus Wintersingen 1896**
*Mit Romantik hatte der Schulalltag wenig zu tun. Dass der Unterricht geschwänzt wurde, hatte meist handfeste Gründe, wie folgendes Schreiben zeigt:*
*«Liestal, den 16. März 1896.*
*An das Polizeidepartement Basel-Stadt.*
*Sehr geehrter Herr Regierungsrat*
*Es kommt vielfach vor, dass Arbeitgeber der Stadt Basel Schüler aus den der Stadt benachbarten basellandschaftlichen Dörfern in Arbeit einstellen, ohne dass diese Schüler der Schule entlassen sind. So sind gegenwärtig folgende Schüler aus Allschwil in Basel in Arbeit:*
*1. Joh. Kugler bei Baumeister Petitjean,*
*2. Joh. Stöcklin bei Baumeister Heinrich Damm, Burgunderstrasse, 3. Albin Haberthür bei Baumeister Petitjean,*
*4. Rosa Fäck in der Fabrik Von der Mühll, Spitalstrasse, 5. Josephine Werdenberg, 6. Bertha Kenk, 7. Anton Böhler, bei Lithograph Peter, St. Peterskirchplatz. Alle diese Schüler haben noch bis Mitte April die Schulen in Allschwil zu besuchen. Sie würden uns sehr zu Dank verpflichten, wenn Sie dahin wirken könnten, dass Arbeitgeber in der Stadt Basel solche noch schulpflichtigen Kinder nicht in Arbeit einstellen dürften. Wir benützen diesen Anlass, Sie unserer vorzüglichen Hochachtung zu versichern.»*

**Heinrich Zschokke**

«So bietet die kürzlich ausgeschriebene Lehrerstelle für deutsche Sprache, Geschichte und Geographie an der Bezirksschule Liestal doch ausser einem besseren Gehalte noch mehrere andere bedeutende Vorteile dar, welche meine Stelle mir nicht gewährt.» Mit diesen lobenden Worten bewarb sich der deutsche Lehrer Hermann Günther 1839 um eine Anstellung in Liestal. Er hatte Erfolg. Dass wieder ein Fremder angestellt wurde, mochte manch einem eingefleischten Baselbieter, der lieber einen einheimischen Lehrer gesehen hätte, ein Gräuel sein. Doch die Regierung liess über das ‹Baselbieter Wochenblatt› alle Interessierten wissen, dass «besonders auch in Basel-Landschaft, bis jetzt immer noch Leute fehlten, welche an die obern Lehrstellen passten und dass uns in dieser Hinsicht wissenschaftlich gebildete Deutsche schon Wesentliches geleistet haben».[1] Günther entsprach offensichtlich den Vorstellungen des Baselbieter Schulinspektors Johann Kettiger von einem guten Lehrer, die dieser an Johann Heinrich Pestalozzi geformt hatte. «Nicht das ist die Frage, wie viel wir lernen von dem Gegenstand, sondern das Wie wir an ihm etwas gewinnen an Bildung.» Mathematik und andere naturwissenschaftliche Fächer wurden besonders gefördert. Das Fachlehrersystem war ebenfalls neu. Und auch die körperliche Ertüchtigung, den Turnunterricht, sahen die Protagonisten des neuen Schulmodells als Notwendigkeit an. Sie erklärten ihn im neuen Lehrplan von 1851 als obligatorisch. Diese feste Basis des Unterrichts war eine Neuheit – nicht nur für die Landschaft.[2]

## Bildung Macht Schule

Die Basler Schulordnung von 1766 ist ein Beispiel, dass von den aufklärerischen Geistern wie Isaak Iselin die öffentliche Schule als Werkstatt begriffen wurde, «wenn man Menschen veredeln, Gewerbe, Künste und Wissenschaften befördern und Nahrung und öffentlichen Wohlstand seines Landes erhöhen will».[3] Von den Menschen auf der Landschaft war da freilich noch wenig die Rede. Zu Zeiten des jungen Martin Birmann besuchten gerade

**Wie Oswald Schule hält**
«Inzwischen, sobald die Wintertage kamen, fing Oswald mit der Schule an. Den ersten Tag stellte er sich vor die Haustür und empfing daselbst die Schulkinder. Hatten sie kothige Schuhe, mussten diese dieselben mit Stroh rein fegen, und die Sohlen abkratzen am Eisen vor der Thür, damit sie den sauberen Fussboden des Zimmers nicht besudelten. Dann reichte er jedem zum Willkommen freundlich die Hand. Waren aber die Hände unreinlich, mussten sie erst zum Brunnen und Gesicht und Hände waschen. Waren ihre Haare nicht zierlich gekämmt, schickte er sie in ihre Häuser zurück, sich kämmen zu lassen. Die aber, welche reinlich und wohlgekämmt erschienen, küsste er freundlich auf die Stirn. Die Buben und Mägdlein verwunderten sich sehr; einige schämten sich, andere lachten, noch andere weinten. So etwas war ihnen noch nie widerfahren. [...] Viele Leute im Dorf verdross das; allein sie hatten in der Schule nichts zu befehlen, und mussten geschehen lassen, wie Oswald wollte. So kam es, dass in wenigen Wochen die Schulkinder gross und klein, arm und reich, alle äusserst reinlich am Leibe wurden, wenigstens so lange sie beim Schulmeister waren. [...] Das war den Bauern in Goldenthal ganz unbegreiflich, umso mehr, da dieser Schul-

etwas mehr als ein Dutzend Landschäftler die höheren Schulen in der Stadt. Auf dem Land gab es fast keine Schulen, die mehr waren als vom Pfarrer organisierte Zirkel des Nachbetens. Pfarrherren wie Sebastian Spörlin, Niklaus Iselin, Carl Ulrich Stückelberger oder Markus Lutz hingegen förderten die bessere Bildung auf der Landschaft. Der erste Versuch dauerte aber nur zwei Jahre. 1802 eröffnet, musste die Realschule Liestal schon 1804 wieder geschlossen werden.[4]

Den allerersten Anlauf für mehr schulische Ausbildung auf der Basler Landschaft hatte Peter Ochs unternommen. Von ihm stammte die erste Schulordnung für die Landschaft. Er hatte dafür gesorgt, dass in Sissach 1808 ein erstes Lehrerseminar eröffnet wurde. Aber die Situation blieb lange Jahre kümmerlich, ja jämmerlich. Das Seminar in Sissach wurde bereits 1813 wieder geschlossen, bevor es an neuem Ort, in Muttenz, 1814 wieder ins Leben gerufen wurde. Die Stadt investierte zu wenig Energie, zu wenig Hartnäckigkeit, die es gebraucht hätte. Es gab keine richtigen Schulhäuser, sondern lediglich mehr schlechte als rechte Schulstuben, die oft genug in irgendwelchen sonst nicht gebrauchten Räumlichkeiten untergebracht waren. Vom Lehrer Rudin in Lauwil heisst es, er habe bei seiner Prüfung nur gerade seinen eigenen sowie den Namen der Gemeinde und das Datum schreiben können und müssen, um – noch vor seiner eigenen Konfirmation – als Lehrer tätig zu sein.[5] Man muss sich auch die Grössenverhältnisse vor Augen halten. 1839 umfasste eine Klasse an die 100 Kinder.

### «Volksbildung ist Volksbefreiung»

Die Bildung bedeutete den Politikern des eben erst von der Stadt losgekommenen Kantons viel. Es galt die Losung der Aufklärung: «Volksbildung ist Volksbefreiung». Doch wog eine republikanische Gesinnung zur Zeit der Kantonstrennung noch mehr. Nicht nur die Pfarrer traf der Bannstrahl der Baselbieter Regierung, sondern auch viele Dorfschullehrer mussten als Freunde der Stadt, als Aristokraten, trotz gutem Zeugnis der Gemein-

**Johann Kettiger**

*Johann Kettiger wächst in Liestal auf. Nach dem Besuch der Primarschule und einer Lehre bei Bezirksschreiber Heinimann in Liestal beginnt er, 17-jährig, als Schreiber zu arbeiten. 1824 bis 1826 ist er Schüler des Lehrvereins und Hospitant der Kantonsschule Aarau. In Basel bekommt der Landschäftler keine feste Anstellung. 1829 eröffnet er dort eine private Elementarschule. Er nimmt an der Entwicklung des 1832 gegründeten Landkantons zuerst ausschliesslich mit Wort und Schrift teil, bevor er 1839 einem Ruf des Landrats zum Schulinspektor folgt. Kettiger ist eine führende Gestalt im jungen Baselbiet. Im Landrat jedoch findet er nicht immer Mehrheiten. 1855 wird er in die Regierung gewählt, nimmt das Amt aber nicht an, weil er die Arbeit des Inspektors nicht missen möchte. Dagegen folgt er 1856 einem Ruf zum Direktor des Lehrerseminars Wettingen.*

---

meister sich zur guten Zucht weder des Haselstocks noch der Birkenruthe bediente. [...] Einige alte Bauernweiber sagten öffentlich, das ginge nicht mit rechten Dingen zu, und riethen, man solle keine Kinder mehr zum Schulmeister lassen.» Doch Oswald, der neue Schulmeister in Heinrich Zschokkes Roman ‹Das Goldmacherdorf› von 1824, setzt sich durch. Er reformiert freilich nicht nur die Schule, derartige Ziele sind für den fortschrittlichen Mann zu klein, nein, er organisiert nach und nach das ganze Dorf neu. Alkohol und Misswirtschaft werden verbannt, die alten, bloss auf ihren eigenen Vorteil bedachten Dorfkönige werden abgesetzt.

Uneigennützig verhilft Oswald den Bauernfamilien zu genossenschaftlichen Ställen und Milchwirtschaft. Dank ihm erlebt das Dorf eine neue, nie erahnte Blüte. ‹Das Goldmacherdorf› wird eine riesige Auflage von etwa 5000 Exemplaren erreichen. Seine einfache und deutliche Sprache können auch Bäuerinnen und Bauern lesen. Zschokke – er hat Molières Komödien übersetzt – inszeniert das Dorf Goldenthal in allen seinen Schattierungen. Durch seine fein ironische, aber naiv wirkende Überzeichnung der Charaktere, welche den Reformer Oswald in predigerhaften, dessen Gegenspieler, die Wirte, in diabolischen Zügen malt, gelingt Zschokke ein

**Arbeit gegen Schule**
*Freilich waren es nicht nur die Politiker, die über das Gelingen des Bildungsausbaus befanden. Zum Erlahmen des Schwungs trug nämlich auch der weniger laute als viel eher stumme Protest weiter Teile der Bevölkerung bei. Viele Eltern vermochten nicht einzusehen, welchen Sinn die Schule für ihre Kinder haben sollte. Und selbst wenn sie es einsahen: Sie brauchten die Arbeitskraft der Kinderhände auf dem Feld, am Webstuhl, im Stall. Ausbildung war für sie nicht schulisch, sondern an der Praxis der Berufsarbeit orientiert. Es wäre aber falsch, die Feindschaft gegen die Schule nur der in der Landwirtschaft tätigen Bevölkerung mit ihren an der Tradition orientierten Lebensgewohnheiten zuzuschieben. Auch die mit den Begriffen Fortschritt und Modernität verbundene Arbeit, die Industriearbeit, forderte ihren Tribut. Die Menschen auf der Landschaft waren zum Teil so arm, dass ihre Kinder keine Socken trugen oder die Schuhe vor und nach dem Unterricht in der Hand hielten, um sie zu schonen. Dass zum Beispiel unter zehnjährige Kinder an der Schule vorbei in die Fabrik zur Arbeit gesandt wurden, kam häufig vor.*

*Oft schickten die Eltern die Kinder einfach nicht zur Schule oder verwendeten keine Mühe darauf, die Kinder vom Schuleschwänzen abzuhalten. Sonder Zahl waren die Klagen der Lehrer gegen die Schulversäumnisse.*

*Hinzu kam, dass die Gemeindebehörden der Forderung nach Bildung oft skeptisch gegenüberstanden, weil sie glaubten, durch ihre Ablehnung liessen sich Schulhausbauten vermeiden. Baute man aber kein Schulhaus, so hatte die Gemeinde Geld gespart. Schuleschwänzen, «neben die Schule laufen», war nicht deswegen gebräuchlich, weil die Menschen des 19. Jahrhunderts besonders disziplinlos und bildungsfeindlich gewesen wären, sondern allein deshalb, weil die Kinderarbeit einen bitter nötigen Zuschuss zum elterlichen Einkommen bedeutete.*

deräte für ihren Schulunterricht den Schuldienst quittieren. Den Verlust, den die Landschaft durch diese Entlassungswelle erlitt, machten ihre Politiker mit ihren guten Beziehungen zum Kanton Aargau wett. Im kantonalen Lehrerseminar wurden auch Baselbieter Lehrer ausgebildet, was ‹Der unerschrockene Rauracher› mit den Worten lobte: «Ehre einer Regierung, die auf so würdige Art dem neuen Kanton zu Hülfe kommt; denn da dürften gute Schullehrer bald nöthiger als Kanonen sein.»[6]

Als Erstes mussten im neuen Kanton Basel-Landschaft verbindliche Gesetze erlassen werden. Diese zu formulieren und für die Entwürfe dann einen breiten Konsens zu finden, war aber alles andere als einfach. Die Geister schieden sich nicht nur an der Frage: «Wie viel Schule braucht der Mensch überhaupt?», also an der Dauer des obligatorischen Schulunterrichts, sondern auch an der Beteiligung der Pfarrer am Unterricht wie auch an den Standorten der neuen Bezirksschulen.

### Der Schwung ging verloren

So herrschte im Baselbiet in der zweiten Hälfte des 19. Jahrhunderts neben dem Optimismus des Aufbruchs immer auch eine Enge des Horizontes vor, die von weiter gehenden Reformen im Bildungswesen nichts wissen wollte. Der anfängliche Schwung ging rasch verloren. Manch ein parlamentarischer Vetreter des Volkes fürchtete sich vor dessen Bildung und fand, im Grunde genommen sei mit der repräsentativen Verfassung doch für das Wohl aller gesorgt. Alles andere koste zu viel.

Aus der Uneinigkeit der Bildungsbefürworter lässt sich auch der Erfolg der Vetobewegung gegen das «Gesetz über die Organisation des Schulwesens im Kanton Basel-Landschaft» vom 14. Januar 1835, das erste Schulgesetz des Kantons, erklären. Das Bestreben der Vetobewegung war es nämlich nicht, Bildung generell zu verhindern, sondern die soziale und lokale Ungerechtigkeit des Gesetzes. Die Gegner des Schulgesetzes wollten nicht weniger, sondern mehr Schule, in erster Linie aber andere Verhältnisse. Ihr

anschaulicher und verständlicher Dorfroman. In manchem Haushalt wird neben der Bibel und dem Volkskalender ‹Das Goldmacherdorf› gelesen. Seine Geschichte lässt Zschokke bewusst im Irgendwo spielen. Was er den Dörflerinnen und Dörflern empfiehlt, hat allgemeine Gültigkeit. Schliesst euch zusammen, arbeitet für, nicht gegeneinander!, lautet sein Motto: Einen freiwilligen Gemeindegeist schlägt Zschokke vor. In einer von ihm und seinen Zeitgenossen als chaotisch erlebten Zeit orientiert sich Zschokke an drei Säulen: der familiären Ordnung, der patriarchalischen Väterlichkeit und der solidarischen Brüderlichkeit.[1]

**Das Programm und die Realität**
Doch was Zschokke im ‹Goldmacherdorf› propagiert, ist Programm, nicht Realität im Baselbiet. Nur ein Teil des Programms wird später auch in die Tat umgesetzt, lange nicht alle Ziele werden erreicht. Dazu ist der Argwohn zu sehr verbreitet, dazu sind die Widerstände zu gross. Vor allem, als immer deutlicher wird, dass die neue Elite des eben erst entstandenen, jungen Kantons gegen Vetternwirtschaft und Bereicherung auch nicht gefeit ist, wird in den Dörfern oft mit Ablehnung auf die liberalen und radikalen Reformen reagiert. Für Baselland kommt Zschokke gleichwohl ein besonderes Verdienst zu. Immerhin ist es

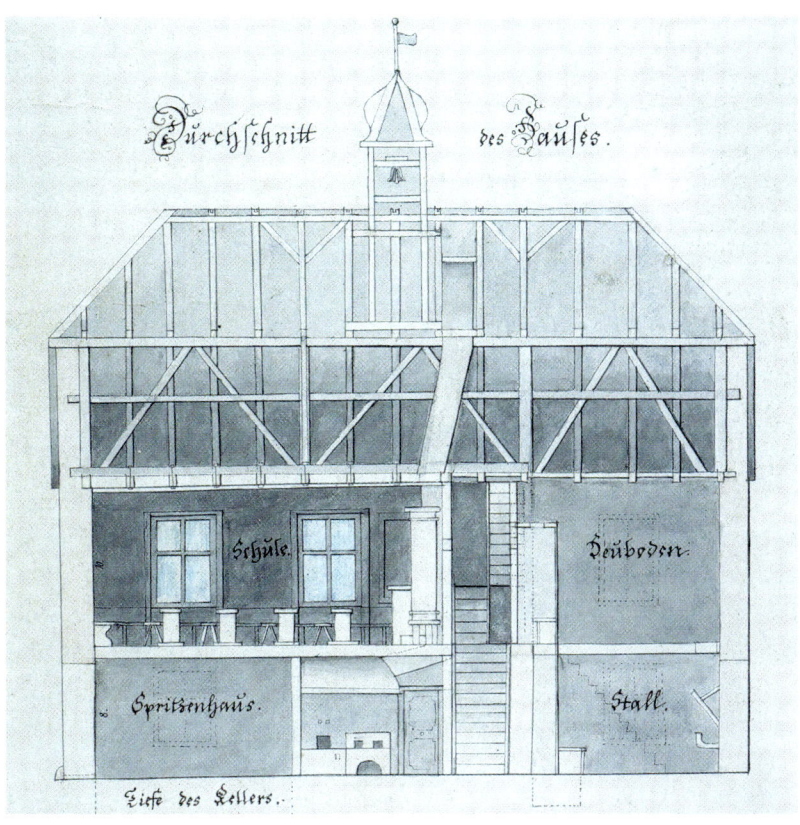

**Schul- und Armenhaus Lupsingen 1822**
*Im 19. Jahrhundert dienten Schulhäuser oft zugleich als Feuerwehrmagazin und Armenhaus. Neben der Schulstube lag die Lehrerwohnung, daneben Scheune und Stall für des Lehrers Vieh.*

Protest richtete sich hauptsächlich gegen die Rolle der Pfarrer im Schulwesen. Auch die Entlöhnung des Schulinspektors geriet ins Kreuzfeuer ihrer Kritik. Die Befürworter hingegen sahen den Grundsatz der Gleichheit schwinden, wenn nur vier Bezirksschulen eingerichtet würden.[7]

### Angestrebte Verbesserungen auf der langen Bank

In der Zeit der «Demokratischen Bewegung» des Christoph Rolle von 1863 und nachher konsolidierte sich die Schulpolitik. Dies heisst mit anderen, weniger positiven Worten das Gleiche wie «der Schwung ging verloren».

ein Auswärtiger, der sich wortreich am Aufbau des neuen Kantons beteiligt. Zusammen mit Ludwig Snell und Ignaz Paul Vital Troxler kommt er im Frühsommer 1833 in den Genuss des basellandschaftlichen Ehrenbürgerrechts. Ihre «auf vielfache und hingebende Weise» errungenen Verdienste um die Landschaft werden allseits anerkannt.[2] Heinrich Zschokke, einer der bedeutendsten Männer der Helvetik, Oberhaupt und unter vielem anderem auch Regierungsstatthalter in Basel, bedankt sich mit überschwänglichen Worten für die ihm zugedachte Ehre. Er habe «eine grosse Schuld abzutragen»: «Denn ich konnte es nie glauben, dass die Theilnahme am Un-

glück eines in seinen Rechten unterdrückten schweizerischen Brudervolkes oder das Mitkämpfen für dessen Freiheit und Wohlfahrt zum Verdienst angerechnet werden können.»[3] Freilich hat Heinrich Zschokke noch 1832 im ‹Schweizerboten› ganz ernsthaft die Aussöhnung zwischen Stadt und Landschaft Basel vorgeschlagen, überzeugt davon, dass dies die beste Lösung wäre.[4] Dieser Lösung bleibt er im Geiste treu, auch als er die politische Hoffnungslosigkeit seiner Idee einsehen muss. «Nun aber ist, zumahl im K. Basel, der Riss schon zu weit und tief gegangen in den gesellschaftlichen Interessen. Der Widerspruch der Grundsätze und gegenseitigen

Neues war nicht mehr möglich, ja schon das Bewahren des Erreichten benötigte enorme Kraft. Die Lehrer waren stets zu Neuem bereit, aber die Regierungsräte und der Landrat bremsten.

Bildungs- und Erziehungspolitik war lange Jahrzehnte Sozial- oder Armenpolitik und umgekehrt, was zum Beispiel im Namen «Armenerziehungsverein» zum Ausdruck kommt. Auch die Institutionen wie etwa die Richter-Linder'sche Anstalt (1853–1906) verkörperten beides.[8] Sie waren weder reine Erziehungsheime noch gemeinnützige Armenanstalten. Durch die den Zöglingen auferlegte industrielle Arbeit und ihre Orientierung am Gewinn waren sie von Anfang an eine für die Insassen unglückselige Einrichtung.

Die materiellen Aspekte – «Arbeit und Geld gehen vor Schule» – waren 1873 und 1876 am Scheitern eines Gemeindeschulgesetzes beteiligt. Die Kinderarbeit bedeutete eben einen wichtigen Zuschuss zum Einkommen. Lohnarbeit und Bildung standen einander gerade bei den ärmeren Schichten entgegen. Erst 1911 wurde das Gesetz angenommen. Dazwischen lagen 1907 und 1908 zwei vom Volk abgelehnte Vorlagen. Der Erste Weltkrieg und die Wirtschaftskrise der zwanziger Jahre brachten dem Ausbau des Bildungswesens nochmals eine Verlangsamung. Die Stagnation hielt bis zu den Wachstumsjahren nach 1950 an. Allerdings wurden bildungspolitische Fragen weiter diskutiert, wie zum Beispiel die Frage der Koedukation.

### Die Frauen, die «untergeordneten Wesen»

Im Zentrum der bildungspolitischen Bemühungen in den 1830er Jahren standen fast nur die Knaben und die jungen Männer, nicht die Mädchen und die jungen Frauen.

*«Schulen lehren Ordnung, Tugend,*
*Fleiss und männlichen Verstand.*
*Bilden früh und leicht die Jugend*
*Nur für Gott und Vaterland»*

hatte Johann Caspar Lavater noch 1768 gedichtet. Diese bürgerliche, auf-

**Kirche und Schulhaus Reigoldswil 1800**
*Auch die neuen Schulhäuser, die der junge Kanton Basel-Landschaft im 19. Jahrhundert bauen lässt, stehen in der Nähe der Kirche, «weil die Schule als Zwillingsschwester der Kirche mit derselben die gleichen Zwecke anstrebe».*

geklärte Losung galt praktisch auch im 19. Jahrhundert unverändert. Nur ganz wenige Politiker erinnerten an die Erfordernis, auch für die Mädchen bildungspolitische Leitlinien aufzustellen und Bildungsmöglichkeiten zu bieten: Friedrich Nüsperli, Johann Kettiger und Stephan Gutzwiller.

Es waren die Frauenvereine, welche die Bildungsaufgaben, in erster Linie jene des praktischen und angemessenen Haushaltens, für Mädchen übernahmen. Zwar konnte die Tochter eines Lehrers 1847 die Bezirksschule in Waldenburg besuchen. Sie war jedoch eine Ausnahme. Mädchensekundarschulen gab es erst seit 1856, und nur zwei: eine in Liestal und seit 1859 auch eine in Gelterkinden. Sie waren Inseln in der Bildungslandschaft. Die Gleichberechtigung der Frauen erforderte einen langen Kampf, auch im Bildungswesen. Geschenkt erhielten sie von den männlichen Behörden nichts. «Und wenn die Frau leider nicht allenthalben auf der Höhe ihrer Mission steht», schrieben 30 Sissacherinnen 1862 in ihrer Petition, welche ‹Der Baselbieter› gleich als eine «Sturmpetition der Weiber Basellands» ankündigte, «wer trägt daran die grösste Schuld als der Staat dadurch, dass es als allgemeine Regel gilt, das weibl. Geschlecht bedürfe keiner höheren Bildung als etwa nothdürftig einer Haushaltung vorstehen, kochen und waschen zu können.» Die Sissacher Frauen wollten nicht länger «untergeordnete Wesen in der menschlichen Gesellschaft» sein.[9]

Von 1874 bis 1912 war die Waldenburger Bezirksschule die einzige, die Mädchen aufnahm. Dann folgte jene von Therwil. Nach 1890 wurden mehrere Sekundarschulen eröffnet, zu denen auch Mädchen Zutritt hatten. Erst dann konnten Frauen an der Universität Basel studieren. Doch gerade 22 Frauen bestanden zwischen 1896 und 1918 das medizinische Staatsexamen. Von den 61 Baselbieter Studierenden des Jahres 1906 waren bloss vier Frauen. Die Lehrerinnen – 13 gab es 1893, 44 im Jahr 1909 – wurden mit der Revision des Schulgesetzes 1911 den männlichen Kollegen in Rechten und Pflichten gleichgestellt. Aber sie durften nicht verheiratet sein, und einen Anspruch auf die Leistungen der Sozialbeiträge hatten sie auch nicht. In

**Pädagogische Prinzipien**

*Selbst in den Kreisen, welche im Allgemeinen ein starkes Interesse an der Bildung ihrer Sprösslinge hatten, war die Schule nicht unumstritten. Ihre Kritik war nicht grundlegend, sondern richtete sich je nach pädagogischem Prinzip und von Fall zu Fall entweder gegen die Laxheit der Lehrer oder gegen deren überbordende Strenge. Emil Remigius Frey zum Beispiel mahnte den Lehrer seines Sohnes Emil am 19. März 1851 zu mehr Strenge: «Mein Sohn Emil hat die üble Gewohnheit, fortwährend, namentlich beim Lernen, die Fingerspitzen an den Mund zu bringen, weshalb ich Sie und Ihre werten Kollegen höflichst bitte, darauf Bedacht zu nehmen, wie diese bereits instinktmässig gewordene Gewohnheit radikal auszurotten wäre. Das blosse Rügen und auf die Finger klopfen hilft nichts; kaum hat man dem Bürschchen den Rücken zugewendet, so fängt der Unfug von neuem an. Auch ist derselbe junge Mensch gestern abends – patre absente (in Abwesenheit des Vaters) – der ohnehin sehr angegriffenen Mutter recht insolent begegnet. Sie verbot ihm das Pfeifen während des Lernens; es half nichts; ja er pfiff noch stärker.» Doch war Emil Remigius Frey, Obergerichtspräsident und Doktor der Rechte, der Erste, welcher die Prügelstrafe rügte.*

Bedürfnisse ist zu grell», schreibt Zschokke am 12. Juni 1833 in einem Brief an Emil Remigius Frey.[5] Doch als Bürger des neuen Kantons leistet er nicht nur für sich selbst, sondern gleich auch für seine Kinder das «Gelübde», sich bei jeder Gelegenheit für den Kanton Basel-Landschaft zu verwenden. «Möge Gott diesen jungen Freistaat, welchen Sie gründeten und welchen Sie auch mir zum engeren Vaterland gaben, mit seinem Schutz und Segen für die späteren Jahrhunderte bewahren, blühend durch die Weisheit seiner Obrigkeit und durch Bürgertugend seines Volkes.»[6] Auch weitere Spuren seines Wirkens finden sich im Baselbiet. Ein junger Hospitant im von Zschokke gegründeten aargauischen Lehrverein ist Stephan Gutzwiller.

Vor allem die Kinder und die Jugendlichen wähnt man auf Seiten der Reformer mannigfaltigen Gefahren ausgesetzt.

Weil man die Bedrohung der Jugend als so gross und gewichtig erachtet, müssen auch die Elternhäuser gebessert werden. Heinrich Zschokke zum Beispiel weiss, wovon er im ‹Goldmacherdorf› schreibt. Mit siebzehn aus seinem Elternhaus ausgerissen, hatte er sich selbst einer Truppe von Schauspielerinnen und Schauspielern angeschlossen, bevor er es 1790 an der Universität von Frankfurt an der Oder zum Doktor der Philosophie brachte und ins

**Mittelschulen**

*Mit der Kantonsverfassung von 1892 wurde der Doppelspurigkeit im Schulwesen des Kantons Basel-Landschaft kräftig Vorschub geleistet. Das Gemeindeschulgesetz war 1876 verworfen worden, es hätte unter anderem die Primarlehrerlöhne angehoben, und seither traute sich niemand so recht, mit einem neuen Gesetz an die Öffentlichkeit zu treten. Die Verfassung erklärte die Förderung vor allem der Mittelschulen zur gemeinsamen Sache von Kanton und Gemeinden. Die Zahl der Bezirksschulen sollte nicht erhöht werden, was die stark wachsenden Gemeinden in der Nähe der Stadt Basel vor Probleme stellte. Die Bezirksschule Therwil war übervoll, und die anderen drei Bezirksschulen lagen in Liestal, Böckten und Waldenburg unerreichbar weit weg. Aus diesem Grunde entstanden die Sekundarschulen von 1897 an ausnahmslos im unteren Kantonsteil: 1897 in Binningen und Birsfelden, 1900 in Muttenz, 1901 in Arlesheim und 1910 in Allschwil. Auf eine eigene Maturitätsschule indessen, ein eigenes Gymnasium, wartete der Kanton Basel-Landschaft vergeblich. Von solcherlei angeblichen Eliteschulen hielt der Landrat nichts. Die seien ohnehin nur für die Söhne der Reichen, wurde argumentiert. Erst 1963 wurde das Gymnasium Liestal eröffnet: über 100 Jahre nachdem eine solche Forderung das erste Mal erhoben worden war. Wer also eine höhere Schule oder gar die Universität besuchen wollte, musste nach Basel ins Gymnasium gehen.*

reinen Mädchenabteilungen unterrichteten sie alle Altersstufen. In Knabenabteilungen und gemischten Schulen wurde ihnen verwehrt, was über die vier ersten Klassen der Primarschule hinausging. Sie blieben nach wie vor benachteiligt.

### Hauswirtschaft und Hygiene

«Des Mannes Haus ist die Welt und des Weibes Welt ist das Haus», formulierte Kettiger in seiner Rede vom September 1854.[10] Ähnliche programmatische Parolen lassen sich in reichem Masse finden. Während die Männer für die Arbeitswelt zu erziehen waren, sollten die Frauen für den «Hausfleiss» geübt werden. So sah es Johann Kettiger in Fortschreibung der Lehre, wie sie von Jean-Jacques Rousseau und Kettigers besonderem Vorbild, Johann Heinrich Pestalozzi, vertreten worden war. Letzterer hatte in seinen Romanen ‹Lienhard und Gertrud› und ‹Wie Gertrud ihre Kinder lehrt› ähnlich wie Rousseau in ‹Emile› die Rolle der Frau klar umrissen. Mädchenbildung sollte keine intellektuellen Höhenflüge ermöglichen, sondern die Gemütskraft pflegen. Frauen galten als intuitive, emotionale, Männer als vernunftbegabte Wesen. Die Erziehung der Mädchen hatte zum Ziel, aus den Töchtern der Unter- und Mittelschichten bescheidene, arbeitsfreudige Dienstbotinnen zu machen. Dazu mussten ihre Liebe zur Ordnung wachgerufen, ihre Geschicklichkeit trainiert und ihre hauswirtschaftlichen Kenntnisse gepflegt werden. Um diese Ziele zu erreichen, sollten hauswirtschaftliche Kurse oder Hauswirtschaftsschulen eingerichtet werden. Neben den spezialisierten Tätigkeiten sollten die jungen Frauen auch in allgemein bildenden Fächern unterrichtet werden. Auf Kettigers Anregung erliessen Landrat und Regierungsrat 1840 das Gesetz über die Errichtung von Arbeitsschulen. Ein Lehrplan erschien aber erst 14 Jahre später.

Johannes Kettiger forderte immer während seiner Zeit als Schulinspektor, die Mädchen neben der Handarbeit auch im Haushalten zu unterrichten. 1895 wurde die erste Koch- und Haushaltungsschule in Liestal ein-

bürgerliche Leben zurückkehrte. Zschokke skizziert in seinem ‹Goldmacherdorf› die sieben Kardinalstugenden der neuen Gesellschaft: «Erstens: Ihr müsset sieben Jahre und sieben Wochen lang alle Wirthshäuser meiden, aber desto fleissiger zur Kirche gehen und Gottes Wort hören, und danach thun. Zweitens: Sieben Jahre und sieben Wochen lang keine Karten, keine Würfel berühren, und nichts womit man um Geld spielt. Drittens: Sieben Jahre und sieben Wochen darf kein Fluch, kein Scheltwort aus eurem Munde gehen, auch keine Bosheit, Lästerung und unwahre Rede. Viertens: Sieben Jahre und sieben Wochen muss euer Tagwerk Gebet und Arbeit sein. Morgens und Abends sollet ihr feierlich mit Weib und Kindern auf die Knie fallen, zu Gott beten, eure Sünden bereuen. Eure Arbeit sollet ihr mit Fleiss und Treue verrichten, keine Schulden mehr machen. Fünftens: Wer binnen sieben Jahren und sieben Wochen sich mit Wein und Branntwein ein einziges Mal berauscht, ist aus unserer Gemeinschaft verstossen. Sechstens: Auf dem Acker, welchen ihr bauet, soll kein Unkraut wachsen, in euren Wohnungen kein Unflath liegen, Eure Hütten und die Ställe des Viehs alles Geräthe, so ihr habet, soll von Reinlichkeit glänzen. Daran werde ich euch erkennen. Siebentens: Euer Leib soll sein ein Tempel Gottes,

**Lehrerinnen**

*Die Frauenkommission in Diegten (hier um 1920) wurde 1847 von der Schulpflege ins Leben gerufen. Sie sollte aus eigenen Mitteln Stoff und andere Materialien für den Handarbeitsunterricht anschaffen sowie die im selben Jahr geschaffene Mädchenarbeitsschule beaufsichtigen. Wenn in Diegten fortan von der «Lehrerin» die Rede war, meinte man damit immer die Handarbeitslehrerin. 1971 wurde erstmals eine Lehrerin für die Primarschule gewählt.*

geweiht. 1916 wurden die Kochkurse in Binningen für die Mädchen im letzten Schuljahr zum Obligatorium erklärt. Die so genannte Hygienerevolution hatte eines ihrer primären Ziele erreicht, die automatische und verpflichtende Einbindung der jungen Frauen in das für sie vorgesehene Rollenverständnis «des eigentlichen, des natürlichen Berufes» der Frau.[11]

Wie hatte dies Johannes Kettiger 50 Jahre früher ausgedrückt? Die Ausbildung von Frauen unterstützte er sehr – auch den Turnunterricht für sie. Von «Emanzipation, die den Mann ans Nähkissen setzt und die Frau an die Sense stellt» wollte er nichts wissen, auch von jener nicht, «welche die Frau den Cicero übersetzen lässt und ihr Lienhard und Gertrud vorenthält, überhaupt jene nicht, welche die Frau nach Hamburg auf die Universität schickt und ungefähr das will, was man die Welt umkehren heisst».[12]

darum keusch, züchtig und ehrbar, auch von aller Unreinigkeit frei an Haut, Haar und Gewand. So auch bei Kindern. Das soll unser Zeichen sein.» Es ist nicht zu übersehen: Was in diesem Reformroman auf den ersten Blick so edelmütig und so biblisch fromm daherkommt, ist eine direkte, harte und fordernde Sprache. Sie lässt sich nicht ganz einfach in den Alltag des Goldmacherdorfes integrieren. Bildung als symbolisches Kapital, das begreifen die Liberalen, die Reformer. Die einfachen Leute hingegen hängen lieber am Alten. Den neuen Pfarrer, den Oswald für seine Ziele einspannt, halten die Goldenthalerinnen und Goldenthaler für einen Gescheitling,

der blindlings jede Mode mitmacht. «Wenn er predigt», reden sie über ihn, «spricht er so verständlich, wie unsereins, und man kann wahrhaftig Alles begreifen und behalten. Das taugt nichts. Er ist nicht gelehrt genug und sollte mehr lernen. Da muss man den alten Herrn Pfarrer selig in Ehren halten. Das war ein ganz anderer Mann! Der predigte so schön und gründlich gelehrt, dass ihn unsereins nur nicht verstand, und wenn er anderthalb Stunden auf der Kanzel war.»

**Lesetipps**

*Gut erforscht ist der Bereich der schulischen Bildung im 19. Jahrhundert durch die Arbeit von Markus Locher (Locher 1985) und die Streiflichter von Ernst Martin im Ausstellungskatalog Baselland unterwegs (Martin 1982). Biographien von bekannten Bildungspolitikern wie Kettiger, Troxler, Zschokke, auch Pestalozzi (und die von ihm ausgehende Wirkung) sind einige vorhanden (Martin 1986 und Martin 1991).*

*Bildungsgeschichte ist aber fast durchwegs männlich. Ausser in den drei löblichen Ausnahmen von dieser Regel (Wecker 1993, Kubli/Meyer 1992 und Locher 1985) ist zur Geschichte der Bildung von Mädchen und Frauen kaum etwas zu erfahren.*

*Ebenso fehlen mit Ausnahme der Arbeit von Karl Wilhelm Mügel (1995) über den Bezirkslehrer Hermann Günther Studien zu Personen aus der zweiten Linie. Dies liegt freilich auch an der Forschungssituation. Wenn es keinen Nachlass gibt, dann sind Recherchen zur Lebensgeschichte, vor allem bei ausländischen Lehrkräften, welche immer auch ein Vorleben (und oft ein Nachleben) ausserhalb des Baselbiets hatten, kaum zu leisten.*

*Ebenso selten sind aber auch – mit Ausnahme einiger Farbtupfer in den Heimatkunden – Darstellungen von nicht-schulischen Bildungseinrichtungen: Heime, Kindergärten. Wobei anzumerken ist, dass es etliche Jubiläumsbroschüren gibt. Ein Überblick beziehungsweise eine Zusammenfassung existiert jedoch nicht.*

*Über die Bezirksschulen informiert die Darstellung 100 Jahre Bezirksschulen des Kantons Basellandschaft 1836–1936 (1936).*

**Abbildungen**

Ernst Brodbeck, Wintersingen: S. 139.
Gemeindeverwaltung Lausen;
Foto Mikrofilmstelle: S. 140.
Gauss et al. 1932: S. 141.
Gemeindeverwaltung Lupsingen;
Foto Mikrofilmstelle: S. 143.
Kantonsmuseum Baselland, Grafische Sammlung, Inv.Nr. KM 1993.14: S. 144 [A].
Sammlung Theodor Strübin,
Kantonsmuseum Baselland: S. 145.
Elisabeth Meier, Peter Stöcklin, Diegten:
S. 147.

[A] = Ausschnitt aus Originalvorlage
Reproduktionen durch Mikrofilmstelle.

**Anmerkungen**

1 Mügel 1995.
2 Martin 1986.
3 Trefzer 1989.
4 Martin 1986, S. 133.
5 Locher 1985, S. 91.
6 Der unerschrockene Rauracher, 5. Februar 1833, (zit. nach Martin 1986, S. 284).
7 Blum 1977.
8 Bitter 1989.
9 Meyer/Kubli 1992.
10 Martin 1986, S. 293.
11 Dietrich 1988, S. 53.
12 Martin 1986, S. 294.

1 Zschokke 1991, S. 175.
2 StA BL, NA, Bürgerrecht A3 Erteilung des Ehrenbürgerrechts des Kantons Baselland 1833–1835/1867 Entwurf An die Herren Snell, Troxler, Gebr. Hagnauer, Schnider, Meier, 22. März 1833.
3 StA BL, NA, Bürgerrecht A3 Erteilung des Ehrenbürgerrechts des Kantons Baselland 1833–1835/1867, Brief Heinrich Zschokkes, 25. März 1833.
4 Der aufrichtige und wohlerfahrene Schweizer-Bote, No. 7, 16. Februar 1832.
5 StA BS, Privatarchiv 485 C V 2.81. Ich danke Herrn Ekkehard Stegmann vom Projekt «Der Briefwechsel von Heinrich Zschokke» am Institut für Germanistische Linguistik und Dialektologie der Universität Bayreuth sehr für den Hinweis.
6 StA BL, NA, Bürgerrecht A3 Erteilung des Ehrenbürgerrechts des Kantons Baselland 1833–1835/1867, Brief Heinrich Zschokkes, 25. März 1833.

Turnen und Sport

*Bild zum Kapitelanfang*
**Wettkampf**
*Obwohl dies immer wieder behauptet wurde, waren Wettkämpfe keineswegs unweiblich, sondern im Gegenteil sehr beliebt. Ranglisten, Namen und Zeiten wurden allerdings nicht öffentlich gemacht. Bei den seit den 1930er Jahren zusehends beliebten Spieltagen «soll auch den Turnerinnen Gelegenheit gegeben werden, miteinander zu spielen», beschloss der Vorstand des Frauenturnverbands Baselland. Allerdings «ohne Becherverteilung und Rangverkündigung. Die Turnerinnen spielen aus lauter Freude, dass ihnen der Herrgott einen gesunden Körper und ich hoffe auch eine gesunde Seele schenkte.» Das Bild zeigt Frauen in Laufen um zirka 1943.*

Die Ursprünge der Turnbewegung liegen in politischen Zielen des Nationalstaates. Der deutsche Turnvater Jahn hatte mit dem Ertüchtigungsprogramm «frisch, fromm, fröhlich, frei» für seine Zöglinge nichts anderes im Sinn, als sie körperlich auf die Kriege gegen Napoleon Bonaparte vorzubereiten. Deshalb eröffnete er 1811 in Berlin den ersten Turnplatz. Mit der physischen Erstarkung ging bei Jahn auch eine ideologische Erbauung zu vaterländischem Tun einher. Doch längst nicht alle Turner folgten der konservativen Weltanschauung ihres Ziehvaters. Als viele von ihnen in den 1830er Jahren wegen ihrer demokratischen Gesinnung aus den deutschen Staaten vertrieben wurden, brachten sie auch die Idee vom Turnen mit in die Schweiz. Sie fiel auf fruchtbaren Boden. Bereits 1832 wurde der Eidgenössische Turnverein gegründet. Der erste Baselbieter Turnverein war derjenige von Liestal. Er entstand 1859. Ihm folgte ein Jahr später jener von Waldenburg. Einen eigentlichen Höhenflug gab es aber erst in den 1880er Jahren, als viele Sektionen des 1864 aus der Taufe gehobenen Kantonalturnvereins gegründet wurden.[1]

### Gesund: Turnen auch für Mädchen und Frauen

Turnen war zunächst eine Sache der Männer. Die negative Einstellung zum Mädchen- und Frauenturnen, die viele Turner hatten, behinderte dessen Entwicklung sehr. Zwar war Johannes Kettiger als Schulinspektor dem Mädchenturnen wohl gewogen; zwar gab es in der Person von Adolf Spiess gar einen Pionier des Frauenturnens, aber mit der Umsetzung in die Praxis haperte es. Es fehlten die Räume, und daran, dass Mädchen und Frauen draussen in der Natur turnen könnten, war aus purer Sittsamkeit nicht zu denken. Doch schon 1875, während der Bund noch ausschliesslich die männliche Jugend im Blickfeld hatte, erklärte Baselland das Turnen für Mädchen als obligatorisch. Damit gehörte Baselland unzweifelhaft zu den wenigen für die Zeit fortschrittlichen Kantonen. 1879 wurden jedoch im Baselbiet die Kompetenzen vom Kanton in die Hände der Gemeinden gelegt,

**Damenturnverein Liestal 1908**

### «Begleitet von ihren Schönen»

«Nach des Jahres Mühen und Lasten gibt sich der Turner auch gerne einigen Stunden der Gemütlichkeit hin», heisst es in der zum Jubiläum des Turnvereins Liestal 1910 herausgebrachten Broschüre.[1] Das Turnen wäre kein Turnen, der Sport kein Sport, wenn nicht die Geselligkeit, die Gemütlichkeit eine wichtige Rolle spielen würde. Die Damenriegen von Gelterkinden, Frenkendorf und Muttenz sind im direkten Anschluss an einen Unterhaltungsabend der örtlichen Turner entstanden. Neben Gesundheit und Leistungsstreben sind Unterhaltung und Zeitvertreib wichtige Elemente im Vereinsleben. Nur allzu oft werden Frauen eingeladen, den gemütlichen Teil von Vereinsabenden der Turner zu verschönern. Doch das Auftreten in dieser Öffentlichkeit will gelernt sein. Aus diesem Grund erteilt die Damenriege Liestal zum Beispiel vielen Einladungen eine Absage. Damit manövrieren sich die Frauen aber in eine schwierige Situation. Sie wissen ganz genau, dass sie ohne die Unterstützung der Männer nicht weiterkommen und also auch nicht darum herum kommen, das zu tun, was sie eigentlich nicht wollen: aufzutreten und sich den neugierigen Blicken der Männer auszusetzen. Die Frauen hätten sich «zusammengeschlossen, um zu turnen des gesund-

und an den Primar- und Mittelschulen wurde Turnen als Pflichtfach erst 1946 eingerichtet. In den Jahren um den Ersten Weltkrieg und in jenen nach 1920 nahm das Frauenturnen im Kanton Basel-Landschaft einen regen Aufschwung. Pionierinnen waren die Liestalerinnen mit ihrer Vereinsgründung 1906, 1913 folgten die Münchensteinerinnen. Dann ging es in schneller Folge weiter: 1919 Gelterkinden, 1920 Pratteln und Binningen, 1921 Frenkendorf, 1923 Muttenz, 1926 Birsfelden.

Die Förderer des Turnens, die Initianten der Vereins- und Riegengründungen indessen waren Männer. Für die meisten unter ihnen war nicht die Gleichberechtigung das Ziel, sondern die Sorge um die Degeneration des weiblichen Geschlechts durch das um sich greifende Schreckgespenst der weiblichen Erwerbsarbeit. Für die 1920er Jahre könnte die typische Turnerin folgendermassen beschrieben werden: Sie war ledig, berufstätig und stammte aus dem Mittelstand. Die Männer, insbesondere jene, welche publizistisch tätig waren, zeigten sich ängstlich und besorgt, sie plädierten für gymnastische Übungen der Mädchen und Frauen und verfolgten einzig und allein das Ziel, dass Frauen gesunde und kräftige Mütter würden. Kein Wunder also, dass sie den Wettkampf etwas ganz und gar Unweibliches fanden und sich die Frauen das Recht auf Wettkämpfe regelrecht ertrotzen mussten. Sie kämpften dafür bis 1966.

**Wehrtüchtig: Sport und Landigeist**
«Schlanke sehnige Jünglinge, die in ihrem leichten sauberen Dress erst recht zur Geltung kommen. Hier, in Luft und Sonne, baden sie ihren geschmeidigen Leib, sausen über die kurze Strecke, nehmen mit verbissenem Siegerwillen Hürde und Hürde, werfen ihren Körper in die Höhe und Weite, schleudern ihre Geräte», formulierte der Schweizerische Turnkalender von 1932. Alles Streben galt allein der körperlichen Härte und dem «verbissenen Siegerwillen». Das Turnen glich in diesen Jahren sehr den soldatischen Aufzügen. Die enge Verflechtung von Turnen, Sport und Wehrertüchtigung zeigt

**Turnerdiplom 1907**
*Auf dieser Darstellung werden die modernen Ursprünge des Turnens, verkörpert in der Büste, mit schweizerischen «Traditionen» wie Unspunnenstein-Stossen und Schwingen verbunden.*

heitlichen Wertes wegen», heisst es 1922 in Gelterkinden. Die Frauen wehren sich dagegen, einfach nur Objekte der männlichen Blicke zu sein. Sie seien jederzeit bereit, zu helfen und auch mit Vorführungen das Frauenturnen bekannt zu machen, «sie wollen sich dagegen nicht an jedem Feste und Festchen zur Schau stellen». Doch das Auftreten birgt für die Frauen auch eine Chance. Die Geselligkeit in und zwischen den Vereinen, zwischen Frauen und Männern, ermöglicht auch Bekanntschaften, die sonst nicht möglich wären. Vereine, ihre Unterhaltungsabende und ihre Vereinsausflüge, die Turnerfahrten, sind auch eine Art geschützter Ort und

gehören zur Praxis dörflicher Eheanbahnung, wie unzählige so genannte «Turnerehen» belegen. Der Bericht des Turnvereins Liestal aus dem Jahr 1910 unterstreicht dies deutlich: «Auch dieses Jahr wieder, es war am 29. Januar, wanderte mit fröhlichen Gesichtern, die Turnerschar, begleitet von ihren Schönen, dem Hotel Engel zu, um hier die Gemütlichkeit zu pflegen.» Eine Tanzkapelle spielt auf und steuert das Ihre bei, «die Gelüste der Tänzer, die, man darf es von den Turnern schon sagen, nicht allzukleine sind, zu befriedigen». Wenn die Männer die Frauen bitten, ihnen den Vereinsabend zu «verschönern», dann meinen sie zum einen

**Damenturnverein Münchenstein 1927**

**Turnschopf Allschwil 1930**
*Bevor die Turnhalle gebaut wurde, übten die Allschwiler Turnvereine in diesem Schopf, gebaut 1912. Der Turm diente zugleich der Feuerwehr zum Trocknen der Schläuche. Schwierig hatte es auch die Damenriege Laufen in den 1930er Jahren. Sie musste auf frisch gemähte Matten ausweichen. Den katholischen Mädchen war es allerdings verboten, draussen zu turnen.*

sich auch am Militärischen Vorunterricht, dessen Obligatorium zwar noch 1940 in einer Volksabstimmung abgelehnt worden war, der aber vom Bundesrat 1941 aufgrund seiner Vollmachten eingeführt wurde. Die Anregung, die körperliche Schulung vermehrt an die Landesverteidigung zu binden, hatte es vorher schon immer gegeben. So hatte zum Beispiel die Basellandschaftliche Offiziersgesellschaft 1909 angeregt, die Ausbildung durch den Beizug von Ober- und Vorturnern zu professionalisieren. 1959 wurde der Militärische Vorunterricht in Turnerisch-Sportlicher Vorunterricht umbenannt, bevor er 1972 zusammen mit der neuen Bezeichnung Jugend und Sport auch vom Militärdepartement ins Departement des Innern überging. Erst vor ein paar Jahren holte sich das Militärdepartement, jetzt als Eidgenössisches Departement für Verteidigung, Bevölkerungsschutz und Sport seine angestammte Domäne zurück. Die Geschichte der sich wandelnden Namen und Bezeichnungen deutet auch die Veränderung des Sports in der Gesellschaft an.

### «Ski fahrt die ganzi Nation»: Sport im Medienzeitalter

Nach dem Zweiten Weltkrieg setzte sich der Siegeszug des Turnens noch eine Weile lang fort. Parallel kamen aber schon neue Sportarten auf: etwa das Skifahren. Der Schlager «Alles fahrt Ski, Ski fahrt die ganzi Nation» war eine gelungene Propagandaaktion. Gerade die Turnvereine brachen für das Skifahren eine Lanze. Kantonale Skitage hatte es im Baselbiet seit den 1940er Jahren schon gegeben, sie fanden aber nur unregelmässig statt. Einmal hatte es zu wenig Schnee, ein anderes Mal konnte kein Verein gefunden werden, welcher den Anlass organisiert hätte. Nicht zuletzt um diesem Zustand abzuhelfen, entschloss sich der Kantonale Turnverein Baselland 1962, ein eigenes Ski- und Berghaus auf der Tannenbodenalp in den Flumserbergen zu bauen.

Vor allem die Medien, vorab das Fernsehen, trugen zur Popularisierung und zur Globalisierung des Sports bei. Sportveranstaltungen wurden

sicher die Möglichkeit des Tanzens und des Beisammenseins. Zum andern meinen sie aber auch die Vorführungen der Damenriege, wo sie nicht nur die Übungen fachmännisch, turnerisch, technisch beurteilen, sondern auch den voyeuristischen Blick auf die Frauen schweifen lassen können. Das Frauenturnen wird viel mehr als Männerturnen (und später auch der Sport) mit Körperlichkeit und Sexualität in Verbindung gebracht.

#### «Blauhöschen»

Ausdruck der erotischen Ausstrahlung sind die weiblichen Turnkleider. Die Bekleidung im Turnen oder im Sport ist deshalb wichtig, weil sie eine Vorreiterrolle einnimmt. Sie geht der Strassenkleidung voran. Dass Frauen Hosen tragen, zuerst lange Pumphosen, dann immer kürzere, bis zu den so genannten «Blauhöschen», ist im Alltag der Baselbieter Dörfer in den 1930er Jahren sonst unvorstellbar.

Wie Männer die Frauen in Turnkleidern wahrnehmen, drückt sich in einer Artikelserie im ‹Turnerbanner›, dem Organ des Turnvereins Liestal, von 1932 aus. Der Verfasser wählt die Form verschiedener Briefe, unter anderen die des Briefes an einen Freund, dem er über das Schauturnen der Damenriege von Liestal berichtet. Er hält die Darbietung der Frauen für einen «Au-

**Wehrwille**
*Das Turnfest von 1936 in Winterthur. Sportanlässe wurden in jener Zeit zur Inszenierung schweizerischen Wehrwillens. Die Presse berichtete ausführlich. Es war ein riesiger Anlass, an welchem über 22 000 Turner aus knapp 930 Sektionen teilnahmen. Die Organisatoren zählten über 100 000 Zuschauende.*

immer mehr zu Unterhaltungsanlässen. Das Lokalkolorit ging zusehends verloren. Die Werbung begann, sich für Spitzensportlerinnen und -sportler zu interessieren. Sie merkte, dass diese weiterum beliebten Personen Wirkung erzielen, wenn es darum geht, ein Produkt der Wirtschaft im Markt massgerecht zu platzieren. Aber auch Werbung auf den Spielfeldumrandungen, die Bandenwerbung, kam auf oder die Verzierung der Startnummern durch den Sponsor. Immer mehr siegte der Professionalismus über das Liebhabertum. Amateure wurden in die Bereiche Fitness und Wellness abgedrängt, wo mit immer neuen Begriffen der alte Traum vom Gesundbleiben und von der ewigen Jugend angepriesen wird: Aerobic, Jogging, Walking.

genschmaus», nicht wegen der turnerischen Qualität, sondern wegen der Erotik. «Ich sehe Dich im Geiste vor mir, das Wasser läuft Dir schon im Mund zusammen.» Er ist vom Anblick überwältigt, «der einen alle Sorgen vergessen macht. Die blauen Kleidchen, die rosigen Beinchen und frisch ondolierten Köpfchen.» Nach der Veranstaltung geht es im Wirtshaus Ziegelhof weiter, wo der Artikelschreiber nicht fehlen will, weil das Gerücht umgeht, «dass einige Mädchen nur den Mantel über die Turnkleider angezogen hätten und so zum Tanz ins Lokal kämen. Denk Dir diese Tangos», schwärmt er dem Brieffreund vor. Frauen sehen das anders. Sie greifen lieber zum Bild eines Blumenfeldes. Eine weibliche Berichterstatterin hält die ersten schweizerischen Frauenturntage, 1932 in Aarau, folgendermassen fest. «Aus dem Blumenfeld lösen sich Tausende von Armen und recken sich empor und breiten sich aus. Es beginnt ein Wogen und Wiegen, ein Beugen, Schwingen und Strecken, eine wunderbare Bewegtheit und doch ein geschlossener Wille zur Einheit. Bald ist es wie ein mit blauen Blumen besetztes, vom Wind bewegtes Ährenfeld, bald wie ein gewaltiger Teppich blauer Enzianen auf grünem Grund; immer bietet sich dem Auge ein neuer Anblick dar, der restlos entzückt. Wie sich die geschmeidigen Körper

**Damenriege Gelterkinden 1939**

BAND FÜNF / KAPITEL 11

Die ehemals bekannten und beliebten Korbball- und Faustballspiele oder der Grossfeldhandball verschwanden. Stattdessen wurden moderne Spielvarianten bevorzugt, etwa Volley- oder Basketball. Selbst Trends, die zur hiesigen Landschaft keinerlei Bezug hatten, wie zum Beispiel Beach-Volleyball – entstanden als Freizeitvergnügen an den Meeresstränden – wurden mit viel Aufwand in die Region gebracht. Erst recht «cool» waren immer mehr die Individualsportarten. Typischstes Beispiel dafür ist das Tennis, das noch Mitte der 1960er Jahre als exklusiver «weisser Sport» der Reichen galt, oder der ein paar Jahre später ausbrechende Golfrausch. Die Gesellschaft wandelte sich und mit ihr die Einstellung zum Sport.

Erkennbar wird diese Entwicklung nicht zuletzt auch darin, dass es 1989 möglich wurde, das Fach Sport am Gymnasium zum Maturfach zu wählen. Mutig hiess es im Landrat: «Ob man nun den Sport zur Kultur zählen will oder nicht, ist nicht von Bedeutung, denn niemand wird dessen sozialen und pädagogischen Stellenwert bestreiten wollen.» 1994 nahm denn auch die erste Sportmaturklasse des Kantons ihren Unterricht auf.[2]

### Snöben, Skaten, Surfen: Die Jugend auf der Überholspur

Aber nicht allein die Beliebtheitsskala der Sportarten änderte sich, auch das Drumherum wurde immer wieder anders. Das Kommen und Gehen von Modesportarten blieb seinerseits nicht ohne Auswirkung auf die Gesellschaft. Die Sportarten, die im Trend lagen, brachten auch ihr ureigenes Aussehen hervor. Das «Outfit» wurde zum Ausdruck der Zugehörigkeit. Die Jugend ging eigene Wege. «Bevormundung» durch erwachsene Experten war kaum mehr gefragt. Die Erwachsenen passten sich an.

Das Sportamt Baselland bekam zur Aufgabe, den Sport auf vielfältige Weise zu unterstützen. Das Sportamt hat eine sonderbare Entstehungsgeschichte. 1952 stellte der Kanton Basel-Landschaft erstmals einen diplomierten Sportlehrer an, welcher im Rahmen der Erziehungsdirektion den Sport fördern sollte. Sein Bureau hiess von diesem Jahr an nicht mehr

---

tief zur Erde neigen, als wollten sie sich zu einem gemeinsamen Gebet vereinigen, ergreift die Zuschauer spontaner Jubel.»
Einen «restlos entzückenden» Anblick sieht auch die Berichterstatterin in der «Geschmeidigkeit» der Körper. Aber ihre Schilderung soll keine erotischen Bilder entstehen lassen. Dass sie ihre Vorstellung gleich noch mit einer Gebetsszene in Verbindung bringt, stösst nicht überall auf Applaus. Nicht alle tun sich leicht mit der Attraktivität der Turnerinnen. Vorab in kirchlichen Organen findet sich viel Kritik, die teilweise das Nacktturnen schon vor den Toren Basellands wähnt und noch mehr auf den schlechten Einfluss hinweist, der von der Freizügigkeit der Turnerinnen und Turner ausgehe, wenn diese sonntags übers Land zögen und an stark begangenen Spazierwegen halb nackt und erst noch Männlein und Weiblein zusammen Sonnenbäder nähmen.
Aller Kritik und allen Widerständen zum Trotz: Die Turnkleidung der Frauen ist immer knapper und körperbetonter geworden, auch deshalb, weil sich die Frauen – gerade über den Sport – eigene Freiräume geschaffen haben.

## Sport

*Turnen ist nicht von vornherein dasselbe wie Sport. Letzterer kam ursprünglich aus England und war stärker auf den Wettkampf, den Rekord ausgelegt. Fussball-Clubs wie hier der FC Laufen 1908 wurden oft mit englischer Hilfe gegründet. Von da stammen auch die Begriffe Penalty, Corner, Offside. Durchsetzen konnten sich Ballsportvereine erst im frühen 20. Jahrhundert.*

«Geschäftsstelle für Vorunterricht», sondern «Geschäftsstelle für Turnen und Sport». Der Kanton Basel-Landschaft lag somit der oben beschriebenen Entwicklung auf der schweizerischen Ebene um sieben Jahre voraus. Später entstand dann aus der Geschäftsstelle das Sportamt. 1991 wurde ein kantonales Sportgesetz verabschiedet, welches die Sportförderung des Kantons verankerte. Dem Jugendsport kam darin neben dem Erwachsenen-, dem Senioren- und dem Behindertensport ein wichtiger Stellenwert zu. So förderte das Sportamt zum Beispiel neue, noch ausgefallene Dinge wie das «Streetball»-Spielen, die Strassenversion des Basketballs. Amtliche Sportförderung, Unterstützung, Motivierung sind unabdingbar geworden. Dabei wird immer wieder ein stetes Reagieren auf die neuesten Entwicklungen verlangt. Denn neben allen Veränderungen sind sich doch die Muster ähnlich geblieben. Ein paar Enthusiasten, eine Hand voll «Spinner» bringen etwas Neues, dann verbreitet es sich und wird – dank Industrie und Medien – zum breiten Phänomen. Im Unterschied zu früher ist nur das Tempo der Veränderung noch schneller geworden.

## Turnkleider

*Das Kleid der Turnerinnen war und ist immer Ausdruck der gesellschaftlichen Rollenbilder. Um die Jahrhundertwende trugen die Frauen noch lange Matrosenkleider. Das Korsett, welches anfänglich auch zum Turnen unter den Kleidern getragen wurde, verschwand. Nach dem Ersten Weltkrieg wurden die Röcke kürzer oder durch lange Pumphosen abgelöst. Etwa um 1925 fielen die Socken und Strümpfe ganz weg. Von 1930 an trug die turnende Frau eine kurze Turnhose oder ein kurzes Röckchen. Und die Erfindung synthetischer Fasern wie Nylon bot nochmals neue Möglichkeiten für die Turnmode.*

**Lesetipps**

*Nichts eignet sich besser für eine Jubiläumsbroschüre oder ein Jubiläumsbuch als der Sport und das Turnen beziehungsweise der Geburtstag des lokalen Vereins oder Verbandes. Ein Sportbuch mit vielen Bildern hat eine ungeheure Identifikationskraft, so das reich bebilderte Buch über die Baselbieter Leichtathletik von Franz Stohler (1995).*

*Eva Herzogs – im Auftrag der Forschungsstelle Baselbieter Geschichte entstandene und von der Sporttotokommission Baselland finanzierte – Untersuchung steht in zweierlei Hinsicht einzigartig da (Herzog 1995). Erstens, weil die Frauen im Zentrum stehen, was sonst selten ist, und zweitens, weil es sich um einen Ausflug in längst vergangene Zeiten handelt, der an ganz anderem als an Namen und Bestleistungen interessiert ist. In Eva Herzogs Buch findet sich auch ein kurzes Kapitel über weitere Literatur zum Thema.*

**Abbildungen**

Fotosammlung Schaltenbrand, Laufentaler Museum, Laufen: S. 149.
Eva Herzog, Basel: S. 150 [A], 151 unten [A].
Bildarchiv Schweizer Sportmuseum, Basel, Nr. 1955-627: S. 151 oben.
Rosmarie und Peter Vogt-Blauel, Allschwil: S. 152 oben.
DR Gelterkinden: S. 153 unten [A].
Archiv Rolf Jeck, Basel; Foto Lothar Jeck: S. 153 oben [A].
Friedrich Hof, Laufen: S. 155 oben.
Stefan Holenstein, Basel: S. 155 unten.

[A] = Ausschnitt aus Originalvorlage
Reproduktionen durch Mikrofilmstelle.

**Anmerkungen**

1 Dazu ausführlich Herzog 1995 und Keller 1964.
2 Rüegg 1997.

1 Dazu ausführlich Herzog 1995 und Keller 1964.

# Die Restaurationszeit 1815–1830: Vorgeschichte der Trennung?

158 DIE RESTAURATIONSZEIT 1815–1830: VORGESCHICHTE DER TRENNUNG?

*Bild zum Kapitelanfang*
**Der Orismüller – ein Leben vor und nach der Revolution**
*Johann Jakob Schäfer wurde 1749, noch mitten im Ancien Régime, als Sohn einfacher Leute in Seltisberg geboren. Nach einer Lehre in Basel übernahm er als 20-Jähriger die väterliche Orismühle, die er zu neuer Blüte brachte. Zugleich bildete er sich selber in Geometrie, Mechanik und Wasserbau weiter und las aufklärerische Schriften. Seine Arbeit als Vermesser brachte Schäfer in Kontakt mit der fortschrittlicheren Basler Elite, und als interessierter Zeitgenosse beobachtete er die Vorgänge im revolutionären Frankreich aufmerksam. Seit Anfang 1798 engagierte er sich an vorderster Front für die Gleichberechtigung der Landleute und die politische Umgestaltung. Er hatte verschiedene Ämter in den jeweiligen kantonalen Exekutiven inne. Den anhaltenden Anfeindungen seiner politischen Gegner entzog er sich schliesslich, als er 1808 zum Landkommissär, das heisst zum kantonalen Wasserbaumeister berufen wurde. Eines seiner vielen Projekte war die Begradigung der Birs. Deswegen stand er in regem Austausch mit Escher und Tulla, den Chefingenieuren der Linth- beziehungsweise der Rheinkorrektion. Das Ende der Restaurationszeit erlebte Schäfer nicht mehr, er starb 1823.*

*Das 1792 geschaffene Bild gehört zu einem Zyklus von Trachtenbildern im Historischen Museum Bern. Gemalt hat sie im Auftrag eines Aarauer Fabrikanten der Luzerner Maler Joseph Reinhart, der von 1749 bis 1824 lebte. Modell standen im Baselbiet unter anderem der 43-jährige Schäfer und die 15 Jahre alte Salome Mohler von Diegten. Dieses ungleiche Baselbieter Paar war also kein Paar im Leben. Schäfer war nämlich seit 1773 mit Ursula Gysin von Liestal, 1750–1821, verheiratet und Vater einer kinderreichen Familie.*

## Zwei Schritte zurück – und einige Schrittchen vorwärts: Die Restaurationszeit im Überblick

Der moderne demokratisch-bürgerliche Rechtsstaat wurde auch in der Schweiz nur auf Umwegen und nach Rückschlägen verwirklicht. Noch während der Restaurationszeit erstarkten jene Kräfte, welche die Wiederaufnahme der in der Helvetik angebahnten Entwicklungen betrieben. Trotz europaweiter Vernetzung der konservativen Mächte und trotz der überall ausgeübten staatlichen Kontrolle, ja Unterdrückung, wuchsen die liberalen Keime während der Restaurationszeit heran und führten auch in der Schweiz in der so genannten Regenerationszeit ab 1830 zu erneuten politischen Veränderungen. Wie in anderen Kantonen wurden damals die verkrusteten politischen Strukturen in Basel aufgebrochen: Im ehemaligen Untertanengebiet der Stadt etablierte sich 1832/33 ein neuer Staat mit neuer Verfassung. In der Stadt dagegen überdauerte das konservative «Ratsherrenregiment» bis 1875, als unter dem Druck der neuen Bundesverfassung von 1874 grundlegende Änderungen unausweichlich wurden.

Zunächst jedoch ging die politische Entwicklung auch im Kanton Basel weiter rückwärts. Die neue, vom Grossen Rat erlassene Kantonsverfassung von 1814 war noch weniger demokratisch als ihre Vorgängerin aus der Mediationszeit.[1] Nur selten konnte das Volk nach 1814 von seinem an sich schon beschränkten Wahlrecht Gebrauch machen, nämlich dann, wenn einer der direkt gewählten Grossräte zu ersetzen war. Die Landschäftler waren zwar keine Untertanen mehr, sondern den Städtern im Prinzip gleichgestellte Aktivbürger, das 1798 akzeptierte Prinzip der repräsentativen Verfassung aber war endgültig über Bord geworfen, denn eine der Bevölkerungszahl entsprechende Mehrheit von Landschäftlern im Grossen Rat und in der Regierung war undenkbar. Die politische Ungleichheit aus früherer Zeit lebte wieder auf, wenn auch unter anderem Namen und mit anderer Begründung. So konnten nur jene Männer ein politisches Amt innehaben, die dazu aufgrund ihres materiellen Vermögens, ihrer Bildung und der «rich-

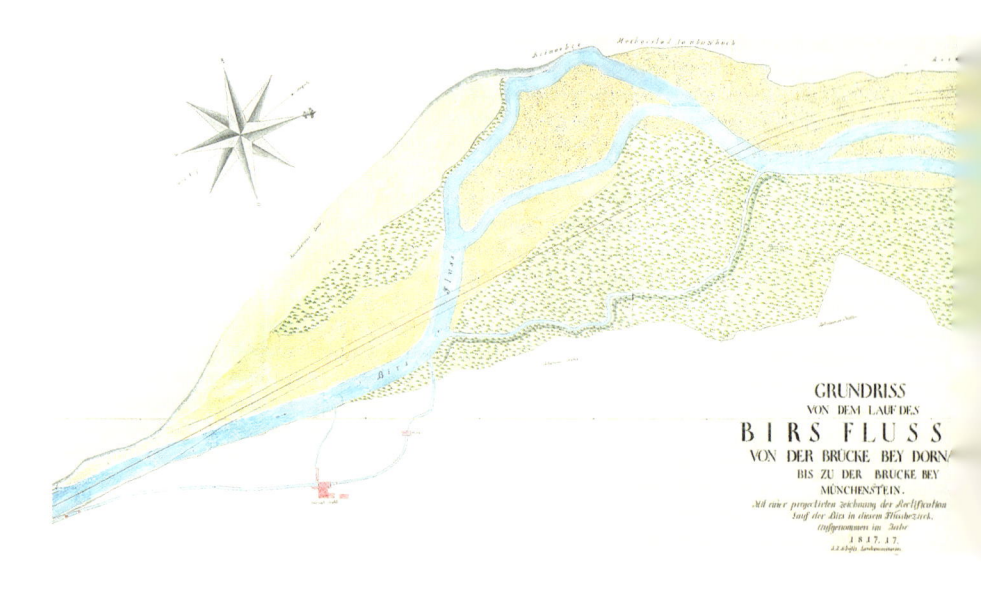

DIE RESTAURATIONSZEIT 1815–1830: VORGESCHICHTE DER TRENNUNG? 159

tigen» Herkunft in der Lage waren. Letztlich regierte im Kanton Basel – unter wohlwollend geduldeter Minderheitsbeteiligung der «lieben» Landbürger – eine Geld- und Bildungsaristokratie. Trotz der scheinbaren äusseren Ruhe veränderten sich die politischen Verhältnisse während der 1820er Jahre unter der Oberfläche aber so grundlegend, dass die bestehenden verfassungsmässigen Ungleichheiten nach 1830 nicht mehr aufrechtzuerhalten waren. Das Zusammenwirken unterschiedlicher Faktoren liess um 1830 wieder eine brisante politische Situation entstehen.

Im Laufe dieser Jahre hatte sich nämlich auch in Basel eine bürgerliche Öffentlichkeit gebildet, die politische Fragen kontrovers diskutierte. Schauplatz dieser neuen politischen Interessen waren vor allem die trotz Zensur sich entwickelnde Presse sowie die Vereine mit ihrer Festkultur.

Von Bedeutung waren des Weitern die fundamentalen Veränderungen im wirtschaftlichen und gesellschaftlichen Bereich: die Modernisierung der Landwirtschaft, das Bevölkerungswachstum oder die beginnende Fabrikindustrialisierung, um nur einige Stichworte zu nennen. Selbst konservative Obrigkeiten kamen nicht darum herum, sich mit den Folgen dieses Wandels sowohl auf politischer als auch auf administrativer Ebene auseinander zu setzen.

Ein wichtiges Signal für den politischen Aufbruch waren sodann die Revolutionen von 1830: In Frankreich hatte der Aufstand von Ende Juli 1830 einen uneinsichtigen König vom Thron gefegt, die Zeit des Absolutismus und des Gottesgnadentums war endgültig vorbei. In Europa wuchs das Bewusstsein dafür, dass die Teilhabe an Politik und Staat auf breiterer Basis zu regeln war als bisher. Seinen symbolischen Ausdruck fand dies in Frankreich in der Figur des so genannten Bürgerkönigs Louis-Philippe, der nicht wie seine Vorgänger in der Kathedrale von Reims zum «König von Frankreich» gekrönt, sondern vom Parlament ohne kirchliche Weihen als «König der Franzosen» eingesetzt wurde. Die Macht des neuen Königs beruhte auf einem Vertrag mit dem Parlament und fand ihre Grenzen in der Verfassung.

**Natur von Menschenhand**
*Der von Johann Jakob Schäfer aufgenommene Plan von 1817 zeigt die Birs zwischen den Arlesheimer Matten und der Birsbrücke beim Bruckgut. Dargestellt sind die bei Hochwasser überfluteten Gebiete sowie Leitwerke und regelmässig angeordnete Buhnen. Die Begradigung und das Ausbleiben der Überschwemmungen führten zu einer Senkung des Grundwasserspiegels und zu Austrocknung. Aus dem Feuchtgebiet wurde ein Trockenstandort, zu dem auch die bekannte Reinacher Heide gehört. Das Naturschutzgebiet des 20. Jahrhunderts geht also auf einen menschlichen Eingriff in die Natur im 19. Jahrhundert zurück.*

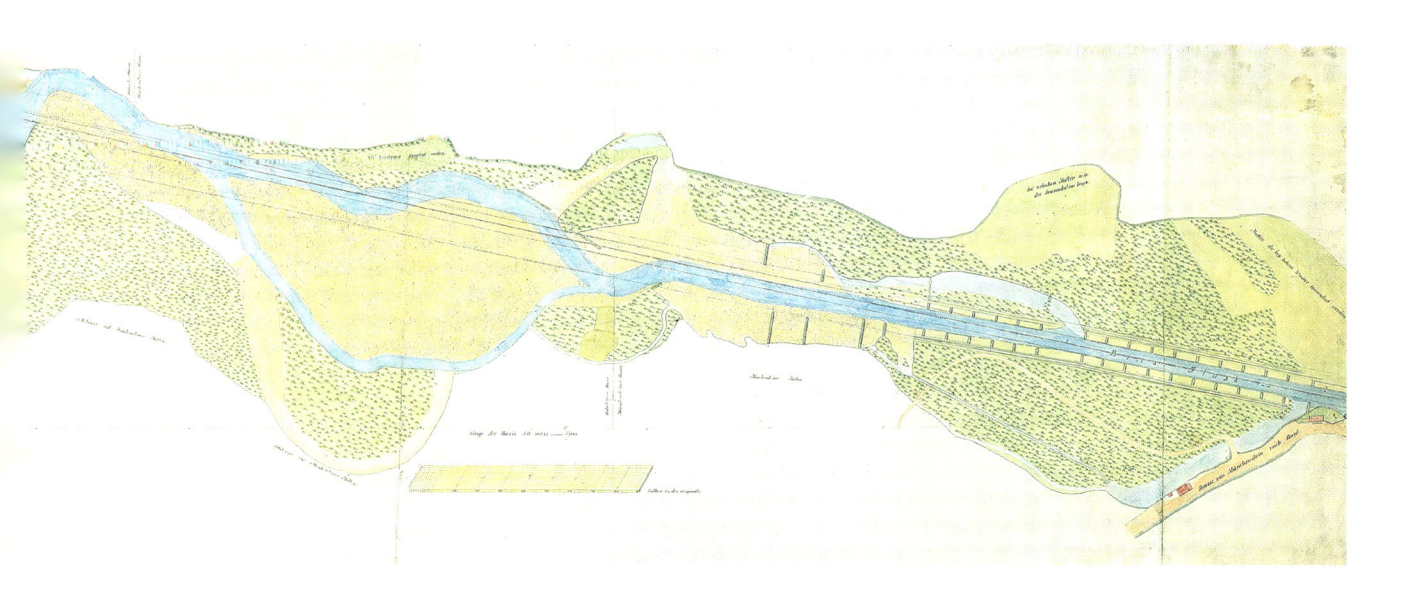

### «Politische» Kunst?
*Der 1780 in Liestal geborene Maler Johannes Senn lebte von 1804 bis 1819 in Kopenhagen und schuf dort unter anderem eine Serie dänischer Trachtenbilder. Nach seiner Rückkehr führten ihn seine Sympathie für ein gleichberechtigtes, liberales Baselbiet und seine Erfahrung aus der Restaurierung von Wandbildern am Basler Rathaus dazu, auch Szenen aus der Schweizergeschichte in der Manier der Historienmalerei des frühen 19. Jahrhunderts zu thematisieren. Diese «politische» Kunst kann in gewissem Sinn als Vorbote der Schweiz von 1848 gelten.*

Obwohl die Vorgänge im Ausland in Basel aufmerksam verfolgt wurden, konzentrierte sich die Regierung darauf, den gewohnten Gang der Dinge zu gewährleisten. Eine aktive Gestaltung politischer Veränderungen aus eigener Initiative lag jenseits des Denk- und Wünschbaren. Diese Einstellung des «Weiter-so-wie-immer» mündete in der krisenhaften Zuspitzung der Situation nach 1830 bei einem massgeblichen Teil der Basler politischen Elite in eine Haltung der Rechthaberei und der politischen Kurzsichtigkeit. Auf der anderen Seite war der Regierung auf der Landschaft eine rührige, wenn auch zahlenmässig kleine Gruppe gebildeter und aktiver politischer Führungsfiguren erstanden, an vorderster Stelle Stephan Gutzwiller.

## Das Basler Regiment zwischen Tradition und Erneuerung

Die Restaurationszeit trug ein doppeltes historisches Erbe mit sich:[2] das Ancien Régime einerseits, Helvetik und Mediationszeit andererseits. Basel gehörte nicht zu den konservativsten Ständen der Eidgenossenschaft, gleichwohl handelten die an Aufklärung und Neuhumanismus orientierten und fest im Besitzbürgertum verankerten Basler Politiker aus einer konservativen Grundorientierung heraus, quasi mit dem Rücken zur Zukunft. Der Respekt vor Traditionen und die Bewahrung des historisch Gewachsenen liessen, wenn überhaupt, nur behutsame Fortentwicklungen zu. Widersprüche und Ungereimtheiten waren somit unvermeidlich, da gewisse Errungenschaften und Veränderungen der (nach-)revolutionären Zeit nicht mehr rückgängig zu machen waren, so zum Beispiel die Möglichkeit, Feudalabgaben loszukaufen,[3] oder der Beginn der Entwicklung zur Gewaltentrennung.

## Die Basler Regierung und die Baselbieter Bauern

Die Landwirtschaft – der Haupterwerbszweig der Landbevölkerung – hatte sich bis 1820 so stark verändert, dass auch eine konservative Regierung gezwungen war, einige grundlegende Probleme anzugehen.[4] Dazu gehörten die Organisation der landwirtschaftlichen Produktion, besonders das

### Die Basler Verfassung von 1814

Wahlberechtigt, das heisst Aktivbürger, waren Männer, die das 24. Altersjahr – die Volljährigkeit – erreicht hatten und in niemandes Kost und Lohn standen. Die Einteilung des Kantons in 45 Wahlzünfte blieb bestehen, doch wählten jetzt die 15 Stadtzünfte je zwei, die 30 Landzünfte bloss je einen Vertreter in den Grossen Rat. Zu diesen 60 direkt gewählten Mitgliedern kamen 90 weitere, die der Grosse Rat selber wählte; Stadt und Land waren dabei im Verhältnis 2:1 zu berücksichtigen. Der neu 150-köpfige Grosse Rat sollte also 90 Stadt- und 60 Landvertreter umfassen. Da anfänglich nur 72 städtische Vertreter im Rat sassen, ernannte der Rat bei Vakanzen bis 1818 ausschliesslich Stadtbürger. Allgemeine Neuwahlen fanden keine statt. Lediglich das Birseck konnte als neu zum Kanton gestossener Bezirk vier zusätzliche Vertreter wählen, so dass schliesslich 90 Städtern 64 Landschäftler gegenüberstanden.

Wählbar waren Männer, die 24 Jahre alt und Aktivbürger waren, über Grundbesitz oder Hypothekarforderungen im Wert von 5000 Franken verfügten und nicht Staatsbeamte waren. Gewählt war man auf Lebenszeit, was seit 1814 auch für den Kleinen Rat galt. Die neue Verfassung brachte – dem «Zeitgeist» entsprechend – einen scharfen Zensus, so dass nach wie

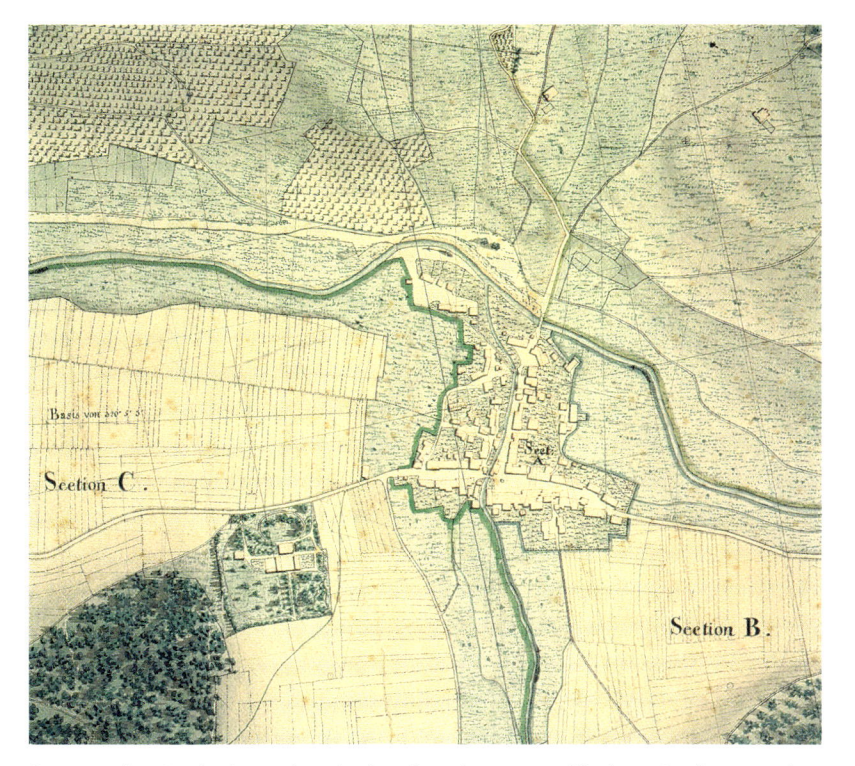

## DIE RESTAURATIONSZEIT 1815–1830: VORGESCHICHTE DER TRENNUNG?

### Eine neue Umweltwahrnehmung

*Im 19. Jahrhundert veränderte sich die Landwirtschaft grundlegend und parallel dazu die Wahrnehmung der Kulturlandschaft. Der Kataster, im Baselbiet erstmals während der Helvetik und dann vor allem während der 1820er Jahre angewendet, unterteilt die Fläche einer Gemeinde vollständig in Sektionen und Parzellen, die abstrakt nach Buchstaben und Zahlen geordnet sind. Grundlage der Registrierung sind die Gemeinde und die individuelle Eigentümerschaft und nicht mehr, wie vor der Revolution, die Zugehörigkeit zu einer Grundherrschaft oder einem Zehntbezirk. Als Folge der politischen Umwälzung zu Beginn des Jahrhunderts und unter dem Druck des wirtschaftlichen und sozialen Wandels hatte sich die konservative Basler Regierung zu Fortschritten im staatlichen Umgang mit Grundeigentum bewegen lassen.*

System der Dreizelgenwirtschaft mit seinen spezifischen Rechtsgewohnheiten, das Problem der Feldwege, die Vieh- und Hagelversicherung, die Förderung der Viehzucht, die Allmendnutzung, aber auch die Frage der Vermessung und der Steuereinschätzung der Liegenschaften (Anlage neuer Kataster).

Die Regierung verfügte über einen ausgebauten Informations- und Beratungsapparat in Form von Fachkommissionen, in denen sowohl Mitglieder des Kleinen Rates als auch Männer der wirtschaftlichen und wissenschaftlich-technischen Elite sassen. Diese Gremien standen dem allgemeinen Wandel offener gegenüber, sie dienten der Regierung als Organ für die Wahrnehmung von Veränderungen, zugleich waren sie Ansprechpartner der

vor ein beträchtlicher Teil der männlichen und die ganze weibliche Bevölkerung von der politischen Teilhabe ausgeschlossen waren. Ausserdem wurde die Untervertretung der Landleute in den höchsten politischen Gremien nach 1815 beibehalten, ja geradezu zementiert. Die Verfassung wurde zwar hier und dort beanstandet, letztlich aber hingenommen. Nach den Belastungen der Helvetik und der Jahre 1814/15 befand sich die Bevölkerung in einem Zustand politischer Erschöpfung. Ausserdem hatten sich die allgemeinen politischen Verhältnisse grundlegend gewandelt: In ganz Europa hatten die konservativen Mächte die Oberhand gewonnen.

### Gemeinden wollen neue Kataster

Das Darlehen, das der Kanton bei Privaten zur Bewältigung der Krise von 1816/17 aufgenommen hatte, wurde mit einer 1819 beschlossenen ausserordentlichen Steuer zurückbezahlt.[1] Während der Stadtrat die Schuld der Stadtbürgerschaft mit einer Pauschale abgalt, hatten die Landleute vier Jahre lang eine Vermögenssteuer von 0,5 Promille zu entrichten. Weil im gleichen Jahr zusätzlich eine befristete Vermögenssteuer zur Deckung des Defizits der Landarmenkammer eingeführt wurde, wehrten sich einige Gemeinden und fochten die Bemessungsgrundlage dieser Steuern an, den helvetischen Kataster von

Bürger. Hier wurden Neuerungen und ihre Konsequenzen für Politik sowie Verwaltung diskutiert und Vorschläge zuhanden der Regierung ausgearbeitet. Der endgültige Entscheid lag meistens beim Kleinen Rat, dem die Rolle des vorsichtigen, auf Wahrung der Tradition bedachten Lenkungsgremiums zukam. Wichtige, wenn auch unterschiedlich erfolgreiche Mitspieler waren in diesem Bereich die Gemeinden und die Landleute. Die Gemeinden waren direkt mit den Folgen des Wandels in der Landwirtschaft konfrontiert und versuchten, damit in eigener Regie fertig zu werden. Erst wenn das, zum Beispiel wegen innergemeindlicher Konflikte, nicht möglich war, schalteten sie die oberen Behörden ein.

Als Mittler zwischen Bevölkerung und Regierung fungierte bisweilen der 1818 gegründete Landwirtschaftliche Verein. Hier fanden Agrarexperten aus Land und Stadt zusammen, um sich über die Entwicklungen in der Landwirtschaft zu unterhalten und auf die Politik Einfluss zu nehmen. Dieser Verein war neben der Gesellschaft für das Gute und Gemeinnützige und anderen eher privaten Vereinigungen einer der wenigen Orte, wo sich in Basel eine den ganzen Kanton umfassende, bürgerliche Öffentlichkeit entwickelte. In bürgerlichen Vereinigungen dieser Art wurde etwas weitergeführt, was im späten 18. Jahrhundert in Basel unter anderem von Isaak Iselin erfunden worden war: das Gespräch interessierter Bürger – Frauen waren allenfalls im Hintergrund tätig – über aktuelle Themen und Probleme des gesellschaftlichen Zusammenlebens und der Politik.

Welches waren nun im Bereich der Landwirtschaft die Ergebnisse dieses Spiels der Kräfte innerhalb des gesellschaftlich-politischen Spannungsfeldes? Zurückhaltend und langsam reagierten Regierung und Landwirtschaftliche Kommission in der Frage des Zelgrechts und der Feldwege. Obwohl es um zentrale Belange der neuen, individuellen Landwirtschaft ging, wurde das Zelgrecht nicht abgeschafft.[5] Die Absprachen unter den Bauern hatten sich also weiterhin nach den Grundsätzen der Dreizelgenwirtschaft zu richten, mindestens im Konfliktfall, etwa wenn sich Parzellen-

1802. Die Gemeinden hatten diesen Kataster bisher ausschliesslich für ihre eigenen Zwecke, vor allem für die interne Verteilung der Gemeindelasten benutzt. Auf dieser Grundlage wurde zum Beispiel die Höhe der wieder eingezogenen Zehnten bestimmt, ferner die Aufteilung von Gemeindeschulden oder die Zuteilung der Arbeitsleistungen des Gemeindewerks. Die neuen kantonalen Steuern veränderten diese Situation grundlegend, darum verlangten einige Gemeinden die Erstellung neuer Kataster.

Nach längeren Abklärungen beauftragte der Kleine Rat die Landwirtschaftliche Kommission mit der Katastrierung im ganzen Kanton. Ausschlaggebend für diesen Entscheid war wohl, dass es um zentrale Grundlagen staatlicher Aktivität ging, nämlich um die Kenntnis der Steuerbasis und der Wirtschaftskraft des Kantons. Ausserdem sollte die Akzeptanz von Herrschaft und Staat verbessert werden. Nach einem Pilotversuch in Sissach und Itingen 1821 und 1822 wurden die Kosten für die Neuvermessung des ganzen Kantons auf rund 135 000 Franken veranschlagt. Damit waren offenbar genügend Informationen vorhanden, um 1823 die einschlägige Verordnung zu erlassen: «Sämtliche Gemeindebänne unseres Kantons sollten vermessen und cadastrirt werden», zu Lasten des

DIE RESTAURATIONSZEIT 1815–1830: VORGESCHICHTE DER TRENNUNG? 163

**Das Sommerhochwasser von 1830**
*Am Nachmittag des 16. Juli 1830 gingen im oberen Baselbiet wolkenbruchartige Gewitterregen nieder und lösten katastrophale Überschwemmungen aus. Die Bäche wurden zu reissenden Fluten und schwollen auf ein Mehrfaches der normalen Abflussmenge an. Solche Sommergewitter kommen vor allem im südwestlichen Baselbiet mit seinem kupierten Relief immer wieder vor. Die Witterung der Jahre 1829 bis 1833 war gekennzeichnet durch unfreundliche nasse Sommer, die überall von Überschwemmungen begleitet waren, und durch kalte, nasse Herbstmonate. Wirtschaft und Gesellschaft des frühen 19. Jahrhunderts waren insgesamt in höherem Mass von der Witterung abhängig als heute, wie die Krisenjahre von 1816/17 und 1845/47 zeigen. Erst mit der Transportrevolution nach der Mitte des Jahrhunderts kam der Einbezug in die Weltwirtschaft und damit eine grössere Sicherheit der Lebensmittelversorgung, allerdings auch eine zunehmende Umweltbelastung.*

nachbarn nicht über die Art und Weise des Zugangs zu den Grundstücken einigen konnten. Vor diesem Hintergrund erstaunt es wenig, dass das 1829 erlassene Gesetz über die Errichtung neuer Feldwege seinen Zweck nicht erreichte. Gemeinden und Bauern waren in diesen Fragen weitgehend sich selbst überlassen. Das erlaubte es ihnen andererseits, so oft wie möglich selber zu entscheiden und Freiräume zu erobern.

Vorwärts ging es bei der Förderung der Viehzucht mit Vorschriften zur Haltung der Zuchtstiere und der Einführung von Viehschauen und -prämien. Die Regierung und ihre Organe befanden sich in der Frage der Viehzucht auf der Höhe der Zeit, sie hatten den Wandel zu einer stärker auf Vieh- und Milchwirtschaft beruhenden Landwirtschaft erkannt und versuchten, diese Veränderungen, so weit nötig, rechtlich und administrativ abzustützen. In diesem Bereich waren, mit Ausnahme des Hochwalds, keine bestehenden

Kantons «die Staatswaldungen, Hochwaldungen, Landstrassen, Flüsse und Bäche», alle übrigen Areale auf Kosten der Gemeinden, das heisst vor allem der Grundstücksbesitzer. Die Arbeit vor Ort gliederte sich in drei Hauptteile: planimetrische Vermessung und Anfertigung der Pläne, Schatzung sowie schliesslich die Niederschrift des Katasters. Die Gemeinden hatten dem Geometer einen fachkundigen Mann zur Seite zu stellen, der über die Grenzen und die Eigentümer der Grundstücke Auskunft geben konnte. Bis 1831 kamen insgesamt 14 Gemeinden zu einem neuen Kataster.[2]

Die neuen Kataster bescherten den Gemeinden neue Formen des Umgangs mit Eigentum: Der Eigentumsnachweis war fortan nur noch aufgrund des Katasters möglich, andere, ältere Rechtstitel durften, zumindest im Verkehr mit der Verwaltung, nicht mehr benutzt werden. Damit wurde die Autonomie der bisher zuständigen kommunalen Instanz, des so genannten Gescheids, eingeschränkt, denn dieses hatte sich nun der Oberaufsicht eines Geometers zu unterstellen.

Die neuen Kataster beeinflussten ausserdem die Wahrnehmung der Landschaft: Die Namen der Grundstücksnachbarn und die Namen von Flurteilen waren jetzt nicht mehr so wichtig wie in den Grundbesitzurkunden früherer Jahrhunderte. Die Ka-

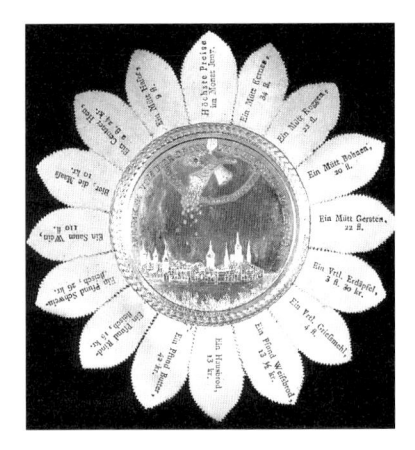

**Die «grosse Theuerung» von 1817**
*Bildliche Andenken an die Jahre 1816/17 sind für grosse Teile Europas überliefert. Dieses «Margrite»-Bildchen hängt im Ortsmuseum Sissach. Es erinnert an das Krisenjahr 1817, konkret an die damals extrem hohen Preise für Nahrungsmittel und die Not, die viele Leute litten. Wie es dorthin kam, ist nicht bekannt. Es zeigt nämlich im Blütenteller eine Stadtansicht von Schaffhausen. Im Himmel darüber schwebt eine Garbe und ein Füllhorn, das über der Stadt ausgeleert wird. Dem Halbkreis des Himmels entlang steht geschrieben: «Andenken von der grossen Theuerung im Jahr 1817». Unter der Garbe und dem Füllhorn ist zu lesen: «Gedenke, dass noch ein Gott ist.» Am oberen Bildrand ist Gott durch eine Hand angedeutet, die auf die Stadt weist. Auf den weissen Blütenblättern sind die Höchstpreise von Lebensmitteln im Juni 1817 verzeichnet. Auch in Basel waren Nahrungsmittel sehr teuer, und viele Leute hatten (zu) wenig zu essen. Erst im Sommer 1817 besserte sich die Versorgungslage dank einer reicheren Ernte. Mit Festgottesdiensten und Lobgedichten wurde gefeiert, dass das Schlimmste überstanden war.*

Rechte gefährdet. Die Ausdehnung der Wieslandfläche wurde insbesondere dadurch begünstigt, dass nicht mehr, wie während des Ancien Régime, die Interessen der Bodenzins- und Zehntempfänger am Ackerbau zu berücksichtigen waren. Die helvetische Revolution hatte die Voraussetzungen für den Loskauf der Feudallasten geschaffen, und damit auch dafür, dass die konservative Regierung gewisse Neuerungen leichter einführen konnte.

Auf Veränderung standen die Zeichen auch punkto Schadensabsicherung in Viehhaltung und Ackerbau. Viele Gemeinden gründeten von sich aus Viehversicherungen und wurden dabei von der Regierung unterstützt. Die Hagelversicherung hatte es schwerer, sie stiess nur bei wenigen Güterbesitzern auf Interesse. Die neuen Versicherungen erlaubten, wie die Gebäudeversicherung schon früher, einen besseren Schutz des Volks- respektive Kantonsvermögens. Ausserdem erhoffte sich die Regierung einen sozialpolitischen Effekt: Die Versicherungen sollten dazu dienen, das Betteln, das Almosengeben und die freiwilligen Sammlungen zu Gunsten von Geschädigten einzudämmen oder gar zu unterdrücken. Diese traditionellen Praktiken der Nothilfe wurden aber von vielen Zeitgenossinnen und Zeitgenossen hartnäckig verteidigt und hielten sich noch lange.

Daneben standen viele kleinere Geschäfte aus dem Bereich der Landwirtschaft an: Weid- und Allmendstreitigkeiten, Fragen der Holznutzung oder der Bewässerung und Nachbarschaftskonflikte. Nach eingehender Information über die meistens auf die Zeit vor 1800 zurückgehenden Verhältnisse entschied die Regierung fast immer zu Gunsten des Bestehenden. Die kantonalen Behörden benutzten die Streitschlichtung nicht dazu, systematisch Neuerungen durchzusetzen.

Die politisch-administrativen Beziehungen zwischen Stadt und Landschaft zeigen das folgende Muster: Wo die Revolution Kontinuitäten und Strukturen gebrochen hatte und Veränderungen unumkehrbar waren wie bei den Feudallasten, war das Terrain für Neuerungen günstig. Wo Gewohnheiten, Rechte und Strukturen überdauert hatten, wie (un-)vollständig auch

taster wurden aufgrund mathematisch-geometrischer Prinzipien und einer entsprechenden Vermessungstechnik hergestellt und ordneten die Parzellen nach Buchstaben (für die Sektionen) und Ziffern. Das neue System war von vornherein auf Veränderung angelegt, indem über ein Drittel der Formularfläche für Handänderungen und Ähnliches reserviert war. Die neuen Kataster hatten also, obwohl von einer konservativen Regierung eingeführt, durchaus «revolutionäre» Auswirkungen. Unter dem Druck der Krise von 1816/17, unter dem Druck der Gemeinden, die neue Steuern nicht widerstandslos hinnahmen, und unter dem Druck der Kosten für die Armenfürsorge hatte sich die Regierung zu einem Modernisierungsschritt mit weit reichenden Folgen entschlossen. Die Regierung verdankte ihre Handlungsfähigkeit in diesem Bereich nicht zuletzt auch dem Umstand, dass die helvetische Revolution mit dem helvetischen Kataster und der Aufhebung der Feudalabgaben sowie ihrer Umwandlung in loskaufbare Grundlasten neue Verhältnisse geschaffen hatte, auf denen aufgebaut werden konnte.

immer, agierte die Obrigkeit zurückhaltend bis verhindernd. Neues war nur in genau definierten Ausnahmefällen möglich. Dabei liess die Regierung mitunter das nötige Fingerspitzengefühl vermissen, so etwa in der Frage der Steuern, und sie kümmerte sich zu wenig darum, dass Herrschaft ein gewisses Mass an Ungleichheit nicht überschreiten darf, wenn die politischen Verhältnisse stabil bleiben sollen. Diese politische «Schwerhörigkeit» dürfte einer der tieferen Gründe für die Staats- und Herrschaftskrise von 1832/33 gewesen sein.

### Die schleichende Erosion der Herrschaft

Das Baselbiet war schon lange kein reines Bauernland mehr. Auch die anderen gesellschaftlichen Gruppen sollten für die weitere Entwicklung von Bedeutung sein. Am engsten mit der Stadt verbunden waren die Heimarbeiter und die Heimarbeiterinnen.[6] Ihr Schicksal hing auf Gedeih und Verderb vom städtischen Handel und von der Auftragslage in den städtischen Fabrikationsbetrieben ab. Mit dem konjunkturellen Aufschwung der zwanziger Jahre verbesserte sich ihre Lage. Die Posamenter gehörten in der Folge zu den treusten Anhängern der Stadt, obwohl sie ebenfalls unter Diskriminierungen litten. Zusammen mit Männern und Frauen, die ihr Brot mit Taglohnarbeit verdienten, beschweren sie sich beispielsweise darüber, dass sie ihren Lohn in minderwertigem, beträchtlichen Kursschwankungen unterliegendem Geld erhielten, ihre Abgaben aber in höherwertigen Geldern leisten mussten. Die Regierung kam den Landleuten auch hier zu spät entgegen, ihre Benachteiligung wurde erst 1831 beseitigt.

Besonders betroffen von der Restauration waren die ländlichen Handwerker. Mit der in der Helvetik eingeführten Gewerbe- und Handels- sowie der Niederlassungsfreiheit hatten sie neue Handlungsspielräume gewonnen. Schon in der Mediation, vor allem aber in der Restauration wurde die freie Berufsausübung wieder stark eingeschränkt. Wie 1798 gehörten die Liestaler Handwerker denn auch nach 1830 zu den Trägern des Widerstands.

#### Das Birseck und Stephan Gutzwiller

Das Birseck gehörte seit 1815 zum Kanton, war katholisch, nach der Stadt und dem Jura hin orientiert, von der übrigen Landschaft getrennt und verfügte nicht zuletzt infolge seiner rund 20-jährigen Zugehörigkeit zu Frankreich über andere Traditionen, gerade in der Verwaltung. Basel bemühte sich, den neuen Kantonsteil so gut wie möglich zu integrieren, was mit erheblichem administrativem Aufwand verbunden war und nicht ohne Konflikte abging.[3] Eine Sonderbehandlung des Birsecks mit all ihren positiven und negativen Begleiterscheinungen war dabei nicht zu vermeiden. So erforderten die Regelung der Abgaben und Steuern oder das Kirchen- und Schulgut sowie natürlich die konfessionellen Angelegenheiten spezielle Lösungen. Die Sonderstellung des Birsecks innerhalb des Kantons dürfte seine Bevölkerung in höherem Mass und von Anfang an für politische Fragen sensibilisiert haben. Es entspricht darum in gewissem Sinn der historischen Logik, wenn dem Baselbiet in der Person des Birseckers Stephan Gutzwiller eine seiner wenigen politischen Führungsfiguren erwuchs. Seit 1828 war er Mitglied des Grossen Rates, wo er mehrmals die Beseitigung der ungleichen Behandlung von altem und neuem Kantonsteil anmahnte, so etwa in der Verwaltung des Kirchen-

Unter anderem hatten sie gefordert, von ihnen erzeugte, bestellte Waren in die Stadt bringen zu dürfen – ein Recht, das Ende des 18. Jahrhunderts eine Selbstverständlichkeit gewesen war. Doch die Regierung lehnte dieses Begehren ab, erst 1830 fand sie sich zu einem Entgegenkommen bereit. Der Fall zeigt: Sobald städtisch-zünftische Interessen ins Spiel kamen, sank die Konzessionsbereitschaft gegenüber der Landbevölkerung, weil die politische Herrschaft des Basler Handelsbürgertums auf einem Kompromiss mit dem in den städtischen Zünften verankerten gewerblich-handwerklichen Mittelstand beruhte.

Die paternalistische Herrschaft und Verwaltung wurde zwar von den Landleuten in vielerlei Hinsicht hingenommen, die vielen, nicht selten geringfügigen Diskriminierungen waren aber nicht zu übersehen. Die pflichtbewussteste Erfüllung der obrigkeitlichen Aufgaben konnte nicht verhindern, dass auf der Landschaft das Bewusstsein vorenthaltener Rechte wuchs. Solche unausgesprochenen Widersprüche zwischen ordentlicher Verwaltung und politischer Benachteiligung, zwischen wirtschaftlichem Neuerungsdruck und konservativer Grundhaltung der politischen Elite führten unter den veränderten politischen Rahmenbedingungen des frühen 19. Jahrhunderts schliesslich zum Eklat.

Immerhin, ganz spurlos gingen die politischen Entwicklungen der Zeit auch am Basler Bürgertum nicht vorbei. Im Februar 1829 wurde ein von Grossrat Samuel Ryhiner eingebrachter Antrag überwiesen: Danach sollte «die Art und Weise, wie eine Veränderung in der Verfassung vorzuschlagen und zu behandeln sei, gesetzlich bestimmt werden». Der Kleine Rat liess sich jedoch wie üblich Zeit und verschleppte die Sache. Erst im Oktober 1830 kam der Grosse Rat darauf zurück, in der Zwischenzeit hatten die Julirevolution in Frankreich und die Ereignisse in der übrigen Schweiz einige Baselbieter und Städter geweckt. Anders als 1798 kam aber keine Koalition zwischen fortschrittlichen Städtern und radikalen Landschäftlern zustande. Die veränderungswilligen Landschäftler glaubten nicht mehr daran, dass

**Romantik im Oberwiler Pfarrhaus**
*Das Wandbild ist Teil eines Zyklus, der 1970 bei der Restaurierung des katholischen Pfarrhauses von Oberwil zum Vorschein kam. Die Bilder zeigen romantische Stimmungslandschaften und weisen zugleich Anklänge an die realistische Vedutenmalerei des Biedermeiers auf. Sehr wahrscheinlich hat der Oberwiler Pfarrer Franz Jakob Nussbaumer den Bilderzyklus in Auftrag gegeben, als Maler kommt wohl der in Basel ansässige Maximilian Neustück in Frage, die Entstehung dürfte in die 1820er Jahre gefallen sein.*

sie über eine Verfassungsrevision zu ihrem Recht kämen. Sie forderten eine Erneuerung des «morschen Gebäudes», wie sich der ehemalige Liestaler Statthalter und Anführer der Bewegung von 1798, Niklaus Brodbeck, ausdrückte. Die Städter dagegen wollten nichts überstürzen, sogar liberal gesinnte Basler hätten rasche Zugeständnisse als Diktat der Landleute empfunden.

Ausserdem fehlte dem Baselbiet im Gegensatz zu anderen Regenerationskantonen ein genügend starkes, politisch selbstbewusstes und veränderungswilliges ländliches Bürgertum. Das politische Kräfteverhältnis war in Basel gerade umgekehrt wie an vielen anderen Orten: Einer schwachen Baselbieter Mittelschicht stand ein starkes, geeintes städtisches Bürgertum gegenüber. Symbolischen Ausdruck fand diese Einigkeit in der vom liberalen Christoph Bernoulli und vom konservativen Andreas Heusler gemeinsam herausgegebenen ‹Baseler Zeitung›. Auf Seiten der Stadt stand also nicht einfach eine überkommene Aristokratie. Ein Grossteil des städtischen Bürgertums hing weiterhin dem Ideal einer aufgeklärten, paternalistischen Ständegesellschaft an, die vollständige Umsetzung des Gleichheitsprinzips kam nicht in Frage. Im äussersten Fall «opferte» man dafür lieber das ehemalige Untertanengebiet: Der Gedanke an die Trennung fand auch bei einigen Städtern Anklang.

**Der Weg in Richtung Bern: Das Laufental nach 1815**
1815 wurde das Laufental wie der Grossteil des ehemals bischöflichen Juras Teil des Kantons Bern.[7] Mit Dekret vom 6. April 1816 wurde das Laufental entgegen den Hoffnungen vieler dem Oberamt Delsberg zugeschlagen. An der Spitze dieser Verwaltungseinheit standen die Oberamtmänner, in der Restaurationszeit Angehörige des stadtbernischen Patriziats, die eine grosse Machtfülle auf sich vereinigten. 1815 hatte Bern zunächst versucht, das Rad der Zeit zurückzudrehen: Der Code Napoléon sollte durch das alte Landrecht und das französische durch das bernische Strafrecht ersetzt werden,

**Der Stundenstein von Grellingen**
*Stundensteine waren eine Spezialität des Kantons Bern. Sie waren Teil eines Routen- und Strecken-Systems, das der Staat Bern seit dem frühen 18. Jahrhundert in seinem ganzen Gebiet anlegen liess. Einerseits gaben sie die Distanz zwischen Bern und dem jeweiligen Standort des Steins an, andererseits waren sie ein Hoheitszeichen wie die Grenzsteine. Die Distanz wird in Wegstunden angegeben, wobei eine Schweizer Wegstunde nach 1838 16 000 Fuss entsprach, das sind 4800 Meter. Im Laufental haben sich vier Stundensteine erhalten, einer bei Angenstein sowie jene von Laufen, Zwingen und Grellingen. Die Stundensteine des Laufentals wurden erst nach 1815 gesetzt, nachdem das Gebiet vom Wiener Kongress zum Kanton Bern geschlagen worden war. Die französische Inschrift weist darauf hin, dass das Laufental damals dem französisch verwalteten Amtsbezirk Delémont angehörte.*

und Schulguts, bei der Lehrerbesoldung oder beim Strassenbau. Dass seine politischen Interessen weiter zielten, zeigte sich daran, dass Gutzwiller die Staatsrechnung jeweils einer kritischen Prüfung unterzog und mit Nachdruck auf «offenbare und lang andauernde Missverhältnisse» hinwies. Die Regierung hielt Gutzwiller entgegen, seine Kritik sei unangebracht, wenn man bedenke, welche Lasten die Stadt auf sich genommen habe, um das Birseck in den Kanton zu integrieren. Einmal mehr blieb die Regierung dabei, das «undankbare Landkind» an die ihm gebührende Haltung des Respekts zu erinnern und ihren Paternalismus hervorzustreichen.

Der Gedanke, dass sich hier etwas Grundsätzliches ankündigte, war den Ratsherren fremd, und so entging ihnen die verborgene, aber wachsende Unzufriedenheit auf der Landschaft. Martin Birmann fasste dieses latente Spannungsverhältnis gut 50 Jahre später in folgende Worte, die als Motto für die Restaurationszeit stehen könnten: «Das väterliche Regiment hat sich hier von seiner besten Seite gezeigt; allein auch die von ganzem Herzen gewährte Gnade ist nimmer ein Ersatz für das Opfer des Rechts, und das Gefühl der Zurücksetzung wurde mit der Zeit immer drückender, da es an das einstige Unterthanenverhältnis […] erinnerte.»[4]

doch die bernische Regierung musste rasch einsehen, dass diese durch die Revolution herbeigeführten Veränderungen aus praktischen Gründen nicht mehr rückgängig zu machen waren. So blieb ein Grossteil der Bestimmungen des Code Napoléon auch im Laufental noch lange in Kraft, besonders im Bereich des Erb-, Sach- und Obligationenrechts. Einzig im Ehe- und Familienrecht wurden die französischen Bestimmungen zum Teil zurückgenommen, so etwa in der Frage der Ehescheidung. Beibehalten wurde ferner die von den Franzosen eingeführte Grundsteuer. Vollständig anzuerkennen hatte Bern gemäss den Vorgaben des Wiener Kongresses die katholische Konfession.

Die Gemeinde Laufen hatte, auf Aufforderung von Bern hin, bald ihre alten Rechte angemeldet, so etwa den Anspruch auf eigene Forstverwaltung, die Oberaufsicht über Erbteilungen oder die Befreiung von Fronarbeiten zu Gunsten kantonaler Vorhaben. In den meisten Punkten kam Bern den Laufentalern aber nicht entgegen, vor allem wenn kantonale Kompetenzen betroffen waren. Immerhin wurde den Gemeinden überall eine gewisse Selbstverwaltung gewährt, so wurden auch in Laufen die Zünfte wieder eingeführt. Als 1816 die alten Burgerrechte und -gemeinden im Berner Jura wiederhergestellt wurden, gerieten die beiden früheren Laufener Burgergemeinden, die Vorstadt und die Stadt, in Streit. Da sie während der französischen Zeit zumindest offiziell eine einzige Munizipalität gebildet hatten, verwickelten sie sich in der Folge wegen der Vermögensausscheidung in Rechtsstreitigkeiten, die erst mit dem neuen Gemeindegesetz von 1852 endgültig beigelegt wurden.

Der Berner Jura war im Grossen Rat nur mit einigen wenigen Repräsentanten vertreten, und die politischen Ämter waren fast alle von Angehörigen der Berner Aristokratie besetzt. Die Laufentaler und die Laufentalerinnen konnten sich im Alltag nicht allzu sehr über Bern beklagen. In politischer Hinsicht jedoch war die Zurücksetzung unübersehbar und sie wurde im Zuge der einsetzenden liberalen Bewegung schon bald thematisiert. Die Ideen

**Das Laufental will einen eigenen Bezirk**
Noch vor der offiziellen Übergabe an Bern hatten die Laufentaler Gemeindevorsteher am 25. April 1815 voller «Zufriedenheit und Unterwürfigkeit» an die neue Obrigkeit appelliert, «besonders eine Amtei zu bilden».[5] Der Wunsch blieb unerfüllt. Darum unternahmen die Laufentaler bei der nächsten guten Gelegenheit, 1831, einen erneuten Versuch und schrieben in einer Eingabe an den Verfassungsrat des Kantons Bern: «Ein Wunsch erfüllt die Brust aller deutschen Bewohner des Laufentales, wovon nicht der 100ste Teil die französische Sprache redet. [...] die unterzeichneten geistlichen und weltlichen Vorgesetzten, Wahlmänner und Notabeln des deutschen Teils des Oberamts Delsberg [...] nehmen daher die Freyheit, hochdenselben vertrauensvoll folgende Bitte und Vorstellung vorzutragen: Der deutsche Teil des Oberamtes Delsberg, der einzig deutsche Teil der fünf lebergischen Ämter, welcher 12 selbständige von circa 5000 Seelen bewohnte Gemeinden, enthält, mehr als den dritten Teil des Oberamts ausmacht und ganz von den Kantonen Basel und Solothurn umgeben ist, befindet sich eben dadurch in einem ganz besonderen politischen Verhältnis, wie kein anderer Teil des Kantons. Seine Obrigkeit, die Kantonsregierung ist deutsch, sie

DIE RESTAURATIONSZEIT 1815–1830: VORGESCHICHTE DER TRENNUNG?   169

der Julirevolution von 1830 in Frankreich fanden auch im Berner Jura ihren Widerhall. Der Jura beteiligte sich aktiv an den Auseinandersetzungen, die zur neuen Verfassung des Kantons Bern von 1831 führten. Die gleiche Vertretung aller Parteien im Kanton wurde gefordert, ebenso die direkte Wahl des Grossen Rats, die persönliche Freiheit und die Pressefreiheit. Freiheitsbäume wurden wieder aufgepflanzt, in Delsberg und Pruntrut wurden provisorische Verwaltungen errichtet, mit Petitionen wurde an die Berner Regierung appelliert, Gerüchte über eine mögliche Trennung des Juras vom Kanton schwirrten umher. Über die Beteiligung des Laufentals an der 1830er Bewegung ist noch zu wenig bekannt. Immerhin stand es wegen des Sprachunterschieds in einer gewissen Distanz zum übrigen Berner Jura und es hatte schon während der französischen Zeit eine starke Zurückhaltung gegenüber Neuem gezeigt.

Aktenkundig ist der aktive Widerstand der Laufentalerinnen und Laufentaler, wenn es um konfessionelle Fragen ging. Der Berner Jura blieb nämlich auch nach 1831, als der Kanton eine neue, liberale Verfassung erhalten hatte, ein unruhiges Pflaster, nicht zuletzt weil sich hier politische Fragen und kirchlich-religiöse Probleme überlagerten. Besonders die Frage des Verhältnisses von Staat und Kirche wühlte die Bevölkerung auf. Im Vordergrund standen im Gefolge der so genannten Badener Artikel von 1834 die Regelungen zur Zivilheirat, zu den gemischten Ehen und zur Reduktion der kirchlichen Festtage. Mit den Badener Artikeln wollten die regenerierten Kantone, darunter auch Bern und Baselland, die Beziehungen zwischen Staat und Kirche in liberalem Sinn mit Vorrang des Staates regeln, was auf katholischer Seite sofort auf Ablehnung stiess. Wiederum wurden im Jura Freiheitsbäume errichtet und Trennungsprojekte erwogen. Mottos wie «Katholisch leben, oder sterben! – Tod den Hugenotten! – Los von Bern!» machten die Runde. Mit einer militärischen Besetzung beendete die kantonale Regierung den Protest. Die Überlagerung politischer und konfessioneller Fragen sollte die Entwicklung im Jura auch in Zukunft prägen.

gab ihm deutsche Gesetze, deutsche Verordnungen, dagegen setzte sie eine französische Verwaltung und französische Bureaux ein, deren Angestellte meistens nicht einmal deutsch sprechen, viel weniger lesen und schreiben können [...]. Es geht demnach unsere Bitte dahin: Es möchte Euer W. W. gefallen einen Artikel der neuen Verfassung einzuverleiben, der eine gänzliche Trennung des deutschen und des französischen Teiles des Oberamts Delsberg und die Festsetzung eines besonderen Oberamts für jenen deutschen Teil aussprechen [sic].» – Auch diesmal blieb der Erfolg aus, die Laufentalerinnen und die Laufentaler mussten die nächste Berner Verfassung von 1846 abwarten, um ihr Ziel zu erreichen.

**Fähnlein der Scharfschützen um 1830**
*Fahnen gehörten zu den zentralen Emblemen der Vereinskultur des 19. Jahrhunderts, das bisweilen auch als Jahrhundert der Vereine bezeichnet wird. Schützen- und Turnvereine, Chöre, Burschenschaften, aber auch Fachvereine wie zum Beispiel der 1818 neu gegründete Basler Landwirtschaftliche Verein oder informelle Gruppen etwa von Landärzten entwickelten eine eigene Fest- und Diskussionskultur. Gerade während der Restaurationszeit gehörten die Vereine zu den wenigen Orten der politischen Debatte und bildeten oft Kristallisationspunkte fortschrittlich-liberaler Politik.*

BAND FÜNF / KAPITEL 12

**Lesetipps**

*Literatur und Forschung zur Schweiz während der Restauration sind spärlich (Biaudet 1977; Vischer 1905/1906; Heusler 1969).*

*Hintergrundinformationen zum grösseren Rahmen finden sich bei Epple/Schnyder 1996 sowie für die gesamteuropäischen Entwicklungen bei Langewiesche 1985.*

*Für Basel ist das Thema vor allem im Zusammenhang mit der Universitätsgeschichte (Staehelin 1957 und 1959) und anhand von Zensur und Pressefreiheit (Gysin 1944) behandelt worden.*

*Dem Orismüller ist eine ganze Ausgabe der Baselbieter Heimatblätter gewidmet (März 1973).*

*Zu Johannes Senn liegt eine instruktive Darstellung vor (Hildegard Gantner-Schlee, 1985).*

*Über die Birskorrektion gibt Hans Meier-Küpfer in seiner Dissertation Florenwandel und Vegetationsveränderungen in der Umgebung von Basel seit dem 17. Jahrhundert Auskunft (1985).*

*Den Bilderzyklus im Oberwiler Pfarrhaus hat Hans Rudolf Heyer in den Baselbieter Heimatblättern beschrieben (1972).*

**Abbildungen**

Historisches Museum Bern, Josef Reinhart-Zyklus Kat. 37: Kanton BL: S. 157 [A].
StA BL, KP, E 933: S. 158–159 [A].
Gemeinde Liestal; Kantonsmuseum Baselland, Grafische Sammlung; Foto Mikrofilmstelle: S. 160.
Heimatmuseum Sissach; Foto Mikrofilmstelle: S. 161 [A], 164.
Gemeinde Liestal; Kantonsmuseum Baselland, Grafische Sammlung; Foto Mikrofilmstelle: S. 163.
Pfarrhaus Oberwil; Foto Mikrofilmstelle: S. 166.
Mikrofilmstelle: S. 167.
Militaria Sammlung, Kantonsmuseum Baselland: S. 169.

[A] = Ausschnitt aus Originalvorlage
Reproduktionen durch Mikrofilmstelle.

**Anmerkungen**

1 Vgl. dazu Blum 1977, S. 40ff. und S. 44ff.
2 Morosoli 1991, S. 3.
3 In Basel definitiv seit 1804. Vgl. zum Zehntloskauf Epple/Schnyder 1996.
4 Vgl. zur allgemeinen Entwicklung der Landwirtschaft Bd. 5, Kap. 3.
5 Vgl. dazu Bd. 5, Kap. 3.
6 Maurer, Martin 1985, S. 129ff. und S. 134ff.
7 Vgl. dazu HBLS, Bd. 2, S. 426f. und Bd. 4, S. 151f., sowie Bessire 1977, S. 312ff., S. 317ff. und 332ff.

1 Vgl. dazu Schnyder 1996 und Epple/Schnyder 1996 mit den Quellenhinweisen und zur weiteren Entwicklung.
2 Allschwil, Arlesheim, Augst, Biel-Benken, Böckten, Ettingen, Itingen, Liestal, Muttenz, Oberwil, Sissach, Therwil, Thürnen, Schönenbuch (StA BL, Planarchiv); die Katasterbücher liegen in den Gemeindearchiven.
3 Vgl. Weber 1932, Bd. 2, S. 368ff. und S. 380ff. sowie unten zum Laufental. Zu Gutzwiller: Weber 1932, Bd. 2, S. 383f. und unten.
4 Birmann 1882, S. 13.
5 Vgl. dazu Laufen – Geschichte einer Kleinstadt 1975, S. 110f.

## 1830 bis 1833: Der neue Kanton

*Bild zum Kapitelanfang*
**Liberale Kräfte**
*«Die Helvetia liegt in Kindesnöten und ist einer Missgeburt bereits entledigt», heisst es in einer gedruckten Erklärung zu dieser Karikatur von ungefähr 1833. Sie nimmt die misslungenen liberalen Versuche einer Revision der Bundesverfassung aufs Korn, indirekt aber auch die führenden Köpfe der Baselbieter Unabhängigkeitsbewegung. Das Spottbild ist voller versteckter Anspielungen auf Personen und Ereignisse, welche zum Teil bereits im 19. Jahrhundert unterschiedlich erklärt wurden. Stephan Gutzwiller wird als Magd gezeigt, Heinrich Zschokke als Gotte. Neben der kopflosen Tell-Statue im Hintergrund hängt ein Bild mit dem Freiheitsbaum vor dem Liestaler Rathaus. Als Geburtshelfer amten Vertreter einzelner Kantone, der «accoucheur» mit den Zangen soll Ignaz Paul Vital Troxler sein.*

**Freiheitsbaum**
*Auch der Binninger Freiheitsbaum von 1832 trug die Farben der Helvetischen Republik: Grün, Rot und Gold. Überall in der Landschaft Basel berief man sich so auf die Ereignisse von 1798.*

## Gleichberechtigung

Am 18. Oktober 1830 legte Stephan Gutzwiller, selbst Mitglied des Grossen Rates in Basel, im Wirtshaus Bad Bubendorf den dort versammelten etwa 40 Männern eine Bittschrift auf den Tisch, welche den Wunsch nach einer neuen Verfassung enthielt. Die Bittschrift sollte den städtischen Oberen unterbreitet werden. Alle Anwesenden machten bereitwillig mit und unterschrieben; 707 weitere Baselbieter Männer kamen später dazu. Dass Gutzwiller, um die Versammlung in die richtige Stimmung zu versetzen, den Freiheitsbrief von 1798 verlas, macht die Bedeutung dieses Datums für die Geschichte des Baselbiets deutlich. Seit am 22. Januar 1798 der grosse Freiheitsbaum auf dem Münsterplatz in Basel die Gleichheit der Landschaft mit der Stadt signalisiert hatte, liess sich die Idee einer angemessenen Repräsentation des Baselbiets im Grossen Rat nicht mehr unterdrücken. Das Jahr 1798 wurde hier in einem Atemzug mit den Bauernaufständen von 1525 und 1653 genannt, wenn es darum ging, die Forderung nach Gleichberechtigung zu untermauern. Die Bittschrift wurde dem Basler Bürgermeister Wieland überreicht.[1] Dieses Vorgehen wurde weiterhin akzeptiert, nicht nur auf der Landschaft, auch in der Stadt. Es war üblich, wurde während der ganzen frühen Neuzeit praktiziert und enthielt nichts Revolutionäres.

## Verfassungsrevision

Der Vorschlag einer Verfassungsrevision war im Grossen Rat schon 1829 eingebracht worden.[2] Vor allem sollte im Gesetz verankert werden, wie zukünftige Revisionen in die Wege zu leiten wären. Die Realisierung dieser Festlegung wurde jedoch hinausgeschoben. Als der Grosse Rat aufgrund der landschaftlichen Bittschrift dann endlich über die Verfassungsrevision verhandelte, drangen die Baselbieter Forderungen nicht durch. Die Landschaft erhielt zwar die Mehrheit der Sitze zugeteilt: Aber nur 79 von 154 Sitzen wurden ihr zugesprochen, obwohl sie doppelt so viele Menschen zählte wie die Stadt.

### Die Republik von Diepflingen

Beredtes Beispiel für die so genannten Trennungswirren ist das kleine Dorf Diepflingen im Homburgertal.[1] Es gehört im Februar 1831 zu den stadttreuen, nicht zu den aufbegehrenden Gemeinden. Eine Mehrheit der Stimmberechtigten hat die Verfassung angenommen und sich damit für das Bleiben bei der Stadt Basel ausgesprochen.
Aber die Dörfer der Landschaft müssen sich im November 1831 erneut entscheiden. Die Basler Regierung will Klarheit. Dieses Mal lässt sie nur die Landbürger abstimmen, «wer beim Kanton Basel in seiner gegenwärtigen Verfassung verbleiben und wer sich lieber vom Kanton trennen als sich der bestehenden Verfassung unterziehen will». Es gibt nur ein «Entweder – oder». In Diepflingen ist die Mehrheit für den Verbleib bei der Stadt. Aber diese Mehrheit ist sehr knapp. 30 stadttreue Diepflinger stehen 28 trennungswilligen gegenüber. Und man sagt, diese Mehrheit sei nur möglich geworden, weil in der Stadt wohnhafte Diepflinger für die Abstimmung zurückgekommen seien. Diepflingen ist in einer heiklen Situation. Im Dorf herrschen Uneinigkeit und Hader. Trennungsfreunde streiten sich mit Stadttreuen, auch über die Gemeindegrenzen hinweg. Man ärgert sich gegenseitig durch

1830 BIS 1833: DER NEUE KANTON   173

**Die Teilung**
*Karikaturen waren im 19. Jahrhundert ein beliebtes Mittel politischer Auseinandersetzung und Propaganda. Wie kein anderes Thema bot die Kantonstrennung Anlass zu spitzen, überzeichneten und suggestiven Bildkommentaren. In Anlehnung an eine Napoleon-Karikatur von 1805 zeichnete hier Ludwig Kelterborn den Landschäftler als gefrässigen Bauern, der sich den grösseren Teil vom Kuchen abschneidet.*

Gutzwiller und seine Leute gaben sich nicht geschlagen und versuchten beharrlich, ihre Ziele durch eine grossangelegte Versammlung, eine Landsgemeinde in Liestal, zu stärken. Am 6. Januar 1831 wurde im Wirtshaus Engel in Liestal gar eine provisorische Regierung gewählt. Die Wirkung dieses revolutionären, ungesetzlichen Handelns ist nicht gering zu schätzen. Die Situation spitzte sich zu. Die städtische Regierung wähnte sich im Recht. Sie beschloss, aller Aufruhr sei mit Waffengewalt zu unterdrücken. Allschwil, Binningen sowie ein paar Tage später die Stadt Liestal wurden von Truppen eingenommen, doch die Aufständischen hatten sich längst nach Sissach und dann nach Aarau davongemacht.

Die Städter kehrten wieder um. Was sie erreicht hatten, war eine Polarisierung der Dörfer auf der Landschaft in zwei Lager. Von vornherein waren längst nicht alle Gemeinden mit den aufrührerischen Umtrieben gegen die Stadt einverstanden gewesen. In erster Linie die Posamenterinnen und Posamenter fürchteten jeden Affront der Stadt gegenüber, weil sie ihre Arbeit von den städtischen Fabrikanten, den «Bändelherren», bezogen und

Überfälle und Verhaftungen. Der im Dorf errichtete Freiheitsbaum wird von Gegnern der Trennung gefällt und von Freunden der Trennung immer wieder aufgerichtet. Im Mai 1833 nehmen die Gelterkinder den Johann Zährlin, einen eifrigen Vertreter der Trennung, gefangen. Als diese Nachricht in Liestal eintrifft, machen sich ein paar Wagemutige auf, in Diepflingen dem revolutionären Recht zum Durchbruch zu verhelfen. Die Anführer der Schar sind Rudolf Kölner, genannt «der Saure», und Johann Arminius Rauschenplatt aus Göttingen. In Diepflingen angekommen, verfassen sie ein Memorial und erklären das Dorf «zur freien und unabhängigen Republik». Den Gemeindebann lassen sie bewachen. Die Liestaler Führung ist davon keineswegs begeistert. Im Gegenteil, sie entzieht dem Unternehmen Diepflinger Republik jegliche Unterstützung. Die Republik ist nur von kurzer Dauer. Die Gemeindeversammlung nimmt vom Memorial bald einmal wieder Abstand. Der aufgesetzte Freiheitsbaum, seit Monaten Zankapfel im Dorf, wird umgehauen. Kölner und Rauschenplatt ziehen wieder ab. Der Spuk der Trennungswirren ist vorderhand vorbei, bis zum 3. August 1833.
Der Eroberer von Diepflingen, Johann Arminius Rauschenplatt, ist keineswegs ein namenloser Irgendwer. Dr. Johann Ernst

**Johann Arminius Rauschenplatt**

BAND FÜNF / KAPITEL 13

dadurch von ihnen abhängig waren. Der von Gutzwiller und seinen Mitstreitern gehegte Gedanke an eine Loslösung von der Stadt war nicht überall auf der Landschaft verbreitet und schon gar nicht unbestritten. Die Emanzipation der Basler Landschaft war nicht von Anfang an und nicht bei allen einzig und allein auf Trennung ausgerichtet, sondern auf eine repräsentative, gleichberechtigte Vertretung im Grossen Rat.

**Eingreifen der Tagsatzung**

Die eidgenössische Tagsatzung empfahl der Stadt, den Weg der Mässigung einzuschlagen. Ein Amnestiegesetz sollte den Baselbieter Anführern den Weg zurück ebnen, ging diesen aber zu wenig weit, weil es keine allgemeine Amnestie bedeutete und vor allem keine Aufhebung der gesamten Strafe vorsah. Die Arbeit an der neuen Verfassung wurde energisch vorangetrieben. Diese Verfassung wurde im Februar 1831 von der Mehrheit der Stadtbürger und auch von der Mehrheit der Landbürger und der Gemeinden angenommen.

Auf der Landschaft versuchte die zurückgekehrte provisorische Regierung trotz des Abstimmungsresultats die Dörfer auf ihre Seite zu bringen. Handstreichartig zogen die Aufständischen in Liestal ein, und eine selbst ernannte «Regierungskommission» befreite die Landschaft vom Gehorsam gegenüber der Stadt. Erneut liess die Stadt daraufhin Liestal besetzen und den Freiheitsbaum umhauen, räumte aber nach wenigen Stunden ohne jede weitere Strafaktion gegen die Anführer das Städtchen wieder.

Jetzt griff die Tagsatzung in diesen zweiten Aufstand der Landschaft ein und liess eidgenössisches Militär die Basler Landschaft okkupieren. Vier Mitglieder der Revolutionsregierung wurden unter Hausarrest gesetzt und dann nach Bremgarten verfrachtet. An die städtische Adresse erging die Aufforderung, der Landschaft entgegenzukommen. Die Basler Politiker indessen wichen keinen Deut von ihrer Position zurück. Die Landschäftler Gemeinden sollten in einer Abstimmung bekunden, dass sie zur Stadt

**Rudolf Kölner**

Arminius von Rauschenplatt, Privatdozent, stammt aus Göttingen. Als einer, der stets den Gewaltakt und den Staatsstreich bevorzugt, zieht er immer «dahin, wo etwas Revolutionäres im Schwange war»[2]. Die Julirevolution in Frankreich kommt seinem Trachten gelegen. Wo immer in den frühen 1830er Jahren in Deutschland Protest und Unruhen aufkeimen, ist Rauschenplatt anwesend: so beim Hambacher-Fest von 1832, welches mit seinen 30 000 Teilnehmern die grösste liberale Massenversammlung jener Zeit ist, und 1833 in Frankfurt, als ein paar Verwegene die Hauptwache stürmen. Nach seinem Diepflinger Abenteuer lässt er sich in Bern nieder, wird Dozent für Kriminalrecht; 1848 kehrt er nach Deutschland zurück, wendet sich aber entschieden gegen die Revolution.

Auch Rudolf Kölner ist wie Rauschenplatt ein Quergeist. Aus Basel, wo er Schulmeister ist, flieht er 1831 nach einer politischen Rauferei ins Baselbiet. Dort schafft er sich als Volksredner und Agitator einen Namen. Als der Kampf für die Unabhängigkeit zu einer militärischen Auseinandersetzung wird, beteiligt er sich aktiv. Im Gefecht bei Pratteln wird er verwundet. Nicht ohne Stolz beginnt er sein Gedicht über dieses Gefecht mit den Worten: «Nebukadnezar sprach: / Das ist die stolze Babel, / Dann kam der liebe Gott / Und

hielten. Dieser Aufforderung kam eine Mehrheit der Stimmenden nach. Von 4667 nahmen 3865 die Verfassung an. Nur 802 Baselbieter stimmten für die Trennung.

### Ausschluss von 46 Gemeinden

Doch statt mit Sorgfalt auf den Erfolg in der Abstimmung aufzubauen und auszunützen, dass die Position der Aufständischen mit nur 802 Stimmen Unterstützung geschwächt war, reagierte die Basler Regierung mit einem eigenwilligen Beschluss, der den Weg zur Totaltrennung vorzeichnete. Am

**Gelterkinden brennt**
*Der gebürtige Liestaler Jakob Senn verhehlte in seinen Bildern über die Kantonstrennung nie, dass er Partei für die Stadtbasler Seite ergriff. Auf diesem Aquarell stellte er die Beschiessung und Plünderung Gelterkindens durch Baselbieter Truppen im April 1832 dar.*

schlug ihm auf den Schnabel.» Aufgrund seiner Verdienste um die Unabhängigkeit der Landschaft wird er Ehrenbürger des jungen Kantons. Doch er überwirft sich mit dessen Repräsentanten. Zu Stephan Gutzwillers Klientel gehört er ohnehin nicht. Die Diepflinger Republik hat diesem gebrochenen Verhältnis Vorschub geleistet. Nach langen Jahren des Kämpfens für seine Anerkennung im Baselbiet gibt Kölner zermürbt und zerknirscht auf. Am 21. November 1839 veröffentlicht er im ‹Basellandschaftlichen Volksblatt› die Gründe für seinen Weggang. Er fühle sich zu einsam – Kölner lebt auf der Landschaft von seiner Familie getrennt. Zudem sei er masslos enttäuscht über die Landschäftler, von denen er «unzählige Tag für Tag nach Basel wandern sehe, sei's um Geschäfte zu machen, sei's um an noblen Gesellschaften Teil zu haben». Dafür habe er nicht gekämpft und an der Hülftenschanz eine Verwundung erlitten. Schwer gekränkt schreibt er: «Basellandschaftliche Mäuler haben mir schon hundertmale gesagt: wir brauchen dich jetzt nicht mehr, du kannst wieder gehen, wo du herkamst. Basellandschaftliche Blätter haben gewetteifert, mich moralisch und politisch zu tödten. Wohlan denn, ich gehe!» Dennoch lässt es sich Kölner nicht nehmen, auch später auf der Landschaft seine Stimme zu erheben.

**Schrecken des Krieges**

*Im Kirchhof von Muttenz seien nach dem Sieg der Landschäftler am 3. August 1833 die gefallenen, teilweise verstümmelten Basler Soldaten nur gegen Lösegeld herausgegeben worden. Ob städtische Propaganda oder Wahrheit, das Bild erinnert an die blutige Seite der Kantonstrennung. Beim Gefecht an der Hülftenschanz starben 69 Soldaten, über hundert wurden verwundet.*

22. Februar 1832 verordnete sie, dass jenen Gemeinden, in welchen die Abstimmung vom November 1831 keine Mehrheit für das Verbleiben bei der Stadt ergeben hatte, die Verwaltung entzogen werde. Dies bedeutete, dass sie faktisch aus dem Kantonsverband ausgeschlossen wurden. Von diesem Beschluss waren 46 Gemeinden betroffen: vier, weil sich eine Mehrheit für die Trennung ausgesprochen hatte, und 42, weil dort in der Folge des propagierten Boykotts keine Mehrheit für den Verbleib bei Basel zustande

Die Kämpfer von 1833 sind schon fast in Vergessenheit geraten. Eine Vereinigung «des anciens combattants» gibt es im Baselbiet nicht. Trotz seiner Bekanntschaften mit allen bedeutenden Radikalen von Karl Brenner über Friedrich Hecker bis zu Gustav Struve stirbt Kölner, der ehemals «Saure», 1877 einsam und verarmt in Liestal. Kaum noch einer kennt zu dieser Zeit seine «Marseillaise für das freie Volk von Basel-Landschaft»: «Schön war's die Freiheit zu erringen.»

**Pressegeschichte**

Die Spaltung in zwei Lager zeigte sich rasch auch in der Presselandschaft. Zeitungen, Journale wie sie hiessen, wurden für das Funktionieren und das Vorankommen einer demokratischen Debatte immer unerlässlicher. Die Pressegeschichte ist ein Spiegel der Revolutionsgeschichte. Die erste Zeitung des Kantons Basel-Landschaft nannte sich ‹Der unerschrockene Rauracher, ein schweizerisches wahrheitsliebendes Blatt für Religion, vernünftiges Volksrecht und Aufklärung›. Name und Titel waren Programm. Von 1832 an wurde sie gleich im Regierungsgebäude gedruckt. Herausgeber war der Landschreiber und spätere Regierungsrat der Ordnung, Benedikt Banga. Er war der erste Zeitungsmacher des Kantons. Bis 1839

gekommen war. 48 Gemeinden protestierten darauf bei der Tagsatzung, und einen Monat später teilten sich bereits 55 Gemeinden zur Wahl eines Verfassungsrates in Wahlkreise ein. Mit diesem Schritt war die Teiltrennung, die Partialtrennung des Standes Basel erreicht.

**Totaltrennung**

Durch ihre Politik geriet die Basler Regierung immer tiefer ins konservative Fahrwasser. Zur gleichen Zeit erlangten in der Schweiz die liberalen Kantone mit den erneuerten, den regenerierten Verfassungen die Mehrheit, und die Tagsatzung anerkannte deshalb die eigene Baselbieter Verfassung. Verärgert über so viel Missbilligung schloss sich Basel daraufhin dem Sarnerbund an. Dieser – neben Basel gehörten ihm Uri, Schwyz und Unterwalden, Wallis und Neuenburg an – sprach sich gegen jede Reform und Änderung des eidgenössischen Bündnisses aus. Auch die ins Auge gefassten Teilungen von Basel und Schwyz bekämpfte er. In Schwyz gab es ähnliche Bestrebungen wie im Baselbiet. Doch dort wurde die Trennung knapp vermieden. In Basel hingegen eskalierte der Konflikt. Etliche Übergriffe wie zum Beispiel der so genannte Gelterkindersturm der Baselbieter Truppen, welche mehr Freischaren glichen als einem ordentlichen militärischen Aufgebot, veranlassten die stadttreuen Gemeinden zu Hilferufen. Immerhin hatte die Stadt diese Hilfe bei der Partialtrennung garantiert. Aber sie war dazu nicht mehr in der Lage. Den Auszug der «Stänzler» unterbanden die Landschäftler bei der Hülftenschanz. Am 3. August 1833 wurde die Standestruppe der Stadt Basel zwischen Pratteln und Frenkendorf militärisch geschlagen. Ein grosser Teil der Baselbieter Bevölkerung jubelte, der andere, der stadttreue Teil beeilte sich, dem neuen Kanton eine gemässigte Behandlung abzubitten oder jetzt doch noch beizutreten. Nur Gelterkinden und Reigoldswil zögerten widerwillig noch eine Zeit lang. Am 26. August 1833 besiegelte die Tagsatzung die Totaltrennung und damit die Schaffung des neuen Kantons Basel-Landschaft.

hiess die Druckerei Banga & Honegger, dann nur noch Honegger. Aus dieser Druckerei kamen verschiedene Versuche, ein Regierungsblatt zu lancieren und somit der Kantonsregierung zu einem öffentlich wirksamen Sprachrohr zu verhelfen. Die ‹Landschaftliche Zeitung› war der letzte Versuch. Es dauerte nur ein Jahr, dann verkaufte auch Honegger und aus diesem Verkauf resultierte das Nachfolgeblatt ‹Der Bundesfreund aus Baselland›. Dieser wiederum wurde schon ein Jahr später zur ‹Basellandschaftlichen Zeitung›.

Schon 1834 gründete der Appenzeller Johann Ulrich Walser den ‹Freien Baselbieter›. Aus ihm ging dann das ‹Baselland-schaftliche Volksblatt› hervor, das bedeutendste Instrument der Opposition.[3] Seine Maxime war die fundamentale Opposition gegen das «Neuherrentum», das sich Walsers Ansicht nach unter der Ägide von Stephan Gutzwiller im Kanton immer breiter machte. Johann Ulrich Walser war eine der schillerndsten Figuren, die in diesem jungen Kanton Basel-Landschaft wirkten. Er war Appenzeller und seit 1833 Pfarrer in Liestal. Stephan Gutzwiller hatte ihn geholt. Aber Walser wurde seinem Förderer untreu. Er bevorzugte die direkte Demokratie gegenüber der repräsentativen und lief zur Bewegung von Gutzwillers Antipoden Emil Remigius Frey über. Als Redaktor

1830 BIS 1833: DER NEUE KANTON

**Vom «lieben, tapfern Liestal»**
*1833, kurz nach der Unabhängigkeit wurde im Landrat beantragt, gleich eine ganze Schar von Sympathisanten der Landschaft zu Ehrenbürgern des jungen Kantons zu machen. Unter ihnen waren so bekannte Männer wie Heinrich Zschokke, Ludwig Snell, Ignaz Paul Vital Troxler und Martin Disteli aus Olten. Der Pole Karl Kloss, Bürger von Itingen, der sich ebenfalls aktiv als Artillerie-Kommandeur am Gefecht bei der Hülftenschanz beteiligt hatte, wurde später Sekretär der Justiz- und Polizeikommission. Erst Major im Sonderbundskrieg, avancierte er dann zum Obersten der Schweizer Armee und war bis 1860 Kassier der Basellandschaftlichen Hypothekenbank.*
*1857 wurde er Bürger von Liestal. Baselland bemühte sich um Anerkennung und zeigte sich seinen Freunden gegenüber grosszügig. Es galt während der 1830er und 1840er Jahre als revolutionäres Pflaster und zog dadurch viele deutsche, vor der Repression in ihren Heimatstaaten geflohene Flüchtlinge an. Am 27. Juli 1833 schrieb der deutsche Flüchtling Georg Fein über seine Zuneigung und seine Schwierigkeiten: «Liestal war für den Anfang gut, um mich erst festen Fuss in der Schweiz fassen zu lassen [...]. Auf die Länge aber konnte mir ein dortiger Aufenthalt nicht zusagen; dazu fehlt daselbst ein höheres wissenschaftliches Interesse, und der Mangel an allen litterarischen Hülfsmitteln wäre mir höchst drückend geworden.» Georg Fein gehörte wie Wilhelm Schulz aus Darmstadt und vor allem wie Georg Herwegh, «die eiserne Lerche», zu den Prominenten unter den Flüchtlingen.*
*Daneben gab es eine ganze Schar heute weniger bekannter Flüchtlinge. Als Lehrer an den neuen Bezirksschulen fanden viele deutsche Lehrkräfte Anstellung: Karl Kramer, Friedrich Wilhelm Dralle, Franz Carl Weller, Hermann Günther und Christian Ludwig Becker zum Beispiel. Ausländische Advokaten wie etwa Adolf Barth oder Georg Herold*

### Ordnung und Bewegung

Doch im Innern des Kantons war längst nicht alles so eindeutig und erfolgssicher. Schon bei den ersten Arbeiten an den neuen Gesetzen zeigte sich eine Polarisierung, weil sich zwei im Grunde genommen freisinnige Bewegungen konkurrenzierten. Man nennt sie die «Bewegung» und die «Ordnung». Es waren keine eigentlichen Parteien, sondern Gruppierungen, Parteiungen. Die Bewegungsleute formierten sich um Emil Remigius Frey. Als Spross einer städtischen Familie und Privatdozent der juristischen Fakultät hatte sich Frey während der Trennungswirren auf die Seite der rebellierenden Landschäftler geschlagen. Sein Basler Bürgerrecht hatte er preisgegeben und dafür jenes von Münchenstein ehrenhalber erhalten. «Alles für das Volk und alles durch das Volk» lautete seine Grundeinstellung. Dadurch wurde er zum Anführer jener Gruppierung, die dem neuen Kanton eine Verfassung mit direktdemokratischer Ausrichtung geben wollte.

Die Anhänger der Ordnung dagegen gehorchten dem Kommando des Therwiler Advokaten Stephan Gutzwiller. Von ihm war 1830 die Initiative ausgegangen, die letzten Endes zur Loslösung von der Stadt führte. Er wird deswegen oft als der eigentliche Gründer des Kantons Basel-Landschaft bezeichnet. Als überzeugter Radikaler hielt er im Gegensatz zu Frey einen direktdemokratischen Staat für wenig funktionstüchtig. Fortschritt schien ihm so keiner erreichbar. Deshalb vertrat er das Prinzip der Repräsentation. Das Volk hatte seine Vertreter zu wählen, und damit sollte es genug sein. Dieser Gegensatz zwischen Bewegung und Ordnung prägte die Anfangszeit des Kantons Basel-Landschaft. Die Ordnung stellte die Regierung, die Bewegung war in der Opposition. Dort freilich befand sie sich in der Mehrheit.

### Aufbau eines Kantons

Während der Stadtteil nach der Trennung in zwei Halbkantone weiterhin – mit verschiedenen Schattierungen bis 1875 – von einem konservativen Ratsherrenregiment regiert wurde, hatten auf der Landschaft nach 1831 stets die

des ‹Basellandschaftlichen Volksblattes› opponierte er wortreich und polemisch gegen den Clan rund um Gutzwiller und wurde in der Folge 1837 als Pfarrer abgewählt. Als Druckereiinhaber machte sich Walser einen Namen im Revolutionsjahr 1848, weil er eine der Schweizer Anlaufstellen für jene deutschen Flüchtlinge war, die eine Broschüre, ein Flugblatt oder ein Pamphlet drucken wollten. 1851 sass er als Bewegungsmann im Landrat.

Eine interessante Entwicklung machte eine andere Zeitung, ‹Der Landschäftler›, durch. Anfänglich stramm regierungs-, das heisst zu diesem Zeitpunkt ordnungstreu, nahm er von 1853 an von der eilfertigen Anhänglichkeit an Stephan Gutzwiller und dessen politische Praxis Abstand. Zu diesem Zeitpunkt stand die Ordnung ohne eigenes, ihr ergebenes Presseorgan da. Während kurzer Zeit erschien von 1866 bis 1871 ‹Der Demokrat› aus Basselland, das Hausorgan der demokratischen Bewegung von Christoph Rolle.

Neben der heute noch existierenden, früher liberal-konservativen, heute bürgerlichen ‹Volksstimme›, der Zeitung für den oberen Kantonsteil, verschwanden die ausgesprochen politischen Zeitungen immer mehr oder gingen in der ‹Basellandschaftlichen Zeitung› auf. Nur ein paar Dorforgane konnten sich halten. Die Basel-

Radikalen die politische Führung in der Hand. Mit der Unabhängigkeit erreichte die männliche Aktivbürgerschaft der Landschaft die politische Emanzipation – und dies in einem Schritt revolutionärer Erhebung. Dieser Prozess verkörperte etwas fundamental Neues, noch nie da Gewesenes. Die Baselbieter waren stolz auf das Erreichte. Die erste Verfassung des neuen Kantons wurde bereits am 4. Mai 1832 angenommen, also über ein Jahr vor der Totaltrennung. Ihre Kennzeichen waren die Gewaltentrennung, das allgemeine Wahlrecht für Männer über 20 und das Veto. Eine Verfassung zu entwerfen, war das eine, die Umsetzung in die Praxis freilich das andere. Der neue Kanton Basel-Landschaft stiess auf enorme Schwierigkeiten.[3] Quasi aus dem Nichts entstanden, gebrach es ihm zunächst so ziemlich an allem, was zum Funktionieren eines Kantons eigentlich Voraussetzung wäre. Zunächst mangelte es ihm an Gesetzen und Verordnungen, an Schulen, aber auch an Kräften, die geeignet gewesen wären, wichtige Funktionen auszuüben: Es gab noch keine Verwaltung und keine Beamten.

*füllten die Lücke im Bereich der Rechtspflege. Selbst die Pfarrer fehlten. Bis auf zwei waren alle aus dem Kanton gejagt worden, weil sie städtische Verwandtschaft hatten und dadurch als die Handlanger der Basler Herrschaft auf der Landschaft angesehen wurden. An Selbstbewusstsein freilich litt der Kanton keinen Mangel. Seine Gesandten traten an den Verhandlungen der Tagsatzung zur Trennung äusserst keck und erhobenen Hauptes auf.*

### Aussenpolitik

Wie wichtig die Frage des Bürgerrechts war, zeigt der «Neubürgerkrieg» mit der Stadt im Jahr 1837. Die Stadtbasler Behörden standen dem Treiben im «Flüchtlingsparadies» mit grösster Skepsis gegenüber und verstanden die freizügige Einbürgerungspolitik als Bedrohung und Gefahr.[4] Sie liessen vier Baselbieter Neubürger – den Arzt Julius Gelpke, den Advokaten Georg Herold, den Sekretär der Polizeidirektion Karl Kloss und den Fabrikanten Napoleon Allemandi – beim Eintritt in die Stadt arretieren. Die Baselbieter Regierung schritt ihrerseits stracks zu Gegenmassnahmen und verbot vier städtischen Neubürgern das Überschreiten der Kantonsgrenze. Der Tagsatzung antwortete man aus Liestal auf ihr Ansinnen, die Verfügung aufzuheben: erst nach der Stadt. Doch nicht nur der Stadt Basel gegenüber gaben sich die Baselbieter forsch; es herrschte darüber hinaus zeitweise eine fremdenfeindliche Stimmung vor. Die «Bewegung der Vaterlandsfreunde», welche 1839 und

bieter Presselandschaft war immer in Bewegung. Sie repräsentiert das Selbstbewusstsein der führenden Schicht des Kantons: forsch, stolz, polemisch, frech, polarisierend, bisweilen auch anarchisch und lange nicht immer sehr demokratisch.[4] Für die Presse gilt uneingeschränkt, was in der Zusammenstellung der Akten über die «Baseler Theilungssache» ganz allgemein über die Grundtöne jener Zeit gesagt wird: «Es wurde dabei, wo die Wahrheit nicht genügte, auch manche Verschweigung, Verdrehung, Erfindung zu Hülfe gezogen, und nur zu vieles in die Kreuz und Queere gesprochen und geschrieben».[5]

**Rechtsgeschichte: Zwei Beispiele**
*Ehegesetze*
Nach der Kantonstrennung galt zunächst die städtische Ehegerichtsordnung von 1747 weiter. Von 1832 bis 1863 wurde mehrmals ein neues Gesetz diskutiert. Doch in die Tat wurde es nie umgesetzt. Die anfänglich angestrebte rasche Erneuerung kam nicht zustande. 1863 verzichtete man dann im Hinblick auf die eidgenössische Regelung auf jede weitere Arbeit. Obwohl die Ehegerichtsordnung immer als ungenügend bezeichnet wurde, blieben die Bestimmungen bis zum Bundesgesetz über das Zivilstandswesen von 1874 und zum Schweizerischen Zivilge-

**Wiedervereinigung**
*Der vollständige Titel dieser Karikatur aus dem 19. Jahrhundert lautet: Wiedervereinigung (für den gegenwärtigen Moment).*

1830 BIS 1833: DER NEUE KANTON

**Oberst von Blarer**
*Jakob von Blarer, aus einer alten Vogt-*
*familie stammend, trug als Truppen-*
*führer wesentlich zum militärischen*
*Erfolg der Landschaft Basel bei.*
*Auch wenn er – anders als sein Bruder*
*Anton – im jungen Kanton keine*
*politische Karriere machte, sondern sich*
*ins Privatleben zurückzog, war Vater*
*Schaggi äusserst populär. Davon zeugt*
*sein Porträt. Es ist in Hinterglastechnik*
*gemalt, wie sie sonst nur für Heiligen-*
*porträts angewandt wurde.*

1840 mit dem «Gemeindejoggeli-Putsch» für Furore sorgte, schrieb den Fremdenhass explizit auf ihre Fahnen. Ausgehend von einer tiefen Abneigung gegen das fremde «Lumpengesindel»,[5] gestützt durch den konservativen «Züriputsch» vom September 1839, inszenierte Johannes Martin eine Aktion, die mit Hilfe von neu zu wählenden Gemeindeausschüssen die Regierung in die Knie zwingen sollte. Zuoberst auf der Forderungsliste stand die Ausweisung jener Fremden, die keine «gehörigen Heimatschriften» besassen. Daneben zierte eine ganze Reihe populärer Postulate die Liste, wie zum Beispiel der Abschluss der Jahresrechnungen durch die Regierung. Um den nötigen Rückhalt zu finden, besann sich Johannes Martin auf die Aristokraten, die ehemals stadttreuen Baselbieter. Aus diesem Grund setzte er die Volksversammlungen ausgerechnet in Gelterkinden an. Dort formulierte der Tauner Jakob Freivogel, der Gemeindejoggeli, sechs eingängige Forderungen, in denen zwar verklausuliert, aber immerhin erkennbar von der Wiedervereinigung der beiden Halbkantone die Rede war. Regierungs- und Landrat setzten der Provokation ein Ende, indem sie Gelterkinden kurzerhand militärisch besetzen liessen und den Protagonisten der Bewegung den Prozess machten. Das basellandschaftliche politische Establishment reagierte gereizt, wenn die Wiedervereinigung auch nur ansatzweise angesprochen wurde. Stimmen aber, welche ein Zusammengehen mit der Stadt erwogen, gab es immer wieder. 1861 fällte der Landrat seinen «Niemals-Beschluss», der jedweden Gedanken an die Wiedervereinigung von der Traktandenliste strich. Zu einer Wiedervereinigung werde man niemals Hand bieten, hiess es im Landrat, aber man werde bemüht sein, ein partnerschaftliches Verhältnis zur Stadt Basel zu unterhalten. Diese Desavouierung der Basel freundlich gesinnten Bevölkerungskreise machte sich Christoph Rolle zunutze, als er die Demokratische Bewegung ins Leben rief.[6]

Das in diesen drei Beispielen zum Ausdruck kommende, so ganz auf sich selbst bezogene Verhältnis zur Stadt Basel trifft auch für die Stellung der Baselbieter Politiker gegenüber Frankreich zu, dem grossen, mächtigen

setzbuch von 1912 in Kraft.[6] In allen Baselbieter Entwürfen eines neuen Ehegesetzes blieben die Interessen der Frauen über alle Änderungen hinweg hintangestellt. Erst 1893 galt die ausserehelicher Schwangerschaft nicht mehr als anzeigenswerte Straftat. Bis zur Aufhebung der Geschlechtsvormundschaft (1879 bis 1881) waren die ledigen Mütter bevormundet. Trotz der rechtlichen Gleichstellung in der Verfassung von 1835 mussten die Frauen weiter um ihre Rechte kämpfen. Das Recht auf freie Eheschliessung wurde ihnen 1874 in der revidierten Bundesverfassung garantiert, und seit 1881 waren auch die ledigen, die verwitweten und die geschie-

denen Frauen bei Rechts- und Vermögensangelegenheiten den Männern gleichgestellt. Aber die neuen Regelungen setzten sich in den Gemeinden nur langsam durch. Ungeachtet der eidgenössischen Koordinationsbestrebungen verschärften die Gemeinden die Ehehindernisse während des ganzen 19. Jahrhunderts, bis sie vom Bund 1874 ausgeschaltet wurden. Diese Halsstarrigkeit der Gemeinden hatte neben der männlichen Uneinsichtigkeit ganz materielle Gründe: Die Gemeinden fürchteten nichts so sehr wie armengenössige Witwen mit vielen Kindern, die sie auf Gemeindekosten durchbringen mussten.

Nachbarn. Verschiedentlich setzte sich Frankreich für die Niederlassung und Tätigkeit jüdischer Händler aus dem Elsass ein.[7] Davon wollten aber die Baselbieter Politiker nichts wissen. Das Selbstbewusstsein, selbst einen Staat, ja fast eine Nation zu vertreten, war für sie charakteristisch. Sie verstanden sich als Elite eines eigenständigen Staates, der sich vom Franzosenkönig, dem «Philippli», wie ihn ein Landrat verspottete, die Politik nicht diktieren lassen wollte.[8]

Das Vertraute und das Fremde, Gleichheit und Ungleichheit lagen nahe beieinander. Vielen Radikalen, welche für die politische Gleichstellung der Landschaft gekämpft hatten, galten Frauen nicht als gleich, und die Aufnahme zahlreicher Flüchtlinge aus Deutschland bedeutete noch lange nicht, dass auch jüdische Händler willkommen waren. Der Stadt gegenüber trat man resolut ablehnend auf, doch manch einer unterhielt gute persönliche Beziehungen zu Stadtbasler Politikern. Das Baselbiet zeigte sich gleichzeitig offen und verschlossen, radikal und konservativ.

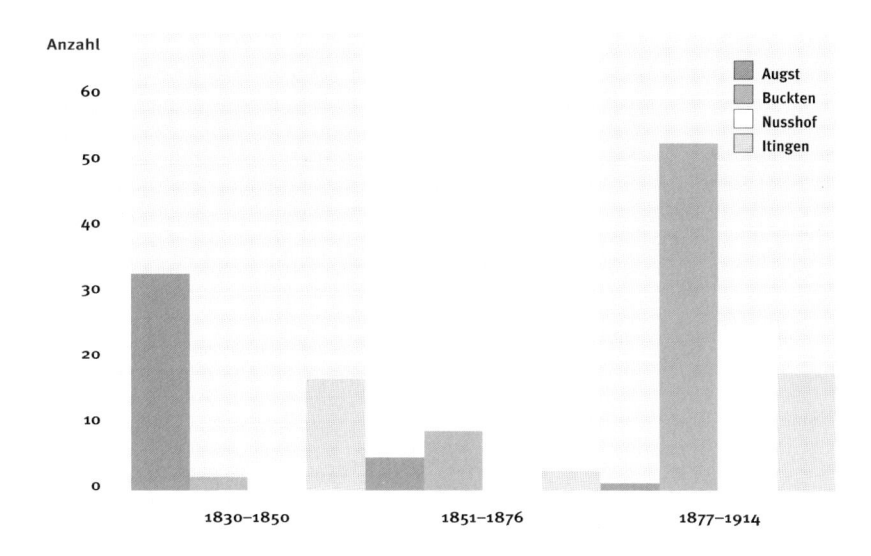

**Einbürgerung**
*Die Gemeinden des Baselbiets verfolgten bei ihrer Einbürgerungspolitik offensichtlich verschiedene Strategien und Ziele. Gemeinsam war allen eine starke Zurückhaltung zwischen 1851 und 1876. Vielleicht spielte hier der deutschfranzösische Krieg von 1870/71 und die in der Folge verstärkte Einwanderung eine Rolle. Oder spiegelt sich darin die Verschlossenheit der Chnorzi und der Demokratischen Bewegung?*

*Bürgerrechtsgesetze*
Genauso wichtig wie die Ehegesetzgebung war den Gemeinden und dem Kanton die Regelung des Bürgerrechts. Es war vor allem bei Unterstützungsansprüchen von höchster Bedeutung. Wer wie viel zu bezahlen hatte, war für die Gemeinden von vitalem Interesse. Deshalb stand ein Bürgerrechtsgesetz schon 1833 auf der Traktandenliste des Landrates. Was dann 1835 verabschiedet wurde, brachte gegenüber früher keine Erleichterung der Einbürgerung. Der Kanton wollte beim Gewinn nicht abseits stehen. Die Einkaufsgebühren wurden abschreckend hoch angesetzt. Fast 1500 Franken für das Gemeinde- und Kantonsbürgerrecht konnten lange nicht alle bezahlen, welche die Absicht hegten, basellandschaftliche Bürger zu werden.

Baselland hatte seine eigenen Vorstellungen, wer Bürger werden durfte – Bürger, nicht Bürgerin. Was die Frauen betraf, so war der Landrat nicht zum Entgegenkommen bereit. Ihr angestammtes Bürgerrecht verloren die Frauen nach der Heirat. Als Witwe mussten sie sich dann neu darum bewerben. Selbst der Vorschlag von Emil Remigius Frey, in solchen Fällen wenigstens auf eine Gebühr zu verzichten, um nicht nochmals die Schwelle zu erhöhen, wurde vom Landrat abgelehnt.

### Lesetipps

*Über die Kantonstrennung gibt es reichlich Literatur: Martin Maurer (1985) gibt in seinem Literaturverzeichnis einen Tour d'horizon.*

*Anzuführen ist die Biographie von Stephan Gutzwiller aus der Feder von Kaspar Birkhäuser (1983). Zeitgenössische Darstellungen sind ebenfalls in reicher Zahl vorhanden. Kaum ein Thema hat derart viele veranlasst, sich als Autor von Erinnerungen und Denkwürdigem zu versuchen.*

*Für das Verstehen der Frühzeit des Kantons Basel-Landschaft ist die Lektüre von Roger Blums Die Beteiligung des Volkes am jungen Kanton Basel-Landschaft (1977) unerlässlich. Minutiös und gestützt auf einen reichen Fundus an zeitgenössischen Texten erläutert Blum die politische Geschichte bis 1872. Bei Blum sind auch die kompetentesten Ausführungen zur Pressegeschichte zu finden.*

*Für die Rechtsgeschichte aufschlussreich ist der erste Teil von Annamarie Ryters Buch Als Weibsbild bevogtet. Zum Alltag von Frauen im 19. Jahrhundert. Geschlechtsvormundschaft und Ehebeschränkungen im Kanton Basel-Landschaft (1994).*

*Zur Pressegeschichte ist der Artikel von Paul Suter 150 Jahre basellandschaftliches Zeitungswesen (1983) zu empfehlen.*

*Über den Umgang mit politischen Flüchtlingen berichtet Martin Leuenberger in Frei und gleich ... und fremd (1996).*

### Abbildungen

Dichtermuseum, Liestal: S. 171.
Kantonsmuseum Baselland, Grafische Sammlung, Inv.Nr. KM 1950.061, KM 1950.010, KM 1950.086, KM 1950.381, KM 1950.041, KM 1950.006: S. 172, 173 oben, 174, 175, 176, 179.
Universitätsbibliothek Basel, Porträtsammlung: S. 173 unten.
Fotoarchiv Seiler, StA BL, Inv.Nr. KM 00.929: S. 180.
Anne Hoffmann: Grafik S. 181. Quelle StA BL, NA, Zivilstand K.

Reproduktionen durch Mikrofilmstelle.

### Anmerkungen

1 Birmann 1894.
2 Vgl. Bd. 5, Kap. 12.
3 Blum 1977, S. 68ff.
4 Weber 1932, S. 491.
5 Petition des «Komitees der Vaterlandsfreunde», zitiert bei Blum 1977, S. 163.
6 Vgl. Bd. 5, Kap. 16; Blum 1977, S. 327.
7 Vgl. Bd. 5, Kap. 14.
8 Leuenberger 1996, S. 198.

1 Würgler o.J.; Weber 1907.
2 Huch 1930, S. 49.
3 Baselland 1982, S. 94.
4 Blum 1977, S. 52; Suter 1983.
5 Keller 1834.
6 Ryter 1994, S. 31.

# 1848: Im Zentrum Europas – Europa im Zentrum

*Hecker mit seinen Freunden Doll Scheninger und Mögling am Eingang des nach seinem Namen benannten Spazierganges (Heckershöhe) zu Muttenz in der Schweiz.*

*Bild zum Kapitelanfang*
**Blick in die badische Heimat**
*Seit dem Hambacher Fest, der bedeutendsten liberalen Veranstaltung von 1832, nahm die Repression in den deutschen Staaten stetig zu. Sie waren und blieben Fürstenstaaten; den liberalen Strömungen, wie etwa der Forderung nach Pressefreiheit, versuchten ihre Regenten durch eine strenge Zensur einen Riegel zu schieben. Immer mehr Deutsche kamen als Emigranten, als politische Flüchtlinge in die Schweiz. Sie waren fast überall anzutreffen: in Zürich, in Bern, in Biel, in Genf, auch in Liestal. In der Schweiz betrieben die deutschen Handwerker und Intellektuellen ihre politische Arbeit weiter. Sie bildeten Vereine, verfassten Broschüren und Agitationsschriften, schmuggelten sie über den Rhein und taten alles, um den republikanischen Geist überall im Gebiet des Deutschen Bundes wachzuhalten. Im April 1848 rief Friedrich Hecker in Konstanz die Republik aus. Der «Heckerzug» wurde aber im Schwarzwald militärisch geschlagen, und dem zweiten Badischen Aufstand unter Gustav Struve, der am 24. September in Lörrach die Republik errichtete, widerfuhr das gleiche Schicksal. Die Nordwestschweiz lag als Grenzgebiet ausgesprochen günstig. Man war rasch wieder in Süddeutschland und vor allem auch rasch wieder zurück, wenn es Not tat. Als dann im Frühling 1849 gar die zur Unterdrückung mobilisierten Soldaten in Scharen zu den Aufständischen überliefen, war die letzte, grosse Auseinandersetzung nicht mehr zu vermeiden. Vom Grossherzog zu Hilfe gerufene preussische Truppen schlugen die Badener blutig nieder. Viele – man rechnet mit etwa 15 000 – flohen in die Schweiz.
Auf dem Bild: Hecker mit seinen Freunden Doll, Schöninger und Mögling am Eingang des nach ihm benannten Spazierganges Heckershöhe zu Muttenz.*

## Die Nachbarstaaten

Während für Baselland die Jahre 1830 bis 1833 als ganz besonders herausragende Zeit angesehen werden müssen, gilt für die Schweiz das Jahr 1848 als Geburtsstunde des modernen Staates. Doch weder die Schweiz noch Baselland standen allein, und wer die Bedeutung jener Zeitspanne ermessen möchte, kommt um die Betrachtung der Entwicklung in den Nachbarstaaten nicht herum.

Die Revolutionen von 1848 waren nicht nur nationale Angelegenheiten, sondern eine internationale, eine europäische Sache. Man nennt die Zeit ihrer Vorbereitung zu Recht den «Völkerfrühling». Vorerst nationale Erhebungen der Jahre zwischen 1820 und 1840 wie die polnischen Aufstände oder der Unabhängigkeitskampf der Griechen gegen die Türken wurden rasch und wirksam zum Sinnbild des gemeinsamen Kampfes aller Demokraten, ihre Kämpfer wurden zu paneuropäischen Freiheitshelden.

Frankreich kam in der geschichtlichen Entwicklung während der ersten Hälfte des 19. Jahrhunderts eine massgebliche Rolle zu. Für die Demokraten in Europa war die Französische Revolution immer noch Vorbild. Paris atmete immer noch den Geist der grossen Revolution von 1789. Im Verlauf der 1840er Jahre sammelten sich immer mehr Deutsche in Paris; vorher hatte es in Strassburg eine ansehnliche Kolonie von deutschen Flüchtlingen gegeben. Zwar gab es auch eine Gruppe von Flüchtlingen in London, aber die prominenteste war in Paris.

1830 hatte zudem die Julirevolution für Aufsehen gesorgt, weil in nur drei Tagen die sich auf das Gottesgnadentum berufende Dynastie der Bourbonen gestürzt und durch einen vom Parlament gewählten König, den Bürgerkönig Louis-Philippe, ersetzt worden war. Damit war die in Aussicht gestellte politische Stabilität jedoch nicht gesichert. Die Regierung unterstützte den wirtschaftlichen Wandel, vergass aber die notwendigen politischen Reformen. Die Oppositionsbewegung verschärfte sich und fand trotz ihren unterschiedlichen Strömungen zusammen. Gesellschaftsphilosophi-

**Bahnfieber**
Die Initiative zum Bahnbau geht in der Schweiz zwar von Zürcher Unternehmern aus, aber Basel ist deshalb von vitalem Interesse, weil die Stadt das Eingangstor in die Schweiz ist.[1] Die Elsass-Lothringen-Bahn nähert sich Basel, auch auf der rechten Seite des Rheins wird gebaut. 1844 entsteht in Basel der erste Schweizer Bahnhof. In die Stadtmauer wird ein Eisenbahntor eingebaut. Basel als Umschlagplatz auch von der Schweiz aus bahntechnisch zu erschliessen, ist ein Gebot der Stunde. Umstritten ist aber die Linienführung. Soll man die Linie über Olten und Liestal favorisieren, soll man die Bözbergvariante bevorzugen, oder gar, wie bestimmte Kreise dies tun, das rechtsrheinische Gebiet des Grossherzogtums Baden? Weil die Bahnprojekte teure Vorhaben sind, wird die Sache rasch zu einem Tummelfeld von Spekulanten. Aber nicht allein um die Linienführung tobt der Kampf, sondern Bahngegner aus allen Kreisen laufen Sturm und versuchen, den Eisenbahnbau zu verhindern. Die Gegnerschaft ist anfänglich gewaltig. Die Schweiz ist von der beginnenden Industrialisierung verunsichert, und da soll die Bahn, sichtbarer Ausdruck der Technik, allen willkommen sein? Einmal abgesehen davon, dass die rauchenden und dampfenden Ungetüme

sche Schriften, zum Beispiel von Blanqui, Proudhon, de Lamennais, trugen die Zukunftsentwürfe in die Öffentlichkeit. Das Regime von Louis-Philippe erstarrte zusehends, wurde handlungsunfähig und erging sich in Verboten und Unterdrückung der freiheitlichen Bewegung.

Als die Regierung im Februar 1848 ein geplantes grosses Bankett der reformerischen Kräfte verbot, war es bereits zu spät. Das Bankett fand trotz des Verbots statt, ging in eine Massendemonstration über und löste die Februarrevolution aus. Selbst die Abdankung des Bürgerkönigs vermochte nicht zu retten, was nicht mehr zu retten war. Am 24. Februar 1848 wurde Frankreich eine Republik. Von der Februarrevolution in Frankreich ging eine grosse, ansteckende Wirkung auf das liberale und republikanisch gesinnte Europa aus.

**Die Schweiz im Umbruch: Freischaren, Sonderbund und Bundesstaat**
Auch die Schweiz stand am Scheideweg. Von Einheit kann keine Rede sein. Die Schweiz war tief gespalten. Am Eidgenössischen Schützenfest von 1842 redete der deutsche Dichter Georg Herwegh den Schweizern ins Gewissen. Von aussen drohe keine grosse Gefahr, aber im Innern laure der Feind. Damit spielte Herwegh auf die konservative Allianz an, die sich der Schweiz des Radikalismus entgegenstemmte. Die Radikalen in der Schweiz wollten seit den 1830er Jahren eine zentralistische Verfassung. Die Konservativen hingegen liessen von der Hoheit der Stände, wie die Kantone damals hiessen, nicht ab. Verschiedene Auffassungen vom «Staat» und von der Form seiner Verfassung standen einander entgegen. Den gewaltigsten Sprengstoff bot die Religion. Doch darf man sich nicht in die Irre führen lassen: Der Konflikt war kein ausschliesslich konfessioneller oder religionspolitischer. Radikal und reformiert waren ebenso wenig deckungsgleich wie das Begriffspaar konservativ und katholisch. Anhänger einer liberalen katholischen Lehre waren oft die prononcierstesten Radikalen. Die Mehrheit der Bevölkerung in den Kantonen Solothurn, Tessin und St. Gallen war katholisch, gleichwohl

**Die Revolution ist gescheitert**
*Das Ehepaar Struve nahm an allen drei Badischen Aufständen teil.*
*Am 24. September 1848 wurden sie mit anderen gefangenen Republikanern nach Freiburg eskortiert. Amalie, geboren 1824, war Schriftstellerin, ihr Mann, geboren 1805, Jurist. Gemeinsam verbrachten sie das Exil in der Schweiz, in Frankreich und in den USA, von wo Gustav Struve 1863 allein zurückkehrte. Amalie war 1862 verstorben, acht Jahre vor Gustav.*

von Lokomotiven als kolossale Monster empfunden werden, einmal abgesehen davon, dass die Eisenbahn im Verdacht steht, sie sei ganz direkt für alle Störungen in der Landwirtschaft, die Missernten, den Pilzbefall und die Minderung der Milchleistung bei den Kühen verantwortlich, hat die Bahn für einige Berufszweige in der Tat einschneidende Folgen. Kutschenhersteller und Pferdezüchter, Kutscher, Sattler und Hufschmiede fühlen sich gleichermassen bedroht wie Schiffsbauer und Gastwirte. Die Bauern fürchten den Kornimport und die Regierungen der Kantone haben Angst um ihre Pfründen aus Weg- und Brückenzöllen. Es sind die Liberalen und die Radikalen in der Schweiz, die sich von der Eisenbahn Profit versprechen. Gleich wie der Bundesstaat geniesst auch die Eisenbahn bei ihnen oberste Priorität.

**Basel-Trutz: Kampf um die Linienführung**
Bözberg oder Hauenstein? Der Kanton Basel-Landschaft steht bei beiden Varianten im Zentrum. Ohne ihn, das erkennen seine Repräsentanten schon früh, wird es keinen Schweizer Bahnanschluss geben.[2] Gepaart mit dem Groll gegen die Stadt ergibt sich aus dieser stolzen Situation die Forderung, Birsfelden zum Endbahnhof der Schweizer Bahnen werden zu lassen. Die Stadt Basel ist in der Sicht der ton-

**Friedrich Hecker in Muttenz**
*Hecker, geboren 1811, war Jurist und Obergerichtsadvokat in Mannheim. Er führte den ersten Badischen Aufstand an und floh nach dessen Scheitern im Frühjahr zunächst nach Muttenz, im September 1848 dann in die USA, wo er in Illinois als Farmer lebte und am amerikanischen Sezessionskrieg teilnahm. Er starb 1881.*

verfolgten die Kantonsregierungen eine liberale Politik. Basel-Stadt dagegen war protestantisch, sympathisierte aber stets mit den Konservativen. 1841 beging der radikale Kanton Aargau eine Provokation: Er hob die Klöster in seinem Gebiet auf. Darauf antwortete das katholische Luzern mit der Berufung der für ihre papsttreue Gesinnung bekannten Jesuiten.

In zwei Freischarenzügen stürmten daraufhin die Radikalen aus der ganzen Schweiz – unterstützt von zahlreichen deutschen Freischärlern – in die Innerschweiz. Sie unterlagen, doch Ruhe kehrte nicht ein. Sieben konservative Kantone schlossen sich zum Sonderbund zusammen. Nun war die Situation vollends verfahren. Hinzu kommt, dass die wirtschaftliche Situation, bedingt durch die Missernten der vergangenen Jahre, desolat war und nicht für Beruhigung der Gemüter sorgen konnte. Die Tagsatzung rief zu den Waffen. Ihr Aufgebot besiegte im November 1847 den Sonderbund. Nach diesem Sieg war der Weg zur neuen Bundesverfassung frei.

### Revolution in Deutschland – Exil im Baselbiet
Im Schweizer Konflikt um den Sonderbund lag ein zündender Funke für die Deutschen. Den Schweizer Freiheitskämpfern widmeten sie in ihren «Adressen an die Tagsatzung» das schönste Lob. An die 50 Glückwunschbotschaften erreichten die Schweiz. Jene aus Mannheim vom 9. November 1847 etwa bezeichnete die Schweiz als «Bollwerk der Freiheit». In der Schweiz, dachten die deutschen Revolutionäre, war die Reaktion besiegt. Weshalb sollte ihnen das in den deutschen Fürstenstaaten nicht auch gelingen?

Die Revolutionsversuche auf deutschem Boden von 1848 und 1849 scheiterten jedoch allesamt. Friedrich Hecker floh Ende April 1848 nach dem Gefecht auf der Scheideck zwischen Kandern und Steinen nach Muttenz. Ihm, immerhin Anführer eines gesetzwidrigen, bewaffneten Aufstandes, bot niemand geringerer als der Baselbieter Regierungsrat Johannes Mesmer in seinem Wirtshaus zum Schlüssel Aufenthalt. Theodor Mögling, der treue Gefährte Heckers, berichtet in seinen Briefen an die Freunde, wie es sich die

angebenden Baselbieter Politiker zu umgehen. Folgt man den Worten Stephan Gutzwillers, so gehört Basel nicht richtig zur Schweiz, weil diese erst im Baselbiet beginnt. Schon geistert der Name «Basel-Trutz» für den Sackbahnhof Birsfelden durchs Land. Aber diese Idee setzt sich nicht durch. Ab 1852 hat die Schweizerische Centralbahn das Sagen. Der Kanton Basel-Landschaft hat ihr die Konzession erteilt. Die Linienführung liegt in der Hand ihrer Ingenieure. Sie richtet sich im grossen Ganzen nach den Empfehlungen der von der Tagsatzung beauftragten englischen Gutachter Stevenson und Swinburne. Doch ohne Protestschreiben aus den Gemeinden geht es nicht. Alle äussern ihre Sonderansprüche. Der Bahnbau verzögert sich, aber aufgehalten werden kann er nicht mehr. 1854 dampft der erste Zug von Basel nach Liestal.

### Der Bau
Ein halbes Jahr nach dem Abschnitt von Basel nach Liestal, am 1. Juni 1855, wird der Abschnitt bis Sissach befahrbar.[3] Dann dauert es fast ein Jahr, bis die Strecke nach Läufelfingen betriebsbereit ist. Noch einmal auf den Tag genau ein Jahr später, am 1. Mai 1858, ist die Linie bis Olten vollendet. Vier Jahre dauert somit die Bauzeit. Dies ist für ein Bauvorhaben von so gigan-

Hecker-Truppe auf der Basler Landschaft gut gehen liess. Lange nicht alle Flüchtlinge jedoch waren so prominent und populär. Wer keine Verbindungen hatte, wer keinen Beschützer fand, wer keinen mit Reichtum gesegneten deutschen Gesinnungsfreund ausfindig machen konnte, der seine Schulden bezahlte, für den wurde es schwer. Ein eigens dafür berufener eidgenössischer Flüchtlingskommissär wurde in die Nordwestschweiz geschickt. Er sollte dafür sorgen, dass die Flüchtlinge von der Nähe der Grenze ins Landesinnere, hinter die Jurahöhen kämen. So erhoffte man sich Ruhe. Wer am zweiten Badischen Aufstand teilgenommen hatte, wurde ausgewiesen. 180 bekam allein der Kanton Basel-Landschaft zu packen und schob sie ab.

Dennoch war das Baselbiet einer der bevorzugten Orte für das Exil der deutschen Flüchtlinge. Als Vorbild wurde es immer wieder erwähnt. Den vom Kanton Aargau ausgewiesenen Georg Fein empfing in Liestal Regierungsrat Meyer höchstpersönlich und lud ihn mitsamt seinem Bewacher zum Essen im Schlüssel ein. Wilhelm Schulz aus Darmstadt umschrieb die Baselbieter Freundlichkeit so: «Wohin hätte ich mich besser wenden können als nach dem Kanton Basel-Landschaft?» Friedrich Hecker wiederum folgte dem Lockruf eines Baselbieter Leutnants: «Kommen Sie zu uns, in Basel ist keine Luft für Sie», und die Einbürgerung von Georg Herwegh wurde in Liestal mit Trompetenklang gefeiert. Baselland bildete eines der Zentren des internationalen Flüchtlingsstroms in die Schweiz. Neben den Deutschen waren es im Baselbiet vor allem die Polen, die von sich reden machten.

Doch wurden selbst die Deutschen im Baselbiet nicht immer ohne Einschränkungen aufgenommen. Immer wieder meldeten sich Stimmen, welche die Wortgewandtheit und Überlegenheit der deutschen Advokaten anprangerten oder ganz allgemein vor der angeblichen Überfremdung warnten. Die «Bewegung der Volksfreunde» schrieb sich 1839 die Fremdenfeindlichkeit ausdrücklich auf die Fahnen und hatte einigen Erfolg. Mahnende Worte wie: «Bedenket doch auch, dass sich der Himmel nicht allein über

**Gefangene Freischärler in der Jesuitenkirche zu Luzern**

*Im Baselbiet hatte sich schon bei den Freischarenzügen von 1844 und 1845 der revolutionäre Geist hervorgetan. Zahlreich hatten Baselbieter teilgenommen, und als Regierung und Landrat auf Drängen der Tagsatzung Ende 1845 zukünftige Freischaren mit einem Gesetzesbeschluss verbieten wollten, war ein Vetosturm losgebrochen. Zwar hatten die Unterschriften die geforderte Zahl nicht erreicht, aber die Beteiligung war so hoch gewesen, dass die Regierung das Veto als Ausdruck des Volkswillens akzeptiert hatte. Baselbieter Truppen hatten auch am Aufgebot der Tagsatzung teil. Die neue Bundesverfassung wurde im August 1848 angenommen. 3669 Annehmenden stand eine verschwindend kleine Zahl von Ablehnenden, 431, gegenüber. Einzig die katholische Mehrheit im Birseck zeigte sich skeptisch. Der Anteil der Nein-Stimmen war dort etwa 10 Prozent höher als im übrigen Kanton. Lediglich zur Diskussion Anlass gab in der Presse, dass den Halbkantonen im Ständerat nur eine halbe Vertretung zukam. Die drei Vertreter in Bern waren: Johann Jakob Matt, Arzt in Ziefen, als Nationalrat sowie die beiden «Gründerväter», Dr. Emil Remigius Frey als National- und Stephan Gutzwiller als Ständerat.*

tischem Ausmass sehr kurz. Das horrende Tempo ist nur möglich, weil auf allen Seiten für enormen Druck gesorgt wird. So weiss man vom Erbauer des Hauenstein-Tunnels, dem Engländer Thomas Brassey, dass er als Generalunternehmer aufgetreten ist, welcher seinerseits Aufträge an Unterakkordanten vergeben und diese mit seinen Leuten vor Ort überwacht hat. Brassey ist einer der am meisten beschäftigten Eisenbahnbauer der Zeit. Er kennt das Preisdrücken bestens und macht für den Hauenstein-Tunnel die niedrigste Offerte. Ohne kolossalen Aufwand an Arbeitskräften ist der Bau der Bahn nicht vorstellbar. Auch im Winter wird gebaut.

Zwar nimmt die Bautätigkeit dann, bedingt durch schlechtes, nasses Wetter, vorübergehend etwas ab, aber eingestellt wird sie nicht. Und selbst als von September bis November 1856 die Arbeiter aus Angst vor der Cholera davonlaufen, ist der Rückgang der Tätigkeit nur temporär.

**Spekulation: Der Homburgerbach**
Thomas Brassey offeriert den gesamten Bau des Hauenstein-Tunnels für 616 Franken pro Fuss, das heisst für etwas über 4 Millionen Franken im Ganzen. Das ist nicht wenig Geld, aber mit diesem Preis sticht er die Konkurrenz aus. Erst beim Bau zeigt sich, dass das Kölner Konkurrenz-

**Die Einheit hat triumphiert**
*Die nach dem Sieg über den katholischen Sonderbund in Kraft getretene Bundesverfassung von 1848 verbot den Jesuiten die Niederlassung, später auch die Tätigkeit in der Schweiz. Dieses Verbot sollte bis 1973 in Kraft bleiben. Im Vordergrund erneuern drei Eidgenossen den Rütlischwur, im Hintergrund flieht ein des Landes verwiesener Jesuit.*

Liestal wölbt», gingen an der «Bewegung der Volksfreunde» ungehört vorüber. Als repräsentativ kann diese Sammlungsbewegung nicht gelten. Gleichwohl muss sie als eine der vorhandenen Positionen angeführt werden, um nicht den Eindruck entstehen zu lassen, die deutschen Flüchtlinge hätten im Baselbiet in paradiesischen Zuständen schwelgen können. Nein, die Stellung der Deutschen im Baselbiet hatte Konjunkturen und Flauten. Befürworter und Gegner standen einander gegenüber. Zu übersehen ist dennoch nicht, dass es den Deutschen im grossen Ganzen gut erging. Lange nicht alle Fremden im Baselbiet hatten so geringe Probleme wie sie.

### Vetorecht und Judenfeindschaft

Der Verfassungsrat des entstehenden Kantons Basel-Landschaft verwarf die Einrichtung von Landsgemeinden. Er hatte Angst vor der unkontrollierbaren Einschleusung städtischer Propagandisten an die Versammlungen des leicht beeinflussbaren Volkes. Immerhin fand das Vetorecht seine Gnade, und er verankerte es in der ersten Baselbieter Verfassung – ausgehend vom Beispiel des Kantons St. Gallen, wo das Veto seit 1831 bekannt war. Dem Volk sollte Gelegenheit gegeben werden, unbeliebte Gesetze zu verwerfen. Freilich: Allzu leicht durfte dies nicht gehen. Innerhalb von nur zwei Wochen mussten zwei Drittel des «souveränen Volkes», das heisst der stimmberechtigten Baselbieter Männer, «unter Angabe der Gründe in Zuschriften an den Landrat dasselbe verwerfen».[1] Das war angesichts der kurzen Zeit und der weit verstreuten Dörfer eine beträchtliche Hürde. Man muss aber in Rechnung stellen, dass 1832 viele Baselbieter Politiker noch viel lieber ein Repräsentativsystem gehabt hätten. Die direkt-demokratische Kontrolle durch das Veto ging ihnen zu weit. Auf der anderen Seite erstarkte die Opposition gegen die bestehende Vetoregelung, so dass 1838 die Latte tiefer gelegt wurde. Bloss noch die absolute Mehrheit der Stimmberechtigten musste ein Gesetz verwerfen, und dies in einer verlängerten Frist. 30 Tage blieben nun Zeit. Bis 1862 wurden im Baselbiet 14 Vetobewegungen

unternehmen Koch und Co. einen Wasserrückleitungsstollen projektiert hat, den Brassey nicht geplant hat. Ob er ihn einfach vergessen hat, oder ob er, der Bahnexperte, ihn aus Kostengründen unterschlagen hat, sei dahingestellt. Auf jeden Fall entsteht daraus ein massiver Konflikt, der massgeblich daran Mitschuld trägt, dass Brassey die von ihm garantierte Bauzeit um 395 Tage nicht einhalten kann und sich noch Jahre später vor dem Bundesgericht mit der Schweizerischen Centralbahn über die Höhe der ihm abverlangten Rückzahlung streitet. Anfangs Januar 1857 beginnt nämlich der Homburgerbach auszutrocknen. Der Tunnelbau entzieht ihm die Wassergrundlage. Die Situation verschärft sich zusehends, und im Februar 1858 erklärt die Baselbieter Regierung, sie werde die Bauarbeiten polizeilich einstellen lassen. Aber es bleibt bei der Erklärung, wie überhaupt die Politiker einen denkbar ungünstigen Eindruck hinterlassen. Zum einen sind ihre Interessen mit denen der Bahnbauer identisch, zum anderen hinkt die Politik der Wirtschaft hoffnungslos hinterher. Als gar die Bauleitung die wenigen Rückleitungspumpen abstellen lässt, um den Bau vollenden zu können, läuten die Kirchenglocken Sturm. In ihrer Wut inszeniert die Bevölkerung Anfang März 1858 einen Angriff auf den Tunnel und erzwingt

aktenkundig. Aber nur bei acht von ihnen beteiligten sich mehr als 15 Prozent der Stimmberechtigten. Drei Vetobewegungen verzeichneten einen Erfolg: Jene gegen das Freischarengesetz 1845/46 erreichte zwar das geforderte Quorum nicht, brachte das Gesetz aber dennoch zu Fall. Als 1851 im Ochsen in Gelterkinden Unterschriften gegen das diskriminierende Judengesetz gesammelt werden sollten, kam es zu einer handfesten Auseinandersetzung. Die Sammler wurden verprügelt, die Unterschriftenbogen auf der Stelle verbrannt. «Eine verfassungsmässige Bestimmung – die köstlichste von allen – das Recht des Vetos wird nicht mehr respektirt», schrieb ‹Der Baselbieter› am 13. Dezember 1851 aufgrund dieser Vorfälle. Das Veto gegen das Judengesetz von 1852 brachte es auf 31,9 Prozent. Es lag damit weit unter dem geforderten absoluten Mehr. Das Judengesetz konnte in Kraft treten.

Antijüdische Hetze hat es auch im Baselbiet stets gegeben. «Lässt man die Juden an einem Orte einheimisch werden, so werden sie sich bald an allen Orten setzen», hiess es.[2] Weil sich in etlichen Dörfern des Baselbiets ein paar wenige jüdische Händler aufhielten, bei denen man zum Teil hebräisch geschriebene Rechnungsbücher fand, galt der Beweis rasch als erbracht, dass sie ihre Baselbieter Arbeitgeber nur als Strohmänner für ihre eigenen Geschäfte benützten und sich durch ihren Aufenthalt die Niederlassung erschlichen. Die Wirtschaftslage in der Mitte der 1840er Jahre war schlecht, und die jüdischen Handelsfamilien mit ihren zum Teil sehr weit verzweigten Geschäftsbeziehungen verkörperten wie niemand anders den mobilen, den hausierenden Händler.

Seit dem so genannten Wahl'schen Liegenschaftshandel von 1835/36, bei dem der Kanton letzten Endes eine für sein Selbstverständnis schmähliche Niederlage erlitten hatte, wurden den jüdischen Händlern und Hausierern Steine in den Weg gelegt. 1835 hatten zwei Juden, Alexander und Baruch Wahl aus Mülhausen, in Reinach ein Gut käuflich erworben. Die Regierung hatte – wie vorgeschrieben – den Kauf begutachtet und ihm zugestimmt. Der Landrat hingegen machte den Kauf kurzerhand rückgängig.

**Ein diskriminierendes Gesetz**
*Das im November 1851 vom Landrat mit 25 gegen 12 Stimmen angenommene «Gesetz die Verhältnisse der Juden betreffend» lautete in den drei wichtigsten Paragraphen:*
*«1. Allen Juden, ohne Ausnahme, ist die Niederlassung im Kanton Baselland, sowie die Betreibung eines Handels, Gewerbes oder Berufes untersagt.*
*2. Wenn ein Jude unter dem Namen eines Andern, dennoch ganz oder theilweise auf eigene Rechnung einen Handel, Beruf oder Gewerbe treibt, so trifft den Namenleiher eine Strafe von 300 Fr., den Juden aber nebst dieser Geldstrafe sofortige Verweisung.*
*3. Das Hausiren mit Mustern, Waaren jeder Art, sowie das Herumtragen derselben ist verboten und ihnen nur erlaubt, an Jahrmärkten feil zu haben.»*

**Juif en haillons portant un million**
*Ein jüdischer Händler, der, wie auf dem Grenzstein vermerkt, drei Kilometer von Basel entfernt ist. Im Baselbiet waren fast nur Männer im Handel tätig. Dass alle Juden reich waren, ist eines der weitest verbreiteten Vorurteile, es entspricht jedoch in keiner Weise den Tatsachen.*

die Einstellung der Arbeiten. Der Bundesrat muss einen Vergleich zwischen dem Kanton Basel-Landschaft und der Centralbahn vermitteln.[4] Die Einwohnerinnen und Einwohner des Homburgertales erhalten ihren Bach zurück, und der Tunnelbau dauert länger und wird teurer.

**Gefahren: Das Unglück am Hauenstein**
Zwei Schmuckstücke zieren die Bahnverbindung zwischen Sissach und Olten. Da ist einerseits die Überführung bei Rümlingen, glanzvolle Viadukt-Baukunst, und anderseits als Krönung der Tunnel durch den Hauenstein zwischen Läufelfingen und Trimbach.

Am 28. Mai 1857 bricht um die Mittagszeit im Schacht Nummer 1 bei der Tunnelschmiede Feuer aus.[5] Es findet in den ausgetrockneten Holzkonstruktionen rasch Nahrung. Eine Feuersbrunst breitet sich aus. Die Flammen schlagen weithin sichtbar beim Dorf Hauenstein oben aus dem Schacht. 122 Arbeiter sind im Tunnel. 70 können rechtzeitig fliehen. Bei den zuvorderst im Schacht Arbeitenden, die vom Brand nichts wahrnehmen, hält man die von einem Buben überbrachte Nachricht für wenig wichtig – vielleicht macht sich einer einen Jux, denkt man. Eine knappe halbe Stunde dauert es, bis der Schacht in sich zusammenstürzt. Ein elf Meter dicker

Die Brüder Wahl wehrten sich dagegen. Am Schluss entschied die Tagsatzung den Streit gegen den Kanton Basel-Landschaft. Zwar blieb der Kauf ungültig, aber Baselland musste den Gebrüdern Wahl Schadenersatz in der Höhe von 25 000 Franken leisten. Dies war ein Betrag, der allein schon unter dem Gesichtspunkt der drängenden Armenfrage eine enorme Summe darstellte. Am Schluss lagen sich Baselland und die Tagsatzung in den Haaren, weil die Baselbieter Vertreter behaupteten, der vom Vorort Bern seinerzeit vorgeschossene Beitrag an die Summe des Schadenersatzes wäre nicht geborgt, sondern à fonds perdu zur Verfügung gestellt worden. Jahrelang gelangte Baselland an die Tagsatzung, man möchte ihm die Zurückzahlung erlassen. Zu genau dieser Zeit verhökerte Baselland den ihm bei der Kantonstrennung zugesprochenen Teil des Basler Münsterschatzes für einen Gesamtbetrag von etwa 25 000 Franken ... unter anderem auch an einen Käufer aus Frankfurt, Oppenheim mit Namen.

In den Dörfern selbst gab es aber auch Kreise, welche den jüdischen Händlern freundlich begegneten. Hierzu zählten vor allem die Wirte, welche aus deren Aufenthalt Profit schlagen konnten. Neben der allgemein antijüdischen Stimmung spielte auch die notorische Feindschaft des Baselbiets gegen Frankreich eine Rolle. Von Frankreich, welches sich für die jüdischen Familien verwendete, liess man sich das eigene Verhalten gegenüber den jüdischen Händlern nicht diktieren. Etwas abgeschwächt galt diese Haltung auch für das Baselbieter Verhältnis zur Tagsatzung. Weiter kommen Kompetenzstreitigkeiten im noch jungen Kanton zum Ausdruck, das heisst, es ging um Einfluss und Macht seiner Exponenten, vor allem auch um das Verhältnis zwischen den Kommunen und dem Kanton. Basel-Landschaft gehörte unzweifelhaft zu jenen Kantonen, welche den jüdischen Menschen äusserst restriktiv gegenübertraten. Dennoch waren gewaltsame Ausschreitungen gegen jüdische Händler selten. Angesichts der weit verbreiteten Gewalt gegen Jüdinnen und Juden sowohl in den deutschen Staaten als auch im Elsass ist diese Tatsache erwähnenswert.

**Tod am Hauenstein**
*Die beiden Bilder stammen aus der Zeit unmittelbar nach dem Unglück, sie erschienen zusammen mit einer Beschreibung des Unglücks von Kaplan Bläsi 1858 im Oltner Kalender. Bläsi hielt die Grabrede für die Verunglückten.*

Schuttkegel verschliesst den Tunnel. 52 Arbeiter werden eingesperrt. Schlimmer noch, der Berg aus Schutt, Gestein, versengtem Holz mottet weiter. Sofort werden Rettungsmassnahmen ergriffen. Doch diese sind äusserst schwierig. Man kann das Feuer nur schlecht löschen, und die Luft im Tunnel ist miserabel, immer wieder geht den Rettungsmännern der Atem aus. Die Bauleitung beschliesst, erst bessere Luft in den Tunnel zu führen und dann die Rettungsarbeiten weiterzuführen. Dazu benötigt man etwa eineinhalb Kilometer Holzröhren als Ventilationsleitung. Diese müssen zuerst hergestellt werden. In Aarau, Zofingen, Luzern, Langenthal, Solothurn, Liestal und Basel wird daran gearbeitet. Am Hauenstein beginnt das Warten. Bis die Rohre kommen, werden elf tote Rettungsleute geborgen. Erst am 4. Juni kann man den Schuttkegel durchstossen. Alle Mühsal ist vergebens gewesen. Zuerst findet man in der Nähe der Schmiede beim ehemaligen Schacht 26 tote Tunnelarbeiter. Weitere fünf Leichen liegen etwas weiter entfernt. Noch einmal vergehen zwei Tage, bis auch die letzten 21 Toten gefunden sind. Sie liegen, als hätten sie sich zum Schlaf gebetet, auf einem Brettergerüst. Gestorben sind sie an der Vergiftung durch Kohlenmonoxid. In ihrer Not haben sie sogar noch zwei Pferde ge-

**Viehmarkt auf dem Zeughausplatz in Liestal 1912**

*Der Markt in Liestal zog nicht nur die Bevölkerung der Stadt an, sondern natürlich auch aus den Dörfern der Umgebung. Die Händler kamen teilweise von weither. Jüdische Viehhändler versorgten die Region sicher seit dem 16. Jahrhundert mit Rindvieh und Pferden. Bevor sich Juden im Baselbiet niederlassen durften, mussten sie allabendlich in ihre Dörfer im Surbtal, Elsass oder in Süddeutschland zurückkehren. Unter Handelsbeschränkungen hatten sie bis in die zweite Hälfte des 19. Jahrhunderts zu leiden. Mit der Teilrevision der Bundesverfassung im Jahr 1866 erhielten die Juden die Niederlassungsfreiheit.*

Die Schweiz und mit ihr Baselland boten zweifellos ein Bild der Sicherheit. Die wenigen Juden, welche in der Schweiz lebten, waren verhältnismässig sicher. Als dann endlich Ende der 1860er und zu Beginn der 1870er Jahre auch der jüdischen Niederlassung nichts mehr im Wege stand, wurden das Schächtverbot sowie das Gesetz über die Sonntagsruhe von 1892 auf der politischen Bühne erregt diskutiert. Vor allem Letzteres war dazu angetan, den jüdischen Händlern die Geschäftsgrundlage zu entziehen.

### Eisenbahn: Die Elite war arg belastet

Schon mit dem Vorschlag eines Wirtschaftsgesetzes, welches die Zahl der Wirtschaften, Schenken und Gasthäuser beschränken sollte, konnte sich die Baselbieter Regierung 1852 im Landrat nicht mehr durchsetzen.[3] Die anste-

schlachtet. Fachgerecht haben sie eines aufgehängt und die Eingeweide in Zement eingegossen, damit der Gestank der Verwesung sie nicht zum Wahnsinn treibe. So harren sie aus, warten auf die Rettung, die zu spät zu ihnen gelangt.

Insgesamt 63 Tote fordert das Unglück am Hauenstein. Es ist das schwerwiegendste, aber nicht das einzige. Zusammen mit dem Unglück von Müchenstein am 14. Juni 1891, bei welchem ein vollbesetzter Personenzug auf der Fahrt von Basel nach Münchenstein zum Bezirksgesangsfest in die Birs stürzt und 73 Menschen mitten aus der Fröhlichkeit des Sonntagsausflugs in den Tod gerissen werden, ist das Hauensteinunglück eine der grössten Katastrophen der Schweizer Eisenbahn überhaupt.[6] Ein kleiner Funke aus dem Kamin der Schmiede genügt, um einen ganzen Schacht in Brand zu stecken und so zum Einsturz zu bringen. Für die Unternehmerseite bedeutet das grauenvolle Vorkommnis nichts als die Verkettung unglücklicher Umstände, nichts als einen tragischen Einzelfall auf dem pionierhaften Weg des Fortschritts. Dabei lassen sich allein beim Bau der Linie von Sissach nach Olten 38 Unfälle zählen, die Bagatellen und die Krankheitsfälle nicht einmal mitgezählt. Ein strafbares Verschulden eines Einzelnen wird in der richterlichen Untersuchung des

henden Enteignungen für den Eisenbahnbau verstärkten diese Situation zusätzlich. Regierungsrat Johannes Meyer war Verwaltungsrat der Schweizerischen Centralbahn. Wie sollte da der Landrat sachgerecht und ungebunden entscheiden, wem er die Konzession zum Bau erteilen wollte? Steuerfrei sollte die Centralbahn auch noch davonkommen. Als dann gar die Agenten der Centralbahn bei den Landkäufen rücksichtslos und arrogant vorgingen, indem sie zum Beispiel den Bauern unverhohlen drohten, wurde aus der bis anhin stummen Verbitterung eine laute Empörung. Regierungsrat Meyer sass im Verwaltungsrat. Die Experten, die mit den Landbesitzern den Preis aushandelten, standen ebenfalls im Sold der Centralbahn. Zudem war der Präsident des Schiedsgerichts, Forstinspektor Hofer, gleichzeitig als Landkäufer der Centralbahn im Luzernischen unterwegs. Die Verfilzung der Interessen des Kantons mit jenen der Centralbahn war zu deutlich. Bei der Landratswahl 1854 gaben die wählenden Baselbieter Männer der Ordnung eine eindeutige Antwort auf deren selbstherrliches Machtgebaren. Alle Exponenten der Centralbahn, auch Nationalrat Stephan Gutzwiller, der sich in Bern für die Bahn stark gemacht hatte, wurden nicht wieder gewählt.

Der politische Umbruch war perfekt. Die Bewegung ersetzte die Ordnung als Regierung. Dies dauerte nur drei Jahre und blieb in dieser Form ein Zwischenspiel. Weil sie ihrerseits nichts erreichte und sich vor vielen Entscheidungen drückte, handelte sich die Regierung den Übernamen «Chnorzer» ein. Schon bei den Wahlen 1857 verdrängte die Ordnung die «Chnorzer» wieder ... und setzte gleich wieder zwei Funktionäre der Centralbahn in die Regierung: Jakob Adam und Daniel Bieder. Bei den Wahlen von 1860 kam die Ordnung noch einmal über die Runden. Die eigentliche Parteigründung der Bewegungsleute, die Helvetia-Vereine, hatte sich noch nicht genügend etablieren können. Das Volk entschied sich für Kontinuität und Konformismus. Aber 1861 begingen die Eliten erneut einen grossen Misstritt. Im Grossen Rat des Kantons Basel-Stadt war ein Antrag gutgeheissen worden, der auf die Wiedervereinigung der beiden Halbkantone abzielte.

**Ein Schmuckstück**
*In acht imposanten Bogen überquert das Bahnviadukt bei Rümlingen das Häfelfingertal. Erbaut wurde es in nur 17 Monaten von Mai 1855 bis Oktober 1856. Der Bau bot etwa 90 Arbeitern während 27 000 Tagschichten Beschäftigung. Links der Kirche ist die Hütte für die Zimmerleute zu erkennen.*

Unglücks im Hauenstein-Tunnel nicht festgestellt. Am 18. Juni 1857 nimmt man die Bauarbeiten wieder auf; am 31. Oktober 1857 wird der Tunneldurchstich gefeiert und am 1. Mai 1858 die Linie Basel—Olten feierlich eingeweiht.

**Die Mobilität siegt**
Insbesondere was den Güterverkehr anbelangt, bringt die Bahn massive Erleichterungen. Nathan Bloch, Viehhändler, erkennt die Vorteile schon früh.[7] Er zieht nach Liestal. Dort lässt er sich nieder und fährt in Bahnnähe mit seinem Viehhandel fort. Die Rinder und Kälber werden mit der Bahn verschickt. Freilich hat auch diese Vereinfachung des Viehhandels Schattenseiten: den Niedergang Langenbrucks als Passort. Die Viehzüge über den Hauenstein bleiben fortan aus.

In Langenbruck gibt es aber zu dieser Zeit einen Kreis initiativer Dorfpolitiker um den Arzt und Politiker Martin Bider.[8] Er und seine Gesinnungsfreunde finden im Waldenburger Uhrenfabrikanten Gedeon Thommen einen Gleichgesinnten. Denn auch der Bezirkshauptort Waldenburg läuft Gefahr, durch den Tunnel am Unteren Hauenstein seine Stellung als Fussort des Passes über den Oberen Hauenstein einzubüssen. Zusammen treiben sie das Projekt einer Bahn voran. Weil die 1880

1848: IM ZENTRUM EUROPAS – EUROPA IM ZENTRUM    193

In Liestal riefen die Basler damit die Geister von früher wach. In aller Eile verabschiedeten Regierungs- und Landrat praktisch einstimmig den so genannten «Niemals-Beschluss», «dass der Kanton Basel-Landschaft zu einer Wiedervereinigung mit Basel-Stadt niemals Hand bieten wird».[4] Damit stiessen sie aber die Basel freundlich gesinnten Gemeinden im eigenen Kanton vor den Kopf. Zudem hiess es, die Landräte seien unter Druck gesetzt worden. Man ahnte, dass die politischen Vertreter weniger aus Sorge um den Kanton denn aus Furcht vor dem Verlust der eigenen Machtfülle den «Niemals-Beschluss» so einmütig unterstützten. Dies kam schlecht an in einer Zeit, in welcher die einfachen Leute über alle Massen sparen mussten. Der Zorn auf die führenden Ordnungsleute steigerte sich wieder, aber noch war keiner da, der ihn öffentlich wirksam zum Ausdruck bringen konnte. Erst mit Christoph Rolle trat ein Anführer auf, welcher es verstand, die Wut des Volkes für seine Ziele zu instrumentalisieren.[5]

**Die Waldenburgerbahn**
*Der Zug steht hier vermutlich in Hölstein oder Niederdorf. Die Waldenburgerbahn wurde 1953 elektrifiziert.*

fertig erstellte Schmalspurbahn in Waldenburg aufhört, und damit bei ihrer Länge von 13 Kilometern bleibt, heisst es immer, sie sei wegen der Uhrenindustrie entstanden. Dies ist indessen nur ein Teil der Wahrheit. Denkt man an die treibenden Kräfte um Bider in Langenbruck und beachtet man auch die Ideen, Pläne und Vorstellungen, mittels derer sie versucht haben, den neuen Fremdenverkehrsort Langenbruck an die grossen Bahnverkehrsströme anzuhängen, wird deutlich, dass das Unternehmen Waldenburgerbahn auch dem Tourismus verpflichtet gewesen ist. Immerhin werden längere Zeit Ansprüche geltend gemacht, die Bahn von Waldenburg nach Langenbruck und dann nach Balsthal weiterzubauen. Dies erweist sich dann ebenso als Fiktion wie das Konkurrenzunternehmen der Wasserfallenbahn durch das Reigoldswilertal.[9]

BAND FÜNF / KAPITEL 14

### Lesetipps

*Zu den Jahren um 1848 sind im Zusammenhang mit den Jubiläen 150 Jahre Schweizer Bundesstaat und 150 Jahre Revolution der deutschen Demokraten viele Werke publiziert worden.*

*Speziell zu Letzterem und mit Bezug auf die Baselbieter Situation: Martin Leuenberger: Frei und gleich ... und fremd. Flüchtlinge im Baselbiet zwischen 1830 und 1880 (1996); ausserdem der Ausstellungskatalog Nationalität trennt, Freiheit verbindet, herausgegeben vom Haus der Geschichte Baden-Württemberg, Stuttgart, dem Dichtermuseum/Herwegh-Archiv Liestal, dem Musée Historique de Mulhouse und dem Museum am Burghof, Lörrach (1998).*

*Zur Eisenbahn sind spannend und an Detailreichtum kaum zu übertreffen Heinz Frey und Ernst Glättli: Schaufeln, sprengen, karren. Arbeits- und Lebensbedingungen der Eisenbahnbauarbeiter in der Schweiz um die Mitte des 19. Jahrhunderts (1987) sowie das Buch von Hanspeter Bärtschi: Industrialisierung, Eisenbahnschlachten und Städtebau (1983).*

### Abbildungen

Fotoarchiv Wilhelm Wagener, Mülheim: S. 183, 185.
Museum Muttenz Bildersammlung, Inv.Nr. 20.0038: S. 186.
Kantonsmuseum Baselland, Grafische Sammlung Inv.Nr. KM 1950.461: S. 187.
Georg Kreis, Der Weg zur Gegenwart. Die Schweiz im neunzehnten Jahrhundert, Basel 1986: S. 188.
Jüdisches Museum der Schweiz, Basel, JMS 1211: S. 189.
Heinz Frey/Ernst Glättli, Schaufeln, sprengen, karren, Zürich 1987: S. 190.
Fotoarchiv Seiler, StA BL, Inv.Nr. KM 00.248, KM 00.714: S. 191 oben, 193.
Archiv Heinz Spinnler, Zunzgen: S. 192 unten.

Reproduktionen durch Mikrofilmstelle.

### Anmerkungen

1 Blum 1977, S. 77.
2 Ausführlich Leuenberger 1996.
3 Blum 1977, S. 272ff.
4 Blum 1977, S. 327.
5 Blum 1977, S. 294–326.

1 Bärtschi 1983, S. 114–125.
2 Auer 1964, S. 260.
3 Frey/Glättli 1987, S. 119ff.
4 Frey/Glättli 1987, S. 131; Klaus 1983, S. 46f.
5 Frey/Glättli 1987, S. 207ff., detaillierte Beschreibung S. 367–369.
6 Saladin 1991.
7 Leuenberger 1996, S. 292ff.
8 Schumacher 1992, S. 17–55; Auer 1964, S. 263.
9 Dessen Anfang heute in der Landschaft immer noch erkennbar ist. Zu weiteren gescheiterten Bahnprojekten, vgl. Oberer 1991, S. 53–196f.

Herrschaft im Dorf

*Bild zum Kapitelanfang*
**Der Gemeinderat von Gelterkinden**
*Es sei, schrieb alt Regierungsrat Daniel Bider 1873, «der Gemeindesinn bei unsern Bürgern unzweifelhaft viel stärker entwickelt als der Sinn für das Staatswesen». Bider wusste, wovon er berichtete. Der Autor einer zeitgenössischen Darstellung des Baselbieter Gemeindewesens war in den 1850er Jahren Regierungsrat und als Vorsteher der Direktion des Innern für die Gemeinden verantwortlich. Den überwiegenden Teil öffentlicher Angelegenheiten erledigten damals die Gemeinden in eigener Regie. Einer seiner Amtsnachfolger, Jakob Christen, zählte 1860 im ganzen Kanton 1404 Gemeindeversammlungen, welche 2180 Beschlüsse fassten.*
*Im Schnitt führte eine Gemeinde pro Jahr 19 Gemeindeversammlungen durch, wobei sie jedes Mal über ein bis zwei Geschäfte entschied. Die Unterschiede waren allerdings beträchtlich. So ärgerte sich Regierungsrat Christen über Gemeinden, die pro Jahr nur drei bis vier Beschlüsse fassten oder lediglich sechs bis sieben Gemeindeversammlungen durchführten.*
*Die Gemeinden beanspruchten im 19. Jahrhundert weitgehende Autonomie. Die Verfassung übertrug dem Regierungsrat zwar die Oberaufsicht über ihre Verwaltung. So wollte er über das Steuerwesen orientiert sein, und kein Reglement durfte ohne seine Zustimmung in Kraft treten. Doch die Kontrolle des Kantons war locker. Erstens fehlten klare rechtliche Auflagen. Zweitens mangelte es ihm an Personal. Drittens erfuhr er meist erst im Nachhinein von den «Ungehörigkeiten», die sich Gemeindebehörden und -bürger hatten zu Schulden kommen lassen. So blieb ihm bestenfalls die Rüge sowie eine Weisung für die Zukunft. «Die Gemeinden taten, wie sie wollten», beklagte sich Regierungsrat Daniel Bider. Erst das Gemeindegesetz von 1881 konkretisierte und stärkte die Oberaufsicht des Regierungsrates.*

**Frauenwelt**

Am Nachmittag des 14. März 1866, einem Sonntag, strömen in Reigoldswil zahlreiche Frauen Richtung Schulhaus. Gemeindepräsident Weber hat sie zu einer Wahlversammlung aufgeboten. Zu Beginn des Jahres ist Frau Weber-Schweizer, eine der beiden Dorfhebammen, verstorben. Jetzt wollen die verheirateten und verwitweten Frauen Reigoldswils ihre Nachfolgerin wählen. Die Leitung der Wahlversammlung übernimmt Präsident Weber selbst. Ihm stehen Pfarrer Linder und Lehrer Tschopp als Schreiber zur Seite. Im benachbarten Ziefen haben die Frauen ein Jahr zuvor auch die Leitung der Versammlung gestellt.

Gemeindepräsident Weber kann den versammelten 76 Reigoldswilerinnen drei Kandidatinnen vorstellen. Elisabeth Tanner, Durseliheinis, Margaretha Plattner, Plumimärtis, und Witwe Müller aus der untern Schmiede wollen das Hebammenamt übernehmen. Im ersten Wahlgang erreicht keine der Anwärterinnen das absolute Mehr. Am wenigsten Stimmen erhält Witwe Müller. Sie zieht sich von der Wahl zurück. Im zweiten Wahlgang gewinnt Elisabeth Tanner. Auf sie entfallen 45 der 76 abgegebenen Stimmen. Die Schreiber halten das Ergebnis fest, und Präsident Weber schickt das Wahlprotokoll zusammen mit den Leumunds- und Arztzeugnissen Elisabeth Tanners an den Regierungsrat in Liestal. Dieser lehnt ihre Wahl aber ab. Weil die kleinen Finger beider Hände steif seien, könne sie nicht als Hebamme wirken, hatte Dr. Zehntner im ärztlichen Zeugnis festgehalten. Am 12. August müssen die Reigoldswiler Witwen und Ehefrauen deshalb erneut zusammenkommen. Wieder stehen drei Anwärterinnen zur Auswahl. Im ersten Wahlgang bringen 44 leere Stimmzettel den Unmut der Frauen zum Ausdruck, und keine der Kandidatinnen macht das Rennen. Im zweiten Wahlgang erreicht Margaretha Plattner, die schon im März kandidierte, eine deutliche Mehrheit. 44 der 65 anwesenden Frauen setzen ihren Namen auf den Stimmzettel. Damit ist Plumimärtis gewählt. Sie erhält die Bestätigung des Regierungsrates. Bis 1890 wird sie Hebamme von Reigoldswil bleiben.[1]

**Frauen fordern Gleichberechtigung**

«Wir wünschen [...], dass von Staats wegen mehr für die Bildung des weibl. Geschlechts geschehe, als bishin; und [...] dass in Erbfällen die Vorrechte des Mannes gegenüber dem Weibe aufhören, dass in Zukunft das Vermögen statt wie bishin zu $2/3$ und $1/3$ – zur Hälfte auf des Mannes und zur Hälfte auf der Frauen Seite fallen soll.» Mit diesen beiden Forderungen wenden sich am 29. August 1862 Frauen aus Sissach an den Verfassungsrat. Dieser ist gerade dabei, die Verfassung des Kantons Basel-Landschaft aus dem Jahr 1850 einer gründlichen Revision zu unterziehen. Am 18. Mai 1862 hat eine überwältigende Mehrheit der Initiative der Revi-Bewegung zugestimmt. Jetzt, im Sommer, ist die Stimmbürgerschaft dazu aufgerufen, ihre Revisionspostulate anzumelden.[1] In der selbstbewussten Annahme, dass «die Frauen [...] zum Volk gezählt werden», nehmen sich auch 30 Sissacherinnen das Recht, eine Eingabe zu verfassen. Die Verfassungsräte sollen die Frauen nicht länger «zum untergeordneten Wesen in der menschlichen Gesellschaft machen», sondern ihnen durch die Förderung der Frauenbildung und mit der Gleichstellung beim Erbgang auch grössere Rechte einräumen, meinen die Oberbaselbieterinnen.

**Frauenwelt I**

*Das Protokoll vom 17. März 1967 belegt, dass die Gelterkinder Frauen noch in den sechziger Jahren des 20. Jahrhunderts ihre Hebamme nach altem Recht selber wählten.*

```
4 9 8             Protokoll der "Frauengemeinde" vom
                  17. März 1967 um 20.15 Uhr in der
                  Mehrzweckhalle der neuen Turnhalle
                  ─────────────────────────────────

     T r a k t a n d e n :   1. Wahl einer neuen Hebamme
                                 (Vorschlag: Frau Lisbeth Jurt-Röösli,
                                  Lausen)
                              2. Verschiedenes

     (Die letzte Versammlung gemäss § 2 des Gesetzes betreffend das
     Hebammenwesen vom 28. September 1908 fand am 27. Oktober 1924
     statt. Damals wurde Frau Flora Mangold-Sutter als Hebamme von
     Gelterkinden gewählt. Das Protokoll dieser Versammlung ist leider
     nicht mehr auffindbar.)

     1. Wahl einer neuen Hebamme
     Der Versammlungsvorsitzende, Gemeindepräsident Spinnler, macht
     einleitend auf die gesetzlichen Bestimmungen (Hebammengesetz von
     1908) aufmerksam und führt im weitern folgendes aus: Vor 40 - 50
     Jahren waren in Gelterkinden noch 2 Hebammen beschäftigt. Von
     1924 bis 1927 waren angestellt: Frau Reichert und Frau Mangold
     (letztere gewählt worden für Frau Weber). Ab 1927 war Frau Man-
     gold nun allein. Mit den Jahren, die Frau Mangold vor ihrer Wahl
     nach Gelterkinden in Hemmiken geamtet hatte, war sie beinahe 50
     Jahre "Storchentante". Auf den 31. Dezember 1966 hat nun Frau
     Mangold, die seit 1927 auch noch von der Gemeinde Tecknau ange-
     stellt war und seit 1966 zudem von Ormalingen und Rothenfluh, ge-
     kündigt. Ein paar Wochen später ist sie dann leider bereits ge-
     storben. Durch Erheben von den Sitzen ehrt die Versammlung die
     Verstorbene.

     Der Gemeinderat hat sich sofort daran gemacht, eine neue Hebamme
     zu suchen und zu finden. Dies war nicht leicht, da der Beruf der
     Hebamme bald zu den seltenen Berufen gehört. Nach verschiedenen
     Besprechungen hat sich nun Frau Lisbeth Jurt-Röösli, dipl. Kran-
     kenschwester und Hebamme, wohnhaft in Lausen, bereit erklärt,
     eine Wahl anzunehmen. Frau Jurt amtet bereits in Nusshof und Win-
     tersingen und würde sich auch bereit erklären, eine eventuelle
     Wahl in Tecknau, Ormalingen und Rothenfluh anzunehmen.

     Im gegenseitigen Einvernehmen wird vorgeschlagen, die Wahl "Auf
     Zusehen hin und bis auf weiteres" vorzunehmen, weil das Amt Frau
     Jurt eventuell doch zuviel beansprucht oder für den Fall, dass
     in Gelterkinden eine andere Lösung gefunden würde (Kombination
```

Den Petentinnen aus Sissach eilen einige Wochen später Geschlechtsgenossinnen aus dem Waldenburgertal zu Hilfe. Sie lassen in der ‹Basellandschaftlichen Zeitung› vom 20. September 1862 vernehmen, dass sie zwar kein allgemeines Stimmrecht wollten, sich aber den sonstigen Wünschen der Sissacher Frauen anschliessen würden. Zusätzlich fordern sie, ihre Unterschrift solle ohne Beistand Gültigkeit haben und der Verfassungsrat solle es den Frauen erleichtern, die freie Mittelverwaltung zu erlangen.[2]

Das allgemeine Frauenstimmrecht, von dem die Frauen aus dem Waldenburgertal sprachen, hatten die Sissacherinnen nicht verlangt. Offenbar waren sie einem Gerücht aufgesessen. Doch zeigt die Distanzierung der Frauen aus dem Waldenburgertal erstens, dass eine solche Forderung damals im Kanton Basel-Landschaft noch eine heikle Angelegenheit gewesen wäre. Zweitens bestätigt sie, dass die politischen Rechte selbst unter Frauen umstritten waren. Mit ihren zusätzlichen Forderungen verwiesen die Waldenburgerinnen aber auf eine andere schwerwiegende Benachteiligung der Frauen hin: auf die Geschlechtsvormundschaft, wie sie damals im Kanton Basel-Landschaft noch Gesetz und Praxis war.

**Hebamme Linder**
*Gemeindehebamme von Sissach von 1910 bis 1925*

**Frauenwelt II**
*Eines der Ziefener Waschhäuschen, die an der Hinteren Frenke und neben einem Dorfbrunnen standen. Hier trafen sich die Frauen zum Waschen und Berichten.*

Das Recht, die Hebamme eines Dorfes an einer eigenen Wahlversammlung zu wählen, stand allen Ehefrauen und Witwen des Kantons Basel-Landschaft zu. Es war ein altes Recht, das sie schon vor der Kantonstrennung besassen und das der junge Kanton übernahm. Obwohl die Baselbieter Frauen sonst keine politischen Rechte hatten und verwitwet oder unverheiratet sogar unter der Fuchtel eines männlichen Vormunds standen,[2] hielt sich das Hebammenwahlrecht bis ins 20. Jahrhundert hinein. Noch in den 1970er Jahren wählten einzelne Gemeinden ihre Hebammen nach traditioneller Manier. Solche Wahlversammlungen fanden aber selten statt, denn die einmal gewählten Hebammen mussten sich nicht regelmässig bestätigen lassen wie andere Amtsinhaber. Zudem waren sie häufig sehr lange im Amt. So konnte es durchaus vorkommen, dass erst eine nächste Generation verheirateter oder verwitweter Frauen wieder eine Hebammenwahl vornahm.

In den Baselbieter Dörfern des 19. Jahrhunderts gab es neben der Männerwelt also auch eine wenig bekannte Frauenwelt. Das Recht der Witwen und Ehefrauen, ihre Hebamme selber zu wählen, war ein wichtiger Teil davon. Ein anderes Element der spezifisch weiblichen Öffentlichkeit in den Gemeinden waren etwa die Orte, wo Frauen Wasser holten oder Wäsche wuschen. In Ziefen bestanden beispielsweise vier genossenschaftlich getragene «Buuchhüsli». Ihren Namen hatten diese Waschhäuschen von der Asche aus Buchenholz, die als Laugenmittel diente. Sie lagen an Bach und Strasse neben den Brunnen. Dort, mitten im Dorf, erledigten die Frauen zwei- bis viermal pro Jahr ihre grosse Wäsche. Zwar wusch jede für sich, aber unter den Augen der Nachbarinnen. Neben der harten Arbeit gehörte es zum Waschtag, sich im «Buuchhüsli» zu treffen, einen Schwatz abzuhalten und Neuigkeiten auszutauschen.[3]

Ein weiterer Teil der Frauenwelt waren die Frauenvereine. Sie entstanden im Verlaufe des 19. Jahrhunderts in zahlreichen Baselbieter Gemeinden. Die Initiative ging vermutlich in den meisten Gemeinden von Männern der dörflichen Elite aus. Zum Beispiel waren es Pfarrer und Lehrer, die von den

Die Eingaben der Frauen nahm der Verfassungsrat zwar zur Kenntnis, im Verfassungstext aber fanden sie keinen Niederschlag. Erst unter dem Druck der eidgenössischen Gesetzgebung fielen 1879 die Geschlechtsvormundschaft und 1891 die diskriminierende Erbteilung dahin.[3] Über das Frauenstimmrecht stimmten die Baselbieter Männer 1926 erstmals ab. Bis es allerdings eine Mehrheit fand, brauchte es noch eine Reihe weiterer Abstimmungen. Die Auseinandersetzung dauerte bis 1967.

**Das politische System der Gemeinden**[4]
Der Kanton Basel-Landschaft umfasst im 19. Jahrhundert 74 Gemeinden. Olsberg, zunächst eine selbständige Gemeinde mit lediglich einer Handvoll Stimmberechtigten, geht 1881 in der Gemeinde Arisdorf auf und existiert seither nur noch als Bürgergemeinde. Birsfelden, in der Mitte des 19. Jahrhunderts ein rasch expandierender und weit vom Dorf entfernter Teil von Muttenz, konstituiert sich 1875 als selbständige Einwohnergemeinde.

Oberstes Organ der politischen Gemeinde ist die Versammlung ihrer Aktivbürger. Vollziehende Behörde ist der Gemeinderat. Beiden Gremien steht der Gemeindepräsident vor. Dieser nimmt bis 1970 eine Zwitterstellung ein, hat er doch nicht nur kommunale, sondern auch kantonale

HERRSCHAFT IM DORF   199

**Hebammenkurs**
*Die verheirateten oder verwitweten Frauen konnten nur eine Frau zur Hebamme wählen, die einen Kurs absolviert hatte. Das Bild zeigt die Absolventinnen des Hebammenkurses im Frauenspital Basel um 1907. Die Diegter Hebamme Marie Bürgin-Mohler sitzt als zweite von links in der vorderen Reihe.*

Frauen ein soziales Engagement für die Armenerziehung und -fürsorge erwarteten und die Gründung eines Frauenvereins an die Hand nahmen. Die Frauenvereine waren im 19. Jahrhundert wie der Basellandschaftliche Armenerziehungsverein oder die Gesellschaft für das Gute und Gemeinnützige Teil eines sozialen Netzes, das sich auf privater Basis institutionalisierte und sich fürsorgerischer Fragen annahm. Später gingen diese Aufgaben zum grossen Teil an den Kanton über, der sich inzwischen zum Sozialstaat entwickelt hatte.

In Gelterkinden war es Pfarrer Emanuel Denger, der 1854 sein Amt antrat und kurz darauf den Anstoss zur Gründung des Frauenvereins gab. Denger blieb bis zu seinem Tod 1906 Präsident und Protokollführer des Vereins. Um ihn herum scharten sich zunächst ein paar gebildete Frauen. Sie kümmerten sich um die Arbeitsschule für Mädchen und um die Kleinkinderschule. Sie nahmen sich verwahrloster Kinder an, besuchten Kranke und halfen armen Familien. Im Ersten Weltkrieg unterhielten sie eine Suppenküche sowie eine Krankenstation für Grippekranke. Den Wehrmännern an der

Funktionen zu erfüllen. Laut Gemeindegesetz (1881) muss er als Staatsbeamter kantonale Gesetze vollziehen, Unterschriften beglaubigen und Vieh inspizieren sowie als erster Polizist in der Gemeinde für Ruhe und Ordnung sorgen. Für diese Tätigkeiten ist er vom Kanton besoldet.

Rechtlich heisst Gemeinde nach der Kantonstrennung in erster Linie Ortsbürgergemeinde. An ihren Versammlungen sind nur Bürger der Gemeinde stimmberechtigt, welche die Aktivbürgerrechte besitzen und am Ort wohnen. Einwohner, die nicht Bürger ihrer Wohngemeinde sind, haben nur Stimmrecht, wenn die Gemeindeversammlung zusammentritt, um über kantonale oder eidgenössische Vorlagen oder über Steuern zu befinden, die nicht nur die Bürger, sondern auch sie als Niedergelassene treffen. Ihr kantonales Wahlrecht nehmen Bürger und Nicht-Bürger an speziellen Wahlversammlungen wahr, an denen Stimmbürger des ganzen Wahlkreises zusammentreten.

Bevölkerungswachstum und -verschiebung führen dazu, dass Bund und Kanton die Gemeinden immer stärker drängen, zwischen Bürger- und Einwohnergemeinde zu unterscheiden und den Niedergelassenen vermehrt Kompetenzen einzuräumen. Die Bundesverfassungen von 1848 und 1874 stärken deren Rechte. Das kantonale Or-

**Jakob Schäublin-Handschin**
*Schäublin war Landwirt, Gärtner und langjähriger Zivilstandsbeamter in Gelterkinden. Von 1898 bis 1935 stand er der Gemeinde als Präsident vor.*

**Hans Buggi**
*Buggi, die Bleistiftzeichnung stammt aus dem Jahre 1832, war Wächter oder Dorfpolizist in Gelterkinden. Mit dem Bannwart, dem Wegmacher, dem Gemeindeschreiber und dem Kassier stand er dem Gemeinderat als Unterbeamter zur Seite. Der Gemeinderat konnte auch auf die Mitarbeit einiger Kommissionen zählen: Eine Würdigungs- oder Schätzungskommission legte den Wert von Liegenschaften und Gebäuden fest, eine Schulpflege beaufsichtigte die Schulen und ein Gescheid setzte Grenz- und Marksteine. Schliesslich verwaltete eine Armenpflege das Fürsorgewesen. Das Gemeindegesetz von 1881 verzichtete auf das Gescheid und schuf neu die Rechnungsprüfungs- sowie die Steuerkommission.*

Grenze schickten sie Pakete, in die sie unter anderem gestrickte Socken einpackten. Später gründeten sie einen Krankenpflegeverein, der eine Gemeindeschwester anstellte. Es waren zunächst in erster Linie Frauen aus der dörflichen Oberschicht, welche dem Frauenverein angehörten. Später verbreiterte sich die Basis, und der Verein trat als Vertretung aller Frauen im Dorf auf. Erst im 20. Jahrhundert drängten die Frauen den Einfluss der Männer auf die Vereinsgeschäfte zurück. 1932 übernahm Louise Hoch-Staehelin, die Frau des Pfarrers, als erste Präsidentin die Vereinsführung.[4]

Ob beim Waschen oder Wasserholen am Brunnen, ob beim gemeinsamen Sockenstricken oder an Versammlungen des Frauenvereins: Bei solchen Gelegenheiten tauschten die Frauen eines Dorfes Informationen und Meinungen aus. Hier, im Gerede und Gespräch entwickelten sie ihre Vorstellungen und verschafften ihren eigenen Normen Rückhalt. Manch eine Hebamme war längst unter den Frauen bestimmt, als die Gemeindebehörden den offiziellen Wahlgang veranlassten. Bei solchen Gelegenheiten verständigten sich die Frauen aber auch über weitere Aktionen, mit denen sie ihre Interessen in die Männerwelt trugen. So erschien am 3. Juli 1880 in der Zeitung ‹Der Farnsburger Bote› eine Annonce: «Anna Breitenstein hat sich während ihrer 26-jährigen Amtstätigkeit als geschickte, treue, Ordnung und Reinlichkeit liebende Hebamme erwiesen», liessen die «Frauen Rickenbach's» darin verlauten. Ihr «öffentliches Zeugnis» wandte sich gegen die aus ihrer Sicht «ehrenraubenden, verleumderischen Aussagen gewisser Leute», die der Hebamme Breitenstein die Schuld am Tod einer Kindbetterin geben wollten.

Frauen waren zwar benachteiligt, trotzdem verfügten sie über eine eigene, spezifisch weibliche Öffentlichkeit, über eigene Kommunikations- und Einflusskanäle. Das Stimm- und Wahlrecht in politischen Angelegenheiten zu fordern, war für die meisten der Baselbieter Frauen im 19. Jahrhundert nicht aktuell. So sahen zum Beispiel auch die Sissacher Frauen, welche sich 1862 an den Verfassungsrat wandten, von dieser Forderung ab. Entweder

ganische Gesetz vom 5. Mai 1851 räumt den Einwohnergemeindeversammlungen mehr Kompetenzen ein. Es sind nun die stimmberechtigten Einwohner, welche die Gemeindebehörden und -beamten sowie die Kommissionen wählen, die Rechnung abnehmen, Reglemente verabschieden, das Katasterwesen ordnen und für Bau und Unterhalt der Gemeindestrassen sorgen. Sie müssen bei den Wahlen allerdings darauf achten, dass die Ortsbürger stets die Mehrheit des Gemeinderates stellen, denn dieser steht Einwohner- wie Bürgergemeinde als vollziehendes Organ vor. Der Bürgergemeinde bleibt nach dem Organischen Gesetz die Verwaltung des Gemeindevermögens, das Armen- und Vormundschaftswesen sowie die Aufnahme neuer Bürger vorbehalten.

Das Gemeindegesetz von 1881 schreibt die Trennung zwischen den Einwohner- und Bürgergemeinden vor. Zudem überträgt es einen Teil des Bürgervermögens auf die Einwohnergemeinden und verlangt die getrennte Rechnungsführung. Für die zahlreichen Bürgergemeinden, die bereits zuvor Schulhäuser und -mobiliar, Feuerwehrgerätschaften und Spritzenhäuser, öffentliche Brunnen und Beleuchtungsanlagen an die Einwohnergemeinden abgetreten haben, bringt das Gesetz wenig Neues. Alle anderen Gemeinden müssen

war ihnen bewusst, dass sie chancenlos gewesen wäre, oder es war ihnen die politische Männerwelt gar nicht so wichtig. Viele Frauen waren bereit, die politische Nebenrolle zu akzeptieren, welche ihnen die Männer zuschrieben. So dauerte es lange, bis die Frauen ihre Vereine in eigene Hände nahmen, und als 1908 das revidierte Hebammengesetz die Möglichkeit einräumte, die Wahl der Geburtshelferin dem männlichen Gemeinderat zu übergeben, entschieden viele Frauenversammlungen in diesem Sinne und traten ihr einziges Wahlrecht ab.

### Männerwelt

«Frau, läng mer der Chüttel, i gang go stimme.»[5] Bis in die sechziger Jahre des 20. Jahrhunderts waren die politischen Rechte ein Privileg der Männer. Im 19. Jahrhundert nahmen sie dieses Recht in so genannten geschlossenen Versammlungen wahr: Am Sonntag nach dem Kirchgang traten die stimmberechtigten Männer zur Wahl- oder Abstimmungsversammlung zusammen. Diese fand im Schulhaus, im Wirtshaus oder gleich in der Kirche statt. Später kamen auch Turnhallen als Versammlungslokal dazu. Waren mehrere Gemeinden zu einem Wahlkreis zusammengeschlossen, mussten die Stimmberechtigten teilweise längere Fussmärsche in Kauf nehmen, um an den Ort der Versammlung zu gelangen. Nach der Kantonstrennung verteilten sich die Gemeinden zunächst auf 14, ab 1834 auf zehn Wahlkreise. So hatten zum Beispiel die Männer aus Biel und Benken nach dem weit entfernten Münchenstein zu wandern oder die Maispracher nach Sissach und die Oltinger nach Gelterkinden. Erst die Revisionsbewegung der 1860er Jahre setzte kleinere Wahlkreise durch, so dass die Distanzen zum Versammlungsort schrumpften. 1864 bis 1920 verteilten sich die Gemeinden auf insgesamt 40 Wahlkreise.

Waren die Männer versammelt, die nicht stimmberechtigten Zaungäste aus dem Raum gewiesen und die Türen zum Versammlungslokal geschlossen, bestimmten die Stimmberechtigten zunächst einen Vorstand.

**Karl Tschudin-Dill**
*Als Sohn des letzten Wächters von Lausen wirkte Karl Tschudin als Ausrufer der Gemeinde.*

die Vermögensausscheidung nun ebenfalls vornehmen. Mit den Waldungen, Weiden und Grundstücken behalten die Bürgergemeinden aber den grösseren Teil des öffentlichen Vermögens.

Anfänglich bestreiten die Bürgergemeinden ihre Auslagen zur Hauptsache aus dem Ertrag ihres Vermögens, und anfallende Arbeiten für Strassen-, Bach- und Hochbauten, für die Forstwirtschaft und andere öffentliche Zwecke verrichten die Bürger als Fron. Über die geleisteten Hand- und Fuhrdienste führt der Gemeinderat Buch. Ende Jahr rechnet er ab. Wer zu wenig gefront hat, zahlt bar nach. Wer zu viel geleistet hat, erhält eine Entschädigung. Anfang der siebziger Jahre des 19. Jahrhunderts ist dieses Verfahren nur noch ausnahmsweise gebräuchlich. Die meisten Gemeinden haben sich schon Fronordnungen gegeben, welche den Steuereinzug vorsehen. Wer es wünscht, kann seine Steuern aber auch weiterhin durch Hand- und Fuhrfronen abverdienen. Wie jedem anderen Taglöhner und Fuhrmann verrechnet ihm die Gemeinde in diesem Fall ein Entgelt.

**Der Gemeindejoggeli-Putsch**[5]
Heinrich Martin: zwei Jahre, Heinrich Völlmin: 18 Monate, Jakob Freivogel: 18 Monate, Emanuel Jundt: 18 Monate, Johannes Martin: ein Jahr, Martin Kaus: sechs Mo-

**Wegmacher**
*Mit dem Schlauchwagen bekämpften Gelterkinder Wegmacher den Staub in der Bohnigasse. Das Bier netzte ihre staubigen Kehlen.*

Diesem gehörten neben dem Tagespräsidenten je zwei Stimmenzähler und Schreiber an. Der Präsident erläuterte, um welches Wahl- oder Abstimmungsgeschäft es gehen sollte. Dann liess er die Vorlagen verlesen. In späteren Zeiten kannten die Stimmberechtigten die Abstimmungsgeschäfte aus dem so genannten «Blauen Büchlein», das ihnen mit dem Aufgebot zur Abstimmungsversammlung zugegangen war und das die Gesetzestexte sowie kurze Erläuterungen des Regierungsrates enthielt. Waren Anlass und Verfahren geklärt, schritten die Männer zur Diskussion und dann zur eigentlichen Wahl oder Abstimmung. Dabei konnte es hoch zu und her gehen. In seltenen Fällen musste der Vorstand eine Versammlung abbrechen oder aufgrund einer Beschwerde, die nachträglich beim Regierungsrat eingegangen war, wiederholen. So kam es in den Auseinandersetzungen um die Verfassungsrevision 1862 während einer Wahlversammlung in Münchenstein zu Unregelmässigkeiten und Tumulten, die den Abbruch der Versammlung notwendig machten. Der Regierungsrat setzte daraufhin für diesen Kreis einen neuen Wahlgang an und entsandte Staatsanwalt Jakob Graf als Kommissär.

Unter regulären Verhältnissen trat jeder Stimmberechtigte zum Tisch des Vorstands und hinterlegte dort seinen ausgefüllten Stimmzettel. Die Stimmenzähler zählten dabei mit lauter Stimme die eingehenden Zettel. Waren alle abgegeben, gab der Vorstand die Zahl der eingegangenen Stimmen sowie das relative oder absolute Mehr bekannt. Danach lasen die Stimmenzähler in Anwesenheit der Stimmberechtigten laut den Inhalt jedes Zettels vor, während die Schreiber diese buchten, das Endergebnis errechneten und beides im Protokoll festhielten. Am Schluss der Versammlung verlasen sie das Protokoll. Der Präsident liess es genehmigen und leitete es über das Statthalteramt an die Landeskanzlei weiter, welche das kantonale Ergebnis feststellte und vom Landrat erwahren liess. Während Abstimmungsergebnisse rasch eruiert waren, konnten Wahlgeschäfte länger dauern, wenn mehrere Durchgänge nötig waren. Kam das Verfahren nicht mehr vor Ein-

nate – mit diesem Ausgang hatten die Anführer der Vaterlandsfreunde nicht gerechnet, als sie im Herbst 1839 ihre Agitation aufnahmen. Zwar sprach das Kriminalgericht zwei Dutzend ihrer Mitangeklagten frei, und nach und nach entliess der Landrat auch sie aus dem Gefängnis. Doch sie hatten bereits einen guten Teil der Strafe verbüsst, als er über ihre Gnadengesuche befand. Was hatten sich die Brüder Martin, Gemeindejoggeli Freivogel und Konsorten zu Schulden kommen lassen? Was hatten der Regierungsrat und die Untersuchungsbehörden laut Gerichtsurteil als «versuchten Umsturz gegenwärtiger Staatsordnung» empfunden?

«Die, welche in gewissen Staaten emporkommen, sind meist nur kleine Hetzer, kleine Schelme, kleine Ränkemacher, denen die kleinen Fähigkeiten, welche sie im Verlauf zu grossen Stellen gelangen lassen, nur dazu dienen, dem Publikum ihre Unfähigkeit zu zeigen, sobald sie dazu gelangt sind.» Niemand geringeres als Jean-Jacques Rousseau liefert den Vaterlandsfreunden das Motto. Es ziert eine Einladung zu einer Versammlung und steht über den 22 Forderungen, welche man am 23. Februar 1840 auf der Sissacher Allmend besprechen will. Der Forderungskatalog bietet vielen etwas. Er führt fremdenfeindliche und andere populäre Anlie-

bruch der Nacht zu einem Ende, war der Präsident gehalten, die Versammlung zu unterbrechen und für einen anderen Tag erneut einzuberufen. Das Gesetz verbot nämlich, Stimm- und Wahlzettel bei künstlichem Licht entgegenzunehmen oder auszuzählen.

Das aufwendige Prozedere in geschlossenen Versammlungen wurde bei kantonalen und eidgenössischen Wahl- und Abstimmungsgeschäften durchgeführt. Erst ab 1896 konnten die Gemeinden, wenn sie das mehrheitlich wünschten, zum bequemeren Urnenverfahren wechseln, bei dem nur noch eine kurze Präsenz zur Stimmabgabe nötig war und ein Wahlbüro das Auszählen übernahm. Bei Landratswahlen blieb das Verfahren in geschlossener Versammlung jedoch noch bis zur Einführung des Proportionalwahlrechts 1919 obligatorisch. Auch das Verfahren in geschlossenen Versammlungen war im Prinzip geheim, obwohl es das Wahl- und Abstimmungsgeheimnis nicht in dem Masse wahrte wie später das Urnenverfahren. Zumindest der Vorstand hatte Einblick in das Stimm- und Wahlverhalten des Einzelnen und auch aus der Reihenfolge der verlesenen Stimm- und Wahlzettel liess sich vermuten, wer wie gestimmt hatte. Was aber an Wahl- und Abstimmungsversammlungen keineswegs verborgen blieb, war die Beteiligung. Leicht liess sich feststellen, wer nicht zur Versammlung gekommen war. Offene Abstimmungen mit Handmehr gab es bei kantonalen und eidgenössischen Vorlagen nur noch ausnahmsweise bei den Verfassungsvorlagen in der ersten Hälfte des 19. Jahrhunderts. An Gemeindeversammlungen blieb das offene Verfahren hingegen bis in unsere Tage erhalten.

**Ein Vermögen**
*Der Wald bildete den Grundstock des Vermögens einer Bürgergemeinde. Die Arbeiten im Forst bewältigten die Bürger noch zu Beginn des 20. Jahrhunderts gemeinsam als Gemeindewerk und Frondienst. Die Bürgerfamilien hatten Anspruch auf Gabholz. An der Holzgant konnten sich auch Nichtbürger oder Auswärtige eindecken.*

### Innerdörfliche Gegensätze

Das ganze «schwache Hauswesen» seiner Eltern sei erschüttert gewesen, schrieb Martin Birmann, geborener Grieder, in seinen Lebenserinnerungen. Tagelang hätten «Furcht und Zagen» die Familie Grieder in Rünenberg bewegt. Erst als nach einiger Zeit feststand, dass Jakob Meyer, ein Bauer

gen an. Er begehrt finanzielle Erleichterungen und will die kantonalen Behörden zu mehr Sparsamkeit zwingen.

Die Sissacher Versammlung ist nicht die erste Aktion der Vaterlandsfreunde. Im September 1839 hatte der Züriputsch die politische Öffentlichkeit der Schweiz bewegt. Konservative Kräfte hatten in Zürich die liberale Regierung gestürzt und die Macht übernommen. In den radikalen Kantonen läuteten die Alarmglocken. In Frenkendorf rief Johannes Martin eine Versammlung zusammen, an der 40 bis 50 Männer aus dem ganzen Kanton teilnahmen. Die Frenkendörfer Versammlung erklärte sich zur Hüterin der liberalen Ordnung, rannte mit ihrer Eingabe beim Landrat allerdings offene Türen ein.

Es ist auch nicht Martins Absicht, die Position des Landrats zu stärken. Hintergründig geht es ihm um etwas anderes: Als Arlesheimer Bezirksschreiber haben ihn die Stimmberechtigten abgewählt. Jetzt bringt er sich als Notar durch, zöge es aber vor, seinen Lebensunterhalt als kantonaler Militärinstruktor oder Zeughausverwalter zu verdienen. Doch in der Liestaler Verwaltung stehen ihm einige Leute im Wege, unter anderem zahlreiche Ausländer, auf deren Mitarbeit sich der junge Kanton in seiner Gründungszeit stützen kann.

des Dorfes, seinen Zorn zügelte, sei wieder Ruhe eingekehrt. Der Grund der Missstimmung zwischen Familie Grieder und Bauer Meyer war eine innerdörfliche Auseinandersetzung: Nach den Trennungswirren stritten sich in Rünenberg Bauern und Tauner über das Gemeindegut. Die Bauern gehörten der wohlhabenden dörflichen Oberschicht, die Tauner, die über keine Zugtiere verfügten, der armen Unterschicht an. Die meisten Bauern setzten sich für die Aufhebung der Allmend ein. Sie besassen genug eigenes Land und waren nicht auf den allgemeinen Weidgang angewiesen. Im Gegenteil: Sie gewannen zusätzliches Land, wenn sie die Hecken roden konnten, die längs des Wegs zur Allmend ihre Matten davor schützten, dass fremdes Vieh von ihrem Futter frass. Die Tauner aber, die weniger Vieh und Land ihr Eigen nannten als die wohlhabenderen Nachbarn, wollten am Weidgang festhalten. Viele von ihnen waren nur dank der öffentlichen Weide in der Lage, eine Kuh zu halten. Johannes Grieder, Birmanns Vater, war Tauner und genoss das Vertrauen von seinesgleichen. An der Gemeindeversammlung wagte er es, für ihre Interessen einzutreten. Bauer Meyer ärgerte sich. Denn Johannes Grieder war sein Tauner. Nach alter Gewohnheit pflügte Meyer mit seinem Pferdegespann Grieders Acker, fuhr für ihn ins Holz und holte ihm Heu und Garben vom Feld. Im Gegenzug stand Grieder bei den grossen Werken Meyers, beim Heuet, bei der Ernte und beim Dreschen als Taglöhner zur Verfügung. Zwischen beiden bestand ein Verhältnis gegenseitiger Abhängigkeit, in dem der Bauer aber am längeren Hebel sass. Bauer Meyer erwartete, dass sich Tauner Grieder auch an den Gemeindeversammlungen und in den innerdörflichen Auseinandersetzungen erkenntlich zeigte. «Der Bauer hielt darauf», schrieb Martin Birmann, «dass der Tauner an der Gemeinde-Versammlung [...] durch blosse Zustimmung seine, des Bauern Meinung, unterstützen sollte. Eine selbständige Stimme oder gar ein Widerspruch des Tauners war ihm undenkbar.»[6]

Was Martin Birmann aus Rünenberg berichtete, war auch in andern Dörfern anzutreffen: Die Gemeinden waren von ausgeprägten sozialen

Martin will die Unruhe, welche der Züriputsch ausgelöst hat, und die Fremdenfeindlichkeit, welche im Kanton Basel-Landschaft verbreitet ist, auf seine Mühlen leiten. Deshalb gründet er nach der Frenkendörfer Versammlung ein anonymes Komitee der Vaterlandsfreunde und doppelt mit einer fremdenfeindlichen Petition nach. Der Erfolg bleibt ihm auch diesmal versagt. Da das Komitee anonym auftritt, findet es nur wenig Unterzeichner, und der Landrat kann es sich leisten, die «Fremdenpetition» mit 25 gegen 11 Stimmen abzulehnen.

An der Sissacher Versammlung fahren die Vaterlandsfreunde nun schweres Geschütz auf: Sie bezichtigen die Behörden wiederholt, mit dem Volk «Schindluder» zu treiben und die Freiheit des Volkes und des Staates zu Grunde zu richten. «Volk empöre dich», ruft zum Beispiel der Arzt Martin Kaus den 500 bis 800 versammelten Leuten zu. Zum Schluss der Versammlung stimmen zirka 60 Leute für den Antrag Jundts, dem Landrat den Gehorsam zu verweigern, falls er auf die 22 Forderungen nicht eintreten sollte. Auf diese Provokation der Vaterlandsfreunde reagiert nun auch der Regierungsrat. Durch die Zürcher Ereignisse sensibilisiert, leitet er eine Voruntersuchung wegen «Aufreizung zum Ungehorsam» ein.

**Bauern und Tauner**
*Wer keine Pferde hatte, spannte Kühe vor oder liess von einem Bauern führen und pflügen. Im Gegenzug half der Tauner dem Bauern, wenn bei diesem Not am Mann war.*

Unterschieden und Abhängigkeitsverhältnissen durchzogen. Nicht allein der politische Standpunkt, nicht nur das Abwägen von Vor- und Nachteilen einer Vorlage, auch wirtschaftliche Interessen, die soziale Stellung eines Stimmbürgers sowie Klientelbeziehungen innerhalb der Gemeinde beeinflussten das Abstimmungs- und Wahlverhalten. Noch 1896 vermutete der Bauern- und Arbeiterbund, dass die Niederlage seiner Hypothekarreforminitiative auf die Stimmungsmache so genannter Dorfkönige zurückzuführen sei. Auch auf seine eigene Anhängerschaft hatten soziale Beziehungen einen nachweisbaren Einfluss.[7]

Neben wirtschaftlicher Abhängigkeit konnten in kleinen Dörfern auch familiäre Beziehungen so prägend wirken, dass die Gemeinden in zwei verfeindete Lager oder Clans zerfielen. 1890 registrierte die Gemeindeinspektion der Direktion des Innern, in einzelnen Gemeinden ständen sich Parteien ziemlich schroff gegenüber, die sich nach Familie und Verwandtschaften

Martin und Konsorten lassen sich davon nicht beeindrucken. Eine Wiederholung ihres Auftritts in Arlesheim am 1. März 1840 stösst auf wenig Interesse. Neuauflagen in Gelterkinden am 15. März sowie am 5. April aber finden erneut grosse Resonanz. Zum ersten Termin kommen 400, zum zweiten 3000 Teilnehmerinnen und Teilnehmer. Der grosse Erfolg ist darauf zurückzuführen, dass sich inzwischen auch Jakob Freivogel, in Gelterkinden Gemeindejoggeli genannt, zur Bewegung gesellt hat. Er tritt als neuer Redner auf und legt eigene Forderungen vor. Diese decken sich zwar teilweise mit denen der Vaterlandsfreunde, enthalten aber auch Neues. So spricht Freivogel verklausuliert von der in Gelterkinden nach wie vor populären Wiedervereinigung mit der «Grossmutter» Basel-Stadt.

Der Plan der Vaterlandsfreunde sieht vor, in grossen Gemeinden fünf-, in kleinen dreiköpfige Ausschüsse wählen zu lassen, die am 26. April erneut in Gelterkinden zusammenkommen sollen, um über die Forderungen Freivogels zu beraten. Mit Datum vom 11. und 14. April verschickt der Gemeindejoggeli entsprechende Einladungen an die Gemeinderäte der Bezirke Sissach, Waldenburg und Liestal. Im Auftrag des Regierungsrates bezieht der Sissacher Statthalter nun auch Jakob Freivogel in die bereits laufende Untersuchung ein.

trennten: «Ein oder zwei Amtsperioden regiert die eine Partei, d.h. hat alle oder die Mehrzahl der Gemeinde-Ämter besetzt; dann gelingt es etwa der andern Partei, wieder die Oberhand zu gewinnen und für 3–6 Jahre die hauptsächlichsten Gemeindeämter an sich zu ziehen. Jeweilen auf die Neuwahlen hin tritt daher, mag auch in der Zwischenzeit Ruhe und Eintracht scheinbar geherrscht haben, der alte Hass und das Bestreben zu Tage, die am Ruder befindliche Partei wegzudrängen.»[8] Einen Abstimmungs- oder Wahlkampf gewann also nicht in erster Linie diejenige Seite, welche die besseren Argumente oder Kandidaten hatte, sondern jene, welche über ihre Netzwerk- oder Klientelbeziehungen am meisten Anhänger mobilisieren konnte. Besonders krass traten wirtschaftliche und soziale Abhängigkeiten natürlich dort zu Tage, wo – wie an Gemeindeversammlungen – die offene Stimmabgabe der sozialen Kontrolle Vorschub leistete.

Doch so ausgeprägt soziale Ungleichheit und wirtschaftliche Abhängigkeit innerhalb eines Dorfes auch sein konnten, in einem waren sich die männlichen Bürger gleich: Ob reich, ob arm, ob Bauer, Tauner, Handwerker oder Posamenter, ob Herr oder Knecht, jeder stimmberechtigte Bürger hatte eine Stimme. Nach der Kantonstrennung hielt mit den politischen Rechten ein Prinzip Einzug, das quer zu den sozialen und wirtschaftlichen Gegensätzen und Abhängigkeiten innerhalb der Gemeinden lag: das Prinzip der politischen Gleichheit. In den Wahl-, Abstimmungs- und Gemeindeversammlungen kam es zum Tragen. Einerseits relativierte dies die wirtschaftlichen und sozialen Abhängigkeiten, und je bedeutender im Zuge der Industrialisierung die Verdienstquellen wurden, welche der dörflichen Unterschicht unabhängig vom Wohlwollen der Vollbauern zur Verfügung standen, desto stärker konnte es sich auswirken. Je besser zudem das Abstimmungs- und Wahlgeheimnis gewahrt blieb, desto weniger konnte die dörfliche Elite wirtschaftliche oder soziale Abhängigkeit politisch ummünzen. Andererseits aber verstärkte die politische Gleichheit innerdörfliche Loyalitäten. Denn was die sozial und wirtschaftlich ungleichen Männer eines Dorfes zu poli-

Auf Samstag, den 18. April, lädt er ihn nach Sissach vor und macht ihn darauf aufmerksam, dass es ungesetzlich sei, «wenn neben den verfassungs- und gesetzmässig aufgestellten Behörden noch eine sich selbst aufgeworfene, und sich so oder anders nennende Behörde oder Komitee existiert, und gesetzlich aufgestellten Gemeindebehörden Aufträge erteilt».
Die Voruntersuchung über die Sissacher Versammlung führt den Regierungsrat dazu, Johannes Martin und Emanuel Jundt am folgenden Montag, den 20. April, verhaften zu lassen. Sofort setzen die Familie Martin und ihre Vaterlandsfreunde alle Hebel in Bewegung, um die Inhaftierten frei zu bekommen. Als die Behörden das Angebot einer Kaution ablehnen, schicken sie verschiedenen Gemeindepräsidenten mit Datum vom 22. April die schriftliche Aufforderung, Jundt und Martin «durch Bittschriften und Abgeordnete [...] zu befreien». Das Gerichtsurteil wird dazu festhalten, im oberen Kantonsteil habe sich wegen dieser Schreiben das Gerücht verbreitet, es «werde von Gelterkinden und Sissach aus ein Umsturz der gegenwärtigen Ordnung der Dinge beabsichtigt».
Am Donnerstag stellt die Regierung Militär auf Pikett und beruft auf Freitag, den 24. April, den Landrat zu einer ausserordentlichen Sitzung ein. Dieser erteilt

tisch gleichen machte, grenzte Fremde, Frauen und Fallite aus. Die formale politische Gleichheit und die Ausgrenzung der Anderen verstärkte das Zusammengehörigkeitsgefühl der Männer und ebnete soziale und wirtschaftliche Unterschiede ein. Trotz aller Gegensätze empfanden die Bürger einer Gemeinde untereinander mehr Loyalität als Solidarität zu Angehörigen der gleichen Schicht im Nachbardorf.

**Aussenwelt**
Politisch ausgegrenzt blieben die Frauen. Sie gehörten nicht zur öffentlichen Männerwelt, und ihnen gegenüber verteidigten die Baselbieter Männer ihr Stimmrechtsprivileg noch bis in die sechziger Jahre des 20. Jahrhunderts. Ausgegrenzt blieben aber auch die Fremden. Fremd waren zunächst die Ausländer, welche sich im 19. Jahrhundert im Kanton Basel-Landschaft aufhielten. Als Fremde galten auch Einwohner, die nicht Bürger der Gemeinde waren. Sie durften zunächst nur mitbestimmen, wenn ihr Herkunftskanton Gegenrecht gewährte, wenn also Baselbieter Bürger, die sich dort aufhielten, ihrerseits das Stimmrecht hatten. Eifersüchtig hielt man die Nichtbürger auch vom Vermögen der Bürgergemeinde fern. «Ihr hänt do nüt z'biete, bis der Burger si Sach het!», erhielt ein Auswärtiger zur Antwort, als er bei einer Holzgant in Liestal mitbieten wollte.[9] Mit der Bundesverfassung von 1848 und ihrer Totalrevision 1874 verbesserte sich die Rechtsstellung der Bürger anderer Kantone auch im Baselbiet. Zudem nahm die Zahl der auswärtigen Schweizer mit der Industrialisierung und der damit verbundenen Zuwanderung vor allem im unteren Kantonsteil zu. Die Baselbieter Männer konnten gewisse Privilegien als Bürger nur behaupten, wenn sie die Angelegenheiten der Einwohnerschaft von ihren eigenen trennten. Zahlreiche Gemeinden führten neben den Bürger- auch Einwohnergemeinden ein und schieden das Vermögen der Bürger aus. Das Gemeindegesetz von 1881 schrieb die Trennung rechtlich vor. In Angelegenheiten der Bürgergemeinde, so zum Beispiel bei der Verwaltung des Gemeindevermögens, sprich: des Waldes, sowie im

dem Regierungsrat Vollmacht, militärisch einzuschreiten, sollte der Versuch scheitern, die Untersuchung unter «Anwendung der gewöhnlichen Polizeigewalt» durchzusetzen. Noch am gleichen Tag begibt sich Regierungskommissär Spitteler nach Gelterkinden. Er soll die Vorfälle abklären und die Gemeindebehörden dazu auffordern, die Untersuchung zu unterstützen. Im Rössli, wo alle Fäden zusammenlaufen, steigt er ab. Vor dem Wirtshaus versammelt sich eine aufgeregte Menschenmenge. Auch der Gemeindejoggeli taucht auf. Von der Menge geschützt weigert er sich aber, sich nach Liestal abführen zu lassen. Nach Angaben Spittelers soll er im Gegenteil an-

gedroht haben, aus 24 Gemeinden Militär aufzubieten, falls ihn die Regierung mit Gewalt festzusetzen versuche. Unverrichteter Dinge kehrt Spitteler nach Liestal zurück. Er droht, am Samstag mit Militär zurückzukommen, falls die Gemeinde nicht bis Samstagmorgen um zehn Uhr eingelenkt hat.
Die Frist ist verstrichen, das Militär aber noch nicht in Marsch gesetzt, da trifft Freivogel in Begleitung von Landrat Dr. Baader in Liestal ein. Früh am Samstagmorgen hat in Gelterkinden eine Gemeindeversammlung versprochen, zur Ruhe und gesetzlichen Ordnung zurückzukehren. Landrat Baader hat sie das Versprechen abgenom-

Vormundschafts- und Armenwesen, blieben allein die Bürger zuständig. In Angelegenheiten der Einwohnergemeinde durften auch die Zugewanderten mitbestimmen.

Ausgegrenzt blieben neben den Frauen und Fremden aber auch Fallite und Armengenössige. Männer, die Konkurs oder eben fallit gingen, oder Männer, die von der Armenkasse der Gemeinde abhängig wurden, verloren ihr Stimm- und Wahlrecht. Die stimmberechtigten Bürger bestraften wirtschaftlichen Misserfolg und Armut, indem sie dem Betroffenen die bürgerlichen Ehrenrechte entzogen. Damit wollten sie zweierlei erreichen: Erstens versuchten sie, die Armenkasse der Gemeinde zu schonen. Verluste der Armenkasse konnten nämlich das Vermögen der Bürgergemeinde schmälern und schlimmstenfalls Einlagen der Bürger erforderlich machen. Zweitens wollten sie ihren Vorstellungen von einem guten und sittlichen Lebenswandel Nachachtung verschaffen. Wer einen Konkurs erlitt, drohte nicht nur die Armenkasse zu belasten, er hatte sich auch als zu wenig fleissig oder geschickt erwiesen. Er sollte mit seinem finanziellen Kapital zur Strafe auch das soziale Kapital verlieren, das sich mit dem Stimm- und Wahlrecht verband. Wenn er seine bürgerlichen Rechte verloren hatte, gehörte er nicht länger der ehrenwerten Gesellschaft der Aktivbürger an.[10] Wenn die Männer Abstimmungen und Wahlen im 19. Jahrhundert in geschlossener Versammlung durchführten, brachten sie auch zum Ausdruck, dass sie eine geschlossene Gesellschaft waren. Nicht jedermann hatte Zugang, nicht jedermann stand dieses Privileg zu. Es existierte in den Baselbieter Dörfern also eine interne Aussenwelt. Es gab Einwohnerinnen und Einwohner, die als Frauen, Fremde, Fallite und Armengenössige nichts zu sagen hatten.

**Kommunale Opposition**
Neben der Aussenwelt in den Dörfern selbst gab es aber auch eine zweite, die in grösserer Entfernung des Dorfes lag: Ihr gehörten beispielsweise Nachbarstaaten, andere Gemeinden sowie die Behörden des Kantons oder

men, dass er den Gemeindejoggeli nach seiner Einvernahme in Liestal wieder frei und unversehrt nach Gelterkinden zurückbringen werde. Doch der Regierungsrat geht nicht mehr auf das Gelterkinder Angebot ein. Gegen sieben Uhr abends beziehen über 800 Mann vor Gelterkinden Stellung.

Ein Abgesandter von Regierungskommissär Spitteler ruft den Gemeinderat vors Dorf. Gemeindepräsident Bussinger solle erklären, ob die Gemeinde Ruhe und Ordnung handhabe oder nicht, fordert Spitteler. Dies habe die Gemeindeversammlung schon am Morgen so beschlossen, gibt Bussinger zur Antwort. Ob Verhaftungen ungehindert und mit Unterstützung der Gemeindebürger vorgenommen und die Truppen ungestört einmarschieren könnten, will Spitteler weiter wissen. Man solle davon absehen, in Gelterkinden seien keine verfassungswidrigen Schritte vorgefallen, bittet Bussinger: «Und wenn ihr mich zusammenschiesst, so kann und darf ich nicht ja sagen; ich kann es nicht hindern, aber ich erlaube es nicht.» Spitteler geht nicht darauf ein und gibt seinen 815 Mann Befehl, in Gelterkinden einzumarschieren. Widerstand regt sich nicht. Die Gelterkinder nehmen die Besetzung hin.

Am Sonntag verhaften die Truppen in Gelterkinden sieben Männer. In Sissach

des Bundes an. In gewissen Angelegenheiten hatten diese zwar etwas zu sagen, doch wollten sich die Baselbieter Männer nur ungern dreinreden lassen. Eifersüchtig wachten sie über der Autonomie ihrer kommunalen Welt. Sie hatten nicht die städtische Vorherrschaft abgeschüttelt, um sich anschliessend von so genannten Neuherren Vorschriften machen zu lassen. So wehrten sich die Baselbieter Männer beispielsweise in den dreissiger Jahren praktisch mit einer Stimme gegen die Intervention des französischen Königs Louis-Philippe, der bei den eidgenössischen Behörden gegen die Benachteiligung französischer Bürger jüdischen Glaubens Einspruch erhoben hatte. In völliger Verkennung realer Kräfteverhältnisse verwahrten sie sich gegen die Einmischung «Philipplis». Sie zeigten sich erst nachgiebiger, als die französischen Sanktionen bei den Unterbaselbieter Bauern mit Landbesitz im benachbarten Frankreich Wirkung zeigten.[11] Gegen die kantonalen Behörden traten Gemeinden an, wenn sie ihre Rechte verletzt sahen, so beispielsweise Muttenz, Waldenburg und Oberwil, die in den dreissiger Jahren des 19. Jahrhunderts für ihr Pfarrwahlrecht eintraten. In allen drei Fällen sahen sich die Liestaler Kantonsbehörden gezwungen, Truppen aufzubieten und militärisch einzugreifen. In diesen Zusammenhang sind auch die Bewegung der Vaterlandsfreunde und der Gemeindejoggeli-Putsch von 1840 zu stellen. Als die Gemeinden bevollmächtigte Ausschüsse wählten, die, mit dem Anspruch, vom Volk legitimiert zu sein, den kantonalen Behörden gegenübertreten sollten, griffen diese militärisch ein.[12]

Um die Jahrhundertmitte nahmen die Spannungen zwischen den Gemeinden und ihrer Aussenwelt zu. Einerseits erliess seit 1848 neu auch der Bund Gesetze. Die Gemeinden standen seither zwei zentralstaatlichen Institutionen gegenüber, welche ihre eigenen Entscheidungsbefugnisse tangierten. Andererseits hatte die Verfassungsrevision von 1850 die Stellung des Kantons gegenüber den Gemeinden gefestigt. So beanspruchte dieser neuerdings «die leitende Oberaufsicht über das Armen-, Vormundschafts- und Gemeinderechnungswesen». Vor dem Hintergrund zuneh-

**Banntag Liestal**
*Das Gruppenbild mit Damen von 1917 belegt, dass sogar am Liestaler Banntag Frauen geduldet waren. Vermutlich handelte es sich um Serviererinnen und Köchinnen, welche die Männergesellschaft bewirteten.*

**Bürgerorte, 1850 bis 1980, Kanton, Prozentverteilung**

*Mitte des 19. Jahrhunderts lebten rund zwei Drittel der Baselbieter Bevölkerung in ihrem Heimatort. Mit den Verschiebungen, die sich mit der Industrialisierung und der zunehmenden Mobilität einstellten, nahm der Anteil der Zugewanderten aus anderen Gemeinden des Kantons oder aus der übrigen Schweiz bei jeder Volkszählung zu. Auch der Ausländeranteil stieg, doch änderte er sich nicht stetig, sondern vollzog die wirtschaftlichen und politischen Entwicklungen mit. Der Einfluss der Kriegs- und Krisenjahre zeichnet sich deutlich ab. Die Unterscheidung zwischen Bürger- und Einwohnergemeinde sowie die Aufteilung ihres Vermögens drängte sich im Laufe des 19. Jahrhunderts auf, weil die nicht heimatberechtigten Einwohnerinnen und Einwohner in vielen Gemeinden schon über die Hälfte der Bevölkerung stellten. Durch die Trennung von Bürger- und Einwohnergemeinden konnten sich die heimatberechtigten Bürgerinnen und Bürger gewisse Vorrechte sichern. So blieben sie in Angelegenheiten der Bürgergemeinde allein stimmberechtigt. Auch der Anspruch auf Gabholz blieb ihnen vorbehalten. Viele Bürgergemeinden verfolgten eine sehr zurückhaltende Einbürgerungspraxis. In einzelnen Gemeinden rückten sie erst von dieser Praxis ab, als die Bürgergeschlechter auszusterben drohten. In den achtziger Jahren des 20. Jahrhunderts wirkte sich die gelockerte Haltung auch statistisch aus, nahm doch der Anteil der in einer Gemeinde wohnhaften Bürgerinnen und Bürger wieder leicht zu. Die Heimatberechtigung hat im Laufe der Zeit an Bedeutung verloren. Wesentlich dazu beigetragen hat die Aufhebung des Heimatprinzips in der Armenfürsorge. Den ersten Schritt vollzog der Kanton Basel-Landschaft mit einer Verfassungsänderung, die 1926 das Wohnortsprinzip festschrieb.*

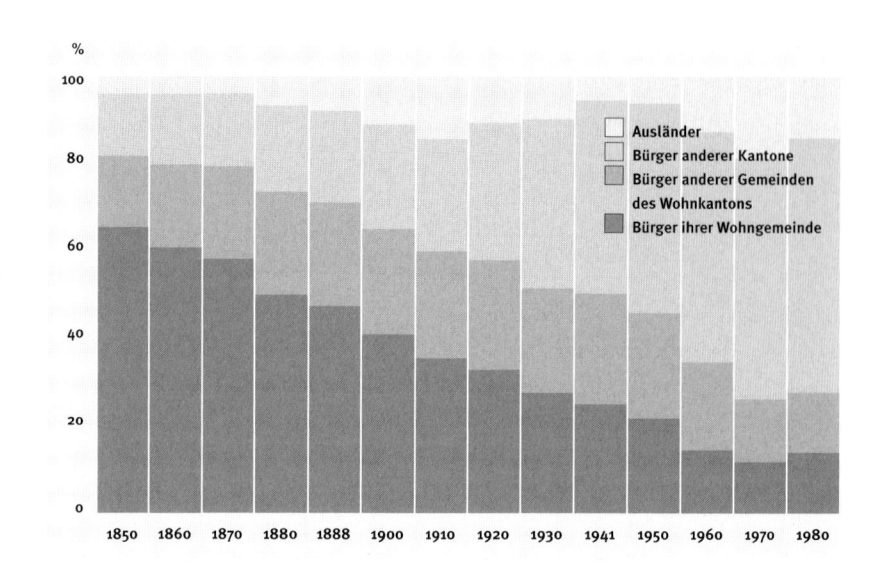

mender wirtschaftlicher Schwierigkeiten und Anpassungszwänge, die sich im Zuge der Industrialisierung und Verkehrserschliessung für Landwirtschaft und Seidenbandweberei als den beiden Haupterwerbsquellen ergaben, traten zahlreiche oppositionelle Bewegungen auf, die ihren Einfluss über die Gemeinden und deren Behörden geltend machten. Ihren Ausdruck fand die Opposition in einer Reihe von Vetobewegungen sowie in der kurzfristigen Übernahme der Regierungsmacht durch das «Chnorziregiment». Die Kluft zwischen den kantonalen Behörden in Liestal und dem Volk in den Gemeinden spitzte sich zu, als der Bau der Eisenbahnlinie Basel–Liestal–Sissach–Läufelfingen zu Flurschäden und Enteignungen sowie zur vorübergehenden Trockenlegung des Homburgerbaches und zu Verdienstausfällen im Transportgewerbe führte. Das Verhalten der Bahngesellschaft erregte Unmut. Von der Regierung, in der mit Finanzdirektor Johannes Meyer bis 1854 auch ein Vertreter der Centralbahn-Gesellschaft sass, fühlten sich viele im Stich gelassen. Das Fass vollständig zum Über-

gehen ihnen vier weitere Vaterlandsfreunde ins Netz. Für die Expeditionskosten muss Gelterkinden noch am Sonntag 4000 Franken zusammen bringen. Am Montag ziehen sich die Truppen schrittweise zurück. Es ist jetzt die Justiz, die sich der Angelegenheit annimmt.

Die Bewegung der Vaterlandsfreunde, die zum Gemeindejoggeli-Putsch führte, setzte sich aus zwei Teilen zusammen: Ein erster Teil war die Familie Martin und ihr Anhang. Man spekulierte auf einträglichere Posten und ereiferte sich über die Fremden im Kanton, welche als Beamte tätig waren. Dieser Teil wollte einen Machtwechsel herbeiführen, wie ihn der Züri-

putsch erzwungen hatte. Rückhalt erhielten diese Vaterlandsfreunde aber erst durch den Zuzug des Bewegungsteils, den der Gemeindejoggeli repräsentierte. Dieser zweite Teil hing auch sieben Jahre nach der Kantonstrennung noch an den alten Verhältnissen und sympathisierte mit der Wiedervereinigung. Beiden Teilen gemeinsam war die Unzufriedenheit, die sich im Kanton Basel-Landschaft aufgrund der misslichen wirtschaftlichen Verhältnisse eingestellt hatte.

Der Gemeindejoggeli-Putsch war die letzte einer Reihe von kritischen Situationen, in denen sich die Kantonsbehörden in den ersten Jahren nach der Trennung militärisch

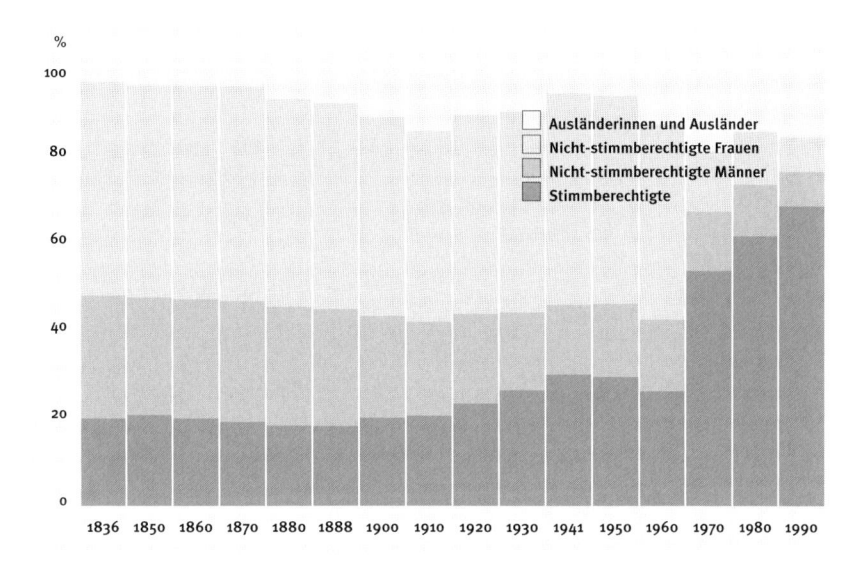

**Stimm- und Wahlberechtigte, 1836 bis 1990, Prozentverteilung**

*Bezogen auf die Gesamtbevölkerung war im 19. Jahrhundert nur gerade ein Fünftel stimmberechtigt. Das Stimmrecht war noch ein Privileg weniger, von dem grosse Bevölkerungsteile ausgeschlossen blieben. Ende des 20. Jahrhunderts stellen die Stimmberechtigten mit einem Anteil von über zwei Dritteln auch die Mehrheit der Bevölkerung. Ausgeschlossen sind Kinder und Jugendliche sowie die ausländischen Frauen und Männer. Zur Vergrösserung der Stimmbürgerschaft haben drei Faktoren beigetragen: erstens der Verzicht, wirtschaftlichen Misserfolg und Armengenössigkeit durch den Entzug des Stimmrechts zu ahnden; zweitens die Einführung des Frauenstimmrechts (1967/68); drittens die Reduktion des Stimmrechtsalters auf 18 Jahre (1980/81).*

laufen brachte schliesslich der Landrat, der am 9. März 1861 einstimmig beschloss, «dass der Kanton Basel-Landschaft zu einer Wiedervereinigung mit Basel-Stadt niemals Hand bieten» werde. Dieser so genannte Niemals-Beschluss stiess auf eine doppelte Opposition. In den Gemeinden, die der Stadt schon in den Trennungswirren zugeneigt gewesen waren, weckte er Widerspruch, weil man dort einer Wiedervereinigung wohl gesonnen war. In anderen Gemeinden stiess sich eine Mehrheit deshalb am Entscheid, weil sie der Auffassung war, dass ein derart weitgehender Beschluss nicht ohne Mitsprache der Stimmbürger hätte getroffen werden dürfen. Christoph Rolle, oppositioneller Landrat aus Lausen, wusste die verbreitete Unzufriedenheit aufzugreifen und ihr mit der Bewegung für eine Verfassungsrevision eine politische Richtung zu geben.

durchsetzen mussten. Schon in den Konflikten um die Pfarrwahlen in Oberwil, Muttenz und Waldenburg sah sich der Regierungsrat jeweilen genötigt, Truppen aufzubieten. Es gibt eine Reihe Gründe dafür, dass interne Auseinandersetzungen so weit eskalierten, dass es zu militärischen Einsätzen im Innern kam:
Die kantonalen Behörden waren schwach. Dem Regierungsrat standen nur gerade drei Dutzend Landjäger zur Verfügung, um für Ruhe und Ordnung zu sorgen. Die polizeiliche Gewalt lag weitgehend in den Händen der Gemeinden. Wollten Gemeinden nicht, wie der Regierungsrat wünschte, war er sehr bald darauf angewiesen, mit militärischen Aufgeboten nachzuhelfen. Im Falle von Gelterkinden wollte er zudem ein Exempel statuieren.
Die Gemeinden waren im Gegensatz zu den kantonalen Behörden stark. Sie verfügten über Mechanismen zur Beilegung interner Konflikte. Sie pochten auf ihre Autonomie. Sie hatten sich nicht vom städtischen Joch befreit, um sich nach der Trennung vom Kanton in die innern Angelegenheiten hineinreden zu lassen. Die gewaltsame Austragung politischer Konflikte stand noch in Übung. Das Waffentragen war Zeichen für Männlichkeit und politische Selbständigkeit. Auch die Trennungswirren hatte man letztlich militärisch ausge-

### Politik unter dem Kirchturm

Wenn die Männer der Baselbieter Gemeinden ihre Welt abgrenzten und ihre Autonomie gegen Eingriffe von aussen verteidigten, so hielten sie damit an politischen Formen fest, die eingespielt waren und sich über Jahrhunderte bewährt hatten. Sie wollten ihre Angelegenheiten und Probleme so weit als möglich in eigener Regie regeln. Diese Praxis könnte man als Kirchturmpolitik oder – positiver – als politische Kultur der korporativen oder kollektiven Selbsthilfe bezeichnen. Die Gemeinden waren auch vor der Kantonstrennung und unter der Basler Herrschaft in der Lage, einen wesentlichen Teil der alltäglich auftretenden Konflikte und Probleme zu bewältigen. Mit Lösungsmustern, in die sie auch die städtischen Instanzen einzubinden verstanden, regelten sie einen wesentlichen Teil des täglichen Zusammenlebens und Wirtschaftens selbst – ohne Eingriffe von aussen.[13] Als die Stadt ihre Drohung wahr machte und in den Trennungswirren 46 Gemeinden ihre Verwaltung entzog, standen diese eingeübten Mechanismen bereit. Man brauchte nur auf sie zurückzugreifen. Obwohl auch individuelle Problemlösungsstrategien an Bedeutung gewonnen hatten,[14] wurden die alten, kollektiven Strategien noch während des ganzen 19. Jahrhunderts angewandt. Exemplarisch lässt sich das am Wald und seiner Verwaltung zeigen.[15] Weitere Beispiele sind die Art, wie die Frauen das Hebammenwesen oder die Ziefener Dorfteile ihre Waschhäuschen verwalteten. Und solche genossenschaftlichen Formen der kollektiven Selbsthilfe kamen im Baselbiet auch später noch zum Zuge, als die wirtschaftlichen Schwierigkeiten um die Jahrhundertwende zunahmen. Erst nachdem sie sich wiederholt als unzureichend erwiesen hatten, machte die politische Kultur der korporativen Selbsthilfe einem sozialstaatlichen Ansatz Platz. Der Ort dieser neuen politischen Kultur aber war nicht mehr in erster Linie die Gemeinde, sondern der Kanton und vor allem der Bund.

tragen, und in eidgenössische Angelegenheiten mischte man sich mit militärischen Freischarenzügen ein. Das Reaktionsmuster der kantonalen Behörden war diesem politischen Verhalten angepasst.

Das politische System bot noch verhältnismässig wenig Möglichkeiten, um direkt auf das politische Geschehen Einfluss zu nehmen. Zwar hatten die stimmberechtigten Männer das Recht, zu wählen und gegen missliebige Gesetze das Veto zu ergreifen. Im Vergleich zu den demokratischen Rechten, welche die Revi-Bewegung der sechziger Jahre durchsetzte, waren diese Möglichkeiten aber noch bescheiden. Erst der Ausbau der direkten Demokratie schuf die Voraussetzungen für eine Disziplinierung und weitere Befriedung der politischen Kultur.

Der Gemeindejoggeli-Putsch ist in mehrfacher Weise typisch für die Auseinandersetzung zwischen Kanton und Gemeinden, welche die ersten Jahrzehnte des jungen Kantons bestimmte. Für die einfachen Leute genügten die Institutionen, welche die Gemeinden zur Regelung politischer Fragen und Konflikte bereithielten. Für die wenigen alltäglichen Probleme, welche den dörflichen Horizont überschritten und kantonale oder sogar eidgenössische Instanzen nötig machten, reichte aus dieser Sicht der schwach ausgebaute Kanton,

## Beamtenhass

*Nicht immer waren die Liestaler Beamten wohlgelitten. Auf dem Bild prügeln Bauern Dr. Johann Jakob Hug, der von 1832 bis 1838 als erster Landschreiber des Kantons Basel-Landschaft wirkte. Der Zeichner, der die Szene im Bild festhielt, will wissen, dass Hug den Geisselstock bezahlt haben soll, der auf seinem Rücken zerschellte.*

den man nach der Trennung geschaffen hatte, und genügte der Staatenbund, dem man als Teil der Eidgenossenschaft angehörte. Die Wünsche einer politischen Elite, die den Kanton stärken, seine Institutionen und seine Macht ausbauen wollte, verfolgte man aus dieser Sicht mit Misstrauen. In der Bewegung der Vaterlandsfreunde tauchte deshalb immer wieder die Forderung nach einer «sparsamen Regierung» auf. Man war angesichts der eigenen, beschränkten Mittel nicht bereit, mit Abgaben einen teuren kantonalen Staatsapparat zu unterhalten. Zudem verlangte man von den kantonalen Behörden Rechenschaft über die verwendeten Mittel. Die Forderung an die Regierung, endlich die Staatsrechnungen für die zurückliegenden Jahre abzulegen, stellte denn auch die Pièce de résistance der Bewegung dar. Auf alle anderen Anliegen verzichtete man schliesslich.

Auch in anderen Forderungen zeigte sich, dass die Vaterlandsfreunde, soweit sie nicht selbst eine Beamtenstelle anstrebten, eigentlich einen schwachen Kanton wünschten. So meinte Jakob Freivogel zum Beispiel, dass zum Regieren des Kantons der Landratspräsident und vier Schreiber genügen würden, und verlangte unter anderem die Halbierung des Landrats.

**Lesetipps**

*Die «Frauenwelt» im Dorf stellen Wirthlin (o. J.), Schumacher (1994) und Ryter (1994) ausführlich dar.*

*Die «Männerwelt» findet sich bei Weber (1932) und Blum (1977) beschrieben, wobei sich beide auf die Ebene des Kantons konzentrieren und die Gemeindeebene vernachlässigen.*

*Deshalb kommt man nicht darum herum, auch Literatur zur Hand zu nehmen, welche die Gemeinden im Ancien Régime behandeln (Simon 1979; Schnyder 1993).*

*Eine zeitgenössische brauchbare Darstellung des Baselbieter Gemeindewesens schrieb der ehemalige Regierungsrat Bider (1873) für eine schweizerische Publikation.*

*Auf die politische Kultur der kollektiven Selbsthilfe und den Übergang vom dörflichen zum kantonalen und eidgenössischen politischen Horizont geht Epple (1994 und 1998) ein. Über die Laufentaler Gemeinden orientiert Hagmann (1998). Die Geschichte der Gemeinden hat Sutter (1990) aufgearbeitet. Über die Kompetenzen und Behörden der Gemeinden orientiert Bider (1873) aus zeitgenössischer Sicht. Den Gemeindejoggeli-Putsch stellt Weber (1913) dar. Auch Blum (1977) geht ausführlich auf die Bewegung ein.*

*Eine informative und zugleich leicht lesbare Quelle ist der Wortlaut des Gerichtsurteils von 1842. Dieses ist vollumfänglich abgedruckt im Amtsblatt (Nr. 13, 24. November 1842).*

**Abbildungen**

Ortssammlung Gelterkinden, Gelterkinden, Inv.Nr. 85, Inv.Nr. 599, Inv.Nr. 707: S. 195, 199 unten, 201 unten.
Gemeindearchiv Gelterkinden: S. 197.
Fotosammlung Hodel, Einwohnergemeinde Sissach, Nr. 3/276: S. 198 oben.
Meyer/Kubli, 1992; Foto Willy Löffel, Ziefen: S. 198 unten.
HK Diegten 1996: S. 199 oben.
Kantonsmuseum Baselland, Grafische Sammlung Inv.Nr. KM 1950.438, KM 1950.51: S. 200, 213.
Theo Meyer, Lausen: S. 201 oben.
Gret Roth-Ettlin, Leo Zehnder, Allschwil: S. 203.
Peter Stöcklin, Diegten: S. 205.
Fotoarchiv Seiler, StA BL, Inv.Nr. KM 00.299: S. 209.
Anne Hoffmann: Grafiken S. 210–211.
Quelle Ritzmann Heiner (Hg.): Historische Statistik der Schweiz, Zürich 1996.

Reproduktionen durch Mikrofilmstelle.

**Anmerkungen**

1 Wirthlin o. J.
2 Ryter 1994.
3 Schumacher 1992 und 1994.
4 Wirthlin o. J., S. 34–79.
5 Rudin-Bühlmann 1997.
6 Birmann 1990, S. 19–20.
7 Epple 1995.
8 Amtsbericht 1890, S. 24.
9 Schulz-Stutz 1875, S. 45. Wilhelm Schulz-Stutz, der diese Anekdote berichtete, war gebürtiger Lörracher, der während der Trennungswirren in den Kanton Basel-Landschaft kam und jahrzehntelang in Liestal als Buchdrucker wirkte.
10 Gysin-Scholer 1997, S. 114–123.
11 Leuenberger 1996, S. 195–201.
12 Weber 1932, S. 516–527; Blum 1977, S. 173–177.
13 Simon 1981, S. 183–200; Schnyder 1992, S. 334–337.
14 Huggel 1979, S. 508–511.
15 Epple/Schnyder 1996.

1 Wortlaut der Eingabe in Meyer/Kubli 1992, S. 17.
2 Blum 1977, S. 335–360.
3 Ryter 1992, S. 35; Meyer/Kubli 1992, S. 12–13.
4 Bider 1873; Sutter 1990.
5 Weber 1913; Amtsblatt 13/24. November 1842.

Die Revi-Bewegung

Zweiter Jahrgang.   Nr. 16.   Mittwoch, 5. Februar 1863.

# Volksblatt aus Baselland.

Redaktion: L. Breitenstein. — Expedition: F. Köchlin & Hochstraßer.

Erscheint wöchentlich 3 Mal, Montag, Mittwoch und Freitag. Abonnementspreis: Bei der Post bestellt halbjährlich Fr. 3,20 bei der Expedition Fr. 3; vierteljährlich die Hälfte. Inserationsgebühr: Die dreispaltige Zeile 10 Cents., im Wiederholungsfalle 5 Cents. Man abonnirt bei den Tit. Postämtern oder bei der Expedition d. Bl., Nr. 282, neben dem Zeughaus in Liestal. Briefe franko.

## Warum sind wir für Revision.

### Wer will Revision?

Revision wollen alle Unabhängige, die da glauben, die Beamten seien des Volkes und nicht das Volk der Beamten willen da.

Revision wollen alle Diejenigen, welche glauben, daß die Rechtschaffenheit und Ehrlichkeit in der Amtsausübung dem Beamten ebenso nothwendig sei, als dem Privatmann.

Revision wollen Diejenigen, die wissen, daß viele Versprechungen gehalten wurden und denen es am Herzen liegt, daß ihre Wünsche einmal erfüllt werden.

Revision will der häusliche Theil des Volkes, alle Diejenigen, die wissen, daß von oben das Beispiel eines soliden Hauswesens gegeben werden muß, wenn Sparsamkeit im Volke Wurzel fassen soll.

Revision wollen Alle, welche gewohnt sind, ihr Brod im Schweiße ihres Angesichtes zu verdienen und die es für unehrenhaft halten, durch Tagbieberei zu erlangen, was sie durch die Arbeit ihrer Hände beanspruchen dürfen.

Revision wollen Diejenigen, welche die Handhabung einer guten Verfassung lieben und nicht zugeben, daß jedem Paragraph nur angehängt werde, daß die Gesetze das Nähere bestimmen.

Revision will die überwiegende Mehrheit des Landvolkes auch noch deßwegen, daß Skandale, wie letzten Samstag, vor den Schranken des korrekt. Gerichts von Hafner Metzel dahier über einen hohen Beamten erzählt worden sind — vermieden werden.

### Wer will keine Revision?

Keine Revision wollen Diejenigen, denen es gleich ist, ob das Volk in Schulden kömmt, wenn sie nur ihre Interessen dabei finden.

Keine Revision wollen Diejenigen, denen es graut vor dem Tage der Rechenschaft, und die sich in dem bisherigen Schlendrian wohl befinden.

Keine Revision wollen Diejenigen, welche von Verbesserungen nichts wissen wollen, das Volk damit abspeisen, mit dem Versprechen, man werde mit einer verbesserten Gerichtsordnung etc. den Wünschen des Volkes entsprechen.

Keine Revision wollen Diejenigen, die gewohnt sind, im Nichtsthun, im faulen Wohlleben, beim Binoggel und Wein ihre Arbeitszeit zuzubringen, wofür das Volk zahlen muß.

Keine Revision wollen Diejenigen, die sich gewöhnt haben, durch ihre Kriechereien in Gunsten gelangt zu sein und sich dadurch gute Verdienste erworben haben, und solche, denen nichts gut und Recht ist, als was aus ihrem Gehirn entsprungen.

Keine Revision wollen Diejenigen, welche nicht eigener Thätigkeit, sondern nur ihrer Schmeichelei und Händedrücken das Plätzchen verdanken, das sie erhalten muß.

Keine Revision wollen alle Diejenigen, denen es wohl ist in dem faulen Sumpf, in welchem das politische Leben zu ersticken droht, und die vor jeder wohlthätigen Umgestaltung zurückschrecken.

Revision wollen alle Diejenigen, welche das Wohl unseres Landes im Allgemeinen im Auge haben, die sich nicht scheuen, ihre Namensunterschrift für Dasjenige herzugeben, was dem Staate Segen und Wohlfahrt herbeiführen kann.

---

### Eidgenossenschaft.

Nationalrath vom 31. Januar. Der Bundesrath zeigt an, daß er die Abschließung eines Handels- und Konsularvertrages mit den Niederlanden der Bundesversammlung noch vorlegen werde. Der Rekurs einer Anzahl Freiburger Protestanten, wegen gezwungener Mitfeier der katholischen Feiertage, wird als begründet erklärt und die Regierung von Freiburg zur Modifizirung ihres daherigen Gesetzes anzuhalten beschlossen. Die Kommission wollte am frühern Beschluß definitiv festhalten, dagegen Bützberger dem ständeräthlichen Beschluß beigestimmt wissen. In der neuen mit den alten Gründen erhobenen Diskussion schließen sich einige Redner dem Antrage von Bützberger an, während andere den ständeräthlichen Beschluß bestreiten, welcher aber doch mit 38 gegen 37 Stimmen angenommen wird. Einige andere weitere Rekurse wurden abgewiesen.

Sitzung vom 1. Februar. Die Versammlung besteht auf ihren Beschlüssen hinsichtlich der Militärorganisation gegenüber den vom Ständerath gemachten Abänderungen.

Ständerath, vom 31 Januar. Bedienung und Bespannung der gezogenen Vierpfünderbatterien. Nach dem Antrage der Kommission, vertreten durch Oberst Denzler

*Bild zum Kapitelanfang*
**‹Volksblatt aus Baselland›**
*Die Presse spielte in den politischen Auseinandersetzungen des 19. Jahrhunderts eine grosse Rolle. Wer immer politisch etwas erreichen wollte, musste eine eigene Zeitung herausgeben oder die Unterstützung eines bestehenden Blattes gewinnen. Das ‹Volksblatt aus Baselland› stand hinter den Revi. Christoph Rolle war 1862 für einige Zeit dessen Redaktor. Auf der Seite der Anti griff die ‹Basellandschaftliche Zeitung› in die Debatten ein. Martin Birmann und Stephan Gutzwiller gehörten zu ihren regelmässigen Mitarbeitern.*

Von «Unglück» und «Rückschritt» schreibt der eine, von «mehr Freiheit, wohlfeilerer Gerechtigkeit und grösserer Sparsamkeit» der andere. Die Rede ist von Stephan Gutzwiller aus Therwil und Christoph Rolle aus Lausen. 1862 streiten Gutzwiller und Rolle öffentlich um die Frage, ob die Verfassung des Kantons Basel-Landschaft revidiert werden solle oder nicht. Sie treten an Versammlungen auf, schreiben Zeitungsartikel und Flugschriften und engagieren sich als Parlamentarier. Sie kämpfen mit harten Bandagen. Im ‹Volksblatt aus Baselland› schimpft Rolle Gutzwiller «Prophet von Therwil», «Geldsack» und «Lügner». In der ‹Basellandschaftlichen Zeitung› rechnet Gutzwiller seinen Kontrahenten den «Volksverführern», «politischen Quacksalbern», «Tollhäuslern und Schurken» zu.

Rolle ist für die Revision, weil die alte Verfassung, wie er schreibt, «Willkür und Ungerechtigkeit, Faulheit und Eigennutz» auf den Thron gesetzt und das Volk der «Vormundschaft einer kleinen, aber herrschsüchtigen und fest zusammengekitteten Schar seiner Diener» ausgesetzt habe. Er will den stimmberechtigten Männern deshalb das Recht einräumen, Verfassung und Gesetze jederzeit zu ändern, über jedes Gesetz und jeden allgemein verbindlichen Beschluss abzustimmen, Regierung, Beamte und Richter direkt zu wählen und den Landrat jederzeit abzuberufen. Zudem will er die Bevölkerung materiell entlasten, indem die Verfassung Auftrag geben soll, die Prozessordnung zu straffen, den Advokatenstand aufzuheben, Betreibungsverfahren zu verbilligen sowie Bussen und Gebühren zu reduzieren.[1]

Gutzwiller ist gegen die angestrebte Revision, weil diese den Kanton Basel-Landschaft angeblich in die «trostlosen Zustände» seiner ersten Verfassungsperiode zurückführen würde. Gutzwiller will am bisherigen Regierungssystem festhalten. Aus seiner Sicht befindet sich der Kanton Basel-Landschaft seit der Trennung auf dem Weg von einem losen Gemeinde-Bündnis zu einem zentralisierten, effizienten Staatswesen, das «Gemeinsinn» und «Gemeinnützigkeit» fördert und die «Wohlfahrt des Vaterlandes» steigert. Das bisherige Repräsentativsystem habe sich bewährt, meint er.[2]

**Martin Birmann-Socin (1828–1890)[1]**
«Die Gemeinde [...] ist bei uns [...] seit der ganzen Zeit des Bestandes des Kantons so sehr und immer mehr die Trägerin des öffentlichen Lebens geworden, dass unser Staat noch nie zum Vollgefühle der Souveränität gekommen, sondern immer als blosses Aggregat von Gemeinden erschienen ist. So sehr auch die Verwaltung immer einen einheitlichen Mittelpunkt gesucht hat: unsere Geschichte zeigt hier mehr einen zentrifugalen Fortgang. Die Gemeinden sind so sehr autonom, dass auch die Oberaufsicht des Staates in der Verwaltung eine inhaltlose Figur und die Gemeinde, sofern sie nicht die Staatsbehörde fragen will, geradezu selbständig und unkontrolliert ist.»[2]

Mit diesen Worten gab Martin Birmann 1874 als Präsident der ersten Reorganisationskommission seinem Ärger über die starke Stellung der Gemeinden im Kanton Ausdruck. Doch nicht allein die Gemeindeautonomie war ihm ein Dorn im Auge, sondern auch die direkt-demokratischen Elemente, welche seit 1863 in der Baselbieter Staatsverfassung verankert waren.

Birmann war ein typischer Vertreter der politisch führenden Elite des Kantons, deren Einfluss durch die Gemeindeautonomie und durch das obligatorische Gesetzesreferendum begrenzt wurde. Während der

Gutzwiller und Rolle stehen nicht alleine. Führer des Patriotischen Vereins ist der eine, Führer des Revisionsvereins der andere. «Anti» nennen sich die einen, «Revi» die anderen. Rolle versammelt eine grosse Zahl Unzufriedener: Leute, die nicht einsehen wollen, weshalb der Kanton in Liestal für 400 000 Franken eine Kaserne baut; Frauen und Männer, die hohe Gebühren bezahlen müssen, wenn sie in Betreibungs- und Gerichtsverfahren verwickelt sind; Bauern, denen die Landvermesser Flurschäden zufügen und die für den Eisenbahnbau Land abtreten müssen; Posamenter, welche die Trennung von der Stadt nicht verwunden haben und vom Niemals-Beschluss des Landrates düpiert sind; Handwerker, die vom Strassentransport über die Hauensteinpässe leben und mit der Eisenbahn ihr Einkommen verlieren; politisch interessierte Männer, die von der Wirksamkeit des Vetos und vom Verhalten der Regierung in der Eisenbahnfrage enttäuscht sind; Politiker, die gerne Einfluss gehabt hätten, bisher aber nicht zum Zuge gekommen sind.

Hinter Gutzwiller steht die schmale intellektuelle, politische und wirtschaftliche Oberschicht des Kantons, die es zu Einfluss und Wohlstand gebracht hat. Dem Patriotischen Verein gehören zum Beispiel Gutzwillers Bruder, der Arzt Johann Jakob Gutzwiller, Armeninspektor Martin Birmann, Offizier und Landrat Karl Gottlieb Kloss, alt Regierungsrat Jakob Adam oder Oberrichter Karl Spitteler an. Sie nehmen für sich in Anspruch, als Elite des Volkes besser über Gesetze und Behördenmitglieder urteilen zu können als «die grosse Masse».[3] Ihre Vertreter haben die kantonalen Institutionen ausgebaut und mit der Verfassungsrevision von 1850 die Stellung des Kantons gegenüber den Gemeinden gestärkt, das effiziente Direktorialsystem im Regierungsrat durchgesetzt und die Grundlagen für den Ausbau der kantonalen Infrastruktur gelegt. Eisenbahn- und Strassenbau, Gewässerkorrektionen und die Liestaler Kaserne legen Zeugnis ihrer wirksamen Politik ab.

Die Unzufriedenheit kann Rolle in den sechziger Jahren deshalb aufgreifen, weil mit der Eröffnung der Eisenbahnlinie Basel–Olten der Entfernungsschutz zerbröckelt, von dem die für den Markt produzierenden Bau-

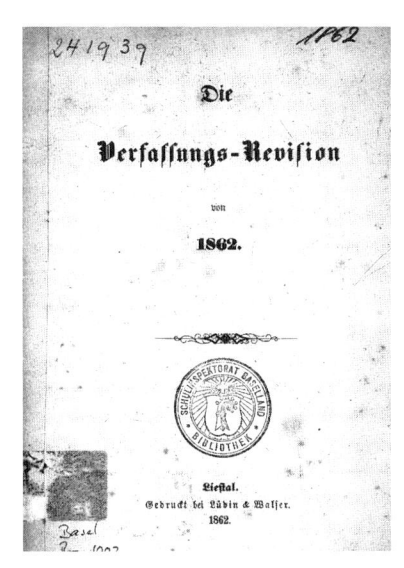

**Flug- und Kampfschriften**
*Die Artikelserie, welche Stephan Gutzwiller für die ‹Basellandschaftliche Zeitung› zur Revisionsfrage geschrieben hatte, erschien später auch als Broschüre.*

Revi-Bewegung Anfang der 1860er Jahre gehörte er den Anti an und war neben Stephan Gutzwiller einer der prominentesten Gegenspieler Rolles. Er machte die Politik der Chnorzi und der Revi dafür verantwortlich, dass es mit dem Auf- und Ausbau der kantonalen Institutionen nicht vorwärts ging. Trotzdem bot Birmann immer wieder Hand zur Vermittlung zwischen den verfeindeten Lagern. Solange die Revi an der Macht waren, lehnten diese seine Angebote allerdings ab.

Birmanns politischer und gesellschaftlicher Erfolg war ihm nicht in die Wiege gelegt. Er verdankte ihn zunächst Schulinspektor Johannes Kettiger: Birmann kam als Kind der Tauner- und Posamenterfamilie Grieder in Rünenberg zur Welt. Obwohl aus armen Verhältnissen stammend, konnte er nach der Grundschule die Bezirksschule in Böckten und später das Pädagogium (Gymnasium) in Basel absolvieren. Er war als intelligenter Schüler aufgefallen, und Kettiger hatte sich dafür eingesetzt, dass er die höheren Schulen besuchen konnte. Nach der Matura studierte Birmann in Basel und Göttingen Theologie. 1852 wurde er in Liestal als Pfarrer ordiniert.

Später genoss Birmann bei seinem sozialen und politischen Aufstieg die Unterstützung zweier Frauen: Zu seinem Namen Bir-

ernfamilien profitieren; weil die Bahn das traditionelle Transporthandwerk erwerbslos macht und weil in der Seidenbandindustrie der Sezessionskrieg den Export nach Nordamerika einbrechen lässt. Zudem haben sich Hoffnungen, welche die Unterschicht mit der Kantonstrennung verbunden hat, nur teilweise erfüllt. Die Anpassungsprozesse in der Landwirtschaft und die Konkurrenz der Fabrikproduktion für die Heimposamenter verschärfen die Schwierigkeiten. Die Armut hat weiter zugenommen, und immer wieder führen wirtschaftliche Krisen zu Verdienstausfällen.[4]

Die Elite des Kantons wehrt sich gegen die Revision, weil ihr Einfluss zu schwinden droht, wenn die Verfassung die demokratischen Rechte erweitert. Sie sieht ihre Interessen gefährdet, wenn die «Grundsätze der Ordnung und der Gesittung» in Frage stehen. Rolles Bewegung bringt Unruhe und Unberechenbarkeit ins politische Tagesgeschäft, das sie mit der Verfassungsrevision von 1850 erstmals zur eigenen Zufriedenheit eingerichtet hat. Damals habe eine Phase des «frohen Schaffens» einer jungen Generation eingesetzt, schwärmt Martin Birmann später. Die alten Vertreter der Revolution hätten «neue, jugendliche Gestalten an die Spitze der Behörden» gestellt. Die Arbeit des Landrates habe sich würdiger und gediegener gestaltet. Ein idealler Zug sei aufgekommen, an dem viele ihre Freude gehabt hätten.[5] Dieses Idyll droht die Revi-Bewegung zu stören.

Die Trennungswirren der dreissiger Jahre hatten das Volk in Befürworter und Gegner geteilt. Damals waren in beiden Lagern Vertreter aus Unter- und Oberschicht zu finden. Die Trennungsfrage entzweite die Elite und die «grosse Masse», und sie einte über soziale und wirtschaftliche Gegensätze hinweg. In den Verfassungskämpfen der sechziger Jahre tun sich andere Gräben auf. Die politischen Auseinandersetzungen und die wirtschaftliche Entwicklung dreier Jahrzehnte haben Elite und Bevölkerung einander entfremdet. Während die eine Seite den Kanton ausbaute, machten sich auf der anderen Seite Enttäuschung und Frustration breit. Die neue Politik der kantonalen Behörden steht in scharfem Gegensatz zur Sparsamkeit, zu der viele

**Martin Birmann-Socin**

mann kam Martin Grieder durch Juliana Birmann aus Basel. Sie nahm ihn während seiner Schulzeit im Pädagogium in ihr Haus auf und unterstützte ihn nach Kräften. 1853 adoptierte ihn die kinderlose Witwe. 1859 hinterliess sie ihm ihr grosses Erbe. Dank des Vermögens seiner Adoptivmutter konnte sich Birmann als unbesoldeter Armeninspektor (1853 bis 1890) des Kantons Basel-Landschaft und als kantonaler und eidgenössischer Parlamentarier betätigen (Landrat: 1854 bis 1890, Ständerat: 1869 bis 1890). Er stand dem Basellandschaftlichen Armenerziehungsverein als Präsident vor (1853 bis 1890), richtete in Augst eine Anstalt für verwahrloste Knaben ein (1854) und initiierte die Reorganisation und den Neubau des Kantonsspitals in Liestal (1877). Er half, die ‹Basellandschaftliche Zeitung› zu gründen (1854) und das kantonale Gesetz über das Armenwesen (1859) zu erarbeiten. Er war Verwaltungsrat der Hypothekenbank und der Waldenburgerbahn.

Die zweite Frau, die ihn unterstützte, war Elisabeth Socin, welche Birmann 1859 heiratete. Sie gebar eine Tochter und führte ihm den Haushalt. Nach seinem Tod sammelte sie seine Schriften, ergänzte seine Lebenserinnerungen und veröffentlichte beides bescheiden unter ihren Initialen E. B. Sie starb 1927.

einfache Leute aufgrund ihrer Armut und Verdienstlosigkeit gezwungen sind. Als Rolle nach dem Niemals-Beschluss seine Agitation aufnimmt, hat die Unzufriedenheit weder Inhalt noch Richtung. Mit taktischem Geschick weiss er ihr diese zu vermitteln.

Am 9. März 1861 fehlt im Landrat nur ein Mitglied. Alle andern sind zu einer ausserordentlichen Sitzung zusammengetreten, um ein einziges Traktandum zu behandeln: Der Landrat solle beschliessen, beantragt Dr. Jakob Gutzwiller, «dass der Kanton Basel-Landschaft zu einer Wiedervereinigung mit Basel-Stadt niemals Hand bieten» werde. Wenige Tage zuvor, am 4. März 1861, hat der Basler Grosse Rat entschieden, es sei die Wiedervereinigung mit der Landschaft ins Auge zu fassen. In namentlicher Abstimmung stellen sich alle anwesenden Landräte hinter Gutzwillers Antrag. Auf der Tribüne brechen die Zuhörer in ein dreifaches Hoch aus, im Städtchen Liestal intoniert die Blechmusik «Rufst du, mein Vaterland». Über der Stadt sind Böllerschüsse zu hören. Christoph Rolle, Geschäftsmann in Lausen und in zahlreiche Fehden gegen Regierungsrat und Beamte verstrickt, überlegt sich, ob er gegen diesen so genannten Niemals-Beschluss das Veto ergreifen soll. Er weiss um die Sympathien, welche die Wiedervereinigung nach wie vor in Posamentergemeinden geniesst. Zudem ärgert ihn, dass die Politiker einmal mehr einen wichtigen Entscheid getroffen haben, ohne auf die Stimmung in der Bevölkerung Rücksicht zu nehmen. «Wir müssen den neuen Despoten mit der Feder entgegen treten, wie wir heute vor 28 Jahren den damaligen Despoten und ihren Söldnern mit dem Stutzer in der Hand [...] entgegengestanden sind. Wir kämpfen noch immer den gleichen Kampf für die Freiheit und Recht gegen Tyrannei und Gewalt!!», schreibt Rolle am 3. August 1861 zum Jahrestag des Gefechts an der Hülftenschanz.[6]

In den darauf folgenden Tagen trifft er sich mit Gleichgesinnten. Aus seiner Geschäftstätigkeit, die ihn in alle Winkel des Kantons geführt hat, kennt Rolle zahlreiche Leute und weiss über die Stimmung Bescheid. Versammlungen im Talhaus in Bubendorf und in Pratteln beschliessen ein

**Christoph Rolle-Strübin**[3]

Christoph Rolle war Baselbieter Regierungsrat, als er am 26. Mai 1865 in einem Wirtshausstreit im Lausener Bären mit seinem Dolch zustach und den Wirt und Bäcker Jonas Ballmer mit zwei Stichen in die linke Brustseite lebensgefährlich verletzte. Die erste Gerichtsinstanz war der Ansicht, Rolle habe die Notwehr überschritten, und verurteilte ihn zu 200 Franken Busse. Das Obergericht erkannte auf Notwehr und sprach ihn am 19. März 1866 frei. Die Baselbieter Stimmbürger, am 13. Mai 1866 zur Regierungsratswahl aufgerufen, wählten Rolle und seine Revi-Gesinnungsfreunde ab. Drei Jahre, nachdem sie den Revi zur direkt-demokratischen Verfassung und zum durchschlagenden Wahlerfolg verholfen hatten, wandten sie sich bereits von ihnen ab und schenkten den Anti wieder mehr Vertrauen. Rolle und seine Revi hatten Vorstellungen darüber, wie der Auf- und Ausbau der kantonalen Institutionen zurückgebunden werden sollten. Über konstruktive Programmpunkte, die eine Antwort auf die sozialen und wirtschaftlichen Probleme der Bevölkerungsmehrheit gewesen wären, verfügten sie nicht. Nur gerade mit der Gründung der Kantonalbank hatten sie ein nachhaltiges Projekt realisiert. Zudem waren sie durch eine schroffe Haltung gegenüber den poli-

**Christoph Rolle-Strübin**

Revisionsprogramm, das bereits die wichtigsten Anliegen der späteren Bewegung enthält. Sie fordern den Verzicht auf das wirkungsvollere Direktorialsystem, das den Regierungsrat gestärkt und die ihm beigestellten Kommissionen aufgehoben hat, und sie verlangen das obligatorische Gesetzesreferendum. Zudem wollen sie die Zivilprozessordnung straffen und eine Reihe von Gesetzen geändert sehen, so dass die einfachen Leuten von hohen Abgaben und Gebühren entlastet sind. Eine Verfassungsinitiative soll zum Ziele führen.

Die beiden Treffen in Bubendorf und Pratteln bilden den Auftakt der Bewegung. Die Zeitungen drucken das Programm ab. Es folgen weitere Zusammenkünfte in Binningen und Sissach, später in Frenkendorf, Gelterkinden, Niederdorf und Münchenstein. Die Zahl der Teilnehmer wächst. Jede Gemeinde erhält mindestens einen Beauftragten, der vor Ort Unterschriften sammelt, jeder Bezirk erhält ein Revisionskomitee. Rolle organisiert die Komitees der Bewegung straff. Er will sie über die Unterschriftensammlung hinaus beieinander behalten. Sie sollen nach erfolgter Verfassungsrevision Landrat und Regierungsrat beaufsichtigen und im Volk für ein beständiges politisches Leben sorgen.

Die Gegner einer Verfassungsrevision nehmen die Bewegung zunächst nicht ernst. Ein Vorstoss, der die Revision im Landrat in Gang setzen will, scheitert im November 1861 an ihrer Mehrheit. Am 13. Februar 1862 aber treten 50 Vertreter der politischen Elite im Liestaler Rathaus zusammen und beraten über Gegenmassnahmen. Sie gründen den Patriotischen Verein und veranlassen eine ausserordentliche Sitzung des Landrats. Dieser heisst mit allen gegen drei Stimmen den Antrag Martin Birmanns gut, die Frage der Verfassungsrevision im März zur Abstimmung zu bringen. Birmann argumentiert, die Revisionsbewegung habe die erforderliche Zahl Unterschriften bereits zusammen. Er sehe nicht ein, weshalb weiter gesammelt und gegen die bestehende Ordnung gehetzt werden müsse.

tischen Gegnern sowie durch eine wenig Vertrauen erweckende politische Praxis aufgefallen und hatten ihren Kredit verspielt. Nun erhielten sie und Christoph Rolle die Quittung: Wahltag ist Zahltag! Die direkt-demokratischen Einrichtungen brachten ihre eigenen Väter zu Fall.

Rolle, am 14. Januar 1806 in Lausen geboren, erhielt mit andern aufgeweckten Lausener Schülern zusätzlichen Privatunterricht vom Pfarrer. Dieser empfahl ihn, als er 18 Jahre alt war, ans Muttenzer Lehrerseminar. Rolle absolvierte den Unterricht dieses Instituts mit Erfolg und trat 1827 als Lehrer in den Dienst der Gemeinde Muttenz. 1828 heiratete er Margaretha Strübin aus Liestal. 1833 wechselte er an eine Lehrerstelle in Liestal. 1844 hängte er den Beruf, in dem er mit Geschick gearbeitet haben soll, an den Nagel. Fortan brachte er sich und seine wachsende Familie als Geschäftsmann mit Geldvermittlungen, Schuldeneintreibungen und Weinhandel durch. Das Geschäft schien gut zu laufen, war er doch in der Lage, die Wahl in den Regierungsrat auszuschlagen, die 1847 auf ihn fiel. Auf ein gutes Einkommen war er angewiesen, weil er für eine grosse Familie zu sorgen hatte. Seine erste Frau starb 1865. «Sie war der gute Geist seines Hauses gewesen, ein stilles, friedfertiges Weib», weiss Rolles Biograph Oeri.[4]

Regierungs- und Landrat wollen das Vorhaben Rolles durchkreuzen, die Unterschriften der absoluten Mehrheit aller Aktivbürger zu sammeln. Rolle befürchtet, das Revisionsbegehren könnte scheitern, falls öffentlich darüber abgestimmt würde und die Stimmberechtigten nicht eine Mehrheit im Rücken wüssten. Deshalb will er mehr als die erforderlichen 2000 Unterschriften zusammenbringen. Als der Regierungsrat die Abstimmung auf den 23. März 1862 festsetzt und – wie schon bei den Verfassungsabstimmungen von 1838 und 1851 – das offene Verfahren mit Namensaufruf der Stimmbürger an den Gemeindeversammlungen vorschreibt, hat die Revisionsbewegung dieses Ziel noch nicht erreicht. Rolle und seine Gesinnungsfreunde geben deshalb die Parole aus, der Abstimmung fernzubleiben. Ihr Aufruf findet Gehör, und sie tragen den Sieg davon. Zwar stimmen 1659 Stimmberechtigte gegen und nur 194 für die Revision. 8470 von 10 323 Aktivbürgern aber boykottieren den Urnengang und lassen den Gegenstoss der Revisionsgegner oder so genannten Anti ins Leere laufen. Die Unterschriftenlisten, welche die Revisionsbewegung genau einen Monat später einreicht, sowie die Abstimmung vom 18. Mai 1862 bestätigen die Kräfteverhältnisse: In geheimer Abstimmung, bei einer Stimmbeteiligung von 60 Prozent, stimmen 5668 oder 91,4 Prozent für und nur 475 oder 7,6 Prozent der Stimmenden gegen die Verfassungsrevision. Diesmal ist ein Teil der Anti der Abstimmung ferngeblieben.

Am 15. Juni 1862 wählen über 60 Prozent der Aktivbürger den Verfassungsrat. Die Befürworter der Revision, die Revi, erhalten 58 der 65 Sitze. Nur der Wahlkreis Liestal wählt Anti in den Verfassungsrat. Der Verfassungsrat bestimmt eine 15-köpfige Kommission, welche einen Verfassungsentwurf erarbeitet, und lädt die Stimmbürger ein, Wünsche einzureichen. 75 Eingaben gehen ein, darunter 40 von Gemeinden. Der Verfassungsrat verabschiedet nach zehn Sitzungen eine Verfassung, welche die Mehrzahl der Eingaben berücksichtigt. In formalen Belangen entspricht sie weitgehend den Vorstellungen der Revi. Sie enthält die Volkswahl des Regierungs-

Politisch stand Rolle in der Opposition. Er beteiligte sich an Vetobewegungen und war einer der Hauptführer der Chnorzi, welche die Sparsamkeit zum politischen Ziel erhoben und jeden Ausbau der staatlichen Einrichtungen hintertrieben. Seine weitläufigen Geschäftskontakte, sein gutes taktisches Gespür und seine rhetorischen Fähigkeiten erlaubten Rolle zu Beginn der sechziger Jahre, die Revi-Bewegung in Gang zu setzen. Er nahm die verbreitete Unzufriedenheit und ihre vielfältigen Motive auf, fasste sie in einem politischen Programm zusammen und baute eine schlagkräftige Organisation auf, welche die Verfassungsrevision erfolgreich durchsetzte.

Der politische Erfolg bekam Christoph Rolle nicht. Er litt zunehmend an krankhaften Wahnvorstellungen und fürchtete, von seinen politischen Gegnern ermordet zu werden. Zeitweise weigerte er sich, nach Liestal an die Sitzungen des Landrats oder der Regierung zu reisen, weil ihm Liestal feindlich gesinnt war. Verschiedentlich tagten die Behörden in Sissach. Auch getraute sich Rolle nur noch bewaffnet unter die Leute. Der Streit im Bären in Lausen, der mit Rolles Messerstichen tragisch endete, fand kurze Zeit nach der Ermordung des amerikanischen Präsidenten Abraham Lincoln statt, die Rolles Furcht gesteigert hatte. Nach dem Prozess und der Abwahl

rates und der Bezirks- und Gemeindebeamten sowie das obligatorische Gesetzesreferendum, und sie räumt 1500 Aktivbürgern das Recht ein, die Abberufung des Landrates, die Revision der Verfassung sowie die Änderung bestehender Erlasse zu verlangen. Anfang Oktober 1862 liegt der Entwurf vor. Die Abstimmung setzt der Regierungsrat auf den 2. November fest.

Im Abstimmungskampf stehen sich Revi und Anti unversöhnlich gegenüber. Sie streiten mit Kundgebungen, Plakaten, Flugblättern und Zeitungsartikeln. Ihre Anhänger schwärmen aus und bearbeiten die Aktivbürger in den Gemeinden. Nach der Abstimmung werfen die Revi der Gegenseite vor, die Stimmbürger mit unlauteren Mitteln wie Gratis-Wein und Saufgelagen beeinflusst zu haben. Bei einer Stimmbeteiligung von über 71 Prozent stimmen 3581 Aktivbürger mit Ja (48,9%). Die Zahl der Nein-Stimmen ist aber um 157 höher, so dass die Vorlage mit einem knappen Mehr an Nein-Stimmen scheitert (51,1%).

Das Ergebnis ist knapp und zeigt, dass vor allem die Birsecker aus der Revi-Front ausgebrochen sind. Obwohl im Mai noch über 90 Prozent der Stimmenden im unteren Kantonsteil für die Revision gestimmt haben, kommen hier im November nur noch 29 Prozent Ja-Stimmen zusammen. Die Katholiken des Birsecks vermissen ein besonderes Veto für ihre eigenen Angelegenheiten. Zudem lehnen sie die von der Verfassung vorgesehene Volkswahl der Geistlichen ab. Aber auch in reformierten Gemeinden zeigt sich Opposition: So lehnen Strenggläubige beider Konfessionen die Zivilehe ab, und auch die Wiedervereinigungsfreunde hätten mehr von der Verfassung erwartet.

Trotz der Niederlage geben die Revi nicht auf. Im Verfassungsrat nehmen sie einen neuen Anlauf und schlagen den Stimmbürgern vor, den alten Verfassungsrat nochmals an die Arbeit zu schicken. Die Anti wollen den Verfassungsrat neu wählen lassen. Nach der Niederlage der Revi hoffen sie, bei Neuwahlen mehr Sitze zu erringen. Bereits am 23. November stimmen die Baselbieter Männer erneut ab. Wiederum gehen über 70 Prozent zu den

zog sich Rolle aus der Politik zurück. Krank und verbittert starb er – von seiner zweiten Frau, Anna Maria Leuenberger, gepflegt – am 25. August 1870.

**Die Laufentaler Gemeinden im 19. Jahrhundert**
Die Gemeinden des Laufentals waren während des 19. Jahrhunderts mit einem stärkeren Staatsapparat konfrontiert als die Baselbieter Gemeinden. Bereits ab 1860 verfolgte der Kanton Bern eine Politik, welche die staatlichen Verwaltungs- und Kontrollinstanzen ausbaute und die Aufsicht über die Gemeinden verstärkte. Seine Bestrebungen zur Zentralisierung zeigten sich zum Beispiel im Bildungs-, im Steuer-, im Zivilstands- und im Forstwesen. Mit dem Regierungsstatthalter, dessen Sitz in Laufen war, besass der Kanton einen Vertreter im Bezirk, der die Befugnis hatte, in die Geschäftsführung der Gemeindebehörden einzugreifen und Untersuchungen zu veranlassen. Die Laufentaler Gemeinden widersetzten sich vor allem mit passivem Widerstand. Sie unterliefen die Zentralisierungsbemühungen des Kantons beispielsweise dadurch, dass sie den Erlass von Reglementen um Jahre hinauszögerten. Ihre Abwehrhaltung führte sie ins kulturelle Ghetto einer katholischen Sondergesellschaft, wie sie auch in

Abstimmungsversammlungen, und eine knappe Mehrheit der Stimmenden folgt den Anti: Mit 3736 (51,2%) gegen 3566 (48,8%) sprechen sie sich für die Neuwahl des Verfassungsrates aus.

Die Wellen gehen nun ausserordentlich hoch. Rolle wirft seinen Gegnern erneut Wahlbestechung und -fälschung vor. Regierungs- und Landrat reagieren geharnischt. Sie ziehen Rolle wegen Verleumdung vor den Richter. Rolles Revisionsverein schickt eine Delegation nach Bern. Der Bundesrat soll sich dafür einsetzen, verlangt sie, dass sich die Gemüter im Baselbiet beruhigen. An den Verfassungsratswahlen vom 14. Dezember nehmen beinahe 70 Prozent der Aktivbürger teil. In den fünf Wahlkreisen Waldenburg, Liestal, Frenkendorf, Aesch und Oberwil setzen sich die Anti durch. In den vier Kreisen Reigoldswil, Rümlingen, Sissach und Gelterkinden gewinnen die Revi. Am Abend des Wahlsonntags stehen sich 29 gewählte Anti und 27 Revi gegenüber. Den Ausschlag aber gibt die Wiederholung der Wahl im Kreis Münchenstein. Dort muss man die Wahlen wegen Unregelmässigkeiten und Tumulten abbrechen und auf den 28. Dezember verschieben. Beide Seiten engagieren sich mit grossem Aufwand. Die Revi verteilen vorgedruckte Wahlzettel. Der Regierungsrat bietet Staatsanwalt Jakob Graf als Regierungskommissär auf. Er soll den ordnungsgemässen Ablauf der Wahl garantieren. Die Aktivbürger rücken in grosser Zahl an. Die Beteiligungsrate steigt auf 85 Prozent. Die Schlacht geht zu Gunsten der Revi aus. Sie verfügen im neuen Verfassungsrat erneut mit insgesamt 36 Sitzen über die Mehrheit. Aber auch die Rechnung des Patriotischen Vereins ist aufgegangen: Mit 29 Sitzen geht er wesentlich gestärkt aus der Auseinandersetzung hervor.

Im neuen Verfassungsrat wirken die Anti auf Kompromisse und Verständigung hin. Sie sind mit einem fakultativen Referendum, erleichterten Revisionsbestimmungen und mit der Volkswahl gewisser Beamter einverstanden. Auch die Verkleinerung der Wahlkreise und die Aufhebung des Advokatenstandes unterstützen sie. Die Revi-Mehrheit ist aber nicht gewillt,

**Amtshaus Laufen**
*Im Amtshaus hatte der Regierungsstatthalter, welcher die Berner Obrigkeit im Laufental vertrat, seinen Sitz.*
*Auf der oben abgebildeten Postkarte steht:*
*«Bewahre mich, Herr, vor diesem Haus,*
*Da drinnen herrschen Schrecken*
*und Graus!*
*Denn hier diktiert man Bussen*
*und Strafen,*
*Für alles findet man Paragraphen.»*

anderen Gebieten zu beobachten waren.⁵ Damals entstanden nachhaltige Konfliktlinien, welche ihre Wirkung bis zum Kantonswechsel des Laufentals im späten 20. Jahrhundert beibehielten.
Die Konflikte zwischen dem Kanton Bern und den Laufentaler Gemeinden stärkten kommunale Identitäten, die quer zu den sozialen Verwerfungen standen, welche unter dem Einfluss der Industrialisierung zugenommen hatten: Der Streit mit den kantonalen Instanzen liess die Dorfbewohnerinnen und -bewohner zusammenrücken, obwohl sich die sozialen Spannungen und Verteilungskämpfe innerhalb der Dörfer verschärft hatten. Die Bilder, die sie sich von sich selbst machten und die eine bäuerliche und selbstbestimmte Dorfgemeinschaft zeigten, hielten noch vor, als ihnen die Wirklichkeit längst widersprach. Obwohl die Laufentaler Gemeinden im Kanton Bern politische Rahmenbedingungen kannten, die sich von denjenigen der Baselbieter Nachbargemeinden unterschieden, funktionierten sie im Innern ähnlich wie diese. Seit 1832 waren auch die Laufentaler Gemeinden demokratisch organisiert: Wichtige Entscheidungen wie etwa die Wahl sämtlicher kommunaler Behörden und Beamten fällte die Versammlung der stimmberechtigten, männlichen Bürger. Doch die politische Praxis ent-

auf Kompromisse einzugehen. Den Antrag der Anti, aus den Reihen der Verfassungsräte eine Verständigungskommission zu bestimmen, lehnen sie zweimal schroff ab. Nach der zweiten Abstimmung am 5. März 1863 verlassen die Anti-Verfassungsräte geschlossen den Ratssaal und geben folgende Erklärung zu Protokoll: «Die Art und Weise, wie statt einer gemeinschaftlichen Revision der Verfassung das von einer geschlossenen Gesellschaft vereinbarte Programm rücksichtslos zur Geltung gebracht und jede dargebotene Verständigung abgewiesen wird, nötigt uns zum Austritt aus Ihrer Versammlung. Diesen Schritt unsern Wählern und dem Volke zur Kenntnis zu bringen, behalten wir uns vor.»[7]

Der verbleibende Verfassungsrat, nun vollständig aus Revi zusammengesetzt, führt im Eilzugstempo eine zweite Lesung durch und verabschiedet schon an seiner Sitzung vom 6. März 1863 die überarbeitete Version. Sie enthält die ungeschmälerte Erweiterung der Volksrechte. Nur die Wahl des Ober- und Kriminalgerichts behält sie diesmal dem Landrat vor. Auch die materiellen Erleichterungen, die mit der Revision sämtlicher Gesetze, mit der Straffung der Gerichts- und Prozessordnung, mit der Aufhebung des Advokatenstandes und mit der Neuwahl und fixen Besoldung der Beamten herbeigeführt werden sollen, bleiben in der überarbeiteten Verfassungsvorlage berücksichtigt. Der Opposition kommt die neue Verfassung dadurch entgegen, dass sie dem Birseck das obligatorische Referendum für Beschlüsse seiner Verwaltungskommission einräumt und die Verschmelzung des Kirchen-, Schul- und Armengutes beider Kantonsteile in Aussicht stellt. Stärker als der erste Entwurf kommt die zweite Vorlage der verbreiteten konservativ-volkstümlichen Haltung entgegen, welche sich gegen mehr Toleranz, Grosszügigkeit und Milde wendet. So entfallen zum Beispiel die Einschränkung der Todesstrafe, die Einführung der Zivilehe, die Lockerung des Niederlassungsrechts sowie das Stimmrecht für schuldlose und unbestrafte Falliten. In dieser Fassung stimmen die Stimmbürger dem Verfassungswerk zu. Am 22. März 1863 heissen sie es bei einer hohen Stimmbetei-

sprach dem demokratischen Modell nur unvollständig. Sie schloss nicht nur weibliche und fremde Personen aus, die neuen rationalen Herrschaftsformen durchmischten sich auch mit Formen traditionaler Herrschaft. Wie in den Baselbieter Gemeinden des 19. Jahrhunderts führten im Laufental Verwandtschafts- und Klientelbeziehungen zur Vorherrschaft der dörflichen Oberschicht oder zur Dominanz einzelner Familien oder Personen. Die zentralisierenden Bestrebungen des Kantons drängten die alten Herrschaftsformen allerdings mehr und mehr zurück. Wenn der Staat beispielsweise die Registrierung der Stimmberechtigten einheitlich regelte, den Einwohnergemeinden den politischen Vorrang einräumte oder die Nutzungsrechte am Bürgervermögen reglementierte, setzte er Stück für Stück Mechanismen rationaler Herrschaft durch. Für die Laufentaler Gemeinden fand dieser Prozess mit dem neuen Berner Gemeindegesetz von 1917 seinen formellen Abschluss. Doch in den Köpfen der Menschen blieb die frühere Praxis noch bis tief ins 20. Jahrhundert hinein präsent.[6]

ligung von 83,7 Prozent mit 4590 (51,6%) gegen 4300 (48,4%) Stimmen gut. Mit der Volkswahl der Regierung, dem Recht, den Landrat abberufen zu können, dem Initiativrecht und dem obligatorischen Gesetzesreferendum verfügt der Kanton Basel-Landschaft bereits 1863 in einem Umfang über direkt-demokratische Einrichtungen, wie sie sonst ausser den Landsgemeindekantonen kein anderer Stand der Eidgenossenschaft kennt. Einzelne Elemente sind schon in anderen Kantonen zum Zuge gekommen, so zum Beispiel das Gesetzesreferendum im Wallis und in Graubünden, die Gesetzesinitiative im Aargau und das Abberufungsrecht in Bern, in Schaffhausen sowie im Aargau. Noch keiner der andern Kantone aber kennt die Vielfalt direkt-demokratischer Rechte, wie sie der Kanton Basel-Landschaft eingeführt hat.[8] Erst sechs Jahre später sorgt die Demokratische Bewegung im Kanton Zürich dafür, dass ein zweiter Stand folgt.[9] Weitere Kantone holen später auf, und 1874 führt der Bund das fakultative Gesetzesreferendum und 1891 die Verfassungsinitiative ein.[10]

**Dittingen und Brislach**
*Die Auseinandersetzungen zwischen dem Kanton Bern und den Laufentaler Gemeinden eskalierten nie so weit wie im benachbarten Nordjura. Dennoch nahmen sie auch manifeste Formen an: Beispielsweise liess die bernische Regierung 1874 in Brislach Truppen aufmarschieren, weil sie im Zusammenhang mit dem Kulturkampf Ausschreitungen befürchtete.*
*1899 führte das Eingreifen des Laufner Regierungsstatthalters dazu, dass der Regierungsrat die Gemeinde Dittingen auf unbestimmte Zeit «unter Vormundschaft» stellte. Die Gemeindegeschäfte übernahm in dieser Zeit ein Grossrat aus Liesberg.*

**Lesetipps**

*Zur Demokratischen Bewegung im Kanton Basel-Landschaft ist Blum (1977) noch immer das Standardwerk. Allerdings wertet der Autor die Demokraten eher als Bewegung des Fortschritts.*

*Schon Gilg (1951), der die Demokratischen Bewegungen anderer Kantone untersucht hatte, identifizierte aber auch konservative Strömungen.*

*Einen Vergleich zur Demokratischen Bewegung im Kanton Zürich erlaubt Schaffner (1982).*

*Von Martin Birmann existiert ein Lebensbild aus seiner eigenen Feder. Dieses bricht allerdings mit dem Tod seiner Adoptivmutter 1859 ab (Birmann 1990 [2]). Nach seinem Tod hat seine Witwe die Erinnerungen nach hinterlassenen Aufzeichnungen ergänzt und zusammen mit weiteren Texten als «Gesammelte Schriften» (1894) herausgegeben. Über Birmann gibt es zudem eine ausführliche Biographie von Fritz Grieder (1991).*

*Als weiterführende Lektüre über Christoph Rolle ist Oeri (1905) zu empfehlen. Auch Blum (1977, S. 328–335) stellt Rolles Biographie kurz dar.*

**Abbildungen**

Universitätsbibliothek Basel: S. 215.
Stephan Gutzwiller: Die Verfassungsrevision von 1862, Liestal 1862: S. 217.
Gauss et al. 1932: S. 218.
Theo Meyer, Lausen: S. 219.
Laufentaler Museum, Laufen: S. 223 [A].
Heidi Schwarz, Oberdorf: S. 225.

[A] = Ausschnitt aus Originalvorlage Reproduktionen durch Mikrofilmstelle.

**Anmerkungen**

1 Rolle vertrat seine Position im Volksblatt aus Baselland.
2 Gutzwiller schrieb in der Basellandschaftlichen Zeitung eine Artikelserie zur Revisionsfrage (vgl. Gutzwiller 1862).
3 Der Patriotische Verein veröffentlicht 1862 eine Broschüre zur Revisionsfrage (vgl. Patriotischer Verein [Hg.] 1862).
4 Epple 1979; Epple / Schnyder 1996; Gysin-Scholer 1997.
5 1887 blickte Martin Birmann auf die Revisionsbewegung und ihre Vorgeschichte zurück. Vgl. «Revisionszeit» von 1861–69, StA BL, PA 056, 2.
6 LS 6. August 1861.
7 Zit. nach Blum 1977, S. 379.
8 Blum 1978, S. 14–17.
9 Schaffner 1982.
10 Gilg 1951; Sigg 1978.

1 Grieder 1991.
2 Akten der Kommission für Reorganisation der Staats-Verwaltung, Liestal 1875, S. 29–30.
3 Oeri 1905.
4 Oeri 1905, S. 49.
5 Altermatt 1972.
6 Hagmann 1998.

# Herrschaft im Kanton

*Bild zum Kapitelanfang*
**Regierungsgebäude in Liestal**
*Das Gebäude, welches heute der Kantonsregierung und dem -parlament als Regierungsgebäude dient, entstand zwischen 1770 und 1779 beim ehemaligen Freihof, welcher den unteren Abschluss der Rathausstrasse bildete. Seit 1738 war der Freihof Sitz der Schreiberei des Amtes Liestal. Nach der Kantonstrennung zogen die kantonalen Behörden ein.*
*1850 erfuhr der Bau eine Erweiterung Richtung Osten.*

«So ist Baselland heute noch ein Conglomerat von Gemeinden u. ferne von einem ‹Staat› mit gemeinsamem Streben u. ‹Staatsbewusstsein›», beklagte sich Ständerat Martin Birmann Ende der 1880er Jahre. Er schrieb gerade an einer seiner zahlreichen historischen Arbeiten und blickte auf die «‹Revisionszeit› von 1861–69» zurück.[1] Sein Amtsvorgänger und politischer Verbündeter, Stephan Gutzwiller, war 1862 noch zuversichtlicher gewesen: «Bei der Revision von 1850», schrieb er in seiner Streitschrift gegen Rolles Revisionsbewegung, «herrschte allgemein der Entschluss, aus den lose verbundenen Gemeinden von Baselland endlich einmal einen festgeordneten Staat mit organisch gegliederten Staatsgewalten zu bilden.» Aus seiner Sicht hatte dieser Prozess zwischen 1850 und 1862 Fortschritte gemacht: «Fast überall trat Ordnung an die Stelle der Verwirrung, und als der Staat die frühern Schlacken von sich geworfen, erwachte in den einzelnen die Liebe zum Allgemeinen; es sprosste die schönste Blüte der edlern Freiheit – der Gemeinsinn, die Gemeinnützigkeit», lobte Gutzwiller. Vorbei waren die aus seiner Sicht «trostlosen Zustände» der ersten «regierungslosen Verfassungsperiode», in denen die «Stärke der Gemeinden» und die «Schwäche der Staatsgewalt» vorgeherrscht und den Kanton geplündert haben.[2]

Birmanns und Gutzwillers Reden vom schwachen Staat oder Kanton und von den starken Gemeinden, vom Kanton als losem Konglomerat der Kommunen waren nicht nur politische Rhetorik. Ihre Analysen waren zwar polemisch zugespitzt, aber dennoch treffend. Als die Stadt Basel den Gemeinden der Landschaft, die sich nicht für Verbleiben im städtischen Herrschaftsverband entschieden hatten, 1832 ihre Verwaltung entzog, teilten sich Stadt und Land nicht in zwei gleichwertige Halbkantone. Der Stadt mit ihrem weitgehend intakten Verwaltungsapparat standen zunächst 46, nach der Totaltrennung 74 Landgemeinden gegenüber. Es waren die Gemeinden, welche die Lücke füllten, die sich mit dem Rückzug der städtischen Verwaltung auftat. Es waren die Volksausschüsse aus den Gemeinden, welche in Liestal zusammentraten, den Kanton proklamierten und ihm Legiti-

**Das politische System des Kantons**

«Der Kanton Basel-Landschaft ist ein Freistaat und bildet einen Teil der schweizerischen Eidgenossenschaft», hielt der erste Paragraph der ersten Verfassung des jungen Kantons vom 21. Mai 1832 fest. Seine «Souveränität» beruhe auf der «Gesamtheit der Aktivbürger», ergänzte Paragraph zwei. Konkret räumte das Grundgesetz den Aktivbürgern das Recht ein, über die Verfassung und jede ihrer Änderungen zu befinden, mit dem Landrat seine Stellvertreter zu wählen und mit dem Veto gegen unliebsame Gesetze Einspruch zu erheben. Damit entsprach die erste Baselbieter Verfassung weitgehend dem Modell einer repräsentativen Demokratie. Nur gerade im Veto drangen weitergehende Vorstellungen von der Volkssouveränität durch, wie sie einzelne Politiker schon damals vertraten. In den Verhandlungen des Verfassungsrates hatten sie zum Beispiel vorgeschlagen, im Baselbiet die Landsgemeinde einzuführen, waren damit aber in der Minderheit geblieben.[1]

Gesetzgebende Behörde war der Landrat. Zunächst in neun, ab 1833 in dreizehn und ab 1834 in zehn Wahlkreisen konnten die Aktivbürger auf je 500 Einwohner einen Vertreter in den Landrat wählen. Die Amtsdauer der ersten 45 Landräte dauerte sechs Jahre, doch musste sich alle zwei

mation verliehen, welche die Verwaltungskommission einsetzten und die Einberufung eines Verfassungsrates veranlassten. Während die Gemeinden auf eingespielte Institutionen und Verfahren zurückgreifen konnten, wollte der Kanton zuerst organisiert und mit dem nötigen Personal dotiert sein.

Die Geschichte der ersten Jahrzehnte nach der Trennung lässt sich deshalb auch lesen als Auseinandersetzung um die Verteilung von Kompetenzen, Vermögen und Macht zwischen den Gemeinden einerseits und dem Kanton andererseits. Birmann schrieb rückblickend, es hätten sich eine «constituierende» und eine «destruierende Bewegung» gegenübergestanden. Zur einen zählte er Stephan Gutzwiller, Anton von Blarer, Johannes Meyer, Johann Heinrich Plattner und sich selbst. Der anderen rechnete er Emil Remigius Frey und Christoph Rolle zu. In diesem Ringen setzten sich zunächst die Gemeinden durch: Die Kompetenzen, welche sie in Anspruch nahmen, gingen weit. Was die Verfassung nicht ausdrücklich dem Kanton überliess, war der Autonomie der Gemeinden vorbehalten. Sie ergatterten sich mit dem Wald gegen eine geringe Summe den Löwenanteil des Staatsvermögens, das bei der Vermögensteilung zwischen Stadt und Land an den Kanton Basel-Landschaft gekommen war. Auf Seiten des Kantons waren die Institutionen neu und kaum eingespielt, ihre Personaldecke dünn. Die politische Elite, welche genug ausgebildet und erfahren war, um die wichtigsten Posten einzunehmen, war ausgesprochen schmal. Sie musste sich mit Kräften verstärken, die von aussen kamen. Das Vermögen, das sich der Kanton aus dem Teilungsverfahren sicherte, war knapp. Seine Kompetenzen gegenüber den Gemeindebehörden gingen nicht sehr weit oder scheiterten an deren mangelndem Willen zur Zusammenarbeit.

### Kantonspolizei

Typisch für die Verhältnisse im jungen Kanton war die Organisation der Polizei. Weil sie mit der Miliz das Monopol legitimer physischer Gewalt innehat, bildet sie die Kerninstitution jedes modernen Staates. Die provisorische

**Jakob Gerster**

*Gerster kam 1822 in Gelterkinden zur Welt. Er wirkte als Landwirt, Gelterkinder Bannwart und Tambourmajor des Landschäftler Bataillons 27.*
*Als gross gewachsener Mann trug er den Übernamen «dr lang Boni». Der im oberen Kantonsteil angesehene Mann starb 1865 an den Folgen eines Unfalls.*

Jahre ein Drittel von ihnen zur Wahl stellen. Die zweite Verfassung von 1838 verkürzte die Amtsdauer der Landräte auf drei Jahre und erhöhte die Repräsentationszahl von 500 auf 600 «Seelen». Statt der periodischen Wahl eines Drittels des Parlaments sah sie neu die Gesamterneuerung vor. Um die Zahl der Landräte in Grenzen zu halten, erhöhte die dritte Verfassung die Repräsentationszahl nochmals: Ab 1850 kam ein Landrat auf 800 Einwohner.

Beschloss der Landrat ein Gesetz, das einzelnen Aktivbürgern missfiel, so konnten sie das Veto ergreifen. Dazu mussten sie innert 14 Tagen zwei Drittel der Aktivbürgerschaft dafür gewinnen, sich mit Unterschrift und Angabe von Gründen gegen das Gesetz auszusprechen. Fanden die Gegner des Gesetzes eine so breite Unterstützung, konnte das Gesetz nicht in Kraft treten. Die Verfassung von 1838 reduzierte die Zahl der nötigen Unterschriften auf die absolute Mehrheit der Aktivbürger. Die dritte Verfassung verlängerte die Sammelfrist auf 30 Tage.

Dem Regierungsrat als ausführender Behörde gehörten zunächst fünf vom Landrat gewählte Männer an. Sie bildeten eine «Verwaltungskommission» sowie eine «Justiz- und Polizeikommission» und wirkten als Kollegialbehörde. Dem Regierungsrat standen eine Erziehungs- und eine

Regierung betrachtete es denn auch als eine ihrer wichtigsten Aufgaben, die allgemeine «Ruhe und Ordnung» zu erhalten und für die «Sicherheit der Personen und des Eigentums» zu sorgen. Schon am 19. März 1832, zwei Tage nach der Gründung des Kantons, rief sie alle Gemeindebehörden dazu auf, «für die Sicherheits-Polizei» besorgt zu sein, und am 30. März verabschiedete sie mit dem Erlass über die «Cantonal- und Ortspolizei» ihre erste Verordnung überhaupt. Die erste Kantonspolizei, die «Landes-Polizei», umfasste zunächst 15 Polizeisoldaten und drei Korporale. Später erhöhte der Landrat die Zahl der Polizisten bis auf 36. Sie waren in den Bezirkshauptorten sowie in Gemeinden entlang der Kantonsgrenze postiert. Erst die Revision des Dienstreglements von 1890 verteilte das Korps auf 19 Posten, die über das ganze Kantonsgebiet verstreut lagen, und verstärkte die polizeiliche Präsenz vor allem im inzwischen bevölkerungsstarken Bezirk Arlesheim. In den ersten Jahrzehnten des jungen Kantons war die kantonale Polizei also personell schwach dotiert. Zudem richtete sie ihr Hauptaugenmerk gegen aussen. Bei der Sicherstellung von «Ruhe und Ordnung» im Innern blieb der Kanton auf die Gemeinden angewiesen. So waren die Gemeindepräsidenten die ersten Polizeibeamten einer Gemeinde. Ihnen stand der Ortspolizist zur Seite, und war im Dorf auch ein Kantonspolizist stationiert, so hatte dieser nicht nur dem Befehl seiner kantonalen Vorgesetzten, sondern auch den Anweisungen des Gemeinderates zu folgen.[3] Sahen sich die kantonalen Behörden dazu gezwungen, auf ihr Gewaltmonopol zu pochen und gegen unbotmässige Gemeinden einzuschreiten, so zum Beispiel bei den Streitigkeiten um die Pfarrwahlen in Muttenz, Waldenburg und Oberwil oder beim Gemeindejoggeli-Putsch in Gelterkinden, so waren sie sehr rasch darauf angewiesen, ihre Ordnungskräfte mit einem militärischen Milizaufgebot zu verstärken.

Militärbehörde zur Seite. Die zweite Verfassung erhöhte die Zahl der Regierungsräte auf sieben, hob die speziellen Kommissionen für Angelegenheiten der Erziehung und des Militärs aber auf. Die Verfassung von 1850 reduzierte die Zahl der Regierungsräte wieder auf fünf, schrieb nun aber das Direktorialsystem vor: Nicht mehr eine Kommission, sondern die einzelnen Regierungsräte standen fortan den Direktionen Finanzen, Inneres, Justiz, Erziehung sowie Militär und Polizei vor.

Als Gerichtsbehörde wählte der Landrat sieben Oberrichter. Sie beaufsichtigten die Bezirksgerichte und die Notare und beurteilten alle zivil- und strafrechtlichen Angelegenheiten in letzter Instanz. Über Verbrechen hatten sie als einzige Instanz zu befinden, mussten dabei aber vier weitere Beisitzer hinzuziehen. Die Verfassung von 1838 setzte zur Beurteilung von Verbrechen neu ein siebenköpfiges Kriminalgericht, für die leichteren Vergehen ein vierköpfiges korrektionelles Gericht ein.

Die Trennung der drei Gewalten Legislative, Exekutive und Judikative setzte die erste Baselbieter Verfassung nicht so streng durch, wie es auf den ersten Blick scheinen mag. Vor allem führte zu Schwierigkeiten, dass Oberrichter auch dem Landrat angehören konnten und die Kompetenzen der einzelnen Behörden nicht klar geregelt

### «Gebt dem Kaiser, was des Kaisers ist»

Die Schwäche des Kantons und die Stärke der Gemeinden zeigten sich jedoch nicht nur bei der Polizei. Auch im Steuerwesen trat sie zu Tage. Die Verfassungen des jungen Kantons räumten ihm das Recht ein, «Auflagen zur Bestreitung der Staatsausgaben» zu erheben. Sie stellten ihm lediglich die Bedingung, diese «möglichst gleichmässig auf alles Vermögen, Einkommen und allen Erwerb» zu legen. Die Kantonsbehörden übernahmen auf dieser verfassungsmässigen Grundlage die alte «Handels-, Gewerbs-, Capitalisten- und Beamtenabgabe», welche die Stadt bereits erhoben hatte, und ordneten ab 1832 Einzüge an. Doch der Ertrag des Einzugs war äusserst gering. Der Prüfungsbericht zur Staatsrechnung 1834 beklagte sich bitterlich über das geringe Ergebnis: «Ohne Scheu darf man behaupten», ist im Bericht zu lesen, «dass mit wenigen Ausnahmen Steuerpflichtige und Steuereinzüger [...] so eigentlich im Wettstreit darauf ausgehen, diese Staatsintrade auf ein grosses Nichts herabzusetzen. Man weiss nicht, worüber man ungehaltener sein soll, ob über die Gewissenlosigkeit der Steuerpflichtigen oder den sträflichen Leichtsinn der Einzüger.» Da der Kanton beim Steuereinzug auf die Unterstützung der Gemeindebehörden angewiesen war, waren neben den einzelnen Bürgern in erster Linie sie für das mangelhafte Ergebnis des Steuereinzugs verantwortlich. Und weil dem Kanton das Verwaltungspersonal fehlte, um unabhängig von den Gemeinden Steuern einzuziehen, sahen sich die kantonalen Behörden nach wenigen Jahren gezwungen, auf den Einzug einer direkten Steuer zu verzichten.

Mehrmals versuchten sie, gesetzliche Grundlagen für eine direkte Abgabe durchzusetzen. Ihre Bemühungen blieben erfolglos. Nur ausnahmsweise, für wenige Jahre oder für ganz bestimmte und eng begrenzte Zwecke, räumten ihnen die Stimmbürger das Recht ein, direkte Steuern zu erheben.[4] Erst die Übergangsbestimmungen der Verfassung von 1892 schufen die Grundlage für einen regelmässigen Steuereinzug des Kantons. Allerdings stellte sie noch ein Provisorium dar, das nicht mit seinem steigenden Finanz-

**Herrschaftliche Innenarchitektur**
*Staatliche Autorität erheischt Respekt: der Gerichtssaal im Polizeiposten Arlesheim.*

waren. Zerstrittene Politiker wie zum Beispiel Stephan Gutzwiller und Emil Remigius Frey nutzten diese Situation immer wieder dazu aus, um gegenseitig ins politische Geschäft einzugreifen. Die zweite Verfassung schloss deshalb auch Oberrichter aus dem Landrat aus, die Verfassung von 1850 verschärfte die Trennung und setzte eine Kommission ein, welche über Kompetenzstreitigkeiten zu befinden hatte.

Die ersten Baselbieter Verfassungen gewährten die Vereins-, Glaubens-, Niederlassungs- und Pressefreiheit, sicherten das Petitionsrecht und schützten Leben, Ehre und Vermögen. Doch einzelne dieser Rechte blieben auf die männlichen Bürger des Kantons beschränkt. Den Frauen waren das Stimmrecht sowie die Gewerbefreiheit vorenthalten, und sie unterstanden der Geschlechtsvormundschaft. Männer, die nicht Kantonsbürger waren, durften das Stimmrecht sowie die Niederlassungs- und Gewerbefreiheit nur in Anspruch nehmen, wenn ihr Heimatkanton Gegenrecht hielt. Die Verfassung von 1850 musste einen Teil dieser Einschränkungen aufheben. Da die Bundesverfassung von 1848 es vorschrieb, musste der Kanton Basel-Landschaft die politischen Rechte auch auf die Bürger anderer Kantone ausdehnen. Mit den Rechten der Frauen dauerte es sehr viel länger. Zwar hob der Kan-

232  HERRSCHAFT IM KANTON

**Regierungsratssitzung**
*«Die Verhandlungen des Landrates, des Regierungsrates und der richterlichen Behörden sind öffentlich», hielt Paragraph 32 der Staatsverfassung des Kantons Basel-Landschaft vom 4. April 1892 fest. Bis Ende 1986 konnten interessierte Bürgerinnen und Bürger an Regierungsratssitzungen teilnehmen. Von diesem Recht machten nur sehr wenige Leute Gebrauch. Kam es einmal vor, verschob das Kollegium die Geschäfte, welche nicht an die Öffentlichkeit gehörten, oder es entschied sie erst, wenn der Besuch wieder gegangen war.*

bedarf Schritt zu halten vermochte. Der Kanton sah sich deshalb nach einigen Jahren erneut gezwungen, sich mit befristeten oder zweckgebundenen Zuschlagssteuergesetzen zu behelfen.[5] Erst das Steuergesetz von 1928, das auf den 1. Januar 1930 in Kraft trat, brach den Steuerwiderstand endgültig und schuf eine definitive Staatssteuer.

Während des ganzen 19. Jahrhunderts war der Steuerwiderstand der Baselbieter notorisch. Wären nicht indirekte Abgaben und Gebühren sowie die Einnahmen aus den Regalien (Salz) geflossen, hätte sich die finanzielle Auszehrung des Kantons noch mehr zugespitzt. Aber auch so war er zur Sparsamkeit gezwungen. Natürlich ist die geringe Bereitschaft, dem Kanton Steuern zu bezahlen, vor dem Hintergrund verbreiteter Armut und wirtschaftlicher Schwierigkeiten verständlich. Der Erfolg befristeter und zweckgebundener Steuervorlagen zeigt aber, dass auch die Baselbieter bereit waren, dem Kaiser zu geben, was des Kaisers war, wenn sie vom Nutzen überzeugt waren. So erhielt der Kanton Anfang der 1870er Jahre Steuern, um die kantonalen Truppen mit ausreichend Waffen und Material auszurüsten. Und Ende der 1880er Jahre bekam er Steuergelder, um das Kantonsspital zu erweitern. Mit ihrem Steuerwiderstand verfolgten die Baselbieter folglich auch die Absicht, die kantonalen Behörden kurz zu halten, um ihre Politik zu kontrollieren. Es waren die gleichen politischen Oppositionskräfte, die von den kantonalen Behörden grössere Sparsamkeit verlangten und zusätzliche demokratische Kontrollinstrumente durchsetzten. «Geld ist Macht», sagt der Volksmund. Dem Kanton Steuergelder vorenthalten hiess deshalb auch, seine Macht zu begrenzen. Mehr Geld sprach man ihm nur zu, wenn man genau wusste, wozu er es einsetzte. Die Grundlage zur ersten regelmässigen Staatssteuer verknüpfte sich folgerichtig mit einem Ausbau der Kontrolle: Die Verfassung von 1892 enthielt nicht nur die provisorischen Steuerparagraphen, sondern auch das fakultative Finanzreferendum.

**Altes Kantonalbankgebäude**
*Im Bankgebäude an der Liestaler Rheinstrasse hatten die Gegner der Hypothekarreform des Bauern- und Arbeiterbundes ihren Sitz. Der damalige Regierungsrat traf in dieser Angelegenheit keine Entscheidung, ohne vorher die Meinung der Bankdirektion einzuholen.*

ton unter dem Druck der eidgenössischen Gesetzgebung 1881 die Geschlechtsvormundschaft auf.[2] Das Stimmrecht der Frauen führte er aber erst 1967 ein.

Die vierte Verfassung von 1863 änderte das politische System des Kantons Basel-Landschaft grundlegend. Die Revisionsbewegung um Christoph Rolle setzte eine ganze Reihe direkt-demokratischer Elemente durch: Die Aktivbürger konnten ihre Souveränität fortan nicht nur in Verfassungsabstimmungen, durch Landratswahlen und mit dem Veto zum Tragen bringen. Neu hatten sie auch das Recht, die Regierungsräte sowie die unteren Richter und Verwaltungsbeamten direkt zu wählen, den Landrat abzuberufen und mit Initiativen Gesetzes- und Verfassungsänderungen einzuleiten. Vor allem aber trat kein Gesetz in Kraft, über das nicht zuerst das Volk in einer Abstimmung befunden hatte.

## Politische Horizonte

Wenn die Baselbieter Aktivbürger dem Kanton eine regelmässige direkte Abgabe vorenthielten und Steuerwiderstand praktizierten, brachten sie zum Ausdruck, dass ihnen der Kanton und seine Behörden nicht so wichtig waren. Der politische Horizont der Mehrheit war im 19. Jahrhundert noch in erster Linie die Gemeinde. Deren Institutionen reichten weitgehend aus, um die alltäglichen Probleme zu meistern. Erst in zweiter Linie bedurfte man der andern Ebenen des politischen Systems: des Kantons oder des Bundes. Um den Alltag zu bewältigen, musste der Kanton für eine Mehrheit seiner Einwohner weder stark noch ausgebaut sein. Der Gemeindejoggeli und seine Anhänger wollten ihn sogar mit weniger Personal und Mitteln ausstatten oder seine Behörden durch Abordnungen der Gemeinden ersetzen, die sich regelmässig treffen. Noch in den 1870er Jahren standen Vorschläge zur Debatte, welche die Zahl der Regierungsräte auf drei reduzieren und den Landrat verkleinern wollten. Die Vertreter der politischen Elite des Kantons sahen es anders. Ihr politischer Horizont war der Kanton und die Eidgenossenschaft. Sie versuchten, den Kanton zu stärken und die Macht der Gemeinden zurückzudrängen. Mit den Verfassungsrevisionen von 1838 und 1850 vermochten sie ihre Position zu stärken.

Die Revisionsbewegung der frühen 1860er Jahre war für die führenden politischen Kräfte um Gutzwiller und Birmann nach dem «Chnorzregiment» der 1850er Jahre der zweite Rückschlag. Sie unterbrach den langsamen und stetigen Ausbau der kantonalen Institutionen. Sie errichtete mit den direktdemokratischen Elementen Hürden: Der Landrat konnte ohne Zustimmung der Stimmberechtigten kein Gesetz mehr erlassen. Unter dem Gesichtspunkt der Auseinandersetzung zwischen Kanton und Gemeinden sorgte die Revi-Bewegung dafür, dass die Gemeinden den Kanton noch einmal zurückbinden konnten. Sie unterwarf mit dem obligatorischen Referendum alle kantonalen Gesetze der Zustimmung der Gemeindeversammlungen, wo die kantonalen Abstimmungen jeweils stattfanden. Auch bei den Wahlen rückte

**Feuerwehr**
*Die Feuerwehr war eine andere Form der kollektiven Erfüllung öffentlicher Aufgaben. Andere Beispiele sind das Gemeindewerk beim Unterhalt der Strassen oder der Frondienst im Forst.*

die Revi-Bewegung den Kanton den Gemeinden näher: Sie verkleinerte die Wahlkreise, so dass sich die 74 Gemeinden auf 40 Kreise verteilten. In den ersten direkten Wahlen des Regierungsrates und der Verwaltungsbehörden setzten sich schliesslich mehrheitlich Revi-Leute durch.

Birmann schrieb 1887 abwertend, die «destruierende Bewegung» hätte sich «auf die leidenschaftlichsten Traditionen der Revolution» und «auf die bäuerlichen Instinkte» gestützt. Es wundert nicht, dass Martin Birmann, ein Vertreter der politischen Elite, beim späteren Rückblick Bitternis empfand. Die Ansätze, die er und Gutzwiller beim Auf- und Ausbau der kantonalen Institutionen seit der Verfassungsrevision von 1850 beobachtet hatten, wurden von Christoph Rolle und seiner Revisionsbewegung abrupt gestoppt. Aber dass den oppositionellen Kräften nur «das materielle Gedeihen des Einzelnen» vor den «öffentlichen Werken» gestanden hätte oder dass die «Auflösung der Staatsgewalt» ihr «Ziel» gewesen sei, wie Birmann ausführt, ist eine einseitige Sicht. Die Opposition verfolgte ein anderes Staatskonzept. Im föderalistischen Verbund von Gemeinden, Kantonen und Bund stand für sie die Gemeinde im Vordergrund. Bund und Kanton hatten nur ergänzende Aufgaben. Die Revisionsbewegung der frühen 1860er Jahre entwickelte kreativ politische Einrichtungen, welche die beiden unteren Ebenen stärker aufeinander bezogen. Der Gegensatz zwischen Gemeinden und Kanton war damit nicht aus der Welt geschafft, er prägte die Politik auch später. Aber die neuen politischen Einrichtungen lenkten ihn in Bahnen, die sich längerfristig für beide Teile als günstig erwies. In der Verfassungsrevision von 1863 setzten sich nicht die «destruierenden» gegen die «constituierenden» Kräfte durch, sondern die bestehenden politischen Kräfteverhältnisse schlugen sich in einem Kompromiss nieder, mit dem – wie sich schon bald zeigte – beide Seiten leben konnten.

**Bauern- und Arbeiterbund**

*Wer die Zeitung des Bauern- und Arbeiterbundes abonniert hatte, galt als Mitglied der Organisation. Nachdem der Kampf des Bundes für die Hypothekarreform erfolglos geblieben war, konzentrierten sich Stephan Gschwind und seine Getreuen auf die Förderung des Genossenschaftswesens. So entstanden zahlreiche und über das ganze Kantonsgebiet verstreute Produktions-, Konsum-, Elektrizitäts- oder Raiffeisengenossenschaften. Die Zeitung des Bundes behielt ihren Namen, erklärte sich aber auch zum offiziellen Organ der baselland-schaftlichen Genossenschaftsbewegung.*

## «Realpolitik»

Die Revisionsbewegung hatte 1863 nicht nur eine neue, mit direkt-demokratischen Elementen versehene Verfassung durchgesetzt. In den anschliessenden Neuwahlen setzten sich Rolles Parteigänger auch in den Behörden durch. Sowohl im Land- als auch im Regierungsrat verfügten die Revi über klare Mehrheiten. Die Anti nahmen teilweise aus Protest gegen die neue Verfassung nicht an den Wahlen teil, so dass die Beteiligung nicht ausreichte und die Wahlgänge in einigen Kreisen ungültig blieben. Die neue Verfassung schrieb nämlich vor, dass an Wahlen ein Drittel, an Abstimmungen die

**Beim Dreschen in Ettingen**

*Wenn die Gemeinden auf ihre Autonomie pochten, dann verteidigten sie immer auch die Möglichkeit, die öffentlichen Aufgaben in korporativer oder kollektiver Form und in eigener Regie wahrzunehmen. In den dörflichen Genossenschaften setzte sich diese Tradition fort. Die Milchgenossenschaft Ettingen schaffte beispielsweise eine gemeinsame Dreschmaschine an.*

### Der Bauern- und Arbeiterbund

«Die Sonne leuchtet uns zum Sieg!», soll einer der Vertrauensmänner an der Gründungsversammlung des Bauern- und Arbeiterbundes (BAB) am 30. Oktober 1892 in Muttenz ausgerufen haben.[3] Den Anstoss zur Gründung des BAB hatten Vertreter des Landwirtschaftlichen Kreisverbandes Arlesheim, der Katholischen Männer- und Arbeitervereine, der Grütli-Vereine und des Freiland-Bundes gegeben. Zentrale Figur im Netzwerk dieser Organisationen war der Oberwiler Landrat Stephan Gschwind. Er und seine Gesinnungsfreunde waren im Verfassungsrat, der über die Kantonsverfassung von 1892 beraten hatte, und im Landrat mit Vorstössen zur Hypothekarreform hervorgetreten. Wegen des hohen Verschuldungsgrades vieler Baselbieter Bauern- und Posamenterfamilien sowie des wirtschaftlichen Anpassungsdruckes, dem diese ausgesetzt waren, war es ihm leicht möglich, die Hypothekarverschuldung und die Geschäftspolitik der Bankinstitute als Hauptursache der wirtschaftlichen Probleme zu definieren.

Auch der BAB schrieb sich die Hypothekarreform auf die Fahne, doch bevor er mit einer Volksinitiative ans Werk gehen konnte, waren in seinen Reihen tiefgreifende Meinungsverschiedenheiten auszuräumen.

**Stephan Gschwind-Stingelin**

*Nach seinem Biographen Ernst Degen soll Stephan Gschwind geschrieben haben: «Wie hätte ich ohne sie auf dem Gebiete der Politik und Volkswirtschaft leisten können, was ich geleistet habe!» Die Worte der Anerkennung galten Marie Stingelin von Pratteln, die seit 1878 mit Stephan Gschwind verheiratet war. Marie Gschwind-Stingelin gebar fünf Kinder, führte den Haushalt und leitete den landwirtschaftlichen Betrieb, der zum Firmenkonglomerat Gschwinds gehörte. Zudem sorgte sie für die Familie. So musste sie ihren Gatten hin und wieder mahnen, wenn er ob seiner öffentlichen Ämter die Familie zu vergessen drohte: «Nicht nur einmal», meint Gschwind in seinen testamentarischen Aufzeichnungen, «musste mich meine Gattin daran erinnern, auch an die eigenen Pflichten zu denken und nicht nur an die Dinge Dritter.» Es war eine lange Liste von Engagements, die ohne Marie Gschwinds Unterstützung nicht möglich gewesen wären: Ihr Ehemann war Verfassungs-, Land- und Nationalrat. Er war Mitglied der Sozialdemokratischen Partei der Schweiz, des Landwirtschaftlichen Vereins und der Freiland-Gesellschaft. Dem Verband der Baselbieter Grütli-Sektionen und dem Landrat stand er als Präsident vor. Er gründete den Bauern- und Arbeiterbund und redigierte über viele Jahre dessen Verbandsorgan.*

Hälfte der Stimmberechtigten teilnehmen mussten. Die jetzt in der Opposition stehenden Anti merkten rasch, dass sie allein durch Fernbleiben von Wahlen und Abstimmungen die Arbeit ihrer politischen Gegner behindern konnten. Und die Revi spürten bald, dass die neuen Kontrollmöglichkeiten, die den Stimmbürgern jetzt zur Verfügung standen, nicht nur für, sondern auch gegen sie wirksam waren.

Die Vorherrschaft der Revi war denn auch von kurzer Dauer: Bereits in den Nationalratswahlen von 1863 obsiegten wieder die Anti, bei den Landratswahlen im April 1866 stärkten sie ihre Minderheitsposition beträchtlich und im Mai des gleichen Jahres setzten sie sich in den Regierungsratswahlen durch. Bei den Landratswahlen von 1869 eroberten sie schliesslich auch im Parlament die Mehrheit zurück. Auch die Gesetzgebungsarbeit der Revi war nicht sehr ertragreich: Von den 18 Vorlagen, welche ihre Regierung zwischen 1863 und 1866 zur Abstimmung brachte, fanden nur neun, also die Hälfte, eine zustimmende Mehrheit. Die übrigen scheiterten am mehrheitlichen Nein oder an der organisierten Stimmabstinenz der Anti. Nachhaltige Wirkung hatte lediglich eine ihrer Gesetzesvorlagen: Am 10. Juli 1864 fand das Kantonalbankgesetz eine Mehrheit und ermöglichte die Gründung dieses Bankinstituts. Unter dem vorwiegend durch Anti besetzten Regierungsrat, der zwischen 1866 und 1869 amtierte, nahmen die Stimmbürger 15 von 17 Vorlagen an. Zu dieser günstigeren Bilanz dürfte allerdings auch beigetragen haben, dass sich die Anti-Regierungsräte und der Revi-Landrat auf Kompromisse einigen mussten.

Die Niederlagen der Revi waren nicht allein das Verdienst der Anti. Sie trugen selbst auch ihren Teil dazu bei. Wie schon im Verfassungsrat verfochten sie eine kompromisslose Politik, die nicht die Verständigung mit den politischen Gegnern suchte. Anders als die Revi signalisierten die Anti mehr Entgegenkommen: Sie schlugen auch Politiker zur Wahl vor, die unter den Revi Sympathien genossen. So präsentierten sie auf ihrer Regierungsratsliste von 1866 etwa Emil Frey, den Sohn von Dr. Emil Remigius Frey, einem

Einig war man sich im Ziel, dass die hoch verschuldeten Kleinbauern und Posamenter entlastet werden sollten. Uneinig war man sich über den Weg zu diesem Ziel. Während Schmid und Gschwind mit ihrem Vorstoss die Monopolisierung des Hypothekargeschäfts beabsichtigt hatten, schreckten andere Kräfte des heterogenen Bundes vor solchen Schritten zurück. Insbesondere die Katholischen Arbeiter- und Männervereine vertraten eine konträre Position. Sie lehnten Reformen ab, welche ihrer Ansicht nach auf einen Staatssozialismus hinausliefen, und betonten die Bedeutung des Subsidiaritätsprinzips. Zuerst sollten sich die Gemeinden helfen.

Kanton und Bund sollten nur ergänzend zum Zuge kommen.[4]

Nach einer längeren Diskussionsphase einigte man sich im BAB auf einen Initiativtext, hinter den sich alle Teile stellen konnten. Man habe «von der ‹Verstaatlichung des Hypothekarkredits› oder vom sog. ‹Hypothekarmonopol› [...] Umgang genommen», hiess es im Bericht über die Sitzung einer Kommission, welche den Initiativtext zu erarbeiten hatte. «Es war dies», fuhr der Berichterstatter fort, «eine Konzession an diejenigen, die vom Monopol überhaupt nichts oder doch nicht viel davon wissen wollen.»[5]

Revi. Frey wurde auch prompt zusammen mit vier Anti-Kandidaten gewählt. Zudem verfolgten sie mit der Zeit eine Politik, welche sich mit den neuen direkt-demokratischen Elementen arrangierte. Als 1875, nach Ablauf der vorgeschriebenen zwölfjährigen Frist, die Frage einer Revision der Verfassung von 1863 zur Debatte stand, bezeichnete der gleiche Emil Frey dieses Arrangement als «Realpolitik» und warnte davor, diesen Rahmen zu verlassen. Der überwiegenden «Mehrheit des basellandschaftlichen Volkes» sei die Beteiligung an Wahlen und Abstimmungen zum politischen «Lebensprinzip» geworden, von dem es nicht mehr abweichen werde, argumentierte Frey.[6] Die Parteigänger der ehemaligen Anti folgten seinem Rat und verzichteten auf die Forderung nach Abschaffung des obligatorischen Referendums. Sie schätzten die Lage richtig ein: Weder 1875 noch 1876 fand sich in den Abstimmungen über die Revisionsfrage eine Mehrheit, welche die Verfassung erneut überarbeiten und auf die Auseinandersetzung um das obligatorische Referendum zurückkommen wollte.

Doch das obligatorische Gesetzesreferendum legte den politischen Kräften, welche den Kanton rasch ausbauen und stärken wollten, auch weiterhin Fesseln an. Das zeigte sich zum Beispiel in der Finanzpolitik, wo nur geringfügige Fortschritte möglich waren, so dass die Behörden zur Zurückhaltung verpflichtet blieben.[7] Es zeigte sich auch im Erziehungswesen, wo wichtige Reformen, welche das anfänglich fortschrittliche kantonale Schulsystem auf der Höhe der Zeit halten sollten, nicht durchzusetzen waren.[8] Spätere Beobachter empfanden diese Phase der Baselbieter Geschichte als ein «Vegetieren des Staates» oder als Zeit des «Stillstandes».[9] Doch ganz so still und unbeweglich blieb es auch im Baselbiet nicht. So fiel 1879 die Geschlechtsvormundschaft und 1891 die Benachteiligung der Frauen bei der Erbteilung weg.[10] Zudem stimmten die Baselbieter Männer 1881 einem neuen Gemeindegesetz zu, das allen Gemeinden vorschrieb, Einwohner- und Bürgergemeinden zu trennen und deren Vermögen auszuscheiden.[11]

*Stephan Gschwind war auch mit von der Partie, als die Birseck'sche Produktions- und Konsumgenossenschaft, die Elektra Birseck, die Pestalozzigesellschaft Oberwil oder der Oberwiler Frauenverein entstanden. Schliesslich stand er zahlreichen Firmen vor.*

*Stephan Gschwind kam am 22. April 1854 in Therwil zur Welt. Dort verbrachte er seine Kinder- und Schuljahre. Er war zehn Jahre alt, als sein Vater starb. Noch ein Kind, musste er seiner Mutter auf dem Hof und in der Gastwirtschaft zur Hand gehen. 1870, nach vier Jahren Bezirksschule, wechselte er an eine weiterführende Schule in Basel. Doch hielt er es nicht lange aus. Bereits nach einem Jahr kehrte er der Schule den Rücken und bildete sich in verschiedenen Maschinenfabriken zum Mechaniker aus. 1873 kam er auf seiner Wanderschaft nach München. Dort trat er dem Schweizer- und dem Grütli-Verein sowie der Sozialdemokratischen Partei bei. 1875 kehrte er in die Schweiz zurück und liess sich in Oberwil nieder. Dort baute er eine Sägerei auf, welche mit den Jahren zur «Parketterie» und zum «Baugeschäft» expandierte. Kurz nach der Jahrhundertwende erkrankte Gschwind an einem langwierigen und letztlich tödlichen Nierenleiden. Am 28. April, kurz nach seinem 50. Geburtstag, starb er. Seine Frau Marie war damals nach Gschwinds Einschätzung «kerngesund» und hatte seiner Meinung nach «alle Anrechte auf ein hohes Alter». In den Geschäften, die er seinen Erben hinterliess «werde sie ihren Mann stellen», prophezeite er. Marie Gschwind-Stingelin starb 1933 im Alter von 71 Jahren.*

Der Text der Initiative, für die der BAB schliesslich Unterschriften sammelte, war umfangreich und kompliziert. Der Vorstoss umfasste nicht weniger als 19 Artikel und verfolgte eine Reihe von Zielen zugleich: Erstens wollte er das Verfahren zur Schätzung des Werts landwirtschaftlichen Bodens so ändern, dass dem Ertragswert mehr, dem Verkaufswert weniger Rechnung getragen werden sollte. Zweitens wollte der Vorstoss eine obere Verschuldungsgrenze festsetzen. Drittens sollte ein Höchstzinssatz von 3 3/4 Prozent sowie eine Amortisationspflicht gelten. Mit diesen Forderungen betrat der BAB kein Neuland. Neue Schätzverfahren, Verschuldungsgrenzen, Höchstzinssätze und Amortisationspflicht forderten breite Kreise. Interessant und neu war hingegen, was der BAB darüber hinaus verlangte: Seine Initiative sah nämlich vor, der Kantonalbank und den Gemeinden im Hypothekarwesen eine besondere Rolle zuzuweisen. Der Kantonalbank räumte die Initiative das Recht ein, jederzeit hypothekarische Schuldbriefe von Privatgläubigern abzulösen. Umgekehrt hatte sie die Pflicht, allen Darlehensgesuchen zu entsprechen, die sich an die gesetzlichen Schranken hielten. Die besondere Rechtsstellung, welche die Initiative der Kantonalbank einräumen wollte, wäre auf ein Monopol im Hypothe-

## Verfassungsreform

Mochten die Baselbieter Männer den Aus- und Aufbau des Kantons mit dem obligatorischen Referendum auch gebremst haben, die wirtschaftliche und soziale Entwicklung des Kantons blieb davon unberührt: Zwischen 1860 und 1888 war die Bevölkerung des Kantons Basel-Landschaft um über 20 Prozent von rund 51 000 auf 62 000 Personen angewachsen. Seit 1858 war die durchgängige Eisenbahnstrecke Basel–Olten, seit 1875 die Strecke Basel–Brugg und seit 1876 die Linie Basel–Delsberg in Betrieb. Ab 1880 fuhr die Waldenburgerbahn, ab 1887 die Trambahn Basel–Therwil und ab 1891 die Sissach–Gelterkinden-Bahn.[12] In den wichtigsten Erwerbszweigen des Kantons, der Landwirtschaft und der Seidenbandindustrie, setzten sich die Anpassungsprozesse an die neuen Markt- und Produktionsbedingungen fort: Die bäuerliche Bevölkerung hatte den Verlust des Entfernungsschutzes zu bewältigen, wobei ihnen die Nachfrage der wachsenden Industriearbeiterschaft neue Absatzmöglichkeiten eröffnete. Die Posamenterfamilien übernahmen mehr und mehr die Funktion eines Puffers zur fabrikindustriellen Herstellung der Seidenbänder, wobei ihnen ihre grosse familienwirtschaftliche Flexibilität entgegenkam.[13]

Ein Teil der Bauern- und Posamenterfamilien schaffte die Umstellung aber nicht. Sie verarmten, gaben ihr angestammtes Gewerbe auf und suchten sich in der expandierenden Industrie ein neues Auskommen. Sie trugen zur Bevölkerungsverschiebung bei: Während die Bevölkerung im Bezirk Arlesheim stark und im Bezirk Liestal mässig wuchs, stagnierte sie in den beiden oberen Bezirken. 1850 lebten im unteren und oberen Kantonsteil je die Hälfte der Einwohner. 1888 lebten in den beiden unteren Bezirken rund 60, in den beiden oberen noch rund 40 Prozent der Baselbieter Bevölkerung.[14] Auch auf die politischen Einrichtungen des Kantons hatten diese Veränderungen ihren Einfluss: So mussten die Beamten ihren Dienst für immer mehr Leute leisten. Das neue Verkehrsmittel Eisenbahn verlangte nach einer aktiven Politik. Die neuen Produktions- und Marktverhältnisse erforderten

**Hanslieni und Baschiheiri**
*Die beiden kauzigen Baselbieter tauchten Nummer für Nummer im ‹Bauern- und Arbeiterbund› auf, um die neuesten Ereignisse auf der Baselbieter Politbühne zu kommentieren. Beispielsweise Gschwinds Tod: «Hanslieni: Wie wird's au z'Oberwil go, wenn jetz d'r Steffe Gschwind nümme do isch? Baschiheiri: Do müen halt die Andere au emol öppis leiste!»*

kargeschäft hinausgelaufen. Auf samtenen Pfoten hielt somit das alte Postulat, von dem man eigentlich «Umgang» genommen hatte, erneut Einkehr.

Die besondere Rolle der Gemeinden, welche die BAB-Initiative vorsah, resultierte aus der Bestimmung, dass die Gemeinden für die Hypothekarschulden ihrer Bürgerinnen und Bürger bürgen sollten. Nicht mehr private Bürgen, sondern die Gemeinde als Kollektiv sollte in Zukunft geradestehen, wenn ein Schuldner seinen Verpflichtungen nicht mehr nachkommen konnte. Die Kosten der Bürgschaften sollten die Gemeinden nach Auffassung des BAB aber nicht aus ihren Kassen berappen. Die Initiative sah vor, die Gemeinden am Reingewinn des Hypothekengeschäfts der Kantonalbank zu beteiligen. Ging ein Schuldner Konkurs, so konnte die Gemeinde die Folgekosten aus diesen Einnahmen bezahlen. Darüber hinaus sollten die Gemeinden mit ihrem Gewinnanteil auch Schuldbriefe ablösen oder Liegenschaften kaufen können. Auch diese Bestimmung lief letztlich auf eine Verstaatlichung hinaus: Die Gemeinden sollten in die Lage kommen, den Grund und Boden in ihren Besitz zu nehmen. Die Verstaatlichung sollte jetzt aber nicht über die kantonalen, sondern über die kommunalen Institutionen erfolgen.

zusätzliche Regelungen wie das Fabrikgesetz 1868. Dabei stiegen die Ausgaben des Kantons, doch hielten seine Einnahmen nicht Schritt. Reichten die Einnahmen vor 1875 noch knapp aus, um die notwendigsten Ausgaben zu bestreiten, so setzte Mitte der 1870er Jahre eine längere Defizitperiode ein, welche den Kanton dazu zwang, Schulden zu machen.

In den 1870er Jahren setzte der Landrat zwei Kommissionen ein, welche Vorschläge zu unterbreiten hatten, wie die «Staatseinrichtungen» den neuen Gegebenheiten und Anforderungen anzupassen wären.[15] Eine der Schwierigkeiten dieser Kommissionen war, dass sie zwei sich widersprechende Ziele unter einen Hut zu bringen hatten: Ein Teil ihrer Auftraggeber im Landrat erwartete nämlich, dass sie Einsparmöglichkeiten ausmachen sollten. Diese Landräte standen in der Tradition der Chnorzi und der Revi-Bewegung und wollten vermeiden, dass der Kanton direkte Steuern erheben musste. Ihnen standen die Landräte gegenüber, die unter einer «Reorganisation» den Ausbau der kantonalen Institutionen verstanden. Die erste Kommission unter dem Präsidium von Martin Birmann scheiterte an diesen unvereinbaren Erwartungen. Die zweite unter der Führung von Emil Frey, der inzwischen wieder aus der Regierung ausgeschieden war und nun im Landrat sass, kam etwas weiter: Sie ermittelte in zahlreichen Bereichen Reformbedarf und stellte einen Katalog von insgesamt 35 Vorschlägen zusammen.

In den folgenden Jahren wurden nur wenige Vorschläge der Kommission realisiert. So entsprach das Gemeindegesetz von 1881 weitgehend den Vorstellungen der Reorganisationskommission, und auch die Revision des ehelichen Güter- und Erbrechts hatte sie bereits angeregt. Doch die meisten ihrer Anregungen blieben Programm. Vor allem die Sanierung der Kantonsfinanzen liess weiterhin auf sich warten. Den politischen Führungskräften des Kantons mangelte es nicht an Ideen, aber es fehlte ihnen die politische Unterstützung, welche ihren Einsichten zum Durchbruch verhelfen konnte. Allerdings zeichneten sich im Verlauf der 1880er Jahre gerade in dieser Hinsicht entscheidende Veränderungen ab. Von den wirtschaftlichen und sozia-

Der DAD lancierte seine Initiative im Spätsommer 1895 und reichte sie im Mai 1896 mit 2163 Unterschriften ein. «Einige eifrige Mitglieder» hätten «etwas mehr erwartet», schrieb die Zeitung des BAB in ihrem Bericht. Man gab sich aber trotzdem zufrieden und rechnete damit, dass sich die Zahl der Befürworter der Hypothekarreform «reichlich verdoppeln» werde, wenn anlässlich der Abstimmung wieder «zur Sammlung geblasen» werde. Doch mit dieser Prognose lag der BAB völlig daneben: Als über seinen Vorstoss im Dezember 1896 abgestimmt wurde, erhielt dieser weniger Ja-Stimmen als Unterschriften. In den dazwischenliegenden Monaten hatte sich nicht seine Anhängerschaft verdoppelt, wie der BAB zweckoptimistisch angenommen hatte, sondern war seine Gegnerschaft gewachsen. Der BAB hatte es nämlich unterlassen, seinen Vorstoss einem breiteren Publikum zu erläutern und dafür Propaganda zu machen. Hingegen hatten die kantonalen Behörden und die Direktion der Kantonalbank als Gegner des BAB kräftig gegen dessen Verstaatlichungs- und Monopolisierungsbestrebungen Stimmung gemacht: Am Sonntag, 13. Dezember 1896, stimmten 1898 der rund 13 000 stimmberechtigten Männer im Kanton Basel-Landschaft für, 4782 jedoch gegen die BAB-Initiative.

**Staatsverfassung 1863**

*1863 hatte sich der «Freistaat» Basel-Landschaft eine direkt-demokratische Verfassung gegeben. Sowohl die Behörden als auch die Stimmbürger mussten sich zuerst an die neuen Rechte gewöhnen. Mit der Zeit aber lernte man im Kanton Basel-Landschaft die neuen Mitspracherechte zu schätzen, so dass niemand mehr darauf verzichten wollte. Auch die Verfassungen von 1892 und 1984 hielten an den direkt-demokratischen Rechten fest. Erst 1998 stimmten die Stimmberechtigten einer Neuregelung des obligatorischen Referendums zu. Danach müssen Gesetze und Staatsverträge nur noch dann der Volksabstimmung unterbreitet werden, wenn sie «der Landrat mit weniger als vier Fünfteln der anwesenden Mitglieder beschliesst».*

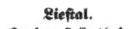

len Entwicklungen war nämlich nicht nur der Kanton, es waren auch die Gemeinden betroffen. Vor allem im Bezirk Arlesheim summierten sich die Probleme: Wo starkes Bevölkerungswachstum und Armut zusammentrafen, nahmen die Aufgaben der Gemeinden in der Armenfürsorge und im Erziehungswesen überproportional zu. Die Klagen finanziell überforderter Einwohnergemeinden häuften sich. Zudem hegten die katholischen Gemeinden im Birseck den alten Wunsch, sich ins Schulgut des protestantischen Kantonsteils einzukaufen.

Als 1887 zum zweiten Mal die zwölfjährige Frist ablief, nach der laut Paragraph 87 der geltenden Staatsverfassung dem Volk die Frage vorzulegen war, ob die Verfassung von 1863 revidiert werden solle oder nicht, enthielten sich Regierung und Landrat in den Abstimmungserläuterungen einer konkreten Stellungnahme. Es war einer Versammlung prominenter Baselbieter Politiker überlassen, die zentralen Vorschläge der Reorganisationskommissionen neu aufzulegen und bekannt zu geben: Ihr «Programm für die Verfassungsrevision 1887» enthielt zum Teil wortwörtlich die Anregungen aus den 1870er Jahren. So wollten sie beispielsweise die Kantonsverfassung mit dem Bundesrecht in Einklang bringen, die Teilnahmequoten für Wahlen und Abstimmungen streichen, das Initiativrecht präzisieren und eine «Steuer mit Progression» einführen. Den Interessen des Birsecks kamen sie entgegen, indem sie seinen Einkauf ins Schulgut ermöglichen wollten. Den Anliegen der Gemeinden entsprach das Programm, weil es den Kanton zu höheren finanziellen Leistungen an das Schulwesen verpflichten wollte. Um jedem Zweifel zu begegnen, hielt das Programm im Sinne der «Realpolitik» Emil Freys klipp und klar fest: «Das obligatorische Referendum wird beibehalten.»[16]

Bei den beiden Abstimmungen von 1875 und 1876 hatte sich noch keine Mehrheit gefunden, die sich für eine Verfassungsrevision aussprach. Aber diesmal klappte es. Bei einer Stimmbeteiligung von rund 60 Prozent sprachen sich 3520 (54%) Stimmbürger für, 2968 (46%) gegen die Revision aus. Wenige Wochen später wählten die stimmberechtigten Männer einen

Nach seiner Niederlage verzichtete der BAB auf weitere Mobilisierungsaktionen, setzte seinen Kampf für eine Hypothekarreform aber fort. Allerdings beschränkten sich seine Exponenten dabei wieder auf die Arbeit im Parlament – wie schon vor der Gründung des Bundes. Immerhin hatte er bereits einige Wahlerfolge erzielen können, so dass er unter den Landräten und im Regierungsrat auf etwas mehr Unterstützung zählen durfte. Die Hypothekarreform setzte sich trotzdem nicht durch. Nicht einmal in der moderaten Version, welche der Regierungsrat im Anschluss an die Abstimmung über die BAB-Initiative dem Landrat vorgelegt hatte und die sich auf die konventionellen Reformen wie Verschuldungsgrenze, Amortisationspflicht und Höchstzinssatz beschränkte, fand sie eine Mehrheit.

Die Abstimmungsniederlage führte den BAB nicht nur dazu, sich wieder auf den parlamentarischen Weg zu beschränken, sie hatte auch zur Folge, dass er sich vermehrt einem andern Reformbereich zuwandte. Schon bald nach seiner Gründung hatte der BAB damit begonnen, auch das Genossenschaftswesen zu fördern und Betriebe wie etwa die Therwiler Knochenstampfe aufzubauen.

Nach und nach entstand in Oberwil und Umgebung ein ganzes Netz von Genossen-

**Grütli-Verein Muttenz**

*Der Kantonalverband der Grütli-Vereine war neben den Katholischen Männer- und Arbeitervereinen eine tragende Säule des Bauern- und Arbeiterbundes.*

schaften. Die Birseck'sche Produktions- und Konsumgenossenschaft mit Hauptsitz in Oberwil entwickelte sich zu einem sehr erfolgreichen und stark expandierenden Unternehmen.[6] Nach dessen Muster entstanden auch andernorts genossenschaftliche Betriebe. Die Ausstrahlung des BAB und seiner Genossenschaften mündete schliesslich um die Jahrhundertwende auch in die rasche und breite Gründungswelle von Elektragenossenschaften. An der Entstehung der ersten Elektragenossenschaft des Kantons, der Elektra Birseck, war auch BAB-Gründer Gschwind beteiligt. Indem sich der BAB nach dem Scheitern der Hypothekarreform vermehrt auf die genossenschaftliche Aktivität konzentrierte, zog er die Konsequenz aus seinen Niederlagen: Der Versuch, im Hypothekarwesen staatliche Interventionen durchzusetzen und über diese der herrschenden Verschuldungsnot beizukommen, entsprach einem sozialstaatlichen Konzept. Dieses postulierte die staatliche Verantwortung für die Not der Kleinbauern- und Posamenterfamilien und wollte dem Kanton und seinen Institutionen die entsprechenden Kompetenzen und Mittel zur Verfügung stellen. Damit widersprach es einer politischen Kultur, die noch weitgehend auf die lokale Regulation und die Selbsthilfe der Betroffenen setzte. Die Idee des

**Emil Frey-Kloss**

*Auf die direkt-demokratischen Elemente im politischen System des Kantons Basel-Landschaft verzichten mochte Emil Frey der Jüngere nicht. Dazu stand ihm seine «Realpolitik» im Wege, die von der grossen Akzeptanz der «Volksrechte» bei den Baselbieter Stimmbürgern ausging. Aber er wollte das obligatorische Referendum verbessern oder durch Abstimmungen an Lands- oder Bezirksgemeinden ersetzen. Aus seiner Sicht wies es nämlich den Nachteil auf, dass die Stimmberechtigten über kantonale Gesetze «unter dem Gemeindekirchturm» und ohne vorausgehende Diskussion entschieden. Dadurch kamen Entscheide zustande, die das «Volk» ohne «das Gefühl der Verantwortlichkeit» fällte, wie Frey in seinem Bericht über die Reorganisation der Staats-Verwaltung schrieb.*

*Emil Freys Vorschläge zur Reform der Volksrechte beruhten auf eigener Erfahrung. Als Baselbieter Regierungsrat hatte er erlebt, dass Gesetzesvorlagen, die er in der Gewissheit ausgearbeitet hatte, für das Volk Gutes zu tun, von eben diesem Volk nur mit Murren akzeptiert (Fabrikgesetz 1868) oder sogar verworfen wurden (Forstgesetz 1870, Schulgesetz 1873). Sein Ziel war es, den Staat im Interesse der wirtschaftlich Schwachen und sozial Benachteiligten in die sozialpolitische Pflicht zu nehmen. Doch sah er dieses Ziel immer wieder durch diejenigen, in deren Sinn er zu handeln glaubte, selbst in Frage gestellt.*

Verfassungsrat. Damit war die Revisionsbereitschaft der Baselbieter Stimmbürger allerdings bereits am Ende: Am 20. Januar 1889 lehnten sie einen ersten, am 31. März des gleichen Jahres einen zweiten Verfassungsentwurf ab. Am 26. Mai 1889 verneinten sie schliesslich die Frage, ob ein dritter Entwurf ausgearbeitet werden solle. Stein des Anstosses waren vor allem die Verfassungsartikel, welche die direkten Steuern sowie den Einkauf des Birsecks ins Schulgut regelten. Der erste Entwurf sah sowohl eine «Steuer mit Progression» als auch den Einkauf vor. Während ihm der Bezirk Arlesheim mit überwiegender Mehrheit zustimmte, fanden die übrigen drei Bezirke wenig Gefallen daran. Der zweite Entwurf reduzierte den Steueransatz. Zudem sah er geringere Leistungen des Kantons an die Schullasten der Gemeinden vor. Diesmal reagierten die Birsecker Stimmbürger mit einem Boykott. Nur gerade zwölf Prozent der Stimmbürger des Bezirks Arlesheim gingen zur Abstimmung.

Doch im Unterschied zum ersten Anlauf in den 1870er Jahren liessen die politischen Kräfte, die für eine Revision der Verfassung einstanden, Ende der 1880er Jahre nicht mehr locker. Vor allem der Bezirk Arlesheim blieb am Ball: Schon im Mai 1889, als die Stimmbürger sich dazu äussern mussten, ob die Revision mit einem dritten Verfassungsentwurf fortgesetzt werden solle, war es der Bezirk Arlesheim, der eine überwältigende Mehrheit für einen dritten Anlauf lieferte. 85 Prozent der Männer, welche in den Gemeinden des unteren Kantonsteils an den Abstimmungsversammlungen teilnahmen, sprachen sich für einen dritten Verfassungsentwurf aus. Da in den oberen Bezirken lediglich ein Viertel der Stimmenden ihre Auffassung teilte, unterlagen sie. In den folgenden Jahren aber setzten sich im Bezirk Arlesheim zahlreiche Politiker, Vereine, Kundgebungen, Zeitungen und Unterschriftensammlungen für die Fortsetzung der Revision ein. Vor allem im Landwirtschaftlichen Kreisverband Arlesheim-Basel, in den Unterbaselbieter Grütli-Sektionen sowie in den Katholischen Männer- und Arbeitervereinen fanden Revisionsforderungen grosse Resonanz.

Sozialstaats hatte sich erst noch durchzusetzen. Sie war noch nicht mehrheitsfähig. Erfolge konnte der BAB nur im Genossenschaftswesen verbuchen. Dieses entsprach mit seiner Verankerung in den Gemeinden und in der Selbsthilfe der traditionellen politischen Kultur. Auf die Idee, auch die Kreditnot genossenschaftlich anzugehen, kam der BAB selbst aber nicht. Diesen Vorschlag machten wenige Jahre später die ehemaligen Verbündeten aus den Reihen der Katholischen Arbeiter- und Männervereine im untern Kantonsteil. 1901 regten sie an, genossenschaftliche Bankinstitute nach dem System Raiffeisen zu gründen.

**Sonderfall Birseck**

Die Baselbieter Verfassungen hatten dem Birseck die Rechte gewährleistet, welche ihm der Wiener Kongress von 1815 zugesprochen hatte. Dazu gehörte, dass die katholischen Gemeinden ihr gemeinsames Kirchen-, Schul- und Armengut selbständig und von dem des protestantischen Kantonsteils getrennt führen konnten. Die Verwaltung des Guts oblag einer besonderen Kommission, welche die Gemeinden des Birsecks wählten. Bis Mitte des 19. Jahrhunderts genügten der Fonds sowie die Einnahmen aus der alten Grundsteuer, um die Ausgaben für das Kirchen-, Schul- und Armenwesen zu bestreiten. Doch 1856

Diesen Kreisen ging es aber nicht nur darum, die bereits bekannten Anliegen des Birsecks zu verfechten. Sie wollten den Kanton auch sozial- und wirtschaftspolitisch stärker in die Pflicht nehmen und mit der Verfassungsreform den Grundstein für einen modernen Sozialstaat legen, wie er beispielsweise auch Stephan Gschwind oder Emil Frey vorschwebte, dessen Wahl zum Bundesrat kurz bevorstand. So verlangte eine Initiative, die 1889 und 1890 in ihren Kreisen zirkulierte, nicht nur, dass indirekte Abgaben durch eine direkte kantonale Steuer ersetzt und die Gemeinden von Schul- und Strassenausgaben entlastet würden. Darüber hinaus forderte sie auch eine Hypothekarreform. Diese Forderung tauchte in verschiedenen Varianten immer wieder und in den folgenden Jahren deutlicher hörbar auf. Sie reihte sich in die übrigen Birsecker Bestrebungen für eine Verfassungsreform ein und verlieh ihnen eine sozialpolitische Richtung.[17]

1891 wagte der Regierungsrat im Zusammenhang mit der Steuerfrage erneut einen Vorstoss zu Gunsten einer Verfassungsrevision. Der Landrat folgte seinem Vorschlag und am 18. Oktober 1891 bejahten auch die Stimmbürger die Revisionsfrage. Ein neuer Verfassungsrat beriet einen dritten Entwurf und legte ihn am 22. Mai 1892 den stimmberechtigten Männern vor. Diesmal stimmte ihm nicht nur der Bezirk Arlesheim, sondern auch der Bezirk Waldenburg zu. In den Bezirken Sissach und Liestal hatten die Gegner der Revision noch immer eine Mehrheit. Ihr Rückhalt war aber geschwunden. Bei einer Stimmbeteiligung von 76 Prozent vereinigte die neue Verfassung 6038 Ja- (64%) und lediglich 3392 Nein-Stimmen (36%) auf sich. Das neue Grundgesetz behielt das obligatorische Referendum, das Initiativrecht, das Abberufungsrecht und die Volkswahl der Regierung bei und ergänzte die direkt-demokratischen Elemente um das Finanzreferendum. Auf das Beteiligungsquorum für Wahlen und Abstimmungen verzichtete es. In den Übergangsbestimmungen enthielt das neue Verfassungswerk sowohl eine direkte Staatssteuer mit einer Progression als auch die Möglichkeit zum Einkauf des Birsecks ins Schulgut. Zudem erhöhte der Kanton seine

musste der Landrat den Gemeinden des Birsecks das Recht einräumen, eine regelmässige Schulsteuer zu erheben. Gegen diese Steuer erhob sich Anfang der Siebziger Widerstand, weil das Steuersystem die wachsenden Gemeinden des Birsecks gegenüber den kleinen benachteiligte und weil die Bevölkerungsverschiebung dazu führte, dass mehr und mehr protestantische Einwohner durch diese Steuer zur Besoldung katholischer Geistlicher beitragen mussten. Im Birseck setzte sich nach und nach die Überzeugung durch, «der bisherige Zustand liege weder im Interesse unseres Gemeinwesens überhaupt, noch in demjenigen der beiden Sondergebiete».

Man forderte den Einkauf des Birsecks ins Schul- und Armengut des übrigen Kantonsteils

*Emil Frey kam am 24. Oktober 1838 zur Welt. Seine schulische Ausbildung litt unter seiner Widerborstigkeit gegenüber dem autoritären Vater. Einen anerkannten Abschluss erwarb er nie. Trotzdem machte er Karriere: Im amerikanischen Sezessionskrieg brachte er es auf der Seite der Nordstaaten zum Offizier und prominenten Kriegsgefangenen. Nach seiner Rückkehr wählten ihn die Baselbieter zuerst zum Landschreiber (1865 bis 1866), dann zum Regierungs- (1866 bis 1872), später zum Landrat (1872 bis 1881). Auf eidgenössischer Ebene wirkte er als Nationalrat (1872 bis 1882), als Botschafter der Schweiz in den USA (1882 bis 1888) sowie als Bundesrat (1891 bis 1897). Beruflich war Emil Frey als Redaktor der ‹Basler Nachrichten› (1872 bis 1882) und der ‹National-Zeitung› (1888 bis 1890) sowie als Direktor der Internationalen Telegraphenunion (1897 bis 1921) in Bern tätig. In der Schweizer Armee nahm er von Anfang an die Position ein, zu der er es bei den Truppen der amerikanischen Nordstaaten gebracht hatte: Er begann als Major und beendete die militärische Karriere im Range eines Obersten. Als Bundesrat stand er dem Militärdepartement vor.*

*1870 heiratete Frey Emma Kloss, die 21-jährige Tochter von Karl Kloss, einem polnischen Flüchtling, der sich auf Baselbieter Seite an den Trennungswirren beteiligt hatte und dem jungen Kanton als Polizeisekretär und Kassier der Hypothekenbank zur Verfügung stand. Emma Frey-Kloss gebar innert weniger Jahre fünf Kinder. Noch nicht 29-jährig starb sie 1877 an Lungentuberkulose. Emil Frey kümmerte sich als allein erziehender Vater um seine Kinder. Doch konnte er sein politisches und berufliches Engagement nur bewältigen, weil er sich dabei auf die Unterstützung seiner Mutter verlassen konnte. Später gab er seine Kinder in Internate. Seine jüngste Tochter, Helene, führte ihm während Jahrzehnten den Haushalt. Frey starb 84-jährig im elterlichen Haus in Arlesheim.*

Leistungen an die Schul- und Armenausgaben der Gemeinden. Unter dem Titel «Volkswirtschaftspflege» erhielt der Kanton zusätzliche Aufgaben. Sie waren zwar noch bescheiden, bildeten aber den Grundstein seiner späteren Sozial- und Wirtschaftspolitik.

### Grundlagen des modernen Staates

Die neue Verfassung, welche sich der Kanton Basel-Landschaft 1892 gab, legte den Grundstein für den Sozial- und Interventionsstaat, zu dem sich der Kanton im 20. Jahrhundert entwickelte. Sie übertrug den kantonalen Institutionen neue Aufgaben. Sie gab ihnen die finanziellen Mittel, die sie benötigten, um die neuen Aufgaben zu bewältigen. Und sie band den bremsenden Einfluss des obligatorischen Referendums zurück, indem sie die Beteiligungsquote abschaffte. Zwar war jede dieser Neuerungen erst ein Anfang: Den entscheidenden Ausbau zum Sozialstaat erfuhr der Kanton Basel-Landschaft erst in den dreissiger und fünfziger Jahren des 20. Jahrhunderts. Das erste definitive Steuergesetz trat 1930 in Kraft. Und die Bremswirkung des obligatorischen Referendums verlor sich erst nach dem Zweiten Weltkrieg. Trotzdem markierte die Verfassung von 1892 eine Wende.

Noch während des ganzen 19. Jahrhunderts hatte sich die Politik weitgehend am dörflichen Horizont orientiert. Nur phasenweise waren kantonale oder eidgenössische Themen in den Vordergrund gerückt. Nur nach und nach weitete sich der politische Horizont über die Dorfränder hinaus. Dieser Prozess verlief parallel zur Industrialisierung und zum Wandel, der sich in der Landwirtschaft vollzog. Manche Konflikte, die sich aus der wirtschaftlichen und sozialen Entwicklung ergaben, nahmen die Form politischer Auseinandersetzungen an, in denen es um die Verteilung von Kompetenzen und Kontrolle zwischen den verschiedenen politischen Ebenen ging.

Die Politik im Dorf war auch im 19. Jahrhundert noch stark von traditionalen Herrschaftsformen geprägt. Einerseits hielten soziale und wirtschaftliche Abhängigkeiten innerhalb der Dorfbevölkerung Clan- und Klien-

**Verfassungsstreit**
*Die Staatsverfassung von 1863 räumte den Stimmberechtigten das Recht ein, nach jeweils zwölf Jahren darüber zu befinden, ob das Grundgesetz revidiert werden solle oder nicht. 1887 sprach sich erstmals eine Mehrheit dafür aus.*
*Der Entwurf einer neuen Verfassung, der am 20. Januar 1889 zur Abstimmung gelangte, fand dann allerdings keine Zustimmung. Die Karte, welche auf den Ja-Stimmenanteilen der Gemeinden beruht, zeigt die grosse Unterstützung, welche die neue Verfassung im unteren Kantonsteil bekam. In den oberen Bezirken waren es nur wenige Gemeinden im Waldenburger- und im Homburgertal, welche den Entwurf guthiessen. Dieser sah den Einkauf des Birsecks ins kantonale Schulgut und die Erhebung einer direkten Steuer vor, und eine Mehrheit der Stimmbürger war gegen diese Neuerungen.*
*Ein «Versöhnungsentwurf», der am 31. März 1889 zur Abstimmung kam und nach einem Mittelweg suchte, befriedigte weder Befürworter noch Gegner der ersten Vorlage und scheiterte ebenfalls. Im Birseck stiess er sogar auf einen Abstimmungsboykott.*

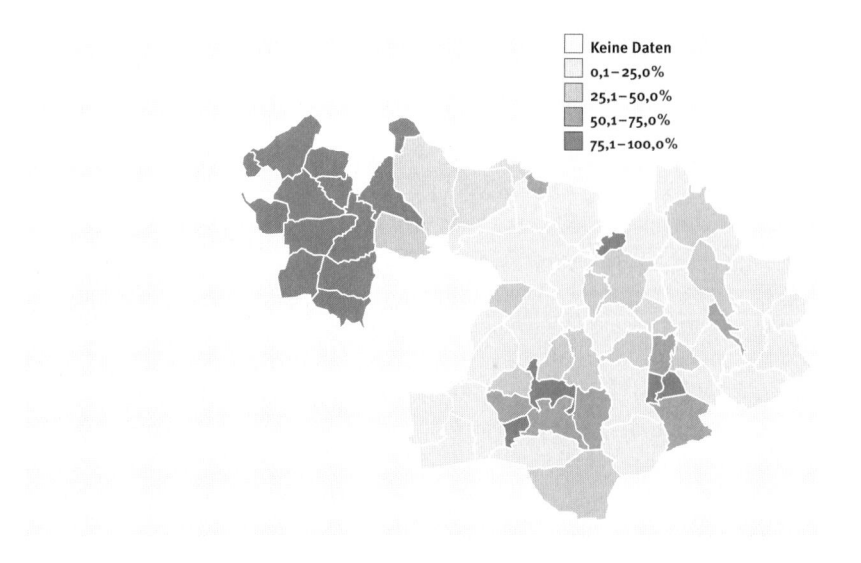

telbeziehungen aufrecht, die der dörflichen Oberschicht, einzelnen Familien oder Personen auch nach der Kantonstrennung eine vorherrschende Position einräumten. Doch je grösser der Anteil der Dorfbevölkerung wurde, der sich ausserhalb des Dorfes oder in der Industrie Einkommensquellen erschloss, desto stärker konnte das demokratische Prinzip politischer Gleichheit zur Geltung kommen, das nach der Kantonstrennung alle Verfassungen zur Norm erhoben.

Andererseits ermöglichten die traditionellen Mechanismen zur Regelung und Bewältigung öffentlicher Aufgaben auch kollektive Krisenstrategien. Im Kanton Basel-Landschaft zeigte sich noch in den ersten Jahrzehnten des 20. Jahrhunderts eine eigentliche politische Kultur der korporativen Selbsthilfe. Sie ermöglichte nicht nur die Gründung zahlreicher und vielfältiger Genossenschaften, sondern wandte sich auch gegen jede Einschränkung der individuellen Handlungsräume durch einen entfernten und schwer beeinflussbaren Staatsapparat, was sich etwa im Streit um die Freigabe der ärztlichen Praxis zeigte. Oder sie widersetzte sich zusätzlichen Kosten, die der Staat verursachte, denen aber kein direkter Nutzen gegenüberstand. Erst als der Staat vermehrt für sozial Benachteiligte aktiv wurde und als progressive Steuersätze Distanz zwischen eigenem Geldbeutel und staatlichem Aufwand schufen, schwand der Steuerwiderstand. Die Staatssteuer, wie sie die Verfassung von 1892 provisorisch einführte, war ein kleiner Schritt in diese Richtung.

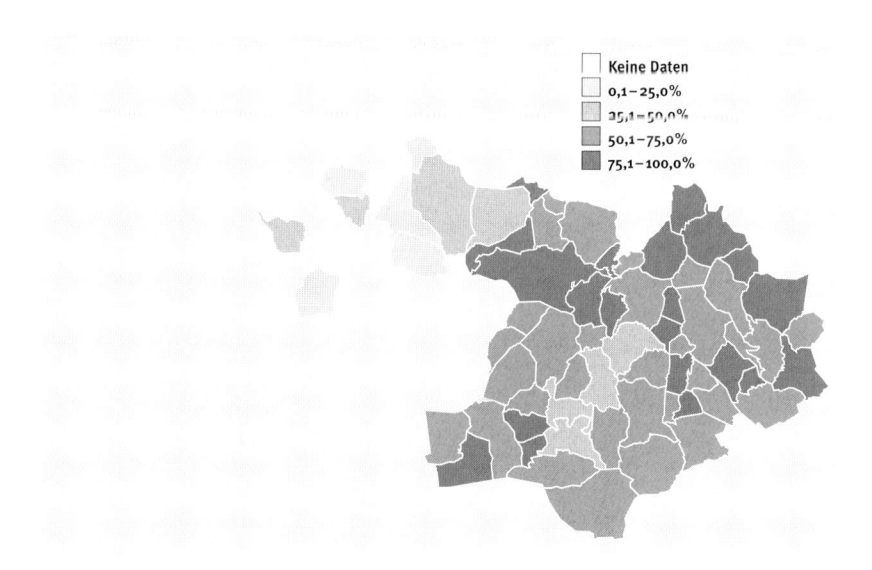

**Spannungen**

*Die Auseinandersetzung um die neue Verfassung von 1887 bis 1892 spaltete den Kanton. Weil der erste Entwurf den Anliegen der Birsecker Gemeinden entgegenkam, stimmte ihm das Unterbaselbiet deutlich zu. Als dann der zweite Verfassungsentwurf weniger weit ging, fühlten sich die Birsecker vor den Kopf gestossen und reagierten mit einem Boykott. Die Karte zeigt die Stimmbeteiligung der Gemeinden anlässlich der zweiten Abstimmung vom 31. März 1889. Während im oberen Kantonsteil die Beteiligung vergleichsweise hoch war, betrug sie im Bezirk Arlesheim lediglich zwölf Prozent. In Aesch, Allschwil, Oberwil, Pfeffingen, Reinach, Schönenbuch und Therwil nahm niemand an den Abstimmungsversammlungen teil. In Arlesheim beschränkte sich die Beteiligung auf zwei, in Ettingen sogar nur auf einen Stimmbürger. Die geringe Stimmbeteiligung und der Abstimmungsboykott weisen darauf hin, dass das Verhältnis zwischen dem Birseck und dem oberen Kantonsteil im Streit um die Verfassungsreform gespannt war. Erst dem dritten Entwurf, über den sie am 22. Mai 1892 befanden, stimmten die Baselbieter sowohl im unteren als auch im oberen Kantonsteil zu. Die sozial- und steuerpolitischen Verfassungsartikel befriedigten die Unterbaselbieter und das obligatorische Finanzreferendum beruhigte die Stimmbürger im oberen Kantonsteil.*

**Lesetipps**

*Über die politische Geschichte des Kantons im letzten Drittel des 19. Jahrhunderts orientiert immer noch die «alte» Baselbieter Geschichte am ausführlichsten (Weber 1932). Zu bedenken ist dabei, dass Weber die Sicht der politischen Elite vertritt.*

*Auch Blum (1977) geht noch auf die Jahre ein, welche der Umgestaltung des politischen Systems durch die Revi-Bewegung folgen. Allerdings bricht er seine Darstellung 1875 ab.*

*Informativ für die Entwicklung der Staatsfinanzen ist Grieder (1926).*

*Als weiterführende Lektüre über den Bauern- und Arbeiterbund ist Epple (1998) zu empfehlen.*

*Biographisches über Stephan Gschwind enthalten Degen (1938) und Rosenfeld (1968).*

*Über Emil Frey existiert eine ausführliche, auf gründlichem Akten- und Zeitungsstudium beruhende Biographie von Grieder (1988).*

**Abbildungen**

Fotoarchiv Seiler, StA BL, Inv.Nr. KM 00.093, KM 00.581: S. 227, 231.
Ortssammlung Gelterkinden, Gelterkinden, Inv.Nr. 77: S. 229.
Theo Meyer, Lausen: S. 232.
Gert Martin, Frenkendorf: S. 233.
Foto Mikrofilmstelle: S. 234.
Leo Thüring-Brodmann, Ettingen: S. 235.
Erinnerungen an Nationalrat Stephan Gschwind in Oberwil, Oberwil 1904: S. 236.
Foto Mikrofilmstelle: S. 238.
StA BL, Bibliothek AD 10.009: S. 240.
Museum Muttenz Bildersammlung, Inv.Nr. 99.0001: S. 241.
Fritz Grieder: Der Baselbieter Bundesrat Emil Frey, Liestal 1988: S. 242.
Anne Hoffmann: Karten S. 244–245.
Quelle Verzeichnis der eidgenössischen und kantonalen Abstimmungen im Kanton Basel-Landschaft 1875–1988, zusammengestellt von Ruedi Epple, Liestal 1988.

**Anmerkungen**

1 Die handschriftliche Abhandlung «‹Revisionszeit› von 1861–69» findet sich im Privatarchiv Birmanns (StA BL, PA 056/2).
2 Gutzwiller 1862, S. 8–21.
3 Frei 1994, S. 12–19.
4 Schanz 1890, S. 106–139.
5 Grieder 1926, S. 95–112.
6 Akten der Kommission für Reorganisation der Staats-Verwaltung, Liestal 1875.
7 Grieder 1926.
8 Vgl. Bd. 5, Kap. 10.
9 Grieder 1926, S. 164; Weber 1932, S. 631.
10 Ryter 1992, S. 35; Meyer/Kubli 1992, S. 12–13.
11 Sutter 1995, S. 53–66.
12 Oberer 1991, S. 269–271.
13 Vgl. Bd. 5, Kap. 3.
14 Meier 1997, S. 175–176.
15 Bericht des Präsidenten der Reorganisationskommission an den Landrat (vom 26. Februar 1875), S. 42. In: Akten der Kommission für Reorganisation der Staats-Verwaltung, Liestal 1875.
16 Programm für die Verfassungsrevision 1887. (Redigiert nach den Beschlüssen der Versammlung vom 2. März 1887.), PA Gschwind, Couvert «Verfassungsrevision 1887–1888».
17 Epple 1998.

1 Zum Folgenden: Weber 1932; Blum 1977.
2 Ryter 1994.
3 ‹BAB› 1. Dezember 1892.
4 Epple 1998, S. 111–202.
5 ‹BAB› 1. April 1895.
6 Rosenfeld 1968.

# Anhang

## Abkürzungen

**BAB** = Bauern und Arbeiterbund
**BBG** = Basler Beiträge zur Geschichtswissenschaft
**BHB** = Baselbieter Heimatbuch
**BHbl** = Baselbieter Heimatblätter
**BZGA** = Basler Zeitschrift für Geschichte und Altertumskunde
**GS BL** = Gesetzessammlung für den Kanton Basel-Landschaft 1832 –, Liestal 1833 –.
**HBLS** = Historisch-Biographisches Lexikon der Schweiz
**HK** = Heimatkunde
**INSA** = Inventar der neueren Schweizer Architektur 1850–1920
**LS** = Landschäftler
**MEW** = Karl Marx. Friedrich Engels. Werke
**QF** = Quellen und Forschungen zur Geschichte und Landeskunde des Kantons Basel-Landschaft
**StA BL** = Staatsarchiv des Kantons Basel-Landschaft
**StA BS** = Staatsarchiv des Kantons Basel-Stadt
**StJ CH** = Statistisches Jahrbuch der Schweiz

## Literatur
### inklusive gedruckter Quellen

- 100 Jahre Bezirksschulen des Kantons Basellandschaft 1836–1936. Im Auftrage der Konferenz der basellandschaftlichen Bezirkslehrer dargestellt von Kron, Carl et al., Liestal 1936.
- 100 Jahre Gewerbeverein Gelterkinden und Umgebung, Gelterkinden 1995.
- 50 Jahre Konsumverein Liestal 1897–1947, Liestal 1947.

- **A**bstimmungsverzeichnis der eidgenössischen und kantonalen Abstimmungen im Kanton Basel-Landschaft 1875–1988, Typoskript, zusammengestellt von Ruedi Epple, Liestal 1988.
- ABT-FRÖSSL, VIKTOR: Agrarrevolution und Heimindustrie, Liestal 1988 (QF 31).
- ALTERMATT, URS: Der Weg der Schweizer Katholiken ins Ghetto. Die Entstehungsgeschichte der nationalen Volksorganisationen im Schweizer Katholizismus 1848–1919, Zürich 1972.
- ALTERMATT, URS: Katholizismus und Moderne. Zur Sozial- und Mentalitätsgeschichte der Schweizer Katholiken im 19. und 20. Jahrhundert, Zürich 1989.
- AUER, FELIX: Baselland – Durchgangsland einst und jetzt, in: Basellandschaftliche Kantonalbank (Hg.): Beiträge zur Entwicklungsgeschichte des Kantons Basel-Landschaft, Liestal 1964, S. 241–295.

- **B**ALLMER, ADOLF: Die gewerbliche und industrielle Gütererzeugung im Wandel der Zeiten, in: Basellandschaftliche Kantonalbank (Hg.): Beiträge zur Entwicklungsgeschichte des Kantons Basel-Landschaft, Liestal 1964, S. 89–240.
- BÄRTSCHI, HANS-PETER: Industrialisierung, Eisenbahnschlachten und Städtebau. Die Entwicklung des Zürcher Industrie- und Arbeiterstadtteils Aussersihl. Ein vergleichender Beitrag zur Architektur- und Technikgeschichte, Basel 1983.
- Baselland unterwegs, 150 Jahre Kanton Basel-Landschaft (Katalog), Liestal 1982.
- Basellandschaftlicher Armenerziehungsverein (Hg.): 1848–1973. 125 Jahre Basellandschaftlicher Armenerziehungsverein, Birmann Stiftung, Liestal 1973.
- BAUMANN, JOSEF: 150 Jahre Römisch-katholische Kirchgemeinde Liestal 1835–1985, Liestal 1985.
- BAUMANN, WERNER: Bauernstand und Bürgerblock. Ernst Laur und der Schweizerische Bauernverband, Zürich 1993.
- Beiträge zur Baselbieter Statistik, Heft 4/1994. Die ausländische Bevölkerung. Daten, Trends, gesetzliche Grundlagen, Liestal 1994.
- BENZ HÜBNER, SIBYLLE: Frauen stricken Maschen für ein soziales Netz. Gemeinnützige Frauenarbeit im Kanton Baselland, in: Kubli, Sabine/Meyer, Pascale: Alles was RECHT ist! Baselbieterinnen auf dem Weg zu Gleichberechtigung und Gleichstellung, Liestal 1992, S. 53–67.
- BESSIRE, PAUL-OTTO: Histoire du Jura bernois et de l'ancien Evêché de Bâle, Moutier 1977 (2. Auflage).
- BIAUDET, JEAN-CHARLES: Der modernen Schweiz entgegen, in: Handbuch der Schweizer Geschichte, Zürich 1977, Bd. 2, S. 871–986.
- BICKEL, WILHELM: Bevölkerungsgeschichte und Bevölkerungspolitik der Schweiz seit dem Ausgang des Mittelalters, Zürich 1947.
- BIDER, DANIEL: Das Gemeindewesen des Kantons Basel-Land, in: Wirth, Max: Allgemeine Beschreibung und Statistik der Schweiz, 2. Bd., Zürich 1873, S. 269–297.
- BIRKHÄUSER, KASPAR/HAUBER, LUKAS/ JEDELHAUSER, ANTON: 150 Jahre Saline Schweizerhalle 1837–1987, Liestal 1987.
- BIRKHÄUSER, KASPAR: Der Baselbieter Politiker Stephan Gutzwiller, Liestal 1983 (QF 21).
- BIRMANN, MARTIN: Die politische Rechtsgleichheit als leitender Gedanke der Revolution im Kanton Basel 1830–1833, Liestal 1882. • BIRMANN, MARTIN: Gesammelte Schriften, Band I, Basel 1894. • BIRMANN, MARTIN: Lebensbild. Blätter der Erinnerung, bearbeitet von Fritz Klaus, Liestal 1990.

- BISCHOFF, CLAUDIA: Frauen in der Krankenpflege. Zur Entwicklung von Frauenrolle und Frauenberufstätigkeit im 19. und 20. Jahrhundert, Frankfurt/New York 1984.
- BITTER, SABINE: Die Richter-Linder'sche Anstalt in Basel von 1853–1906. Die Entwicklung der ersten industriellen Armenerziehungsanstalt der Schweiz und die sozialpolitischen Massnahmen des Staates am Ende des 19. Jahrhunderts, unveröffentlichte Lizentiatsarbeit Universität Basel, Basel 1989.
- BLANC, JEAN-DANIEL: Wachstum und Wachstumsbewältigung im Kanton Basel-Landschaft. Aspekte einer Strukturgeschichte 1940–1980, Liestal 1996 (QF 57).
- BLUM, ROGER: Die politische Beteiligung des Volkes im jungen Kanton Basel-Landschaft, Liestal 1977 (QF 16). • BLUM, ROGER: Rolle, Schwierigkeiten und Reform der kantonalen Parlamente, in: Schweizerisches Jahrbuch für Politische Wissenschaft 18/1978, Bern 1978, S. 11–31.
- BLUMER, FLORIAN: Dorf und Lebensgeschichte anhand von Zeugnissen des Jahrganges 1928/9, unveröffentlichte Lizentiatsarbeit Universität Basel, Basel 1985. • BLUMER, FLORIAN: Die Elektrifizierung des dörflichen Alltags. Eine Oral-History-Studie zur sozialen Rezeption der Elektrotechnik im Baselbiet zwischen 1900 und 1960, Liestal 1994 (QF 47).
- BOSSART, PETER: 700 Jahre Laufen, in: Hagmann, Daniel/Hellinger, Peter: 700 Jahre Stadt Laufen, Basel 1995, S. 10–18.
- BRAUNSCHWEIG, SABINE: «Wenn sie aggressiv waren, ging man nicht allein zu ihnen.» – Diakonissen erzählen von der Psychiatriepflege, in: BHB 21, 1997, S. 69–74.
- BRUGGER, HANS: Die schweizerische Landwirtschaft 1914–1980, Frauenfeld 1985.
- BUESS, OTTO: Der biologische Landbau im Kanton Basel-Landschaft, in: BHB 15, 1986, S. 49–56.
- BURCKHARDT-SEEBASS, CHRISTINE: Konfirmation in Stadt und Landschaft Basel. Volkskundliche Studie zur Geschichte eines kirchlichen Festes, Basel 1975.

- BUSCHER, MARCO: Der Niedergang der Basler Seidenbandindustrie und die Bewältigung der Krise am Beispiel der Bandfabrik Senn u. Co. AG in Basel, unveröffentlichte Oberlehrer-Hausarbeit Universität Basel, Basel 1983.

- CORVINI, HANSPETER: Bildung und Erziehung. Allschwiler Schulgeschichte, in: HK Allschwil, Liestal 1981, S. 319–346.

- DEGEN, BERNARD: Das Basel der andern, Basel 1986.
- DEGEN, ERNST: Stefan Gschwind als Genossenschafts- und Sozialpolitiker Basel 1938.
- Der Posamenter. Obligatorisches Fachblatt des Posamenterverbandes von Baselland, Liestal 1908–.
- DIETRICH, BEATRICE: Sauber, sparsam, ordentlich. Die Entstehung und Entwicklung des hauswirtschaftlichen Unterrichts in Baselstadt und Baselland bis 1918, unveröffentlichte Lizentiatsarbeit Universität Basel, Basel 1988.
- DUBACH, ALFRED/CAMPICHE, ROLAND (Hg.): Jeder ein Sonderfall? Religion in der Schweiz. Ergebnisse einer Repräsentativbefragung, Zürich/Basel 1993.

- Eidgenössische Betriebszählung vom 9. August 1905. Die Betriebe und die Zahl der darin beschäftigten Personen. Heft 8: Schweiz und Kantone, Bern 1908.
- Eidgenössische Volkszählung 1990: Bevölkerungsentwicklung 1850–1990, Bern 1992.
- EPPLE, RUDOLF: Die Demokratische Bewegung im Baselbiet um 1860. Ein Beitrag zur Geschichte der direkt-demokratischen Institutionen im politischen System der Schweiz, unveröffentlichte Magisterarbeit Universität Konstanz, Konstanz/Itingen 1979. • EPPLE, RUEDI: «Sanitätsgesetze sind nicht die starke Seite des Volkes!» oder: Zugriff und Widerstand, in: BHB 19, 1993, S. 121–144. • EPPLE, RUEDI (1993a): Basel-Landschaft in historischen Dokumenten, 4. Teil: Eine Zeit der Widersprüche 1915–1945, Liestal 1993. • EPPLE, RUEDI: Selbsthilfe gegen Kreditnot, in: Aktion Finanzplatz Schweiz – Dritte Welt (Hg.): Alternative Banken als Ort der Veränderung?, Schriftenreihe 3/94, S. 7–16.
- EPPLE, RUEDI/SCHNYDER, ALBERT: Wandel und Anpassung. Die Landwirtschaft des Baselbiets im 19. Jahrhundert, Liestal 1996 (QF 58). • EPPLE, RUEDI: Bewegung im Übergang. Zur Geschichte der Politik im Kanton Basel-Landschaft 1890–1990, Liestal 1998 (QF 66).

- FERKEL, JÖRG/STALDER, RETO: Kirchen An – & Ein – Sichten. Resultate einer Repräsentativbefragung der stimmberechtigten Mitglieder der Evangelisch-reformierten Kirche des Kantons Basel-Landschaft, Liestal 1996.
- FINK, PAUL: Vom Passementerhandwerk zur Bandindustrie. Ein Beitrag zur Geschichte des alten Basel, Basel 1979.
- FINK, PAUL: Geschichte der Basler Bandindustrie 1550–1800, Basel 1983.
- FORCART-RESPINGER, EMILIE: Basel und sein Seidenband, Basel 1942.
- FREI, ALFRED GEORG: Finale Grande. Die Rückkehr der Fussballweltmeister 1954, Berlin 1994.
- FREI-HEITZ, BRIGITTE: Industriearchäologischer Führer Baselland, Basel 1995.
- FREY, HEINZ/GLÄTTLI, ERNST: Schaufeln, sprengen, karren. Arbeits- und Lebensbedingungen der Eisenbahnbauarbeiter in der Schweiz um die Mitte des 19. Jahrhunderts, Zürich 1987.
- FREY, URS: Ein Posten – Sieben Polizisten. Die Landjäger in Gelterkinden (BL) 1879–1892, unveröffentlichte Lizentiatsarbeit Universität Basel, Basel 1994.
- FRITSCHI, ALFRED: Schwesterntum. Zur Sozialgeschichte der weiblichen Berufskrankenpflege in der Schweiz 1850–1930, Zürich 1989.

- GADIENT, RUDOLF: 100 Jahre Römisch-katholische Pfarrei Sissach 1896–1996, Sissach 1996.
- GALLUSSER, WERNER A.: Studien zur Bevölkerungs- und Wirtschaftsgeographie des Laufener Juras, Basel 1961. • GALLUSSER, WERNER A.: Im Brennpunkt der Region. Eine wirtschafts- und stadträumliche Untersuchung der Entwicklung Laufens 1957–1995, in: Hagmann, Daniel/Hellin-

ger, Peter: 700 Jahre Stadt Laufen, Basel 1995, S. 111–122.
• GANTNER-SCHLEE, HILDEGARD: Der Maler Johannes Senn, 1780–1861, Liestal 1985 (QF 26).
• GATTIKER, HANS R.: Seidenverarbeitung – Vom Kokon zum Gewebe, in: Messerli, Barbara E.: Seide. Zur Geschichte eines edlen Gewebes, Zürich 1985, S. 112–122.
• GAUSS, KARL: Die Frage der reformierten Kirchenverfassung in Baselland, Liestal 1914 (Separatdruck aus dem Tagblatt der Landschaft Basel). • GAUSS, KARL ET AL.: Geschichte der Landschaft Basel und des Kantons Basel-Landschaft, Liestal 1932.
• GEBAUER, GUNTER (Hg.): Körper- und Einbildungskraft. Inszenierungen der Helden im Sport, Berlin 1988.
• Geschichte des Gewerbe-Vereins und der Gewerblichen Fortbildungsschule Liestal 1875–1915. Gedenkschrift zum vierzigjährigen Bestehen, Liestal 1916.
• Gesetzessammlung für den Kanton Basel-Landschaft 1832–1984, Liestal 1833–.
• GIHR, JOHANNES (FRANZ VON SONNENFELD): Zwischen braunen und schwarzen Kutten. Roman aus der Zeitgeschichte von Franz von Sonnenfeld (J. Gihr), Stuttgart 1863.
• GILG, PETER: Die Entstehung der demokratischen Bewegung und die soziale Frage. Die sozialen Ideen und Postulate der deutschschweizerischen Demokraten in den frühen 60er Jahren des 19. Jahrhunderts, Affoltern a.A. 1951.
• GRIEDER, FRITZ: Der Baselbieter Bundesrat Emil Frey. Staatsmann, Sozialreformer, Offizier. 1838–1922, Liestal 1988 (QF 30). • GRIEDER, FRITZ: Glanz und Niedergang der Baselbieter Heimposamenterei im 19. und 20. Jahrhundert. Ein Beitrag zur wirtschaftlichen, sozialen, kulturellen und politischen Geschichte von Baselland, Liestal 1985 (QF 25). • GRIEDER, FRITZ: Martin Birmann 1828–1890. Basellandschaftlicher Philanthrop, Sozialhelfer, Politiker, Liestal 1991 (QF 40).
• GRIEDER, W.: Der Staatshaushalt des Kantons Basel-Landschaft 1833 bis 1923, Zürich 1926.
• GRUNER, ERICH: Die Arbeiter in der Schweiz im 19. Jahrhundert. Soziale Lage, Organisation, Verhältnis zu Arbeitgeber und Staat, Bern 1968. • GRUNER, ERICH (Hg.): Die Arbeiterschaft und Wirtschaft in der Schweiz 1880–1914. Soziale Lage, Organisation und Kämpfe von Arbeitern und Unternehmern, politische Organisation und Sozialpolitik, 3 Bde., Zürich 1987.
• GSCHWIND, FRANZ: Bevölkerungsentwicklung und Wirtschaftsstruktur der Landschaft Basel im 18. Jahrhundert, Liestal 1977 (QF 15).
• GUTZWILLER, STEPHAN: Die Verfassungs-Revision von 1862, Liestal 1862.
• GYSIN, WERNER: Zensur und Pressefreiheit in Basel während der Mediation und der Restauration, Basel 1944 (BBG 16).
• GYSIN-SCHOLER, CHRISTA: Krank, allein, entblösst. «Drückendste Armut» und «äusserste Not» im Baselbiet des 19. Jahrhunderts, Liestal 1997 (QF 62).

• HÄBERLI, WILFRIED: Die Geschichte der Basler Arbeiterbewegung von den Anfängen bis 1914, Basel 1986/87.
• HAGMANN, DANIEL/HELLINGER, PETER: 700 Jahre Stadt Laufen, Basel 1995.
• HAGMANN, DANIEL: Grenzen der Heimat. Territoriale Identitäten im Laufental, Liestal 1998 (QF 65).
• HANDSCHIN, HANS KONRAD: Die Ökonomik der Betriebsformen in der Basler Seidenband-Industrie, Liestal 1929.
• HÄSLER, ALFRED A.: Das Abenteuer Migros, o.O. 1985.
• HEER, GRET: Bilder aus der Heimposamenterei, in: Schweizerisches Sozialarchiv (Hg.): Arbeitsalltag und Betriebsleben, Diessenhofen 1981, S. 57–76.
• Heimatkunde von Liestal, Liestal 1970.
• Heimatkunde von Muttenz 1863, Muttenz 1987 (Reprint).
• HEIMGARTNER, THEODOR: Baselland und die Badener Konferenzartikel, Liestal 1969 (QF).
• HERZOG, EVA: Frisch, frank, fröhlich, frau. Frauenturnen im Kanton Basel-Landschaft, Liestal 1995 (QF 52).
• HEUSLER, ALFRED: Geschichte der Stadt Basel, Basel 1969 (6. Auflage).
• HEYER, HANS RUDOLF: Die romantischen Wandbilder im katholischen Pfarrhaus in Oberwil, in: BHbl 37, 1972, Nr. 1, S. 145–158.
• HOCHSTRASSER, OLIVIA: Ein Haus und seine Menschen 1549–1989. Ein Versuch zum Verhältnis von Mikroforschung und Sozialgeschichte, Tübingen 1993.
• HÖPFLINGER, FRANÇOIS: Bevölkerungswandel in der Schweiz. Zur Entwicklung von Heiraten, Geburten, Wanderungen und Sterblichkeit, Grüsch 1986.
• HUBER, EDWIN: Die Bedeutung der Landwirtschaft, in: Basellandschaftliche Kantonalbank (Hg.): Beiträge zur Entwicklungsgeschichte des Kantons Basel-Landschaft, Liestal 1964, S. 63–88.
• HUCH, RICARDA: Alte und neue Götter. 1848. Die Revolution des 19. Jahrhunderts in Deutschland, Zürich 1930.
• HUGGEL, SAMUEL: Die Einschlagsbewegung in der Basler Landschaft. Gründe und Folgen der wichtigsten agrarischen Neuerung im Ancien Régime, 2 Bde., Liestal 1979 (QF 17).
• HULDI, MAX/KAUFMANN, UELI: Mir wei luege, Liestal 1982.
• HUNGER, BETTINA: Diesseits und Jenseits. Die Säkularisierung des Todes im Baselbiet des 19. und 20. Jahrhunderts, Liestal 1995 (QF 53).

• IMHOF, ARTHUR E.: Die gewonnenen Jahre. Von der Zunahme unserer Lebensspanne seit dreihundert Jahren oder von der Notwendigkeit einer neuen Einstellung zu Leben und Sterben, München 1981.

• JECKER, URS: Fronleichnam. Wandel und Regression im 20. Jahrhundert am Beispiel der Gemeinde Laufen/BL. Eine theologische, religionsphänomenologisch-volkskundliche und dialektologische Untersuchung, Diss. Universität Bern 1995.
• JUNDT, HANS: Basellandschaftliche Kantonalbank 1864–1964, in: Basellandschaftliche Kantonalbank (Hg.): Beiträge zur Entwicklungsgeschichte des Kantons Basel-Landschaft, Liestal 1964, S. 473–573.

• KELLER, FRIEDRICH LUDWIG: Die Basler Theilungssache, Aarau 1834.

- Keller, Hans E.: 100 Jahre Kantonalturnverein Baselland 1864–1964, Liestal o. J. (= 1964).
- Kettiger, Joh.: Landwirtschaftliche Zustände in Basel-Land, Liestal 1857 (Sissach 1984).
- Klaus, Fritz: Die ersten Bestrebungen zur Gründung einer basellandschaftlichen Kantonsschule, in: BHB 8, 1959, S. 97–109.
- Klaus, Fritz: Basel-Landschaft in historischen Dokumenten, 1. Teil: Die Gründungszeit 1798–1848, Liestal 1982.
- Klaus, Fritz: Basel-Landschaft in historischen Dokumenten, 2. Teil: Der grosse Umbruch 1849–1882, Liestal 1983.• Klaus, Fritz: Basel-Landschaft in historischen Dokumenten, 3. Teil: Im Zeichen des Fortschritts 1883–1914, Liestal 1985.
- Koechlin-Geigy, A.: Die Entwicklung der Seidenbandfabrikation in Basel, in: Basler Jahrbuch 1885, S. 59–104.
- Kopp, Peter F.: Peter Ochs. Sein Leben nach Selbstzeugnissen erzählt ..., Basel 1992.
- Kubli, Sabine / Meier, Martin: Rund um die Uhr. Arbeitsplätze in der Baselbieter Industrie bis 1945, Arbeit und Freizeit der UhrenarbeiterInnen im Waldenburgertal, Liestal 1990. • Kubli, Sabine / Meyer, Pascale (Hg.): Alles was RECHT ist! Baselbieterinnen auf dem Weg zu Gleichberechtigung und Gleichstellung, Liestal 1992.
- Kutsch, Thomas / Wiswede, Günther (Hg.): Sport und Gesellschaft: Die Kehrseite der Medaille, Königstein 1981.
- Kutter, Markus: Die Schweizer und die Deutschen, Zürich 1995.

- Langewiesche, Dieter: Europa zwischen Restauration und Revolution 1815–1849, München 1985.
- Laufen – Geschichte einer Kleinstadt, Laufen 1975.
- Lauper, Franziska: «Ich habe als ein Stränglein von der Rechnung genommen und zusammengespart». «Seidenveruntreuung» und «illegaler» Seidenhandel in der Basler Bandindustrie anhand des «Seidenprozesses» von 1828/1929, unveröffentlichte Lizentiatsarbeit Universität Basel, Basel 1992.

- Leuenberger, Martin: «Mitenand goht's besser.» Zu einigen Aspekten des genossenschaftlichen Wohnungsbaus, in: Kurmann, Fridolin / Leuenberger, Martin / Wecker, Regina: Lasst hören aus neuer Zeit. Wirtschaft und Politik im Kanton Luzern seit dem Ersten Weltkrieg. Katalog zur Ausstellung, hg. v. Jubiläumsstiftung Luzern, Luzern 1986, S. 143–152.
- Leuenberger, Martin: Frei und gleich ... und fremd. Flüchtlinge im Baselbiet zwischen 1830 und 1880, Liestal 1996 (QF 54). • Leuenberger, Martin: Georg Fein gegen Georg Herwegh – Ein literarischer, ein politischer oder nur ein ganz persönlicher Streit? Eine Phantasie, in: BHbl 62, 1997, Nr. 4, S. 109–128.
- Leuenberger, Martin: Mittendrin: Der Landjäger Heinrich Dill im Kanton Basel-Landschaft um 1850, in: Sowi. Sozialwissenschaftliche Informationen 1998, S. 100–105.
- Locher, Markus: Den Verstand von unten wirken lassen. Schule im Kanton Baselland 1830–1863, Liestal 1985.
- Lorenz, J. (Hg.): Die Heimarbeit in der Seidenbandweberei, Zürich 1910.

- Mackenroth, Gerhard: Bevölkerungslehre. Theorie, Soziologie und Statistik der Bevölkerung, Berlin 1953.
- Mangold, Fritz: Die Seidenbandweber in Basel-Land, in: Lorenz, J. (Hg.), Die Heimarbeit in der Seidenbandweberei, Zürich 1910. • Mangold, Fritz: Industrie und Wirtschaft in den Kantonen Basel-Stadt und Basel-Land, Genf, Basel 1936.
- Manz, Matthias / Nebiker, Regula: Mein Leben. Erinnerungen von Friedrich Aenishänslin (1815–1890) Gelterkinden, in: BHB 17, 1989, S. 101–133.
- Martin, Ernst: Streiflichter aus der Schulgeschichte des Kantons Basel-Landschaft, in: Baselland unterwegs, Liestal 1982, S. 65–79. • Martin, Ernst: Johann Heinrich Pestalozzi und die alte Landschaft Basel. Zur Wirkungsgeschichte der pestalozzischen Pädagogik, Liestal 1986.
- Martin, Ernst: Johann Jakob Kettiger und Johann Heinrich Pestalozzi. Zur Wirkungsgeschichte Pestalozzis, Liestal 1991 (QF 24).

- Maurer, Martin: Die soziale Differenzierung in Stadt und Landschaft Basel als Ursache der Kantonstrennung 1833, Liestal 1985 (QF 22).
- Maurer, Peter: Anbauschlacht. Landwirtschaftspolitik, Plan Wahlen, Anbauwerk 1937–1945, Zürich 1985.
- Meier-Küpfer, Hans: Florenwandel und Vegetationsveränderungen in der Umgebung von Basel seit dem 17. Jahrhundert, Diss. Basel 1982, Teufen 1985.
- Meier, Martin: Grundzüge der Industrialisierung im Kanton Basel-Landschaft, in: Fridrich, Anna C. / Grieder, Roland (Hg.): Schappe. Die erste Fabrik im Baselbiet, Arlesheim 1993, S. 36–54.
- Meier, Martin: Die Industrialisierung im Kanton Basel-Landschaft. Eine Untersuchung des demographischen und wirtschaftlichen Wandels 1820–1940, Liestal 1997 (QF 60).
- Meier, Theophil: Das Handwerk im Kanton Basel-Landschaft, Liestal 1950.
- Messerli, Barbara E.: Seide. Zur Geschichte eines edlen Gewebes, Zürich 1985.
- Messerli, Jakob: Gleichmässig Pünktlich Schnell. Zeiteinteilung und Zeitgebrauch in der Schweiz im 19. Jahrhundert, Zürich 1995.
- Meyer, Alfred: Der Kirschbaum im Baselbiet. Gestern, Heute und Morgen, in: BHB 8, 1959, S. 117–135.
- Meyer, Armin: Kleinstadt in Bewegung. Ein- und Auswanderung im Wandel der Jahrhunderte, in: Hagmann, Daniel / Hellinger, Peter: 700 Jahre Stadt Laufen, Basel 1995, S. 145–158.
- Meyer, Pascale / Kubli, Sabine (Hg.), Alles was RECHT ist! Baselbieterinnen auf dem Weg zu Gleichberechtigung und Gleichstellung, Liestal 1992.
- Morosoli, Renato: Zweierlei Erbe. Staat und Politik im Kanton Zug 1803–1831/47 nach den Erfahrungen von Ancien Régime und Helvetik, Zug 1991.
- Mügel, Karl Wilhelm: Hermann Günther. Ein Braunschweiger Schulmann und sein zukunftsweisendes Privatinstitut im politischen und pädagogischen Umfeld des 19. Jahrhunderts, unveröffentlichtes Typoskript, Braunschweig 1995.

- Müller, Alban: Die Industrie im unteren Birstal unter besonderer Berücksichtigung des Standorts, Laufen 1940.
- Müller, Gregor: Die Elektrifikation des Kantons Baselland und der Heimindustrie der Seidenbandweberei 1895–1914, unveröffentlichte Lizentiatsarbeit Universität Basel, Basel 1984.

- Nebiker, Regula: Zum Loskauf von Bo-denzins und Zehnten in der Basler Landschaft 1803 bis 1806, unveröffentlichte Lizentiatsarbeit Universität Basel, Basel 1984.
- Niess, Frank: Geschichte der Arbeitslosigkeit, Köln 1982.
- Nordmann, Achilles: Die Juden im Kanton Baselland, in: Basler Jahrbuch 1914, S. 180–249.
- Notz, Emil: Die säkulare Entwicklung der Kaufkraft des Geldes. Für Basel in den Perioden 1800–1833 und 1892–1923 nebst internationalen Vergleichen dargestellt, Jena 1925.

- Oberer, Christoph: Die Massenmotorisierung im Kanton Basel-Landschaft, unveröffentlichtes Typoskript, Forschungsstelle Baselbieter Geschichte, Liestal 1991.
- Oeri, Albert: Der Revisionsgeneral, Basel 1905.
- Oettermann, Stephan: Läufer und Vorläufer. Zu einer Kulturgeschichte des Laufsports, Frankfurt 1984.

- Patriotischer Verein (Hg.): Zur Verfassungsfrage. Der Patriotische Verein an das Volk von Baselland, Liestal 1862.
- Personenlexikon des Kantons Basel-Landschaft, Bearbeiter: Kaspar Birkhäuser, mit Beiträgen von Antonia Schmidlin und Ursula Bausenhart, unter Mitarbeit von Peter Stöcklin und Barbara Speck, Liestal 1997 (QF 63).
- Pfister, Christian: Das Klima der Schweiz von 1525–1860 und seine Bedeutung in der Geschichte der Bevölkerung und Landwirtschaft, 2 Bde., Bern/Stuttgart 1984.

- Reichesberg, Naum: Handbuch der Schweizer Volkswirtschaft, Bd. 2, Bern 1905.

- Ritzmann-Blickenstorfer, Heiner (Hg.): Historische Statistik der Schweiz, Zürich 1996.
- Rosenfeld, Lotte: Stephan Gschwind, ein Genossenschaftspionier, Basel 1968.
- Roth, Rudolf: Die Reliktsituation in der Baselbieter Heimposamenterei, in: Basler Geographische Hefte, Nr. 9, Basel 1974.
- Rudin-Bühlmann, Sibylle: Und die Moral von der Geschicht', Parteiparole halt ich nicht. Parteigründungen im Baselbiet zwischen 1905 und 1939, unveröffentlichtes Typoskript Forschungsstelle Baselbieter Geschichte, Liestal 1997.
- Rüegg, Martin: Sport als Maturitätswahlfach im Kanton BL, in: Schriftenreihe des Gymnasiums Liestal, Beiträge zu Fragen der Zeit 9, Wissenschaftliche Arbeiten von Mitgliedern des Kollegiums, Dezember 1997, S. 67–70.
- Ryter, Annamarie: Die Geschlechtervormundschaft im 19. Jahrhundert, in: Meyer/Kubli (Hg.), Alles was RECHT ist! Baselbieterinnen auf dem Weg zu Gleichberechtigung und Gleichstellung, Liestal 1992. S. 31–40. • Ryter, Anna-Marie: «Als Weibsbild bevogtet». Zum Alltag von Frauen im 19. Jahrhundert, Liestal 1994 (QF 46).

- Sachsse, Christoph/Tennstedt, Florian: Soziale Disziplinierung, Frankfurt 1986.
- Saladin, Gregor: Mit Volldampf in die Katastrophe, in: Basler Magazin Nr. 22, 1. Juni 1991.
- Salathé, René: Baselbieter Rebberge, Liestal 1983. • Salathé, René: Der Landschäftler, in: BHB 11, 1969, S. 204–211. • Salathé, René: Dörfliche Identität im Spiegel der Baselbieter Heimatkunden des 19. und 20. Jahrhunderts, in: BHbl 62, 1997, Nr. 1, S. 13–31.
- Sarasin, Philipp: Stadt der Bürger. Struktureller Wandel und bürgerliche Lebenswelt. Basel 1870–1900, Basel 1990.
- Sarasin-Iselin, Wilhelm: Die Hausindustrie und Elektrizität in der Basler Bandweberei, Basel 1904.
- Schäfer, Walter/Suter, Paul: Der Orismüller Schäfer, in: BHbl 38, 1973, Nr. 1, S. 261–292.

- Schaffner, Martin: Die demokratische Bewegung der 1860er Jahre. Beschreibung und Erklärung der Zürcher Volksbewegung von 1867, Basel/Frankfurt a.M. 1982.
- Schaltenbrand, Therese: «Mir si ebe in d'Fabrik». Leben in der Arbeitersiedlung «Schönthal», unveröffentlichte Lizentiatsarbeit Universität Basel, Basel 1989.
- Schanz, Georg: Die Steuern der Schweiz in ihrer Entwicklung seit Beginn des 19. Jahrhunderts. Band II, Stuttgart 1890.
- Schnyder, Albert: Alltag und Lebensformen auf der Basler Landschaft um 1700. Vorindustrielle, ländliche Kultur und Gesellschaft aus mikrohistorischer Perspektive – Bretzwil und das obere Waldenburger Amt von 1690 bis 1750, Liestal 1992 (QF 43). • Schnyder, Albert: Landwirtschaftspolitik in Basel während der Restaurationszeit. Nachrevolutionäre Politik und Gesellschaft im Spannungsfeld von Traditionsgebundenheit und Erneuerungsdruck, in: BZGA 1996, Bd. 96, S. 95–126. • Schnyder, Albert/Epple, Ruedi: Wandel und Anpassung. Die Landwirtschaft des Baselbiets im 19. Jahrhundert, Liestal 1996 (QF 58).
- Schoch, Jürg/Tuggener, Heinrich/Wehrli, Daniel: Aufwachsen ohne Eltern. Zur ausserfamiliären Erziehung in der deutschsprachigen Schweiz, Zürich 1989.
- Schulz-Stutz, Wilhelm: Ernste und heitere Notizen zur Geschichte von Baselland und derjenigen von Liestal aus den Jahren 1832 bis 1835, Liestal 1875.
- Schumacher, Beatrice: «Auf Luft gebaut». Die Geschichte des Luftkurortes Langenbruck 1830–1914, Liestal 1992 (QF 42). • Schumacher, Beatrice: Ziefener Waschgeschichte(n). Ein Beitrag zur Geschichte des Waschens im 20. Jahrhundert, Ziefen 1994.
- Schweizerische Fabrikstatistik nach den Erhebungen des eidgenössischen Fabrikinspektorats vom 5. Juni 1895, Bern 1896.
- Schweizerische Statistik, Bern 1862–1918.
- Schweizerische statistische Mitteilungen, Bern 1919–1929.

- Schweizerisches Sozialarchiv (Hg.): Arbeitsalltag und Betriebsleben, Diessenhofen 1981.
- Sen, Amartya: Poverty and Famines. An Essay on Entitlement and Deprivation, Oxford 1982.
- Siegrist, Georg: Die Bevölkerungsentwicklung, in: Basellandschaftliche Kantonalbank (Hg.): Beiträge zur Entwicklungsgeschichte des Kantons Basel-Landschaft, Liestal 1964, Liestal 1964, S. 37–62.
- Sigg, Oswald: Die eidgenössischen Volksinitiativen 1892–1939, Bern 1978.
- Simon, Christian: Untertanenverhalten und obrigkeitliche Moralpolitik. Studien zum Verhältnis zwischen Stadt und Land im ausgehenden 18. Jahrhundert am Beispiel Basels, Basel 1981 (BBG 145).
- Stadler, Peter: Der Kulturkampf in der Schweiz. Eidgenossenschaft und katholische Kirche im europäischen Umkreis 1848–1888, Frauenfeld 1996.
- Staehelin, Andreas: Geschichte der Universität Basel, 1632–1818, Basel 1957.
- Staehelin, Andreas: Geschichte der Universität Basel, 1818–1835, Basel 1959.
- Statistische Mitteilungen. Statistisches Amt, Kanton Basel-Landschaft, Liestal 1961–.
- Statistische Quellenwerke der Schweiz / Eidgenössisches statistisches Amt, Bern 1930–1986.
- Statistische Veröffentlichungen. Statistisches Amt, Kanton Basel-Landschaft 1938–1946, Liestal 1939–1947.
- Statistisches Jahrbuch der Schweiz, Bern 1891–.
- Statistisches Jahrbuch des Kantons Basel-Landschaft 1963–, Liestal 1963–.
- Stohler, Franz: Baselbieter Leichtathletik, Liestal 1995.
- Strübin, Eduard: Baselbieter Volksleben. Sitte und Brauch im Kulturwandel der Gegenwart, Basel 1952. • Strübin, Eduard: Das Schüler- und Studentenleben eines Baselbieters vor 120 Jahren. Aus den Tagebüchern des Arztes Dr. Arnold Baader, Gelterkinden, in: BHB 14, 1981, S. 93–131. • Strübin, Eduard: Bei den letzten Baselbieter Heimposamenterinnen, in: BHbl 1982, Nr. 3, S. 189–201. • Strübin, Eduard: Nachruf auf die Heimposamenterei, in: BHbl 1988, Nr. 4, S. 359–360. • Strübin, Eduard: Jahresbrauch im Zeitenlauf. Kulturbilder aus der Landschaft Basel, Liestal 1991 (QF 38). • Strübin, Eduard: Jahresbräuche, um 1865 von jungen Baselbietern aufgezeichnet, in: BHbl 57, 1992, Nr. 2, S. 52–58. • Strübin, Eduard: Womit werden wir uns kleiden? Von alten und neuen Grundstoffen, in: BHbl 62, 1997, Nr. 2, S. 33–72. • Strübin, Eduard: Kinderleben im alten Baselbiet, Liestal 1998 (QF 67).
- Suter, Paul: Beiträge zur Landschaftskunde des Ergolzgebietes, Liestal (2. Auflage) 1971 (QF 12). • Suter, Paul: Die letzten Heimposamenter. Kanton Basel-Landschaft. in: Schweizerische Gesellschaft für Volkskunde. Abteilung Film. Reihe: Altes Handwerk, Heft 43, Basel 1978. • Suter, Paul: 150 Jahre basellandschaftliches Zeitungswesen, in: BHbl 1983, Nr.1, S. 253–260.
- Sutter, Hans: Aus der Geschichte des basellandschaftlichen Spitalwesens, in: Regierungsrat des Kantons Basel-Landschaft (Hg.): Neubau des Kantonsspitals in Liestal 1957–1964, Liestal 1966, S. 8–15. • Sutter, Hans: Geschichte der Baselbieter Gemeinden. 40 Jahre Verband Basellandschaftlicher Bürgergemeinden 1955–1995, o. O. 1995.

- Thürkauf, Emil: Verlag und Heimarbeit in der Basler Seidenbandindustrie, Stuttgart 1909.
- Trefzer, Rudolf: Die Konstruktion des bürgerlichen Menschen. Aufklärungspädagogik und Erziehung im ausgehenden 18. Jahrhundert am Beispiel der Stadt Basel, Zürich 1989.
- Trevisan, Luca: Das Wohnungselend der Basler Arbeiterbevölkerung in der zweiten Hälfte des 19. Jahrhunderts, Basel 1989 (168. Neujahrsblatt der GGG).

- Utz, Hans: Die Meliorationen von Ettingen, Liestal 1993 (QF 44).

- Vischer, Wilhelm: Basel in der Zeit der Restauration, 1814–1830, Basel 1905/1906 (Neujahrsblatt der GGG 83/84).

- Weber, Karl: Die Revolution im Kanton Baselland 1830–1833, Liestal 1907.
- Weber, Karl: Ein Putsch im Baselbiet anno 1840, Liestal 1913. • Weber, Karl: Entstehung und Entwicklung des Kantons Basellandschaft von 1798 bis 1932, in: Gauss, Karl et al.: Geschichte der Landschaft Basel und des Kantons Basel-Landschaft, Liestal 1932, S. 321–744.
- Wecker, Regina et al.: D'Studäntin kunnt. Frauen an der Uni Basel, Basel 1990. • Wecker, Regina: Dört unde be Dornachbrugg. Die Schappe-Arbeitersiedlung an der Bruggstrasse in Reinach, in: Fridrich, Anna C./Grieder, Roland (Hg.): Schappe. Die erste Fabrik im Baselbiet, Arlesheim 1993, S. 110–127.
- Winkler, Klaus-Jürgen: Der Architekt Hannes Meyer. Anschauungen und Werk, Berlin 1989.
- Wirth, Max: Allgemeine Beschreibung und Statistik der Schweiz, 2. Bd., Zürich 1873.
- Wirthlin, Claudia: Eus git's scho lang! 150 Jahre Frauenverein Liestal, o. O. und o. J. (= 1993).
- Wunderlin, Dominik: Der Zegliger Peter, ein Baselbieter Naturheiler in Akten, Anekdoten und Zeugnissen, BHbl 1980, S. 633–661. • Wunderlin, Dominik: Chluri und Chirsi – Ein Beitrag zur Selbstdarstellung des Baselbiets, in: BHB 18, 1991, S. 41–54.
- Würgler, Ernst: Die Republik Diepflingen. Ein historisches Unikum, o. O. o. J.

- Yersin, Yves: Die letzten Heimposamenter. Dokumentarfilm. Regie, Buch und Schnitt: Yves Yersin. Kamera: Eduard Winniger, 1972.

- Zeugin, Ernst: Kirche unterwegs. Ein Beitrag zur Geschichte der Reformierten Baselbieter Kirche in den Jahren 1922–1956, Liestal 1966.
- Zschokke, Heinrich: Das Goldmacherdorf, Aarau 1991 (2. Auflage).
- Zum 150. Todestag des Orismüllers Johann Jakob Schäfer, BHbl 38, 1973, Nr. 1.

## Personenregister

**A**dam-Touvet, Jakob (1797–1865): S. 192, 217
Aenishänslin-Schwob, Friedrich (1815–1890): S. 67ff., 114ff.
Aenishänslin-Gerster, Johann Jakob (1796–1866): S. 69
Alioth-Falkner, Daniel August (1816–1889): S. 99, 101
Alioth-Hornung, Johann Sigmund (1788–1850): S. 36
Allemandi-Ehinger, Michael Napoleon (1806–1858): S. 179
Anklin, Karl: S. 59 Ill.
**B**aader, Arnold (1842–1888): S. 108ff., 134 Ill., 134ff.
Baader-Rudin, Johann Jakob (1810–1879): S. 134, 207
Ballmer, Jonas: S. 219
Banga-Baumgartner, Benedikt (1802–1865): S. 176
Barth, Adolf: S. 178
Becker, Christian Ludwig: S. 178
Bernoulli, Christoph: S. 167
Bider-Strub, Daniel (1825–1906): S. 192, 196
Bider-Meyer, Martin (1812–1878): S. 192
Biehly-Meyer, Armand: S. 64 Ill.
Birmann-Socin, Elisabeth: S. 218
Birmann, Juliana: S. 124, 218
Birmann-Socin, Martin (1828–1890): S. 32, 124ff., 132–133, 203–204, 216ff., 218 Ill., 228, 239
Blarer-Schwab, Anton von (1798–1864): S. 229
Blarer-Pascal, Jakob von (1802–1873): S. 180 Ill.
Bloch, Nathan: S. 192
Brassey, Thomas: S. 187
Brenner, Karl: S. 176
Brodbeck-Madörin, Niklaus (1820–1878): S. 167
Brodtbeck-Spinnler, Wilhelm (1846–1921): S. 64
Bühler, Margaretha: S. 135
Bürgin-Mohler, Marie: S. 199 Ill.
Buggi, Hans: S. 200 Ill.
Buser, Emma: S. 32 Ill.
Buser, Emmy: S. 32 Ill.
Buser-Grieder, Martha: S. 27 Ill.
Buser-Grieder, Wilhelm: S. 28

Bussinger-Strub, Johannes (1825–1889): S. 209
Büttiker, Ludwig: S. 98
Christ-Wackernagel, Lukas (1881–1958): S. 91 Ill.
Christen-Gysin, Jakob (1825–1914): S. 196
Communetti, Lui: S. 101 Ill.
Correncourt-Wagner, Eduard: S. 118ff.
Correncourt-Wagner, Lydia : S. 117 Ill., 118ff.
**D**enger, Emanuel: S. 199
Disteli, Martin: S. 178
Dralle, Friedrich Wilhelm: S. 178
**E**ckinger, Friedrich: S. 20
Eglin, Walter: S. 115
**F**äsch, Lucretia: S. 88 Ill.
Fein-von König, Georg (1803–1869): S. 178, 187
Fellenberg, Philipp Emanuel von: S. 124
Feninger, Joseph Konrad (1785–1869): S. 135
Freivogel, Jakob (1794–1847): S. 180, 201ff.
Freivogel, Rosina: S. 114
Frey-Kloss, Emil (1838–1922): S. 16, 145, 236, 239, 242 Ill., 242–243
Frey-Chatoney, Emil Remigius (1803–1889): S. 145, 178, 181, 187, 229
Frey-Kloss, Emma (1849–1877): S. 243
Frey, Helene: S. 243
Fries-Matthiae, Franz Eduard (1811–1879): S. 134
Fringeli-Häner, Albin (1899–1993): S. 18
**G**elpke-Streuli, Julius (1811–1885): S. 179
Gerster, Jakob (1822–1865): S. 229 Ill.
Gerster-Roth, Joseph (1860–1937): S. 18, 112
Glenck-Burger, Carl (1779–1845): S. 14, 15
Graf, Jakob (1824–1887): S. 202
Grieder, Elisabeth: S. 32
Grieder, Johann August: S. 123 Ill.
Grieder, Johannes: S. 32, 204
Gschwind-Stingelin, Marie (1852–1933): S. 236ff.
Gschwind-Zeller, Paulin (1833–1914): S. 97 Ill.
Gschwind-Stingelin, Stephan (1854–1904): S. 19, 20, 233 Ill., 235ff., 243
Günther, Hermann: S. 140, 178

Gutzwiller-von Bank, Johann Jakob (1804–1873): S. 217
Gutzwiller-Ziegler, Stephan (1802–1875): S. 14, 145, 165ff., 171 Ill., 172, 178, 187, 192, 216ff., 228–229
Gysin, Emil: S. 118, 121
**H**aller, Jakob: S. 91 Ill.
Häfelfinger-Buser, Niklaus: S. 91 Ill.
Hägler-Martin, Anna: S. 71 Ill.
Hägler-Martin, Wilhelm (1842–1907): S. 72 Ill.
Hardegger, August: S. 100
Hecker, Friedrich (1811–1881): S. 176, 183 Ill., 184, 186 Ill., 186–187
Heinis-Walser, Eduard (1850–1936): S. 67
Herold-Buss/Müller, Georg (1803–): S. 178–179
Herwegh-Siegmund, Georg (1817–1875): S. 178, 185, 187
Herzog, Eugen: S. 97
Heusler, Andreas: S. 167
Himmelsbach, Emil (1881–1967): S. 29 Ill.
Hoch-Staehelin, Louise: S. 200
Hoch, Wilhelm: S. 88
Honegger, Wilhelm (1781–1847): S. 176
Huber-Hoffmann, Johann Jakob (1731–1800): S. 63
Hübner, Albert: S. 96
Hug-Brodbeck, Johann Jakob (1801–1849): S. 213 Ill.
**I**selin, Isaak: S. 140, 162
Iselin, Niklaus: S. 141
**J**eger-Weisskopf, Hans (1907–1989): S. 23, 24
Jundt, Emanuel: S. 201ff.
**K**aus, Martin: S. 201
Kelterborn, Ludwig: S. 173 Ill.
Kettiger-Zaneboni, Johann Jakob (1802–1869): S. 31, 140, 141 Ill., 145–147, 150, 217
Kloss-Schnell/Brodbeck/Heussler/ Brodbeck, Karl (1802–1870): S. 178–179, 217
Kölner-Langmesser, Johann Rudolf (1800–1877): S. 172ff., 174 Ill.
Kräuliger, Emil (1879–1950): S. 112 Ill.
Kramer, Karl (1812–1895): S. 178
Krummenacher, Johann: S. 101 Ill.
**L**achat, Eugène: S. 95 Ill.
Lutz-Vonkilch, Markus (1772–1835): S. 49, 88, 89 Ill., 141
**M**artin, Heinrich: S. 201ff.

Martin-Tschudin/Weiss/Liardet, Johannes (1803–): S. 180, 201ff.
Mason, Frank A.: S. 123ff.
Matt-Recher, Johann Jakob (1814–1882): S. 187
Meier, Franz Anton: S. 110
Mesmer-Ramstein/Meyer, Johannes (1791–1870): S. 186
Meyer, Hannes: S. 23, 50
Meyer-Wittwer, Johannes (1801–1877): S. 192, 210, 229
Meyer-Kunz, Joseph (1829–1894): S. 96 Ill.
Meyer-Keller, Traugott (1895–1959): S. 39
Mögling, Theodor: S. 186
Mohler, Salome: S. 157 Ill.
Müller, Robert: S. 96
Neustück, Maximilian: S. 166 Ill.
Nüsperli-Grundbacher, Friedrich (1803–1876): S. 145
Nussbaumer, Franz Jakob: S. 166
Ochs-Vischer, Peter (1752–1821): S. 141
Pestalozzi, Johann Heinrich: S. 124
Plattner-Gysin, Johann Heinrich (1795–1862): S. 229
Plattner, Margaretha: S. 196
Plattner-Lüdin, Otto (1886–1951): S. 109
Raiffeisen, Friedrich Wilhelm (1818–1888): S. 19
Rauschenplatt, Johann Arminius: S. 172ff., 173 Ill.
Reber, Paul: S. 90
Reinhart, Joseph: S. 157 Ill.
Richter, Johann Jakob: S. 126
Rickenbacher-Rickenbacher, Peter (1841–1915): S. 135, 136 Ill.
Rippmann-Jäger, Christian (1807–1883): S. 110
Rolle-Leuenberger, Anna Maria: S. 222
Rolle-Strübin/Leuenberger, Christoph (1806–1870): S. 18, 67, 180, 193, 211, 216ff., 218 Ill., 229
Rolle-Strübin, Margaretha: S. 220
Rosenmund-Mange, Ambrosius (1846–1896): S. 64
Ryhiner, Samuel: S. 166
Schäfer-Gysin, Johann Jakob (1749–1823): S. 157 Ill., 159
Schäfer-Gysin, Ursula (1750–1821): S. 157

Schäublin-Handschin, Jakob: S. 199 Ill.
Schaub, Johann Ulrich: S. 110
Schmid, Johannes: S. 95, 97
Schmidlin, Fridolin (1823–1888): S. 95
Schulz, Wilhelm: S. 178
Senn-Senn/Allemand, Jakob (1790–1881): S. 175 Ill.
Senn-Baumgartner, Johannes (1780–1861): S. 160 Ill.
Snell, Ludwig: S. 178
Spiess, Adolf: S. 150
Spitteler-op den Hooff, Carl (1845–1924): S. 51
Spitteler-Relin/Brodbeck, Karl (1809–1878): S. 217
Spörlin-David, Sebastian (1745–1812): S. 141
Struve, Amalie (1824–1862): S. 185 Ill.
Struve, Gustav (1805–1870): S. 176, 184, 185 Ill.
Stückelberger, Carl Ulrich: S. 141
Sütterlin, Johann Georg: S. 98 Ill.
Tanner, Elisabeth: S. 196
Thommen-Jacot-Baron, Gedeon (1831–1890): S. 15, 192
Troxler-Palborn, Ignaz Paul Vital (1780–1866): S. 171 Ill., 178
Tschopp, Louis: S. 15
Tschudin-Dill, Karl: S. 201 Ill.
Utzinger, Annelies: S. 134 Ill.
Völlmin-Kaeser/Behringer/Fisch/ Schürpf, Heinrich (1812–1879): S. 201
Wahl, Alexander: S. 189
Wahl, Baruch: S. 189
Wahlen, Friedrich Traugott: S. 54–55
Walliser, Ernst: S. 32ff., 34 Ill.
Walser-Hurter, Johann Ulrich (1798–1866): S. 89, 177
Weber, Johann Jacob (1796–1856): S. 96 Ill.
Wegman, Ita: S. 136 Ill.
Weller, Franz Carl: S. 178
Widmann-Wimmer, Joseph Otto (1816–1873): S. 88 Ill.
Wiederkehr, Otto: S. 96ff., 98 Ill.
Wildi, Peter: S. 95
Wirz-Wirz, Pauline (1894–1968): S. 28ff.
Zährlin, Johann: S. 173
Zschokke, Johann Heinrich (1771–1848): S. 140 Ill., 140ff., 171 Ill., 178

## Ortsregister

**A**arau: S. 153, 173, 190
Aesch: S. 52, 99 Ill., 100, 110, 245 Ill.
Allschwil: S. 16 Ill., 25, 75, 76, 90, 93, 95–97, 97 Ill., 99 Ill., 100, 115, 118, 140, 146, 152 Ill., 173, 245
Anwil: S. 135
Arisdorf: S. 53 Ill., 196
Arlesheim: S. 11, 17 Ill., 22 Ill., 23, 33, 36, 99 Ill., 99, 100, 100 Ill., 118, 120, 121, 136 Ill., 146, 158 Ill., 205, 243, 245
Augst: S. 54 Ill., 75, 124, 126, 181 Ill., 218
**B**alsthal: S. 193
Basel: S. 11, 14, 16, 17, 19, 21, 22, 24, 25, 28, 30, 42, 43, 46, 75, 75 Ill., 82, 84, 102, 108, 109, 119, 122 Ill., 126, 135, 140, 141, 146, 158, 160, 172, 174, 175, 177, 180, 184, 186, 189 Ill., 190, 191, 205, 217, 218, 228, 237
Bern: S. 18, 21, 25, 44, 174, 184, 187, 192, 223
Biel: S. 184
Biel-Benken: S. 76, 201
Binningen: S. 17, 28, 75, 75 Ill., 76, 100, 103, 127, 146, 147, 151, 172 Ill., 173, 220
Birsfelden: S. 17, 75, 90, 101 Ill., 146, 151, 185, 186, 196
Blauen: S. 129 Ill.
Böckten: S. 146
Bottmingen: S. 25, 103, 119, 123, 134 Ill.
Breitenbach: S. 21
Bremgarten: S. 174
Bretzwil: S. 43, 48
Brislach: S. 106, 225 Ill.
Bubendorf: S. 90 Ill., 219, 220
Buckten: S. 110, 181 Ill.
Büsserach: S. 11
Buus: S. 110
**D**elémont: S. 169
Diegten: S. 91 Ill., 121 Ill., 147 Ill., 157 Ill., 199 Ill.
Diepflingen: S. 172, 173
Dittingen: S. 25, 225 Ill.
**E**ptingen: S. 48
Ettingen: S. 52, 75, 77 Ill., 99 Ill., 109 Ill., 110, 137, 235 Ill., 245
**F**renkendorf: S. 71 Ill., 75, 137, 150, 151, 177, 203, 220
Füllinsdorf: S. 33, 75
**G**elterkinden: S. 10, 20, 21, 28, 29 Ill., 33, 35, 39, 50, 52 Ill., 62 Ill., 65, 67–69, 76, 108, 109, 111, 113, 115, 134 Ill., 135, 145,

150, 151, 152 Ill., 175 Ill., 177–180, 188, 195 Ill., 197 Ill., 199 Ill., 199, 200 Ill., 201 Ill., 201, 205–208, 210, 220, 229 Ill.
Genf: S. 184
Grellingen: S. 13, 23, 77, 109, 167 Ill.
**H**ölstein: S. 15, 193 Ill.
**I**tingen: S. 35 Ill. 162, 178, 181 Ill.
**K**aiseraugst: S. 14
Känerkinden: S. 118, 120
Kilchberg: S. 33, 90
**L**angenbruck: S. 48, 112, 114, 137 Ill., 192, 193
Langenthal: S. 190
Läufelfingen: S. 48, 49, 66, 87 Ill., 88, 89 Ill., 115, 136, 189
Laufen: S. 10 Ill., 12, 13, 21, 61 Ill., 89 Ill., 96, 105 Ill., 107, 110, 112 Ill., 135 Ill., 149 Ill., 167, 168, 222, 223 Ill.
Lausen: S. 64, 201 Ill., 216, 219–221,
Lauwil: S. 48, 141
Liedertswil: S. 48, 132 Ill.
Liesberg: S. 225
Liestal: S. 11, 20, 34, 43, 46, 48, 50, 62, 64, 65, 68, 69, 76, 88, 89, 93 Ill., 99, 101, 102, 108 Ill., 108–110, 112, 115, 119, 121, 123, 126, 131 Ill., 132, 133 Ill., 134, 135, 140, 141, 145, 146, 150, 151, 160, 173, 174, 177, 184, 186–188, 190, 191 Ill., 192, 193, 196, 207, 208, 209 Ill., 218–221, 227 Ill.
Lupsingen: S. 21, 110 Ill., 143 Ill.
Luzern: S. 187 Ill., 190
**M**aisprach: S. 113 Ill., 201
Möhlin: S. 14
Münchenstein: S. 9 Ill., 20, 100, 119 Ill., 151 Ill., 191, 201, 202, 220
Muttenz: S. 14, 23, 23 Ill., 50, 62, 64 Ill., 141, 146, 150, 151, 176 Ill., 183 Ill., 186 Ill., 196, 209, 211, 220, 235, 241 Ill.
**N**enzlingen: S. 12, 20 Ill.
Niederdorf: S. 33, 193 Ill., 220
Nusshof: S. 181 Ill.
**O**berdorf: S. 14
Oberwil: S. 93, 94, 94 Ill., 99 Ill., 100, 166 Ill., 209, 211, 237, 240, 241, 245
Olsberg: S. 110, 196
Olten: S. 178, 184, 186, 189, 191
Oltingen: S. 46, 128, 135, 201
Ormalingen: S. 28, 33, 88, 108
**P**feffingen: S. 49, 75, 95, 96 Ill., 99 Ill., 100, 245
Porrentruy: S. 169

Pratteln: S. 15, 50, 68, 69, 77, 91, 99, 106, 114 Ill., 151, 177, 219, 220, 236
**R**eigoldswil: S. 35 Ill., 43, 46, 48, 144 Ill., 174, 177, 196
Reinach: S. 22 Ill., 28, 49 Ill., 75, 99 Ill., 100, 107 Ill., 159 Ill., 189, 245
Rheinfelden: S. 14
Rickenbach: S. 114
Röschenz: S. 12, 51 Ill.
Rothenfluh: S. 110, 126
Rümlingen: S. 120, 125 Ill., 189, 191 Ill.
Rünenberg: S. 27 Ill., 32 Ill., 135, 203, 204, 217
**S**chaffhausen: S. 164 Ill.
Schönenbuch: S. 68 Ill., 99 Ill., 106, 245
Seltisberg: S. 157 Ill.
Sissach: S. 10, 21, 28, 31 Ill., 33, 43, 46, 49, 50, 56, 64 Ill., 76, 93 Ill., 95, 96, 96 Ill., 98 Ill., 100, 102, 108, 110, 112–115, 115 Ill., 134, 141, 162, 164 Ill., 173, 186, 189, 191, 196, 197, 198 Ill., 201, 202, 206–208, 210, 220, 221
Solothurn: S. 190
Starrkirch: S. 97
**T**ecknau: S. 110
Therwil: S. 75, 97, 97 Ill., 99 Ill., 145, 146, 216, 245
Thürnen: S. 18, 33, 115, 123 Ill.
Titterten: S. 48
Trimbach: S. 189
**W**ahlen: S. 25
Waldenburg: S. 15 Ill., 48, 51, 77, 112, 145, 146, 150, 192, 193, 209, 211
Wenslingen: S. 43, 135
Wintersingen: S. 50, 61 Ill., 66, 139 Ill.
Winterthur: S. 153 Ill.
**Z**eglingen: S. 135
Ziefen: S. 39, 43, 46, 106, 187, 198 Ill., 198
Zofingen: S. 190
Zürich: S. 25, 69, 184, 203
Zwingen: S. 11, 13 Ill., 20 Ill., 59 Ill., 60, 167

## Sachregister

**A**grarkrise: S. 45
Agrarrevolution: S. 42
Akkord: S. 36
Aktivbürger: S. 158, 198
Allgemeiner Konsumverein (ACV): S. 67
Alter: S. 79ff.
Alters- und Hinterbliebenenversicherung (AHV): S. 23
Anbauschlacht: S. 54
Anti-Partei: S. 216ff., 235
Arbeitszeit: S. 23, 33, 106
Armenerziehungsverein: S. 121, 124, 126, 127 Ill., 144
Armeninspektor: S. 121ff., 144
Armenpolitik: S. 121ff., 144
Armut: S. 117ff.
Aufstand: S. 171, 184ff., 201ff.
Ausländer: S. 72ff.
Auswanderung: S. 118ff.
**B**anken: S. 18ff.
Banntag: S. 107ff., 209
Bauern- und Arbeiterbund (BAB): S. 51, 205, 233, 235ff.
Bauern-, Gewerbe- und Bürgerpartei (BGB): S. 67
Bauernverband: S. 50
Behörden: S. 228ff.
Bevölkerungsentwicklung: S. 71ff.
Bezirksschule: S. 142
Bildung: S. 110, 141ff.
Binnenwanderung: S. 78ff.
Brauchtum: S. 108ff.
Bürgergemeinde: S. 199ff., 237
Bürgerrecht: S. 108, 143, 178, 181, 187, 210
**C**hemische Industrie: S. 14ff.
Christkatholische Kirche: S. 92, 97ff.
**D**emokratische Bewegung: S. 216ff.
Demokratische Fortschrittspartei: S. 67
Diaspora: S. 95ff.
Dorftheater: S. 109, 114
Dreizelgenwirtschaft: S. 42, 162
**E**hegesetz: S. 159
Einwanderung: S. 72ff., 187
Einwohnergemeinde: S. 199ff., 237
Eisenbahn: S. 17, 44, 184, 191
Elektrifizierung: S. 20ff., 34
Elektriker: S. 21, 65ff.
Elektrogenossenschaft: S. 20
Ernährung: S. 46, 110
Evangelisch-reformierte Kirche: S. 88ff.

# SACHREGISTER

Exportwirtschaft: S. 30, 39
**F**abrikgesetz: S. 16
Fasnacht: S. 114, 115
Feste: S. 108, 111
Flüchtlinge: S. 186
Fortbildungsschule: S. 65
Frauenstimmrecht: S. 196ff.
Frauenverein: S. 198ff.
Freidorf: S. 23
Freiheitsbaum: S. 169, 172
Freikirchen: S. 101
Fremde: S. 111, 207
Fremdenfeindlichkeit: S. 110, 179ff., 187
Frondienst: S. 199
**G**elterkindersturm: S. 175, 177
Gemeindegesetz: S. 199, 200, 237
Gemeinden: S. 198ff.
Gemeindeversammlung: S. 201ff.
Generalstreik: S. 52, 66
Genossenschaft: S. 19, 34, 212
Gerichtsbehörden: S. 230
Gesangverein: S. 109–110
Gescheid: S. 106
Geschlechtsvormundschaft: S. 180, 197, 237
Gesetze: S. 16, 33, 38, 142, 159, 199, 200, 231, 237, 244
Gewaltentrennung: S. 160, 230
Gewerbe: S. 60ff.
Gewerbeausstellung: S. 62
Gewerbeverein: S. 62ff.
Gewerkschaft: S. 24
Gymnasium: S. 146
**H**ausierer: S. 60ff.
Hauswirtschaftsschule: S. 146
Hebammen: S. 196, 199
Heimarbeit: S. 28ff.
Heimarbeitergesetz: S. 38
Heimatdichtung: S. 18
Heimatkunde: S. 113
Hungersnot: S. 42ff., 164
Hygiene: S. 108, 146
**I**dentität: S. 21, 112, 115
Industrie: S. 10ff.
**J**esuiten: S. 188
Juden: S. 102
Judenfeindlichkeit: S. 102, 110, 188ff.
**K**antonstrennung: S. 171ff.
Kartoffelkrankheit: S. 51ff.
Kataster: S. 161ff.
Kinderarbeit: S. 35, 43, 120, 140, 142
Kirche: S. 87ff.

Kirchen-, Schul- und Armengut: S. 240, 242
Kirschenanbau: S. 52ff.
Kleidung: S. 110ff.
Konfession: S. 98ff.
Krankheit: S. 132
Krieg: S. 68, 177
Kultur: S. 105ff.
Kulturkampf: S. 95ff.
**L**andrat: S. 228ff.
Landwirtschaft: S. 41ff.
Landwirtschaftliche Genossenschaft: S. 50
Landwirtschaftlicher Verein: S. 162
Landwirtschaftsschule: S. 56
Lehrer: S. 140, 145, 198
Lehrerseminar: S. 141
**M**ädchenschule: S. 145
Medizin: S. 134ff.
Melioration: S. 52
Migros: S. 67ff.
Milchwirtschaft: S. 53
Militär: S. 152
Mühlen: S. 60
**N**aturmedizin: S. 134ff.
Niederlassung: S. 165
Niemals-Beschluss: S. 180, 193, 211, 219
**P**arlament: S. 160, 228ff.
Parteien: S. 67, 216ff., 235
Partialtrennung: S. 175
Pfarrer: S. 45, 88ff., 141, 198, 199
Pfarrwahl: S. 93, 209
Politische Rechte: S. 158ff., 196ff., 206, 211, 231
Polizei: S. 229
Posamenterei: S. 10, 27ff., 42
Posamenterverband: S. 37
Presse: S. 177ff.
Psychiatrie: S. 132, 133
**R**aiffeisenbank: S. 19
Realschule: S. 141
Rebbau: S. 48ff.
Regierungsrat: S. 160, 228ff.
Revi-Partei: S. 216ff., 235
Römisch-katholische Kirche: S. 92ff.
Rucksackbauer: S. 12
**S**aisonniers: S. 75
Salinen: S. 14
Schappespinnerei: S. 17
Schulgesetz: S. 142
Schulinspektor: S. 143
Schulordnung: S. 140

Sekundarschule: S. 146
Selbstversorgung: S. 32, 42
Siechenhaus: S. 132
Siedlung: S. 22, 76, 77
Sonderbund: S. 186
Sozialdemokratische Partei (SP): S. 67
Sparkassen: S. 19
Spital: S. 132ff.
Staatskirche: S. 88ff.
Steuergesetz: S. 231, 244
**T**agsatzung: S. 174
Tod: S. 78ff., 88ff.
Totaltrennung: S. 177
Tourismus: S. 137
Trachten: S. 112
Turnverein: S. 109, 150ff.
**U**hrenindustrie: S. 15
Umwelt: S. 56, 57, 159
Universität: S. 146
**V**erbände: S. 24, 37, 50
Verdingkinder: S. 128
Vereine: S. 89, 110, 114, 150, 162, 169
Verfassung: S. 160, 172, 174, 179, 221, 224, 238ff.
Verkehr: S. 17
Verschuldung: S. 51, 235
Verwaltung: S. 228ff.
Veto: S. 188
Volkszählung: S. 72
**W**achstumsboom: S. 73ff.
Wald: S. 43, 203, 207
Waschhaus: S. 106
Weltwirtschaftskrise: S. 53
Wiedervereinigung: S. 143, 180, 193, 219
Wohnungsbau: S. 22
**Z**entralismus: S. 208ff., 228ff.
Zoll: S. 62
Zunftordnung: S. 60, 166

# CHRONOLOGIE

|  | **Schweiz** | **Wirtschaft** |
|---|---|---|
| **1890–1900** | 1. Mai erstmals gefeiert; Verband schweizerischer Konsumvereine 1890. Landwirtschaftsgesetz; Liberale Partei; «Käfigturmkrawall» Bern 1893. Freisinnig-demokratische Partei; Katholische Volkspartei 1894. Schweizerischer Bauernverband 1897. Erste elektrische Lokomotive; Gesetz über Rückkauf der Eisenbahnen 1898. | Tonwarenfabrik in Laufen 1892. Gewerbeverein Gelterkinden 1894. Birseck'sche Produktions- und Konsumgenossenschaft 1895. Elektra Birseck 1897. Elektra Baselland 1898. |
| **1880–1890** | Schweizerischer Gewerkschaftsbund 1880. Gotthardbahn 1882. | |
| **1870–1880** | Vorort; Grenzbesetzung im deutsch-französischen Krieg 1870. Kulturkampf, Kaufmännischer Verein 1873. Bundesgericht Lausanne, metrisches System 1875. Grosse Depression 1876. Fabrikgesetz 1877. Schweizerischer Gewerbeverband 1879. | Eisenbahn Basel–Delsberg 1875. |
| **1860–1870** | Erste eidgenössische Volkszählung; Demokratische Bewegungen 1861. Landwirtschaftlicher Verein, Rotes Kreuz 1863. Glarner Fabrikgesetz 1864. Gleichberechtigung der Juden; Genfer Kongress der Ersten Internationale 1866. Schweizerische Volksbank 1869. | Kantonalbank 1864. |
| **1850–1860** | Bundesgesetz Militärorganisation; neuer Schweizer Franken 1850. Erste Telefonlinie 1851. Verbot fremder Kriegsdienste 1859. | Uhrenindustrie im Waldenburgertal ab 1850. Gewerbeverein Liestal 1855. Eisenbahn Basel–Olten 1858. |
| **1840–1850** | Aargauer Klosterstreit 1841. Erstes Gaswerk in Bern 1843. Erster Schweizer Bahnhof in Basel; Freischarenzüge 1844. Sonderbund 1845. Erste gesetzliche Beschränkung der Arbeitszeit in Glarus 1846. Versorgungskrise; Teuerung 1846. Sonderbundskrieg 1847. Bundesverfassung 1848. Bundesgesetz Post- und Zollwesen 1849. | Erste chemische Fabrik in Pratteln 1844. Bandfabrik in Gelterkinden 1846. Hypothekenbank 1849. Versorgungskrise 1845. |
| **1830–1840** | Beginn der Regeneration 1830. Siebnerkonkordat, Sarnerbund, Eidgenössischer Turnverein 1832. Grütli-Verein 1838. | Salzvorkommen in Muttenz entdeckt 1836. |
| **1820–1830** | Erstes Dampfschiff Genfersee 1823. Erstes eidgenössisches Schützenfest Aarau 1824. | Baumwollspinnerei in Niederschöntal 1822. |
| **1810–1820** | Beginn der Restauration 1815. | Ernährungskrise 1816/17. Landwirtschaftlicher Verein 1818. |
| **1800–1810** | Mediationsverfassung 1803–1814. | Erster Kataster 1802. |

| Gesellschaft/Kultur | Politik |
|---|---|
| Katholische Diaspora Binningen 1890. Schappe-Wohnhäuser Arlesheim 1892. Christkatholisierung im Laufental aufgehoben 1893. Handschin-Stiftung 1894. Erste Koch- und Haushaltungsschule in Liestal 1895. Reformierte Kirchgemeinde in Laufen anerkannt 1897. Freie Ausübung des Arztberufs gefordert 1880. | Emil Frey Bundesrat 1890. Provisorische Kantonssteuer 1892. Bauern- und Arbeiterbund 1892. |
| | Gemeindegesetz 1881. |
| Bischof und romtreue Priester im Laufental abgesetzt 1873. Birmann-Spital in Liestal 1877. Strafanstalt in Liestal 1878. Geschlechtsvormundschaft aufgehoben 1879. | Birsfelden und Muttenz getrennt 1875. |
| Heimatkunden für Gemeinden 1863. Katholische Kirche Birsfelden 1869. | «Niemals-Beschluss» 1861. Revisionsbewegung 1862/63. Obligatorisches Referendum 1863. Fabrikgesetz 1868. |
| Martin Birmann Armeninspektor 1853. Mädchensekundarschule Liestal 1856. Erster Turnverein in Liestal 1859. | Direktorialsystem 1850. Judengesetz 1851. Gesetz über die Versorgung verwahrloster Kinder 1853. Schulsteuer Birseck 1855. Armengesetz 1859. |
| Arbeitsschulen für Mädchen 1840. Armenerziehungsverein 1848. | Laufental vom Bezirk Delsberg getrennt 1846. |
| Erstes Kantonal-Gesangsfest in Liestal 1832. Verein basellandschaftlicher Pfarrer 1834. Katholische Kirchgemeinde Liestal 1835. Kantonsbibliothek 1838. | Petition in Bad Bubendorf für neue Verfassung 1830. Provisorische Regierung gewählt 1831. Kanton Basel-Landschaft gegründet, erste Zeitung ‹Der unerschrockene Rauracher›, Landespolizeicorps 1832. Republik Diepflingen; Gefecht an der Hülftenschanz, Totaltrennung 1833. Pfarrwahlstreit in Oberwil und Allschwil 1834. Schulgesetz, Bürgerrechtsgesetz 1835. Vetorecht 1838. Gemeindejoggeli-Putsch 1839/40. Revision der Verfassung im Basler Grossen Rat verlangt 1829 |
| | Restauration in Basel 1814. Birseck zu Basel, Laufental zu Bern 1815. |
| Seminar Liestal 1808. | |

BAND FÜNF/ANHANG